深圳国际仲裁院
北京大学法学院 | 主办

China International
Arbitration
Review

中国国际仲裁评论

总第四卷

刘晓春　潘剑锋·主　编
林一飞　何　音·执行主编

法律出版社
LAW PRESS·CHINA
北京

图书在版编目(CIP)数据

中国国际仲裁评论. 总第四卷 / 刘晓春, 潘剑锋主编. -- 北京 : 法律出版社, 2023
ISBN 978 - 7 - 5197 - 7320 - 5

Ⅰ. ①中… Ⅱ. ①刘… ②潘… Ⅲ. ①国际仲裁 - 文集 Ⅳ. ①D994 - 53

中国版本图书馆 CIP 数据核字(2022)第 224017 号

中国国际仲裁评论(总第四卷)
ZHONGGUO GUOJI ZHONGCAI PINGLUN
(ZONG DI - SI JUAN)

刘晓春　潘剑锋 主编

策划编辑 谢清平
责任编辑 谢清平
装帧设计 李　瞻

出版发行 法律出版社
编辑统筹 法律应用出版分社
责任校对 晁明慧
责任印制 刘晓伟
经　　销 新华书店

开本 710 毫米×1000 毫米　1/16
印张 20.75　　字数 326 千
版本 2023 年 2 月第 1 版
印次 2023 年 2 月第 1 次印刷
印刷 三河市兴达印务有限公司

地址:北京市丰台区莲花池西里 7 号(100073)
网址:www.lawpress.com.cn
投稿邮箱:info@lawpress.com.cn
举报盗版邮箱:jbwq@lawpress.com.cn
销售电话:010 - 83938349
客服电话:010 - 83938350
咨询电话:010 - 63939796

书号:ISBN 978 - 7 - 5197 - 7320 - 5
定价:82.00 元
凡购买本社图书,如有印装错误,我社负责退换。电话:010 - 83938349

《中国国际仲裁评论》（总第四卷）编委会

目录

【仲裁制度】

【案例评述】

【仲裁员与仲裁庭】

近年来仲裁员利益冲突及回避问题实证研究

宋连斌　武振国　陈希佳*

摘　要:通过对近年涉及仲裁员公正性的实务资料进行回顾性研究,本文试图整理出仲裁员利益冲突分级情况的最新图景。在国际仲裁领域,仲裁员利益冲突情况分为不可弃权红色清单、可弃权红色清单、橙色清单和绿色清单四个层级。而在国内仲裁领域,仲裁员的利益冲突情况则分为法律、仲裁规则和仲裁员守则三个层级。这两套利益冲突分级机制存在理论上的对应关系。其中,法律具有强制性,显然对应不可弃权红色清单。仲裁规则具有契约性,对应可弃权红色清单和部分被仲裁规则纳入的橙色清单。仲裁员守则具有职业伦理性质,对应未被仲裁规则纳入的橙色清单和绿色清单。

关键词:仲裁员　公正性　利益冲突　披露与回避

仲裁的质量取决于仲裁员,是仲裁界广为接受的命题。近年来,随着国际国内仲裁的飞速发展,仲裁员的职业伦理规则,尤其是仲裁员的利益冲突及回避问题,更是引人注目。为了解当代国际商事仲裁中仲裁员利益冲突及回避问题的实践动态及发展状况,本文对国内外近期主要是 2018 ~ 2020 年的案例、规则及规定进行回顾性研究,试图重建该领域的最新图景,并解析所发现的问题。

* 宋连斌,法学博士,中国政法大学国际法学院教授、博士生导师;武振国,中国政法大学博士研究生;陈希佳,法学博士,品诚梅森律师事务所(Pinsent Masons LLP)合伙人及中国区联合负责人。

一、仲裁员利益冲突的制度现状及抽样调查

(一)仲裁员利益冲突的制度现状

仲裁员应当公正且独立于当事人,是仲裁价值的核心保障之一。现今国际上通说认为,无论是当事人选定的仲裁员、由指定机构代指定的仲裁员,也无论是独任仲裁员或首席仲裁员,均适用相同的独立和公正义务。在仲裁员独立和公正义务的要求下,就具体个案有利益冲突者,当然不能担任该案的仲裁员;如果仲裁程序已经开始,应拒绝继续担任仲裁员。至于什么样的情况属于存在利益冲突,乃至应予回避,各国法律规定及实践不尽相同。

1. 国际层面

主流仲裁机构或协会通常都有自己的仲裁员守则。但国际层面上,影响最著者无疑是国际律师协会制定的《国际律师协会国际仲裁中利益冲突指南》(以下简称《利冲指南》)。为解决不同法系关于国际仲裁中利益冲突的不同见解,国际律师协会在总结最佳国际实践的基础上,于2004年初次提出《利冲指南》。其后,又根据一些国家的法律及实践分析,于2014年发布了修订版,[①]在国际仲裁界获得了广泛认可和适用,具有很高的参考价值。

《利冲指南》分成两大部分。第一部分是一般标准(General Standard)及国际律师协会对该一般标准的解释,供各界参考。第二部分则列举了一般标准实际适用的情形,并根据严重程度,以红、橙、绿三色清单的方式呈现,以提升在具体应用上的明确性和一致性,并且避免不必要的回避申请。《利冲指南》特别指出,这些清单是对具体情形的"非穷尽式列举",不能涵盖实务上可能发生的每种情况,在一切情况下,仍然应该以一般标准为准。[②]

根据《利冲指南》一般标准第2条的规定,所谓存在利益冲突,包括下列情况:其一,仲裁员本身对其公正性或独立性有任何疑虑,则仲裁员应拒绝接受指定;如果仲裁程序已经开始,应拒绝继续担任仲裁员。[③] 其二,如果存在的事实或情形,或自仲裁员接受指定后产生的事实或情形,在知悉相关事实和情形的

---

① 本文以下述及《利冲指南》的内容,除另有特别说明外,均以2014年版的内容为准。

② 《利冲指南》第二部分第一段。

③ 《利冲指南》一般标准第2(a)条。

“合理的第三人看来”(from the point of view of a reasonable third person),将导致对仲裁员的公正性或独立性的正当怀疑,也被认为存在利益冲突,除非当事人明示或默示接受该仲裁员。①

至于何谓“对仲裁员的公正性或独立性的正当怀疑”,如果“合理的知情第三人”(a reasonable third person)认为,仲裁员在作出裁决时可能会受到当事人陈述案件的是非之外的因素影响,则该怀疑是正当的。② 因此,此处的判断标准是采客观标准说。并且,如果存在不可弃权的红色清单所描述的任何情形,对于仲裁员的公正性或独立性的正当怀疑必然成立,无法因当事人的同意而消除。

基于独立和公正义务,仲裁员对于“可能”(likely)引起对其公正性产生合理怀疑的任何情况,负有披露义务。仲裁员的披露义务并不仅仅是良好的仲裁实践,而且是一项法律义务。联合国国际贸易法委员会《国际商事仲裁示范法》(以下简称《示范法》)及许多国家的法律均明文规定了仲裁员的披露义务。③

(1)披露义务的范围

相对于判断仲裁员是否存在利益冲突时采取客观说的标准,《利冲指南》在判断仲裁员是否负有披露义务时,则是采取主观说,亦即“如果存在在当事人看来(in the eyes of the parties)可能令仲裁员公正性或独立性受到怀疑的事实或情形”,④仲裁员即负有披露义务。

此外,根据《示范法》第 12 条的规定,仲裁员的披露义务是披露“可能”引起对其公正性产生合理怀疑的任何情况(《示范法》第 12 条第 1 款);而“只有存在引起对仲裁员的公正性或独立性产生正当怀疑的情况或仲裁员不具备当事人约定的资格时,才可以申请仲裁员回避”(《示范法》第 12 条第 2 款)。前者较后者多了“可能”一词,范围较广,因此,国际上多数见解认为仲裁员负有披露义务的范围大于可以申请仲裁员回避的事由的范围。

《利冲指南》第二部分的红、橙、绿三色清单提供了明确具体的指南,具有很高的实操性。“红色清单”所列情况是指这些情况从知悉相关事实和情况的理

---

① 《利冲指南》一般标准第 2(b)条。

② 《利冲指南》一般标准第 2(c)条。

③ 《示范法》第 12 条第 1 款。

④ 《利冲指南》一般标准第 3(a)条。

性第三人看来,存在客观的重大利益冲突。"红色清单"又可分为"不可弃权的红色清单"和"可弃权的红色清单"两部分。如果是属于"不可弃权的红色清单",包括基于"任何人不得为自己的法官"这一首要原则的各种情形。因此,即便各方当事人接受此等情形也不能消除利益冲突。如果是属于"可弃权的红色清单",由于其利益冲突的严重性,只有当事人知悉利益冲突情形存在但仍明确表示愿意由该候选人来担任仲裁员时,才会被认为该利益冲突情形已被当事人豁免。

相对而言,"橙色清单"所列情形,是指从当事人的眼光看来,可能对由该候选人担任仲裁员的公正性、独立性产生怀疑,因此仲裁员候选人有义务披露这些情况。但如果当事人没有在仲裁员候选人披露后及时提出异议,则可以推定各方当事人已接受此情况。

至于"绿色清单",则是指从客观角度来看,表面不存在且实际不存在利益冲突。因此,对于"绿色清单"所列情形,仲裁员候选人没有披露的义务。

(2)披露的目的

如前所述,仲裁员负有披露义务的范围大于可以申请仲裁员回避的事由的范围,因此,仲裁员进行披露并不代表存在利益冲突。进行披露的仲裁员认为:尽管存在所披露的情形,其自身仍是公正、独立的,否则,该仲裁员应该已经拒绝接受指定或辞任。[①] 故披露的目的在于给当事人一个机会判断他们是否同意仲裁员(关于其仍是公正、独立的)的评估。[②]

(3)披露义务是持续性的义务

仲裁员负有在整个仲裁程序中均应维持独立、公正的义务。相应地,关于仲裁员负有的披露义务时间点,不仅在其被当事人或仲裁机构征询是否担任特定仲裁案件之仲裁员,即负有披露义务。倘被选任或指定,在被选任或指定后的整个仲裁程序中,均持续负有披露义务。[③]

曾有论者认为,在仲裁程序后阶段,为确保仲裁程序妥善终结,仲裁员的披露义务应相对减轻。[④] 但《利冲指南》表明不采此见解,《利冲指南》一般标准

① 《利冲指南》一般标准3(c)段。

② 《利冲指南》对一般标准3的解释第(c)段。

③ 《利冲指南》对一般标准3的解释第(a)段末句。

④ 《利冲指南》一般标准3(b)。

3(e)段指出,“当考虑应披露的事实或情形是否存在时,仲裁员不应考虑仲裁程序是处于开始阶段还是晚些阶段”;对一般标准3的解释第(e)段进一步阐明:“在判定仲裁员是否应进行披露、是否应拒绝指定、是否应拒绝继续担任仲裁员时,只有事实和情形才具有相关性,(仲裁)程序所处阶段或回避的后果都不具有相关性。”

针对实务上有越来越多的仲裁员候选人对未来可能发生的事实或情形导致的可能的利益冲突作出预先声明或弃权,《利冲指南》特别指出这些预先声明或弃权并不能免除前述仲裁员持续性的披露义务。先行声明或弃权的有效性和效力还是要根据先行声明或弃权的具体内容、即将发生的特定情况和适用的法律等,在具体个案中进行评估。[①]

(4)仲裁员未尽披露义务的法律效果

未能披露某些在当事人看来可能对仲裁员的公正和独立产生怀疑的事实和情形,并不必然意味着该仲裁员存在利益冲突,也不足以单独构成申请仲裁员回避的事由。[②] 但亦应注意英国最高法院在 Halliburton Company v. Chubb Bermuda Insurance Ltd. [③]案(以下简称 Halliburton 案,详见后述)中的观点:未披露相关事项是公正和知情的观察者在评估是否存在偏见时应考虑的一个因素。[④]

2. 国内层面

我国2017年《仲裁法》未具体规定仲裁员利益冲突及披露问题,仅在第34条对仲裁员必须回避的情形作了规定:(1)仲裁员是案件当事人本人,或与当事人、代理人存在近亲属关系;(2)仲裁员与案件存在利害关系;(3)仲裁员与案件当事人或代理人存在可能影响公正仲裁的其他关系;(4)仲裁员私自会见当事人、代理人,或者不当接受当事人、代理人的请客送礼。

中国主流机构的仲裁规则、仲裁员守则都对仲裁员利益冲突问题进行了规

① 《利冲指南》对一般标准3的解释第(b)段。

② 《利冲指南》第二部分:一般标准的实际适用第5点,以及第一部分对一般标准3的解释第(c)段末句。

③ Halliburton Company (Appellant) v. Chubb Bermuda Insurance Ltd. (formerly known as Ace Bermuda Insurance Ltd.) (Respondent), 2020 UKSC 48.

④ Halliburton 案,英国最高法院判决第117~118段。

定。例如,2015 年《中国国际经济贸易仲裁委员会仲裁规则》(以下简称《贸仲规则》)第 32 条规定,当事人对仲裁员的独立性和公正性产生正当怀疑时,在说明回避事由并提出证据的基础上,可以书面请求该仲裁员回避。同样,应予回避的情形也远比应予披露的范围小。2021 年《中国国际经济贸易仲裁委员会仲裁员守则》第 9 条规定,仲裁员应当保证开庭和合议的时间,不得因其他事务随意影响案件审理,遇有特殊情况须提前报告仲裁机构。这意味着,虽然职业伦理要求仲裁员应当准时出庭,但这项要求难以成为仲裁员回避的正当事由。当然,这不是说仲裁员可以随意对待职业伦理,在仲裁这种名誉型行业,风评不佳的仲裁员更容易被淘汰。①

(二)仲裁员利益冲突案例样本概貌

为了确保能够真实反映仲裁员利益冲突问题在国内实践中的情形,本次搜集到的案例不仅源于中国国际经济贸易仲裁委员会(以下简称贸仲委)的内部数据,还包括"无讼案例"数据库。经统计,近三年来,贸仲委受理回避申请 71 项,作出书面回避决定 0 份;全国法院系统受理涉及仲裁员利益冲突案件 989 件,法院裁定撤销或不予执行 6 件。其中,2020 年法院共受理涉及仲裁员利益冲突案件 211 件,裁定撤销或不予执行 0 件;2019 年法院共受理涉及仲裁员利益冲突案件 370 件,裁定撤销或不予执行 6 件;2018 年法院共受理涉及仲裁员利益冲突案件 408 件,裁定撤销或不予执行 0 件。经过多方对比,特别是对"中国裁判文书网"和"北大法宝"数据库另行抽样确认,本文发现,以上数据基本能够反映仲裁员利益冲突案件在司法实践中的真实情况。需要说明的是,限于时间及数据获得的难度与工作量,这里并没有统计国际上的相关情形。

由以上数据可知,以利益冲突为由决定仲裁员回避或消灭裁决效力的案件,在实务中维持在一个较低的比例。出现这种情况,不是仲裁机构或法院未尽勤谨,行内人都知道,实务中,一般而言,仲裁员在接受指定时如自认为存在理应回避的情形,就不会接受指定,当然也就不会走到由仲裁委员会决定其回避的那一步。此外,仲裁员在被当事人申请回避后,即使明知其申请理由不成立,为避免无谓纷扰或妨碍仲裁程序的推进,通常也会自愿退出,较少选择由仲裁机构决定,或者裁决作出后由法院认定,从而导致裁决受到挑战。所以,此种

① 参见宋连斌、颜杰雄:《申请撤销仲裁裁决:现状 · 问题 · 建言》,载《法学评论》2013 年第 6 期。

数据一方面,意味着中国已经初步建立了一支高素质的仲裁队伍,仲裁正稳步上升为公众认同的争议解决方式。另一方面,这也体现了中国法院对仲裁的支持和信任。下文对搜集到的案例进行分类整理,并对其中的重要案例和关键问题作专门评析。

二、仲裁员利益冲突的典型样本解析

就国际层面,本文仅分析了近期为数不多的引起重大国际影响的案例。国内实践要丰富得多。本次搜集到的仲裁员利益冲突案例,大致可分为违反仲裁法规、违反仲裁规则、违反仲裁员守则以及其他案例四种类型。分析典型案例,对于明晰仲裁员利益冲突问题的边界,具有重大参考意义。

(一)国际典型案例

1. 孙杨案

瑞士联邦最高法院于2020年12月22日判决撤销国际体育仲裁院(Court of Arbitration for Sport,CAS)对中国著名泳将孙杨禁赛8年的处分,[①]原因是该案仲裁庭首席仲裁员弗拉第尼(Franco Frattini)曾发表过激的言论。[②] 具体经过是:孙杨在申请撤销仲裁裁决期限届满后,发现一篇文章指称该案仲裁庭首席仲裁员在仲裁之前和仲裁期间,在其个人的公开推特账户上发表涉及中国和犬类权益的过激言论,因而向瑞士联邦最高法院声称该仲裁员存在偏见,申请将案件发回重新仲裁。瑞士联邦最高法院认为,在申请是否逾期方面,当事人对仲裁员的公正性和独立性的关切义务是有界限的,并不要求其耗费大量时间去审查仲裁员在各种社交网络上是否有不当言论,并且本案中CAS和世界反兴奋剂机构(World Anti – Doping Agency,WADA)也无法证明孙杨在行使权利时早已知晓这些言论,因此孙杨的申请并未逾期;在实体方面,仲裁员有言论自由,本案首席仲裁员的大多数过激言论并不直接涉及孙杨本人,因此与本案无关。但该法院亦认为,该仲裁员在孙杨案仲裁过程中对中国和犬类权益问题的

① 2020年2月28日仲裁庭判定孙杨违反《国际泳联兴奋剂管制条例》(FINA Doping Control Rules)第2.5条,禁赛8年。2021年6月22日,CAS新组建的仲裁庭经重新仲裁,改为判处孙杨4年零3个月(51个月)禁赛。

② 其言论具体内容请参见瑞士联邦最高法院在本案判决第5大段中的引述,Federal Tribunal decision 4A – 318/2020,2020年12月22日,https://www.swissarbitrationdecisions.com/atf-4a-318-2020。

过激言论中提到的"黄脸"(yellow face)一词,修饰的名词是单数,涉及种族主义,因此可能令人(孙杨)在客观上对其公正性产生合理怀疑,因此法院批准将案件发回重新仲裁,并且罢免了首席仲裁员。瑞士联邦最高法院在其判决中明文援引《利冲指南》一般标准第2(c)条,[①]认为从理性的第三人看来,首席仲裁员弗拉第尼的推特发文可导致对其公正性的正当怀疑,足以造成其有偏见的外观或表象。法院认为尽管仲裁员可以在社交媒体中提倡其信念(如在本案涉及提倡动物的权利),但其仍应有所自制地表达意见,不论其在发表意见时是否正在执行仲裁员职务。

孙杨案当然不是一个典型的国际商事仲裁案例,但鉴于申请撤销CAS裁决的管辖法院是瑞士联邦最高法院,其审查的依据与一般国际商事仲裁裁决无异,所以此案关于仲裁员操守的讨论,对一般国际商事仲裁的仲裁员也具有警示意义,而不仅仅限于体育仲裁领域。

2. Halliburton 案

英国最高法院于2020年11月27日在Halliburton案的判决受到广泛的关注。本案涉及同一仲裁员肯尼思·罗基森(Kenneth Rokison QC,以下简称Rokison)在先后共三起涉及同一漏油事件的仲裁案件中担任仲裁员,却没有披露其已在相关案件担任仲裁员的事实。当Halliburton Company得知Rokison在关联案件担任仲裁员后,以此为由向英国法院申请Rokison回避,原审法院驳回申请,经Halliburton Company上诉至最高法院,最高法院认为Rokison在相关的后案中的确负有法定的披露义务,[②]并且未尽其披露义务;但考虑所有相关的情况,认为一位公正且知情的观察者(fair - minded and informed observer)并不会因此得出Rokison存在偏见的真正可能性(real possibility of bias)的结论。[③] 因此,驳回上诉。从本案可见,英国最高法院关于判断仲裁员是否具有利益冲突时,所适用的判断标准也是客观标准。

此外,英国最高法院在本案中探讨仲裁员的披露义务与保密义务间的关

① 瑞士联邦法院判决第7.4段,Federal Tribunal decision 4A - 318/2020,2020年12月22日,https://www.swissarbitrationdecisions.com/atf - 4a - 318 - 2020。

② Halliburton Company (Appellant) v. Chubb Bermuda Insurance Ltd. (formerly known as Ace Bermuda Insurance Ltd.) (Respondent), 2020 UKSC 48,第145段。

③ Halliburton案,英国最高法院判决第149~150段。

系,其认为:仲裁员披露的法律义务并不凌驾于英国法中仲裁员的隐私和保密义务之上。如果对于需要披露的信息负有保密义务,则只有在负有保密义务的当事人同意的情况下,才能披露。该同意可以是明示的,也可以从仲裁协议本身在相关领域之仲裁的习惯及实践中推定。[①] 仲裁员的披露义务是披露可能引起对其公正性产生合理怀疑的事项,[②]未披露相关事项是公正和知情的观察者在评估是否存在偏见时应考虑的一个因素。[③]

(二)国内典型案例

1. 违反仲裁法规

(1)仲裁员收取当事人或其代理人的财物

为了转移资产、对抗银行的合法债权,A 与 B 恶意串通,捏造双方在 2012 年订立房屋租赁合同的虚假事实。独任仲裁员 C 在事先接受过当事人的咨询、明知该房屋租赁纠纷涉及虚假仲裁的情况下,仍然采信伪造的证据,并根据双方的虚假陈述作出仲裁裁决。事后,独任仲裁员 C 收取 A 给予的 53,000 元好处费。[④]

不难看出,独任仲裁员 C 的行为构成利益冲突,不应接受指定,或者至少在接受指定时应予以充分披露并得到双方当事人的接受,否则就必须回避。应回避而没有回避的,其所作裁决应当裁定予以撤销或不予执行(视当事人寻求的救济)。需要注意的是,除了民事责任之外,独任仲裁员 C 还需承担刑事责任。虽然独任仲裁员 C 的编制不在仲裁机构,不属于事业单位中从事公务的人员,但其行为符合非国家工作人员受贿罪的一般特征。然而,根据 2016 年最高人民法院、最高人民检察院《关于办理贪污贿赂刑事案件适用法律若干问题的解释》第 11 条第 1 款,非国家工作人员受贿罪的立案金额须达到人民币 6 万元,因此独任仲裁员 C 虽有受贿行为,但受贿金额未达到入罪标准,故以枉法仲裁罪追究其刑事责任。这一罕见的案例表明,隐瞒真相不予披露、不予回避,甚至接受当事人的财物,情节严重的,可能涉嫌犯罪。

---

① Halliburton 案,英国最高法院判决第 88 ~ 104 段。

② Halliburton 案,英国最高法院判决第 107 ~ 116 段。

③ Halliburton 案,英国最高法院判决第 117 ~ 118 段。

④ 参见昆明市中级人民法院刑事判决书,(2018)云 01 刑终 703 号。

(2)仲裁员私自会见当事人或代理人

A与B因工程承包合同产生纠纷,将争议提交北京仲裁委员会(以下简称北仲)仲裁。在案件审理的过程中,仲裁员C私自接受A的宴请,并与A的律师讨论案情。裁决作出后,A以其选定的仲裁员C私自会见当事人为由请求撤销裁决,但B却对C的独立性和公正性不持异议。[①]

与上一个案例不同,本案中C的行为不构成利益冲突。首先,大前提依旧是《仲裁法》第34条第4项,即仲裁员不得私下接受当事人的宴请。但是,这一事项只能初步证明仲裁员缺乏独立性和公正性,如果能够提供有力反证。例如,当事双方均认为C不存在实质偏见,该款自然无法适用。其次,在确定小前提时,不仅要确认C私下接受宴请的事实,还要考虑当事双方的态度。A在整个仲裁程序中均未提出回避申请,可以认为其对C的独立性和公正性放弃了提出异议的权利。而B在获知C私下接受宴请的事实之后,仍然接受C的独立性和公正性。最后,鉴于仲裁的本质属性是契约性,在判断仲裁员的独立性和公正性时,仍应优先考虑当事人共同的主观意愿,不能确定当事各方意思表示交集的,方可根据"知情理性第三人"在重构语境下的理解作出推导。[②] 既然当事双方都认为C的行为不构成实质偏见,当然不能据此否认裁决的效力。

(3)代理人和仲裁庭成员在同一仲裁机构拥有仲裁员资格

A与B因借款合同产生纠纷,遂将争议提交宜昌仲裁委员会仲裁解决。其中,B的代理人C在宜昌仲裁委员会拥有仲裁员资格。裁决作出后,A认为,根据2010年《律师和律师事务所违法行为处罚办法》(以下简称《违法处罚办法》)第7条第5项,C与仲裁庭组成人员是同一仲裁机构的在册仲裁员,属于可能影响仲裁庭公正裁决的同事关系。法院支持了A的观点,对涉案仲裁裁决予以撤销。[③]

判断法院的裁判逻辑是否正确,需要考察法院是否选用了正确的大前提。首先,法院意图撤销仲裁裁决,必须找到合适的法律依据。在本案中,最可能的

---

① 参见北京市第四中级人民法院民事裁定书,(2020)京04民特715号。

② 参见叶金强:《合同解释理论的一元模式》,载《法制与社会发展》2013年第2期;董冠洋:《美国法中的合同解释规则研究》,载沈四宝、王军主编:《国际商法论丛》第13卷,法律出版社2014年版,第303~318页。

③ 参见宜昌市中级人民法院民事裁定书,(2017)鄂05民特1号。

撤裁事由是《仲裁法》第58条第1款第3项中的“违反法定程序”。其次,要对大前提进行法律解释。如上所述,最高人民法院在《关于适用〈中华人民共和国仲裁法〉若干问题的解释》第20条对“违反法定程序”作出了正式解释,其内涵仅包括违反仲裁法规定的仲裁程序或者当事人选择的仲裁规则可能影响正确裁决的情形。最后,要对法律进行正确适用。显然,《违法处罚办法》是司法部制定的部门规章,既不属于仲裁法的规定,也不属于对仲裁法作出的解释,不能成为撤销仲裁裁决的依据。从另一个角度看,将《违法处罚办法》第7条第5项作为撤裁依据本身就是不当的。如果一方恶意聘请具有仲裁员资格的律师担任己方代理人,实际上会导致仲裁机构的在册仲裁员均需回避,这会造成仲裁程序根本无法推进。同时,由于仲裁协议具有妨诉效力,法院也无法受理仲裁协议项下的争议,最终会形成诚信当事人反而救济无门的尴尬局面。①

2. 违反仲裁规则

(1)当事人未收到披露声明

A与B因建设工程施工合同产生纠纷,遂将争议提交六盘水仲裁委员会仲裁。按照《六盘水仲裁委员会仲裁规则》第20条,仲裁机构应将仲裁员签署的披露声明转交给当事人,但转交工作未完成。在仲裁程序进行的过程中,当事双方对仲裁员的独立性和公正性均不持异议。裁决作出后,A以仲裁员的信息披露存在严重瑕疵为由,请求撤销仲裁裁决。②

这种行为虽然是对仲裁规则的轻微违反,却不一定意味着仲裁员欠缺独立性和公正性,更不会导致裁决被撤销。首先,与回避不同,披露具有职业伦理性质,待披露的事项往往比回避事由更宽泛。如果仲裁员拒绝披露或披露不及时,只能说仲裁员涉嫌违反职业伦理,不意味着仲裁员必然需要回避。③ 其次,仲裁机构已于庭审前10日将仲裁庭组成人员的名单邮寄给双方当事人,充分保障了A申请回避的法定权利。最后,仲裁庭在庭审中询问双方当事人是否申请回避,A与B均明确表示不申请回避。这意味着双方已经认可了仲裁庭的独立性和公正性,放弃了提出异议的权利,随后不能出尔反尔。

---

① 参见林洋:《论仲裁协议的调查方式》,载《重庆大学学报(社会科学版)》2019年第2期。

② 参见六盘水市中级人民法院民事裁定书,(2020)黔02民特18号。

③ 参见徐三桥:《仲裁员的披露与回避问题探讨》,载《商事仲裁与调解》2020年第3期。

(2)仲裁员披露不充分

A与B因股权合同产生纠纷,于2017年8月将争议提交贸仲委仲裁。因当事各方就仲裁庭的组成问题无法达成一致,贸仲委指定C担任首席仲裁员。C自2008年6月至2014年12月分别担任中国某集团总法律顾问、副总裁、副董事长兼总经理,2012年北京D律师事务所北京分所曾为中国某集团代理案件,而B的代理人是北京D律师事务所广州分所律师。2017年11月,C在披露声明中未提及上述情况,双方当事人也没有在规定时间内提出回避申请。裁决作出后,A认为,首席仲裁员C未按照《贸仲规则》第31条第1项进行充分披露,裁决应予撤销,法院同意这一看法。①

如上所述,披露属于仲裁员职业伦理的范畴,披露不充分不是撤裁依据。在本案中,判断法院的裁判是否正确,还要结合案情确定待披露事项是否构成回避事由。第一,至案发时,首席仲裁员C从原单位离职已近3年,距离北京D律师事务所为中国某集团代理案件已逾5年,如此长的时间不仅割裂了首席仲裁员C与原单位的经济往来,也冲淡了首席仲裁员C与北京D律师事务所的利益联系。第二,北京D律师事务所是中国规模最大的律所之一,分所与总所之间是加盟关系,不是设立与被设立的关系,各个分所之间的独立性也很强。即使能够证明中国某集团与北京D律师事务所北京分所存在业务往来,也不意味着中国某集团与该律所其他分所存在密切的利益联系。第三,中国某集团是骨干央企,规模庞大,事务繁多。首席仲裁员C虽然曾经担任过公司高管,却不一定对每项具体业务都加以过问。在不能证明首席仲裁员C是案件直接经办人的情况下,很难证明其在2012年与北京D律师事务所北京分所有过直接接触。第四,A在仲裁过程中没有及时提出异议,已经构成弃权,不能以仲裁员存在利益冲突为由质疑裁决的有效性。

(3)代理人与仲裁员在同一律所工作

A与B因商品房买卖合同产生纠纷,遂将争议提交邵阳仲裁委员会仲裁。《邵阳仲裁委员会仲裁规则》第38条规定,仲裁员与代理人在同一单位工作的,应予回避。但是,在组庭环节,A指定C作为仲裁员,C和B的代理人同为湖南D律师事务所律师,双方均未在规定的期限内申请仲裁员回避。裁决作出后,A

---

① 参见深圳市中级人民法院民事裁定书,(2018)粤03民特601号。

以代理人与仲裁员在同一律所工作、违反仲裁规则为由，请求撤销仲裁裁决，法院支持了 A 的请求。①

《邵阳仲裁委员会仲裁规则》将“代理人和仲裁员在同一个单位工作”作为回避事由，有一定的合理之处。然而，判断仲裁员是否与代理人存在利益冲突，还要考虑单位的规模和其他情况。经查询，湖南 D 律师事务所的律师人数只有 18 人，C 和 B 的代理人熟识的概率极高，如果不存在相反证据，可以认为两者之间存在较强的利益联结。从这个角度看，法院认定 C 应予回避确有合理之处。但也应该注意到，A 对己方选定的 C 十分了解，却没有在规定的时间内要求其回避，这种行为可能已经构成弃权。法院在裁决作出后允许 A 对此再行争论，似有鼓励不诚信仲裁之嫌。

3. 违反仲裁员守则

(1)仲裁员在关联案件中接受重复指定

A 与 B 因铬矿销售合同发生纠纷，遂将争议提交北仲仲裁，并选定仲裁员 C、D、E 组成仲裁庭，在规定的时间内无人申请仲裁员回避。与此同时，在另一个正在进行的关联案件中，组庭情况亦是如此。裁决作出后，A 以仲裁庭组成违反北仲《仲裁员守则》第 5 条第 9 项——一方当事人两年内曾指定首席仲裁员担任其他案件仲裁员，请求法院不予执行仲裁裁决，法院支持了 A 的诉求。②

北仲《仲裁员守则》第 1 条规定，本规则属于仲裁员职业伦理，不是仲裁规则的组成部分，无意构成仲裁员必须强制遵守的规范。这意味着，欲以《仲裁员守则》第 5 条第 9 项不予执行仲裁裁决，必须结合案件的具体情况，证明仲裁员存在实质偏见。首先，A 两年内多次指定 C 担任仲裁员的，C 因该指定行为反复获得仲裁员报酬，可能使当事人产生仲裁员存有偏向的顾虑。但是，即使按照这种思路推理，如果 C 在后案中担任仲裁员，与 B 选任的仲裁员 D 相对，恰好表明仲裁庭至少在形式上不偏不倚。而首席仲裁员和独任仲裁员由当事双方共同指定，初步看来不会因为领取报酬的行为，而偏向其中一方。所以，只有前案中的边裁 C 在后案中担任首席仲裁员时，仲裁庭的平衡才有可能被打破，而这种情况并没有出现在本案中。其次，贸仲委《仲裁员行为考察规定》也对这

① 参见邵阳市中级人民法院民事裁定书，(2019)湘 05 民特 15 号。

② 参见朔州市中级人民法院执行裁定书，(2019)晋 06 执异 11 号。

种情况进行了规定,但认为同类案件和关联案件属于除外情形。原因在于,关联案件之间案情基本重合,当事人提出的仲裁请求甚至完全一致,选任相同的仲裁员,有利于高效审理,提高法律适用的正确性。最后,当事人在仲裁进行的过程中没有及时提出异议,已经构成弃权,不能据此再行质疑仲裁员的独立性和公正性。

(2)仲裁员在另案中曾为代理人律所出具专家意见

A与B因股权转让协议发生纠纷,于2019年将争议提交贸仲委仲裁。在得知贸仲委指定X担任首席仲裁员之后,B聘请W律师事务所的律师担任代理人。注意到这种变化,A根据贸仲委《仲裁员行为考察规定》第6条第1项——仲裁员两年内与代理人单位存在业务往来,请求首席仲裁员X回避。事实依据在于,2016年7月,W律师事务所曾委托包括首席仲裁员X在内的13位法学专家,就H公司股权争议案所涉董事会决议效力、一致行动人等相关法律问题提供《专家意见书》。①

根据贸仲委《仲裁员行为考察规定》,仲裁员两年内与代理人单位有业务往来的,属于仲裁员伦理道德范围内的披露事项。这种情况是否构成回避事由,还要综合时间、经办人、与本案是否相关等因素进行判断。首先,如果仲裁员经常通过为特定律所出具专家意见获取报酬,在经济上对该律所形成一定依赖,这能够证明仲裁员存在偏向该律所律师的可能。但在本案中,首席仲裁员X只是偶尔为W律师事务所出具专家意见,上一次存在联系的时间是三年前,如此长的时间已经冲淡了两者之间的利益连接。其次,如果律所近期负责联系仲裁员出具专家意见的律师,与仲裁案件中一方的代理人相同,也能够证明仲裁员和一方代理人有可能存在密切联系。但在本案中,没有证据表明首席仲裁员X和来自W律师事务所的律师相识,这使两者之间存在利益输送的可能性变得微乎其微。最后,如果仲裁员出具专家意见的案件,与本案构成关联案件,不仅意味着利益联系,也表明仲裁员可能已经存在先入为主的偏见。但是,本案与H公司股权争议案完全没有联系,这也从侧面证明仲裁员无须回避。

(3)案件类型未被列入公示的仲裁员专长领域

A与B因私募投资基金合同发生纠纷,遂将争议提交贸仲委仲裁。由于当

① 根据贸仲委关于某框架协议争议案X仲裁员不予回避的决定。

事双方无法就仲裁庭的组成达成一致，贸仲委指定 X 担任首席仲裁员。B 主张，从贸仲委网站上公示的内容看，首席仲裁员 X 主要从事保险法律事务工作，没有从事私募投资基金法律事务工作的经验。而贸仲委《仲裁员行为考察规定》第 6 条第 5 项则规定，仲裁员不熟悉案件涉及的专业领域，难以胜任审理工作的，不得接受指定，据此申请首席仲裁员 X 予以回避。①

贸仲委《仲裁员行为考察规定》将"仲裁员不熟悉案件涉及的专业领域"作为回避事由，只是职业伦理范围内的规定，不能证明仲裁员欠缺独立性和公正性。当然，这不意味着仲裁员完全不熟悉相关领域就是合理的。如果案件类型归属于金融领域，而首席或独任仲裁员既非经济专家，也非法律专家，而是知名的建筑造价工程师，仲裁庭能否正确适用法律惹人生疑。但在本案中，首席仲裁员 X 在金融和法律领域皆有造诣，显然无须回避。此外，贸仲委网站上展示的仲裁员专长仅为介绍性，且只展示仲裁员的部分特长，并不足以覆盖首席仲裁员 X 的全部工作经验和专业领域。

4. 其他情形

(1) 仲裁员和一方代理人曾共同参加学术活动

A 与 B 因土地合作开发协议产生纠纷，遂将争议提交贸仲委仲裁。在组庭环节，贸仲委指定 C 担任首席仲裁员，双方当事人均未在规定的时间内提出回避申请。裁决作出后，A 以仲裁员存在实质偏见为由，请求法院撤销仲裁裁决。依据在于，首席仲裁员 C 与 B 的代理人曾共同参加某民法典研讨会，两者可能因此相熟。②

共同参加学术活动，不属于仲裁法规、仲裁规则和仲裁员守则明令禁止的事项，一般不是质疑仲裁员独立性公正性的合理依据。当然，这不意味着仲裁从业者可以利用学术活动作掩护，行利益输送之实。如果仲裁员和一方代理人在学术活动中合作发表论文，就可以证明两者之间存在比较密切的联系。但在本案中，首席仲裁员 C 与 B 的代理人因接受会议主办方邀请作为嘉宾或作为听众共同参加学术交流性质的研讨会，属于正常的公开社会活动，对双方而言都具有偶然性。如果没有证据证明参会人员在参加研讨会时存在不合理的私下

① 根据贸仲委关于某基金合同争议仲裁案 X 首席仲裁员不予回避的决定。

② 参见北京市第四中级人民法院民事裁定书，(2019)京 04 民特 356 号。

交流,便无法认定该种共同参会行为超出了社会交往的合理范围,并构成需要回避的利害关系。

(2)仲裁员之间系校友关系

A与B因采购合作协议发生争议,遂将争议提交贸仲委仲裁。在组庭阶段,A指定C担任仲裁员,B指定D担任仲裁员,贸仲委指定E担任首席仲裁员。A随即提出书面申请,请求首席仲裁员E回避。原因在于,D和首席仲裁员E同为某大学法律系同届校友,两者之间可能存在较为亲密的同学关系。这意味着,如果D因B的指定行为心怀感激,这种偏向可能传导给首席仲裁员E。①

具有法律强校教育背景的仲裁实务人士,市场竞争力更强,经手的案件往往更多,这导致在同一个案件中,仲裁庭成员之间、仲裁员和代理人之间系校友关系的情形并不少见。然而,校友关系不一定构成利益冲突。强行对仲裁员施加高标准的披露义务,要求仲裁员披露所有可能的校友关系,完全在仲裁员的能力范围之外。如果没有特殊情况,仲裁员无须披露同年级同学或不同年级的校友关系,因为其中的大部分人仲裁员可能根本不相识。只有缩小到同班同学(或其他特殊情形)的范围,才属于合理的披露范围。但披露只属于道德伦理的范畴,如果没有其他直接证据,亦不能证明仲裁员可能存有偏见。

(3)仲裁员和当事一方系师生关系

A与B因销售合同发生纠纷,遂将争议提交北仲仲裁。在组庭环节,B指定北京某大学教授C担任仲裁员,而B的代理人亦在该大学有过教育经历。注意到这一事实后,A以存在师生关系为由,请求C回避。②

在专业领域声誉很高的大学教授,是理想的仲裁员人选,这使得师生关系在仲裁领域广泛存在。③ 一般而言,一个学生在某门课程的老师只有一个,而某位老师在授课或讲座时面向的受众可能人数众多。如果要求仲裁员接受指定时披露这种广泛的师生关系,有时是强人所难,因为老师对课堂或讲座上出现的大多数学生可能都没有印象。即使老师能够记得住学生,也不意味着老师会

① 根据贸仲委关于某仲裁案X首席仲裁员不予回避的决定。

② 参见北京市第四中级人民法院民事裁定书,(2018)京04民特532号。

③ 参见王红松:《中国仲裁面临的机遇与挑战》,载北京仲裁委员会、北京国际仲裁中心编:《北京仲裁》第1辑,中国法制出版社2008年版,第1~18页。

因为这层关系而有所偏袒,因为老师毕竟要维护自己在学生心目中的公正形象。当然,一些特殊的师生关系,可能意味着密切联系。例如,一方当事人、代理人指定其学位论文的指导老师担任仲裁员的,很可能属于回避情形。

三、结语:问题与建议

作为当代国际商人法,仲裁是商人社会解决争议的"通用语言"。[①] 在保有中国仲裁特点的同时,应该重视仲裁的统一化趋势。自《仲裁法》1995 年生效以来,虽然相关法律规定目前没有变化,在主流仲裁机构的推动下,中国仲裁员利益冲突及回避制度变化巨大,与国际主流实践逐步靠拢。相反,如果有关仲裁员制度依旧坚持模糊化的内核,其中的不确定性和潜在风险(如刑法上关于枉法仲裁、虚假仲裁的规定)将可能使国际仲裁员不乐于甚至拒绝到中国仲裁,这不仅提高了域外当事人在中国仲裁的门槛,也减少了中国仲裁界接触国际仲裁实践的机会,对于提高中国仲裁的美誉度反而不利,也不利于国内仲裁员学习和积累国际先进经验。要避免这些后果,必须正视仲裁员利益冲突及回避问题,对相关制度不断进行优化整合。[②]

(一)建立仲裁员利益冲突分级机制

为了在最大限度内明晰仲裁员的行为边界,可以吸收《利冲指南》的理念,建立中国的仲裁员利益冲突分级机制。这里,最高层级是仲裁程序准据法中的强制性规定。其中,法定回避义务不仅构成回避事由,也可作为撤销或不予执行仲裁裁决的依据。但是,不具有强制性的披露义务属于仲裁员职业伦理的范畴,不单独对仲裁裁决产生否定效力。中间层级是当事人、仲裁机构和仲裁员认同的仲裁规则或仲裁协议。需要注意的是,约定的回避义务,与法定回避义务不相重合的部分,不应成为消灭裁决效力的必然依据。最低层级是仲裁员守则。此类规范既不是法律规定,也不是合同约定,仅仅是职业伦理的要求。但这并不意味着道德要求不重要,仲裁员严格遵守职业伦理,是消除仲裁灰色地带,增强公众选择仲裁的信心,提升仲裁吸引力的重要保障。目前,中国仲裁员

---

① 参见[丹麦]麦卡锡·林登:《仲裁的起源及其意义》,周园、吴卡译,载黄进、肖永平、刘仁山主编:《中国国际私法与比较法年刊》第 16 卷,法律出版社 2013 年版,第 348 ~359 页。

② 参见宋连斌:《中国仲裁员制度改革初探》,载韩德培等主编:《中国国际私法与比较法年刊》第 4 卷,法律出版社 2001 年版,第 575 ~604 页。

职业伦理还处于形成初期,但采纳以《利冲指南》为代表的国际最佳实践的趋势是明显的。

(二)明确当事人弃权的后果

诚实信用原则不仅是实体法领域的基本原则,也适用于程序法领域。2018年最高人民法院《关于人民法院办理仲裁裁决执行案件若干问题的规定》第14条第3款规定,当事人知道或理应知道仲裁程序准据法或仲裁规则未被遵守,却没有及时提出异议的,视为放弃提出异议的权利,裁决作出后不能以违反法定程序为由申请消灭裁决的效力。当然,当事人的弃权范围并非没有边界,因为仲裁员不能既当运动员,又当裁判员。《利冲指南》认为,在下列四种情况下,当事人的弃权行为无效:(1)当事一方选定自己担任仲裁员,或者仲裁员系该方当事人的法定代表人或雇员;(2)仲裁员是当事一方的高管,或者能够实际控制对案件有直接经济利益的当事方或其他实体;(3)一方当事人的输赢对仲裁员利益攸关;(4)仲裁员或其单位定期向当事一方或其关联公司提供咨询服务,从中获得可观的财务收入。

(三)加强仲裁员培训

仲裁的好坏取决于仲裁员。在仲裁日益规范化的今天,仲裁员不仅需要昔日农业社会村中"长老"在村民心目中的崇高威望,还需要具备现代开放社会的专业背景、法律知识和实务经验。这意味着,要想成为好的仲裁员,避开可能的利益冲突,必须经过专业培训。但是,如何确定培训的方式、方法、强度和标准,仍然没有统一的模范答案。一般而言,一名合格的候选联席仲裁员(co - arbitrator),需要熟悉仲裁法和基本的仲裁理论,熟悉仲裁规则和仲裁员守则,能够独立指挥仲裁程序,并可根据模拟案例撰写出合格的裁决书。在此基础上,若想成为合格的首席或独任仲裁员,还须有审理过多起案件的足够经验,严格遵守仲裁员职业道德,保证裁决在法律上的可执行性。目前,虽然一些仲裁机构也进行仲裁员培训,但培训质量良莠不齐。从效率和标准化、灵活性等角度看,未来的仲裁员培训还有很大的改进空间。

商事仲裁庭发布临时措施的标准构建及程序保障

杨润琦*

摘　要：尽管商事仲裁具有天然的国际化趋势，但是一国的仲裁制度首先应当与本国的民事诉讼制度和司法制度相协调。当前《仲裁法征求意见稿》赋予仲裁庭发布临时措施的权力，为仲裁庭在临时救济程序中发挥自身优势提供了前提和框架，颇具进步意义。但具体的标准和程序设置上仍有诸多疏漏，导致在管辖权并行模式下，无法展现仲裁管辖的优势，极易造成偏废。有必要根据不同临时措施的功能和发布措施所处的不同阶段，修改并完善相应的发布标准，并以此为中心搭建相关的决定、救济和执行程序，以保障司法和仲裁伙伴关系的良好运行，使二者在保持独立范式的前提下，发挥各自功能，共同服务于民商事纠纷的解决。

关键词：并行模式　发布条件　程序保障　程序执行

2021 年 7 月 30 日发布的《仲裁法（修订）（征求意见稿）》（以下简称《仲裁法征求意见稿》）增设"临时措施"一节（第 43 条至第 49 条），统合原有的仲裁保全内容与其他临时措施，赋予仲裁庭采取保全措施的决定权，增加行为保全和紧急仲裁员制度。在仲裁临时措施管辖权问题上，将法院专属模式转变为权力并存模式，体现出我国司法与仲裁关系的转变——由司法监督、控制、管理仲裁转向司法协助、支持和保护仲裁，具有进步意义。但当前的框架性制度还远远不够。《仲裁法征求意见稿》中的发布标准过于僵化，且与临时措施的制度功

---

* 杨润琦，北京大学民事诉讼法学博士研究生。

能之间存在错位,将导致仲裁的灵活性、对案情更为了解等优势难以发挥,加之仲裁庭权力的有限性和缺乏强制执行力等局限,使仲裁庭发布临时措施这一轨道在管辖权双轨制运行过程中面临被虚置的危险。从现有研究情况来看,对仲裁临时措施的讨论集中于临时措施管辖权的分配,对具体的程序设置讨论较少;比较法视角较多,理论探讨相对较少;对临时措施中的财产保全和证据保全关注较多,对行为保全和其他措施关注较少。为此,本文将以司法与仲裁的伙伴关系为视角,检视《仲裁法征求意见稿》中关于临时措施的发布标准、决定、救济和执行程序等方面的规定,以期对完善仲裁临时措施制度构建作出有益的讨论。

一、仲裁临时救济程序中仲裁庭与法院的伙伴关系

从国际上仲裁文化的历史演进来看,司法与仲裁之间经历了从仲裁庭高度自治到法院干预、不信任仲裁,再到认可仲裁价值、支持仲裁的历程。[①] 如今,司法支持、监督仲裁已经成为共识,法院与仲裁庭之间为"伙伴关系"的理念被普遍接受。无论是从中共中央办公厅、国务院办公厅印发的《关于完善仲裁制度提高仲裁公信力的若干意见》,还是最高人民法院所发布的一系列司法文件[②]中,均明确表达出司法支持仲裁作为解决商事纠纷重要方式的理念。在此背景下,各项具体仲裁制度均在改革中不断优化。

(一)从法院专属到权力并行模式的转变

由于商事交易越发频繁与复杂,商事仲裁案件数量日益增长、程序日渐复杂,在商事仲裁实践中对临时措施的运用越来越频繁,[③]临时措施在实践中的重要性和必要性越发突出。多年来,学界和实务界对于赋予仲裁庭作出临时措施

---

① 参见邓瑞平、孙志煜:《论国际商事仲裁的历史演进》,载《暨南学报(社会科学版)》2009 年第 6 期。

② 参见《最高人民法院关于仲裁司法审查案件报核问题的有关规定》(法释〔2021〕21 号)、《最高人民法院关于审理仲裁司法审查案件若干问题的规定》(法释〔2017〕22 号)、《最高人民法院关于人民法院办理仲裁裁决执行案件若干问题的规定》(法释〔2018〕5 号)。

③ See Michelle Grando, *The Coming of Age of Interim Relief in International Arbitration: A Report from the 28th Annual ITA Workshop*, Kluwer Arbitration Blog, http://arbitrationblog.kluwerarbitration.com/2016/07/20/the-coming-of-age-of-interim-relief-in-international-arbitration-a-report-from-the-28th-annual-ita-workshop/.

的权力、建立紧急仲裁庭制度、将行为保全纳入保全措施的范围等问题已经基本达成共识。[①] 在《仲裁法征求意见稿》发布后，中国社会科学院国际法研究所、北京市法学会立法学研究会与中国仲裁法学研究会于2020年6月联合推出首份《仲裁专家意见调查问卷》，调查结果显示，在修法是否应在保留法院此项权力的同时，赋予仲裁庭对临时保全措施的决定权，并由法院对仲裁庭的决定进行适当的审查并强制执行这一问题上，有87.25%的受访国内专家表示赞同，国际专家也均表示同意。[②]

事实上，为满足仲裁实践的现实需求，一些仲裁机构已经对临时措施的相关仲裁规则作出修订。例如，《中国国际经济贸易仲裁委员会仲裁规则》（2015年版）第23条第2款和第3款规定："根据所适用的法律或当事人的约定……紧急仲裁员可以决定采取必要或适当的紧急性临时救济措施……仲裁庭依据所适用的法律或当事人的约定可以决定采取其认为必要或适当的临时措施，并有权决定由申请临时措施的一方当事人提供适当的担保。"再如，《中国（上海）自由贸易试验区仲裁规则》（2015年1月1日起施行）专设第三章"临时措施"，规定了仲裁庭和紧急仲裁庭发布临时措施的权力，将临时措施的发布时间由仲裁中扩展到仲裁前、仲裁庭成立前，对临时措施决定的作出、变更、遵守均有所规定（第22条至第24条），但囿于现行《民事诉讼法》与《仲裁法》的规定，《中国（上海）自由贸易试验区仲裁规则》同时也在相关条款增加了"当事人可以根据临时措施执行地所在国家/地区有关法律的规定……"这一前提，以周全不同准据法下的情况。《北京仲裁委员会仲裁规则》（2019年版）在第17条"仲裁保全"规定之外，于第八章"国际商事仲裁的特别规定"中的第62条规定了"临时

① 参见李晶：《国际商事仲裁中临时措施在中国的新发展——以民诉法修改和仲裁规则修订为视角》，载《西北大学学报（哲学社会科学版）》2014年第6期；戴晨、王英民：《国际商事仲裁临时措施法律问题研究》，载《法学杂志》2008年第2期；胡荻：《论国际商事仲裁中仲裁庭的临时保全措施决定权》，载《南昌大学学报（人文社会科学版）》2013年第4期；徐伟功：《论我国商事仲裁临时措施制度之立法完善——以〈国际商事仲裁示范法〉为视角》，载《政法论丛》2021年第5期；赵秀文：《论国际商事仲裁中临时性保全措施的发布与实施》（上），载《河南省政法管理干部学院学报》2002年第3期；赵秀文：《论国际商事仲裁中临时性保全措施的发布与实施》（下），载《河南省政法管理干部学院学报》2002年第4期；严红、张洁：《浅析我国国际商事仲裁临时措施的决定权分配》，载《特区经济》2010年第10期；黄凯绅：《仲裁临时保全措施及法院本位主义：法制变革上的建议》，载《交大法学》2019年第3期。

② 参见毛晓飞：《法律实证研究视角下的仲裁法修订：共识与差异》，载《国际法研究》2021年第6期。

措施”,于第 63 条规定了“紧急仲裁员”,且近年来也已出现相关案例,自 2019 年至 2020 年,北京仲裁委员会共作出 4 个临时措施决定,其中 2 个案件适用了紧急仲裁员制度。① 由此可见,无论是在理论准备上还是实践探索上,我国仲裁界对于仲裁临时措施管辖权并行模式均已不陌生。

在仲裁庭和法院管辖权力的划分上,《仲裁法征求意见稿》采取了当事人自由选择模式,即当事人在提起仲裁申请后,既可以向法院也可以向仲裁庭申请保全措施(第 46 条第 2 款)。在双轨制下,若想充分发挥仲裁庭决定采取临时措施的制度效用,需要基本保持仲裁和司法两套临时救济措施程序决定自发布到执行、标准和效力的相当性,从而使二者能够发挥各自优势,不被偏废。进一步而言,从充分发挥仲裁解决商事纠纷效力的角度来看,应倾向于引导当事人向仲裁提起临时措施申请。其中,最为突出的问题表现在赋予临时措施决定强制执行力。然而临时措施的执行力不可一味依靠立法的强制性规定,从制度运行上看,还受到仲裁庭发布临时措施的标准、程序性保障等一系列规则与法院相应制度的相当性影响。② 若仲裁庭采取临时措施的标准过低,法院对其决定的执行将会导致对国家公权力的滥用;若仲裁庭采取的标准较高,或缺乏可预测性和可执行性,则会导致当事人畏惧选择向仲裁庭提出申请,从而架空仲裁庭采取临时措施的决定权。若对临时措施制度缺乏全局性的设计和考量,仅通过国内立法规定赋予仲裁庭发布的临时措施决定执行力,不但可能导致当事人对其选择权的滥用,还会面临在域外因程序保障不足受到质疑而难以得到承认和执行的情况。如何在仲裁临时措施管辖权并行模式下,合理安排法院与仲裁庭之间的权力格局,划清权力边界以促进二者的分工和协作,还需要从仲裁庭发布临时措施的优势和局限谈起。

(二)仲裁庭发布临时措施的优势与局限

站在当事人视角,仲裁作为一种纠纷替代解决措施之所以能受到青睐,离

---

① 参见北京仲裁委员会/北京国际仲裁中心:《2020 年度工作报告》,载北京仲裁委员会官网,https://www.bjac.org.cn/news/view? id=3890,最后访问时间:2021 年 12 月 26 日。北京仲裁委员会/北京国际仲裁中心:《2019 年度工作报告》,载北京仲裁委员会官网,https://www.bjac.org.cn/news/view? id=3687,最后访问时间:2021 年 12 月 26 日。

② See Stephen Benz, *Strengthening Interim Measures in International Arbitration*, 50 Geo. J. Int'l L. 143.

不开仲裁简便、高效、灵活、多语言、程序保障相对充足、非公开等特点。[①] 不过与当事人协议选择通过仲裁解决纠纷有所不同,除非仲裁协议另有约定,否则在自由选择的权利并行模式下,当事人对临时措施管辖权的选择是单方面的决定。而且仲裁协议多为双方在争议尚未发生时磋商的结果,双方均既可能是申请人也可能是被申请人,但当事人选择临时措施的管辖权是在已经决定提起临时措施申请之后,申请人利益保护才是影响临时措施管辖权选择的考量因素。因此,仲裁庭发布临时措施的标准、程序的便捷性、高效性以及决定的可执行性是影响当事人选择的主要因素。

站在制度设计的层面,由仲裁庭决定采取临时措施有利于最大限度地遵循当事人的仲裁意愿,减少司法对仲裁的干预,维护仲裁的保密性,减轻法院司法负担。而且,作为案件实体争议的裁判者,比之于法院,仲裁庭对案件适用的法律和事实更加了解,从而更有能力对是否采取临时措施作出适当的判断,可以称之为临时救济程序的"天然的裁判者"。[②] 此外,在一些情况下,被申请人出于维护双方友好关系、维护自身在裁决者面前的良好形象、避免仲裁庭对其作出不利推断等因素的考量,愿意自觉履行临时措施的决定,从而发挥仲裁的便捷性、灵活性的优势,节约本就已经十分紧张的司法资源。

但仲裁庭行使临时措施决定权也带有明显的局限性,首先,由于仲裁庭的权力源于当事人的合意,而仲裁协议具有相对性,所以仲裁庭的权力无法约束第三人,进而直接涉及第三人实体权利的临时措施不能由仲裁庭作出决定,而只能由代表国家公权力的法院行使决定权。其次,在仲裁庭组建之前,缺乏发布临时措施的主体,虽然在仲裁提起后可以通过紧急仲裁员制度填补仲裁庭尚未组建的空档,但在当事人提起仲裁申请前,仍需要向法院申请采取临时措施。最后,也是最为重要的一点在于,仲裁庭缺乏强制权力保障其临时措施的执行,以其自身力量难以维护仲裁的权威性,此时必须借助司法的强制性予以解决。[③]

---

① See William Wang, *International Arbitration*: *The Need for Uniform Interim Measures of Relief*, 28 Brooklyn J. Int'l L. 1059.

② See Julian D. M. Lew et al., *Comparative International Commercial Arbitration* 1 (2003), at 589. 转引自 Comment, *International How to Best Commercial Protect Party Arbitration Rights*: *Under the Future Amended of Interim Relief in the UNCITRAL Model Law*, 25 Am. U. Int'l L. Rev. 579。

③ See Gary B. Born, *International Arbitration*: *Law and Practice*, 2nd edition, Wolters Kluwer, §11.01, p. 212 – 213.

由此可见,从作出决定的便利性、准确性和分担商事纠纷解决的压力上来看,由仲裁庭作出临时措施决定更为合理、妥当。但是从便利临时措施的执行性角度看,由法院决定采取临时措施具有天然的优势,尤其在国际商事仲裁中,承认与执行仲裁庭作出的临时措施决定面临巨大挑战。如通过比较克罗地亚法律框架下仲裁庭和法院采取仲裁临时措施的可执行性,玛蒂娜·普鲁佩克(Martina Prpic)律师认为,通常情况下直接向法院申请临时措施对当事人更有利,因为这将缩短执行临时措施的时间,而且对当事人在仲裁程序中的地位没有负面影响。①

(三)伙伴关系中的分工与合作

仲裁庭与法院作为共同促进商事纠纷解决的"伙伴",需要各取所长明确各自的分工,并在另一方力所不及之处"施以援手",这主要体现在以下四个方面:

首先,在仲裁庭权限内,应当引导当事人选择向仲裁提起临时措施申请,发挥出仲裁灵活、便捷、专业、审查便宜的优势,减少司法对仲裁的干预,同时也有利于减轻法院繁重的司法负担。而法院处于辅助地位并保持谦抑,仅在仲裁庭权力所不及时,由法院填补仲裁的局限,如仲裁申请提起前的保全措施以及直接涉及第三人的保全措施必须由法院作出。在自由选择模式下,要想引导当事人向仲裁提起临时措施申请,则不宜对仲裁临时措施的发布标准规定过多限制,而应当交由仲裁规则规定或由仲裁员裁量。

其次,当事人自由选择的双轨制模式下极易引发管辖权冲突,《仲裁法征求意见稿》对此尚缺乏规定。应当增加规定优先原则,在法院和仲裁机构均有管辖权时,由先受理的机构行使管辖权。实践中为防止管辖冲突,也可能在当事人向法院申请临时措施时,要求提供未向仲裁机构提出申请的证明,但此种有行政管理色彩的措施很容易导致地方差异,为当事人申请带来不便,还需以立法明确为宜。

再次,由于临时措施具有暂时性,在仲裁员作出临时措施后,能否要求法院中止、修改或者撤销?笔者认为,司法对仲裁的监督体现在对程序公正的监督,仲裁员依法作出的决定法院无权中止、修改或者撤销,而且在仲裁庭取得临时措施的管辖权后,出于程序安定性的考虑,也应当由仲裁庭继续行使相应权力,

① See Martina Prpic, *Interim Measures in Arbitration*, 13 Croat. Arbit. Yearb. 95.

而不宜变更决断的主体。反之，在法院作出临时措施裁定后，仲裁庭可否中止、修改或者撤销其裁定呢？笔者认为，临时措施裁定具有暂时性和非终局性，随着情况的发展，某项临时措施已经不再具有必要性或适当性，如果作出裁定时申请人所面临的危险或妨害已经消除，如被申请人已经提供反担保等，则仲裁庭有权依据当事人的申请终止、修改原裁定。但同时，仲裁庭也应当尊重法院作出的裁定，无权撤销原裁定，当事人对原裁定不服的，应当依据《民事诉讼法》第111条规定的复议程序寻求救济。

之所以出现此种差异，原因有三：一是仲裁庭作为事实裁判者，距离双方当事人争议涉及的现实情况更近，对案件事实更为了解，所以更有利于及时纠正不符合实际情况或发布条件已经发生变化的临时措施；二是仲裁庭作为实体争议的审理者，对当事人的实体权利分配具有更清晰、更权威的判断，许多情况下，如果申请人缺乏胜诉可能性，采取临时措施只会加重对方当事人的损失和不利，此时由仲裁庭及时变更或终止裁定更合理；三是采取临时措施的决定受到仲裁庭最终裁决的约束，仲裁庭作为案件的决断者，既然可以通过终局裁决否定法院作出的临时措施裁定，也可以作出"中间裁定"否定或部分否定临时措施裁定。当然，与诸如被申请人提供反担保这类使得采取临时措施的必要性欠缺，从而终止保全裁定的情况有所不同，仲裁裁决不受临时措施决定的约束和影响，但需要受到中间裁决的约束。

最后，临时措施的执行权由法院专属，保障仲裁庭临时措施决定顺利得到执行，离不开法院对仲裁的支持，需要赋予临时措施决定强制执行力。但应当注意到，仲裁庭发布临时措施的标准与其执行力紧密关联，如果仲裁庭发布临时措施的标准过分宽松，同时发布的临时措施决定又将得到法院的支持，那么将导致对国家公权力的滥用。反过来侵蚀仲裁的权威性，也使得相关决定在域外难以得到承认与执行。如何合理限制仲裁庭的裁量标准，使其与法院的裁量标准相当，将在下文予以类型化分析。

二、临时措施的发布条件

仲裁庭或法院是否会支持当事人的申请并决定采取临时措施，是自由选择模式下影响仲裁当事人选择的第一因素。为避免当事人只青睐某一主体而使双轨制名存实亡，就需要平衡、协调仲裁庭和法院采取临时措施的标准。而在仲裁庭决定采取临时措施的判断标准体系内部,需要根据临时措施的功能和决定采取临时措施所处的阶段,对不同的临时措施作类型化分析。

根据《仲裁法征求意见稿》第 47 条第 2 款的规定,当事人向仲裁庭申请临时措施一律应当提供担保。这一规定过于僵化、单一,忽视了各类临时措施的不同功能,不但难以起到防止滥用临时措施的制度功能,还严重侵害了仲裁庭的裁量权,甚至可能在事实上架空其他判断标准,有欠妥当。而且,这一规定所表现出的对仲裁庭裁量标准和能力的不信任也缺乏依据。对比《民事诉讼法》第 103 条第 2 款关于诉讼中保全措施的规定,法院在诉讼中采取保全措施当事人并非必须提供担保,是否提供担保由法官裁量决定。而只有在诉讼和仲裁前申请保全措施才必须提供担保(第 104 条)。可是,既然仲裁庭有能力对案件实体争议作出具有"准司法性质"的判断,并由法院强制力保障执行,又何以质疑仲裁庭作出临时措施的审查能力呢?

值得一提的是,《民事诉讼法》第 103 条在适用过程中,法院普遍将"可以"这一任意性规定理解或适用为要求申请人提供足额担保的强制性规定,以致实践中经济实力较强的债权人滥用保全程序,而经济实力较弱的债权人因无法提供担保而不能获得保全,徒受日后执行不能的风险。[①] 究其原因,一是法律没有为其他裁量因素,如胜诉可能性、损失比较等作出指引性规定,较为粗疏的法律规定赋予法官极大的自由裁量权;二是要求申请人提供担保将复杂的审查标准简单化、外部化,看似客观,在出现保全错误时容易追究申请人责任,所以对于法官而言,要求当事人提供担保所面临的裁判责任风险最小;三是在较短时间内法官难以深入审查采取临时措施的必要性和适当性,要求申请人提供担保最具有可操作性。而这一弊端恰恰是仲裁临时救济程序中需要克服和避免的问题,仲裁庭以灵活性、专业性为优势,以当事人的合意为权力来源,人力与财力资源更为充裕,相比法院具有更大的自由裁量空间和判断能力,从而更有能力避免裁量标准的僵化。

---

① 参见丁小巍、汪毅:《我国民事诉讼保全制度的现状及发展》,载《政法学刊》2006 年第 1 期;黄文艺:《比较法视域下我国民事保全制度的修改与完善》,载《比较法研究》2012 年第 5 期;四川省乐山市金口河区法院课题组:《关于民事诉讼中为保全提供担保问题的调研》,载四川省乐山市井研县人民法院网,http://www.jyxrmfy.gov.cn/lilunyantao/1282_201822114438.htm,最后访问时间:2018 年 4 月 21 日。

(一)临时措施的功能分类和发布标准构建

制度的具体规则服务于制度的功能和目的,如何构建临时措施的发布标准还应回归到临时救济程序的制度功能上。从整体上看,临时性措施的制度价值在于弥补纠纷解决程序的滞后性或期间漫长所造成的不利,“保全权利的可实现性”。①《仲裁法征求意见稿》第 43 条将临时措施的功能和目的概括为“保障仲裁程序的进行、查明争议事实或者裁决执行”,三项功能可以大致分别对应行为保全、证据保全和财产保全。一直以来,临时措施在我国民事诉讼制度中规定为保全措施,此次仲裁法修订将财产保全、证据保全、行为保全三类措施均统合到了一节之下,称谓上与《国际商事仲裁示范法》(以下简称《示范法》)保持一致,统称为“临时措施”,并在三种保全措施外增加“其他临时措施”的规定。虽然《仲裁法征求意见稿》将三种保全措施并列规定,有利于行文简洁、规整,但事实上,这三类保全措施有其各自的功能和特点,不应因此忽视各项措施之间的差异,造成实践中的混乱和制度错位。为避免这一危险,还需要从各项措施的功能和目的出发进行类型化分析。本文将各种临时措施的基本功能归纳为以下三类:(1)维持现状或恢复原状,避免损失和不利影响;(2)保存证据、保障仲裁程序顺利进行;(3)保障仲裁裁决有效执行。② 三类主要功能也可以大致对应我国制度框架内的行为保全、证据保全和财产保全。

维持现状或恢复原状,避免损失和不利影响行为的临时措施,可以大致对应我国民事诉讼中的行为保全和部分先予执行制度。③ 在《示范法》第 17 条第 2 款中规定为:“(a)在争议得以裁定之前维持现状或恢复原状;(b)采取行动防止目前或即将对仲裁程序发生的危害或损害,或不采取可能造成这种危害或损害的行动。”其主要功能在于,在漫长的纠纷解决程序中,防止被申请人的作为

---

① 转引自周翠:《中外民事临时救济制度比较研究》,清华大学出版社 2014 年版,第 1 页。

② 参见赵秀文:《论国际商事仲裁中临时性保全措施的发布与实施》(上),载《河南省政法管理干部学院学报》2002 年第 3 期;冀宗儒、徐辉:《论民事诉讼保全制度功能的最大化》,载《当代法学》2013 年第 1 期;See Gary B. Born, *International Arbitration: Law and Practice*, 2nd edition, Wolters Kluwer, § 11. 01[E][7], p. 216;Houston Putnam Lowry, *Recent Development in International Commercial Arbitration*, 10 ILSA J. Int'l & Comp. L. (2004), p. 340。

③ 行为保全在 2012 年《民事诉讼法》修改以前处于制度缺位状态,司法实务部门通过扩张解释先予执行的适用范围,使得先予执行制度承担了行为保全的部分功能。这一历史演变过程也使得当前行为保全与先予执行存在功能重叠。参见李龙、李一鑫:《民事行为保全的功能定位与制度重塑》,载《江西社会科学》2020 年第 1 期。

或不作为持续为申请人带来不利影响,或进一步扩大申请人的损失,而且此种不利影响或损失在事后即使权利关系明确后,也难以通过损害赔偿等方式弥补。所以,决定是否发布行为保全措施应当考虑的因素主要为难以弥补的严重损害和申请人的胜诉可能性。具体而言,首先,申请人所面临的损害事后难以弥补;其次,不采取措施给申请人造成的损害远远大于采取措施可能给被申请人造成的损害;最后,申请人具有胜诉可能性。当然,由于临时救济程序中无法也不应当对案件情况开展深入调查,决断者仅根据当事人提供的初步证据作出判断,所以实践中对这三方面的因素的考量将是相对模糊的、动态的,最终的判断将是各项因素相互补充,综合衡量的结果。比如,虽然对当事人双方可能造成的损害难以衡量,但申请人具有较大的胜诉可能性,则可以支持其申请。① 至于是否要求申请人提供担保,因为担保与保全制度功能并无本质关联,所以当事人提供担保仅可作为弥补上述三项考量因素模糊性的辅助标准或措施。② 质言之,"不可弥补的严重损害"仍然是审查的核心标准,担保金额也依据对此核心标准的审查情况而定,起补充作用,而不可本末倒置。笔者认为,一律要求申请人提供担保的规定不但不合理,而且在实践中这一硬性规定极易架空对损害比较和胜诉可能性的审查,因为相比上述更具有实际意义的标准而言,死板但简单的担保标准极易审查,可以大大降低审查的成本和责任。③

保存证据、保障仲裁程序顺利进行的临时措施,大体对应我国民事诉讼中的证据保全。我国学界将证据保全定义为对证据进行保存和固定的行为。④ 在《示范法》第 17 条第 2 款中规定为:"(d)保全对解决争议可能具有相关性和重要性的证据。"与另外两种保全不同,它并未直接处分当事人的实体权利,而是通过固定证据资料、强化当事人的证据收集能力,保障案件集中审理和事实查明。自 1982 年《民事诉讼法(试行)》第 65 条到 1991 年《民事诉讼法》第 74 条,再到现行《民事诉讼法》第 84 条,证据保全均被规定在"证据"一章中。第 84 条第 3 款规定:"证据保全的其他程序,参照适用本法第九章保全的有关规定。"

---

① 参见毕潇潇:《利益衡量视角下行为保全适用条件研究》,载《当代法学》2019 年第 4 期。

② 参见李曼:《民事行为保全担保制度的完善路径》,载《当代法学》2018 年第 3 期。

③ 相反观点认为:行为保全中除非有免除担保的特殊情形,否则应当为强制担保。参见毕潇潇:《利益衡量视角下行为保全适用条件研究》,载《当代法学》2019 年第 4 期。

④ 参见江伟主编:《民事诉讼法》,高等教育出版社 2004 年版,第 153 页。

“参照适用”的表述也揭示了证据保全与其他两种保全措施具有差异和联系。所以有学者认为，我国的临时救济仅包括保全和先予执行，而保全仅包括财产保全和行为保全。证据保全虽然也有“保全”二字，但并不属于民事保全。[①] 从域外立法实践来看，证据保全和其他临时救济的体系关系存在不同的体例，如德国将临时权利保护程序与诉讼保全程序相分离，而法国的诉前取证或证据保全则属于临时救急的一种。[②] 无论分离还是合并规定，关键在于厘清证据保全的实质，在适用上既适用相通的规则，也需要有所区分。证据保全本质上属于预先进行的证据调查。[③] 所以申请人提供担保与否与保全措施的适用也无直接关联。但是鉴于许多情况下证据本身具有双重属性，如查封、扣押物证可能妨碍相关权利人行使物权；再如保全企业账册可能影响企业生产工作，此时则需要仲裁庭考量损害比较因素，或裁量要求申请人提供担保。《示范法》在第17A条也区分了证据保全与其他种类临时措施的发布条件，将是否适用损害比较或胜诉因素交由仲裁庭裁量。

保障仲裁裁决有效执行的临时措施可以大体对应财产保全，在《示范法》第17条第2款中被规定为：“提供一种保全资产以执行后继裁决的手段。”《仲裁法征求意见稿》沿用2017年《民事诉讼法》第100条的表述，采取保全措施的前提为“一方当事人因其他当事人的行为或者其他原因，可能使裁决不能执行、难以执行或者给当事人造成其他损害的”，遗憾的是该规定仍然没有明确区分财产保全和其他保全措施的适用条件，仅作笼统规定。按照全国人大常委会法制工作委员会民法室的解释，“裁决不能执行、难以执行”和“其他损害”分别对应财产保全和行为保全措施。[④] 财产保全的主要目的在于确保给付之诉判决的执行，在民事司法领域，财产保全制度作为重要的执行工作机制被寄予“从源头上减少进入执行程序的案件数量”的期待。[⑤] 同时，财产保全也有利于促进程序尽

---

① 参见周翠：《中外民事临时救济制度比较研究》，清华大学出版社2014年版，第176页；李仕春：《民事保全程序基本问题研究》，载《中外法学》2005年第1期。

② 参见周翠：《中外民事临时救济制度比较研究》，清华大学出版社2014年版，第145页。

③ 参见段文波、李凌：《证据保全的性质重识与功能再造》，载《南京社会科学》2017年第5期。

④ 参见全国人大常委会法制工作委员会民法室：《中华人民共和国民事诉讼法条文说明、立法理由及相关规定》，北京大学出版社2012年版，第159页。

⑤ 参见刘君博：《财产保全救济程序的解释与重构》，载《清华法学》2018年第5期。

早结束。[①] 所以发布这一临时措施首先应当考虑被申请人是否存在拒不执行裁决的可能性。例如,对于申请人催款请求一直消极应对,存在转移责任财产、经营状况日益恶化等情况。相反,如果被申请人一直与申请人积极磋商解决争议,且被申请人对争议款项具有足够的支付能力,则不符合"难以执行"的要求。其次,需要考虑申请人的胜诉可能性,如果申请人难以胜诉,则也不存在后续的执行问题。但在紧急措施决定阶段,由于尚未审查案件实体争议,程序性保障也因为临时措施的紧急性而大大削减,所以有必要通过要求申请人提供担保的方式,弥补临时措施决定程序中仲裁员对胜诉可能性判断能力不足的问题。由于财产保全所涉及的情况主要为财产利益的划分,申请人担保则发挥着较为重要的作用。

此外,与三种保全措施相并列,《仲裁法征求意见稿》还单独规定了"仲裁庭认为有必要的其他短期措施"(第 43 条第 2 款),该种临时措施的执行"人民法院认为可以协助的,依照相关法律规定执行",[②]可见其他临时措施主要指可执行性较弱,但较三种保全措施更为灵活,制裁手段也更加多元的手段。临时措施的种类多种多样,联合国第二工作组在讨论中也认为临时措施的种类无法穷尽,[③]《仲裁法征求意见稿》规定这一兜底条款,赋予仲裁庭发布其他短期措施的权力无疑有利于发挥仲裁的灵活性优势,值得肯定。

(二)阶段划分和发布标准构建

根据《仲裁法征求意见稿》第 46 条的规定,在提起仲裁前,当事人只能向法院申请保全措施,在提起仲裁后,当事人可以自由选择向法院或者向仲裁庭申请保全措施。向仲裁庭申请临时措施的,在仲裁庭组成以前,由紧急仲裁员对临时措施申请作判断;在仲裁庭组成以后,由仲裁庭对临时措施申请作判断。紧急仲裁员发布临时措施的根本目的与仲裁庭发布临时措施并无不同,二者的区别主要在于在仲裁庭组成前申请临时措施,意味着更强的紧急性。另外,因为紧急仲裁员对案件情况的了解和判断可能与仲裁庭不同,也意味着紧急仲裁

---

① 参见冀宗儒、徐辉:《论民事诉讼保全制度功能的最大化》,载《当代法学》2013 年第 1 期。

② 这一称谓在《仲裁法征求意见稿》条文中出现了前后不一的情况,如在第 48 条中则规定为"其他临时措施"。

③ See Yves Derains & Eric A. Schwartz, *A Guide to the New ICC Rules of Arbitration*, The Hague (et al.): Kluwer Law International, 1998, p. 274.

员制度中发布临时措施的条件应当有所不同。

首先，紧急仲裁员需要对案件的管辖权作出初步的判断，包括对整个案件仲裁管辖权的初步审查和对适用紧急仲裁员程序的审查。对于整个案件的管辖权而言，本次《仲裁法》修改赋予了仲裁庭自裁管辖权，根据《仲裁法征求意见稿》第 28 条第 2 款的规定，“仲裁庭组成前，仲裁机构可以根据表面证据决定仲裁程序是否继续进行”。对于紧急仲裁员程序的适用，根据《仲裁法征求意见稿》的规定，我国采取明示排除的模式，如果当事人未明确约定排除适用紧急仲裁员制度，则一方当事人在提起仲裁申请后，可以自由选择向法院或仲裁庭申请临时措施。

其次，仲裁庭组成前发布临时措施应当具有更高的紧急性标准。紧急仲裁制度的功能在于弥补从提起仲裁申请到仲裁庭组成这一时期内程序的滞后性，在越来越多的商事仲裁案件中，仲裁庭的组成是一个漫长的过程。北京仲裁委员会《2020 年度工作总结》统计数据显示，2020 年北京仲裁委员会共审结案件 5274 件，其中，从立案到结案审理平均天数为 198.37 天，而从组庭到结案平均天数仅为 111.79 天；从立案到结案审理时长的中位数为 174 天，从组庭到结案用时的中位数为 81 天，意味着仲裁庭组庭的平均耗时大概为 86.58 天，将近整个案件审理时长的一半。① 但由于紧急仲裁员并非当事人双方选定，对这一特别程序的适用上也应当保持一定的谦抑。相比于仲裁庭决定采取临时措施，由紧急仲裁员决定采取临时措施对紧急性要求更高。理论上讲，应当达到当事人已经无法等到仲裁庭组建再提起申请的程度。

最后，紧急仲裁员仍需审查上述各类保全措施发布的基本考量因素，如财产保全和行为保全中需要考量难以执行的危险、难以弥补的损害、胜诉可能性和损害比较等。但由于仲裁庭尚未组成，比照诉讼前或仲裁前法院对保全措施申请的审查标准，财产保全和行为保全应当要求申请人提供担保，提高申请的

---

① 参见北京仲裁委员会/北京国际仲裁中心：《2020 年度工作总结》，载北京仲裁委员会官网，https://www.bjac.org.cn/news/view? id=3920，最后访问时间：2021 年 12 月 13 日；另外从 2019 年度总结相关统计数据中也可得出相同结论，2019 年北京仲裁委员会共受理案件 5868 件，其中，从立案到结案审理平均天数为 147.82 天，从组庭到结案平均天数仅为 81.38 天；从立案到结案审理时长的中位数为 130 天，从组庭到结案用时的中位数为 66 天。参见北京仲裁委员会/北京国际仲裁中心：《2019 年度工作总结》，载北京仲裁委员会官网，https://www.bjac.org.cn/news/view? id=3687，最后访问时间：2021 年 12 月 13 日。

门槛,防止权利滥用,也为保全错误提供损害赔偿的保障。而证据保全有所不同,并非所有证据保全都涉及对被申请人实体权利的处分,如固定证人证言等,证据保全的审慎适用主要在于防止摸索证明,所以在不涉及财产权利处分的情况下,要求申请人提供担保缺乏正当性和必要性。

此外,需要注意紧急仲裁员与仲裁庭在程序上的前后衔接,较为极端的情况为,如果仲裁庭组成之日,紧急仲裁员的职责尚未履行完毕,究竟应延迟解散日期,还是由仲裁庭对临时措施重新进行审查?前者有助于节约资源,提升临时措施审查效率,但相较之下,后者在正当性、适当性上都是更合理的选择。首先,后者程序保障更加充足,由当事人选出的仲裁庭相较于被指定的紧急仲裁员更符合仲裁的合意性。其次,从权力行使角度来看,《仲裁法征求意见稿》第49条第2款规定:"紧急仲裁员的权力保留至仲裁庭组成为止。"所以在仲裁庭组成后,紧急仲裁员已经不再具有发布临时措施的权力基础。最后,仲裁庭已经组建,临时仲裁员制度弥补组庭时间过长的制度功能已经大打折扣,再由紧急仲裁员依照较高的紧急性标准作出决定的必要性已经大大减损。因此,在上述情况下,紧急仲裁员应当将相关审查材料移交仲裁庭,由仲裁庭对临时措施重新进行审查。

三、临时措施的程序保障

对审查标准的正确判断离不开程序为仲裁各主体所提供的场域。鉴于商事仲裁的私利性和合意性,临时措施程序的启动需要经一方当事人申请,仲裁庭不能主动启动。这一问题几乎不存在争议,《仲裁法征求意见稿》对此也有明确规定,所以本文不再赘述。在审查程序上,有必要设置基本程序和单方参与程序,以平衡不同情况下程序保障要求与临时措施紧急性的内在张力,并以前者为原则后者为例外适用。虽然适用单方参与程序作出的临时决定一定程度上牺牲了被申请人的程序参与权,但在程序适用的条件、单方面临时措施的效力以及救济程序上均有所平衡。所以应当赋予仲裁庭较为宽泛的程序裁量权选择适用恰当的程序,以期灵活应对复杂多变的情势。

(一)仲裁庭决定临时措施的基本程序

仲裁庭权力源于双方当事人的授权,无论从权力来源还是从正当程序原则的要求来看,临时措施的决定程序应当以对审程序为原则。尽管由于临时救济具有紧急性，而且关于临时措施决定并非对当事人实体权利义务关系终局的裁判，具有暂时性，所以在程序上应当有所简化，如省略言词辩论和完全举证。但根据紧急程度的不同，仍应当遵循程序保障的基本原则，尽可能地保障被申请人的知情权、程序参与权。正如谷口安平教授所言，即使是非讼案件也并不一定要求降低当事者参加程序的程度，而“应当在综合考虑当事者利害对立的程度、当事者提出主张和证据的可能性、牵涉公共利益的程度等各种要素的基础上决定对当事者参加的程序保障”。[①] 在临时措施决定程序的对审结构中，是否口头辩论，抑或口头问询，均应当是灵活的，需要根据临时措施的发布条件、案件复杂程度和紧急性作出不同的程序安排，并赋予仲裁庭相应的程序裁量权。

行为保全发布条件的核心在于“难以弥补的损害”标准，并辅之以损害比较和胜诉可能性因素。一些情形中，被申请人的作为或不作为对双方可能产生的不利影响均难以事后弥补，且难以用金钱衡量。加之此种情形下要求申请人提供担保意义不大，则需要仲裁员评价申请人的胜诉可能性，以及比较维持现状与否对双方当事人造成的损害。这两项评判标准都是建立在比较的基础上，而非绝对的标准，所以仅靠当事人一面之词无法作出准确判断。事实上，很多情况下，双方当事人所讲述的案情大相径庭，甚至完全相反。如果全靠事后救济，通过解除临时措施和损害赔偿弥补错误临时措施给被申请人带来的损害，极易造成申请人对临时措施的滥用。而为兼顾临时救济程序的紧急性，此时对审程序可采用更短的举证期限，且对双方所要求的说服责任仅需达到初步证明即可。而且以书面审理为原则，口头辩论为例外，仅在案件事实过于复杂时才开庭审理，或召开听证。

对证据保全所适用的程序而言，在民事诉讼领域曾有过非讼程序与诉讼程序之争。非讼程序的证据保全中，在证据方法的形式不会随时间改变的情况下，仅对其采取扣押等措施即可达到证据保全的效果，不过此种证据保全本身没有对保全对象的证据价值作出评价，扣押等措施仅仅是形式和手段，其实质仍然在于保障证据调查的顺利进行；而诉讼性质的证据保全，本质为先于本案

---

① ［日］谷口安平：《程序的正义与诉讼》，王亚新、刘荣军译，中国政法大学出版社 1996 年版，第 19 页。

程序进行的证据调查。[①] 目前，大陆法系的理论及实践趋向于融合两类证据保全，将其划归到诉讼程序的范畴，完全独立的非讼性质的证据保全类型已经不复存在。[②] 虽然实务界有将证据保全和财产保全同质化的趋向，如《民事诉讼法》第84条第3款规定，证据保全的其他程序，参照适用本法第九章保全的有关规定。但是二者具有本质区别，财产保全在于保障当事人的实体权利，防止判决难以执行，针对的是保全对象的财产价值；而证据保全在于保护当事人的证明权，针对保全对象的证据价值。最高人民法院《关于民事诉讼证据的若干规定》第27条规定，人民法院进行证据保全，可以根据具体情况，采取查封、扣押、拍照、录音、录像、复制、鉴定、勘验、制作笔录等方法。仲裁庭在选取具体保全方法时，也应当注意尽可能选择避免侵害到证据所涉及的财产利益的方式。从证据保全的证据调查本质出发，仲裁庭证据保全的决定程序应当以对审程序为原则，保障被申请人陈述意见的机会。而且，在保全措施执行程序或证据调查程序中，应当保障被申请人的在场权。因为除固定证据资料这一基本功能外，证据保全还发挥着强化当事人事证收集能力和整理焦点以促进集中审理的作用。[③] 对审程序可以保障双方当事人展开攻防，发挥证据开示和整理焦点的作用。

就财产保全措施而言，其主要目的在于保障仲裁裁决有效执行，如果及时通知被申请人并保障其听审权，很有可能为其转移财产提供时机，导致临时措施的目的无法实现。因为财产保全主要涉及被申请人的财产权益，通过申请人提供担保的方式能够弥补对其造成的损害，或预防此种损害的风险，所以，在审查程序上，可以考虑适用单方参与程序，通过事前担保、被申请人提供反担保以及事后救济程序平衡单方面临时措施所可能造成的对被申请人的不利。对于仲裁庭能否采取单方临时措施，采取单方面临时措施应设计哪些限制条件，将于下文详细论述。

需要说明的是，上述对三类临时措施适用程序的分析仅为针对各自特点大体而言，并非措施与程序的一一对应，具体程序的繁简需要仲裁庭根据案件复

---

① 参见沈冠伶：《民事证据法与武器平等原则》，台北，元照出版公司2007年版，第174～175页。

② 参见段文波、李凌：《证据保全的性质重识与功能再造》，载《南京社会科学》2017年第5期。

③ 同上注。

杂程度和紧急性裁量决定。但无论方式如何,均需要申请人对发布条件的证明达到初步证据的标准,大陆法系在此多使用“疏明”(Glaubhaftmachung)的概念,[①]即当事人提出证据使得法院得生薄弱之心证,认为普通经验上大概如此之行为。[②]

《仲裁法征求意见稿》并未规定临时措施的救济程序,仅在第47条第3款规定:“当事人因申请错误造成损害的,应当赔偿其他当事人因此所遭受的损失。”对比《民事诉讼法》第111条的规定:“当事人对保全或者先予执行的裁定不服的,可以申请复议一次。复议期间不停止裁定的执行。”但与民事诉讼不同,仲裁更加注重程序的简便与效率,也因此实行一裁终局制度。体现在临时救济程序方面,仍应贯彻一裁终局的原则,而无须为临时措施决定设置复议程序。

(二)单方面临时措施程序

1. 仲裁庭发布单方面临时措施的正当性和必要性分析

单方面临时措施,是指未通知被申请人和听取其意见,仅依据申请人提交的申请和相应证据就决定发布的临时措施。2006年版《示范法》将仲裁庭发布该种措施称为“初步命令”,根据《示范法》第17B条至第17G条的规定,当事人没有相反约定时,仲裁庭有权根据规定的条件做出初步命令,该命令对双方当事人具有约束力,但是不由法院强制执行。《仲裁法征求意见稿》并未对仲裁庭可否发布单方面临时措施作出规定。

仲裁庭是否有权发布单方面临时措施素有争议,反对者认为,单方面临时措施与仲裁的合意性质及仲裁员作为中立裁判者的职责基础相矛盾,且因违背通知和给予当事人陈述机会这一核心的仲裁程序原则,在《纽约公约》没有约束力和可执行性;没有执行权力的仲裁庭所发布的单边保全措施通常是无效和没有实际意义的。[③] 有学者考察发现,境外仅有很少国家或地区的仲裁制定法规定了单方面临时措施,如新西兰、爱尔兰和我国香港地区,并认为我国《仲裁法》

---

① 参见周翠:《中外民事临时救济制度比较研究》,清华大学出版社2014年版,第25页。

② 参见黄栋培:《民事诉讼法释论》,台北,五南图书出版公司1982年版,第465页。

③ See Charles Falconer & Amal Bouchenaki, *Protective Measures in International Arbitration*, Busines Law International, 2010, p.190.

修改在仲裁庭发布的保全措施类型方面应当以非单边为限。①

但笔者认为,应当赋予仲裁庭发布单方面临时措施的权力,以使仲裁庭发布临时措施的权限与法院相互协调,避免双轨制的偏废,但同时也为仲裁庭发布单方面临时措施设定相应的条件和程序保障。第一,赋予仲裁庭采取单方面临时措施的权力具有正当性。在双方达成仲裁协议后,仲裁庭即获得"准司法权",临时措施的目的在于保障仲裁程序的顺利进行和仲裁裁决的执行,单方面临时措施仍然服务于这一目的,所以,除非当事人有相反的约定,否则单方面临时措施与当事人之间的合意并不冲突。正如《仲裁法征求意见稿》第30条第2款所规定的:"当事人没有约定或者约定不明确的,仲裁庭可以按照其认为适当的方式仲裁,但违反本法强制性规定的除外。"第二,仲裁庭采取单方面临时措施具有必要性,若通知被申请人反而会导致临时措施的功能和目的落空,妨碍申请人权利实现,仍坚持僵化的程序保障,则无疑是本末倒置。第三,单方临时措施并非放弃对被申请人的程序保障,一方面,单方面临时措施的发布条件应当严格限定在一定范围内,如通知被申请人可能会影响申请人权利的实现,被申请人可能面临的损害可以得到赔偿等;另一方面,在单方面临时救济程序中仍保护被申请人一定的程序参与权,如《示范法》第17C条规定,仲裁庭就初步命令申请作出判定后,应当立即通知所有当事人,同时在实际可行的最早时间内给予初步命令所针对的当事人陈述案情的机会。第四,应当注意到我国《民事诉讼法》及相关司法解释未对人民法院采取保全措施的审查程序作出规定,实践中法院采取保全措施,尤其是财产保全措施多采用单方参与、书面审查的方式。对被申请人的保护严重依赖申请人担保、被申请人及利害关系人复议和异议程序。《民事诉讼法》相关制度设计并非本文所谈论的重点,但问题在于,如果禁止仲裁庭采取单方面临时措施,将导致大量财产保全申请涌向法院,而使赋予仲裁庭临时措施决定权的意义大大削减,也无法起到通过仲裁减轻司法负担的作用。第五,如上文所述,仲裁庭对案件事实更加了解,审查临时措施发布条件的能力优于法院,至少应当认为不低于法院,那么,在法定程序下发布的单方面临时措施就正确性而言,有理由得到法院强制执行力的支持。第六,单方面临时措施即使不由法院强制执行,仍具有自身价值,仲裁庭虽然不具有强

① 参见张圣翠:《论我国仲裁保全措施制度的重构》,载《上海财经大学学报》2016年第2期。

制执行力，但可以通过不利推定等手段制裁藐视相应临时措施决定的被申请人。而且，在发布单方面临时措施后，被申请人无正当理由违反仲裁庭的决定，给申请人造成损失的，依据该决定也更有利于申请人向被申请人追究民事责任。

2. 对采取单方临时措施的限制

由于单方临时措施为防止被申请人滥用程序权利，而削减了其参与权和辩论权，为弥补由此给被申请人带来的不利，则需要严格限制程序的适用条件，并将给被申请人带来的不利降至最低程度。在适用条件上，首先，申请人应当提供初步证据证明通知被申请人将会使临时措施的目的无法实现，这是单方临时措施的基本价值和功能所在；其次，被申请人因临时措施所遭受的可能的损害应当可以赔偿，或者该种损害明显低于程序因对审带来的拖延给申请人所造成的损害。由于在决定作出前没能赋予被申请人陈述、反驳、抗辩的机会，理论上其所面临损害的风险提升，所以应当保障对其造成的损害是事后可以赔偿或者弥补的。较为典型的情形如情况简单的财产保全，因为仅涉及财产利益，一旦发生保全错误，对产生的金钱损失容易衡量和赔偿。

在减轻对被申请人带来的不利方面，《示范法》第 17C 条的规定十分具有借鉴意义。首先，在临时措施命令作出后，应当立即通知所有当事人，从而尽可能保障当事人的知情权；其次，仲裁庭应当第一时间给予初步命令针对的被申请人陈述案情的机会，从而保障其反驳、抗辩、提出异议的权利，也有利于及时修改、纠正不适当的单方临时措施；再次，单方临时措施命令本身具有时间限制，如第 17C 条第 4 款规定，“初步命令自仲裁庭下达该命令之日起二十天后失效”，这一规定平衡了申请人权利救济的紧急性和被申请人程序参与权的缺失，仲裁庭可以在组织听审、听取双方当事人意见，并进一步了解案情后发布临时措施，延续或修改单方面临时措施；最后，当事人最了解案件情况，由于单方面临时措施不具有强制执行力，被申请人基于自身对案件情况的认识，可以不执行该措施。但在决定作出后，鉴于决定的约束性，如果因被申请人不执行该决定而给申请人造成损失的，仲裁庭在裁决时可以依申请要求被申请人承担相应的赔偿责任。如《英国仲裁法》第 41 条第 7 款（d）项规定：“如果认为适当，可以裁定被申请人支付因不遵从这种行为之后果而产生的仲裁费用。”

四、临时措施决定的执行

在国际商事仲裁实践中,仲裁庭的权威使其所发布的临时措施得到许多当事人的自愿履行,仲裁庭自身亦可采取一定惩罚性措施督促当事人履行临时措施决定。例如,当事人为给仲裁庭正面的良好的印象,以期获得有利于己方的终局裁决,而拒绝履行临时措施则可能导致仲裁员对其作出不利推论,而且仲裁庭可以责令当事人赔偿因其不执行临时措施给申请人造成的损失。① 但多数情况下,当事人拒不执行临时措施仍需要法院强制执行力的支持。正如许多反对由仲裁庭发布临时措施的观点所指出的,如果仲裁庭作出的临时措施决定无法得到执行,则赋予仲裁庭相应决定权的意义将大大削减。前述关于仲裁庭发布临时措施的标准、程序设计均为仲裁庭决定的正当性和准确性提供了保障,从而使得赋予其可执行效力具有合理性。下文将继续讨论,在司法支持和监督仲裁的理念下,如何划定司法执行仲裁庭临时措施决定的边界。

(一)国内仲裁临时措施决定的执行

《仲裁法征求意见稿》第 47 条第 2 款规定,保全决定经由当事人或者仲裁机构提交有管辖权的人民法院后,人民法院应当根据相关法律规定及时执行。第 48 条第 3 款规定,(其他)②临时措施决定需要人民法院提供协助的,当事人可以向人民法院申请协助执行,人民法院认为可以协助的,依照相关法律规定执行。由此体现出司法对仲裁的支持。但问题在于,此种支持是否有条件和限度? 换言之,法院执行仲裁庭临时措施决定前是否需要进行审查? 如果审查,法院审查权的边界为何?

从域外立法经验来看,法院执行仲裁庭的临时措施决定主要有四种体例:执行裁决模式、法院协助模式、转化模式和法院发布新的临时措施。执行裁决模式将仲裁临时措施决定等同于法院发布的裁决予以执行。③ 法院协助模式为

---

① See Stephen M. Ferguson, *Interim Measures of Protection in International Commercial Arbitration: Problems, Proposed Solutions, and Anticipated Results*, 12 – WTR Currents: Int'l Trade L. J. (2003), p. 57.

② 《仲裁法征求意见稿》第 48 条为关于"其他临时措施"的规定,按照体系解释,该条第 3 款中"临时措施决定"指"其他临时措施决定"。

③ 《荷兰仲裁法》第 1051 条第(3)款规定,仲裁庭发布的临时措施应被视为其所发布的裁决予以执行。但荷兰境外的仲裁庭发布的临时保全措施除外。参见任明艳:《国际商事仲裁中临时性保全措施研究》,上海交通大学出版社 2010 年版,第 156 页。

当一方当事人不履行仲裁庭发布的临时措施时,另一方当事人或者仲裁庭可以请求法院协助执行。[①] 转化模式是指为执行目的将仲裁庭发布的临时措施转化为法院能够作出的临时措施从而按照法院地法予以执行。此种方式更有利于域外仲裁临时措施决定的执行,但同时也使得仲裁庭的临时措施决定受到法院的干预和审查。如《德国民事诉讼法》第 1041 条第 2 款和第 3 款规定,经一方当事人申请,法院可以根据仲裁庭作出执行措施,除非当事人已经向法院申请了相应的临时救济措施。如果强制执行措施需要,法院可以发布措辞不同的命令(die Anordnung abweichend fassen)[②]。且经当事人申请,法院可以撤销或修改依据第 2 款中的命令。法院发布新的临时措施则指法院在执行临时措施时,可以根据仲裁庭发布的临时措施重新发布一项独立的新的临时措施并予以执行。[③] 此种立法体例反映了法院对仲裁的最少信任,同时烦琐的重复程序将使临时措施的效力大打折扣。笔者认为,从支持仲裁、加强域内仲裁临时措施可执行性的角度讲,执行裁决模式和法院协助模式更具可取之处,但在法院对决定的审查内容和方式上仍需进一步讨论。

从管辖权划分的角度来看,当事人既然选择了向仲裁庭提出临时措施的申请,则法院不再对发布条件等实质问题享有审查权,应当支持仲裁庭作出的判断。但在程序事项上,司法仍需发挥监督仲裁的作用。实践中,仲裁程序的结案时间越来越长,[④]临时措施发挥着越来越重要的作用。在一些久拖不决的仲裁案件中,临时措施所产生的影响便越发显著。所以在仲裁程序内部设置救济程序的同时,仍有必要发挥司法监督职能,对违反程序性事项作出的仲裁临时措施决定不予执行。比照《民事诉讼法》第 244 条第 2 款关于不予执行仲裁裁

---

① 1996 年《英国仲裁法》第 42 条规定,(1)除非当事人另有约定,法院可以发出命令要求当事人遵守仲裁庭作出的强制性裁定。(2)根据本条申请发出命令可以:(a)由仲裁庭(经通知各当事人后)提出;(b)由一方当事人经仲裁庭准许后(且通知其他当事人)提出;或(c)如当事人已约定法院根据本条具有此种权力,可提出申请。

② 官方英译本表述为"a differently worded order"。

③ See Pierre A. Karrer, *Interim Measures Issued by Arbitral Tribunals and Courts: Less Theory, Please*, in Albert Jan Van Den Berg, Congress Series: International Arbitration and National Courts: The Never Ending Story, ICCA International Arbitration Conference, Kluwer Law International, 2001, p. 207. 转引自任明艳:《国际商事仲裁中临时性保全措施研究》,上海交通大学出版社 2010 年版,第 160 页。

④ 以北京仲裁委员会的审理用时为例,2018 年自立案到结案的平均时间为 136.73 天;2019 年为 147.82 天,同比增长 8.1%;而 2020 年为 198.37 天,同比增长 34.2%。

决和《仲裁法》第 58 条关于撤销仲裁裁决的规定,如果出现下列情形:没有仲裁协议,仲裁协议无效,临时措施涉及第三人利益等不应由仲裁庭作出决定,临时措施决定作出程序违反法定程序,仲裁员有索贿受贿、徇私舞弊、枉法裁决行为以及违背社会公共利益,法院应当裁定不予执行。但也应当注意到临时措施的暂时性和非终局性,上述标准仅根据当事人所提供的初步证据做初步判断即可,并保持司法的谦抑性。如对于仲裁协议的效力问题,只要申请人证明仲裁协议存在并可能有效即可认为仲裁庭具有对临时措施的管辖权。如果申请人对仲裁协议效力或者管辖权决定有异议,则应根据《仲裁法征求意见稿》第 28 条的规定提出异议。

事实上,从现有司法实践来看,人民法院支持仲裁的态度鲜明,呈现低撤裁率、高保全率的态势。最高人民法院发布的《商事仲裁司法审查年度报告(2019 年)》显示,2019 年全国法院审结撤裁类案件 11,029 件,其中 637 件被撤销或部分撤销,撤裁率为 5.8%,较 2018 年撤销裁决的案件数量 714 件,同比降低 10.8%。审结仲裁保全案件 3959 件,其中 3428 件得到支持,保全率为 86.6%。[①] 在此背景下,法院执行部门在临时措施执行程序中,应当倾向于尊重仲裁庭的判断,将审查范围限定为狭义的程序性事项,并将仲裁临时措施决定等同于法院发布的裁决予以执行。

(二)域外仲裁临时措施决定的承认与执行

仲裁在国际商事纠纷解决中具有天然的优势,有助于在一定程度上打破司法的国界。《纽约公约》解决了仲裁裁决的承认与执行问题,但能否认为仲裁临时措施决定也是裁决的一种,从而适用《纽约公约》在各国得以承认和执行呢?《纽约公约》并未对"裁决"(award)一词予以界定,不能清楚地表明公约是否适用于临时裁决。否定观点认为,临时措施可以被仲裁庭修改、终止或撤销,并非严格意义上的裁决,不适用《纽约公约》的规定。肯定观点认为,临时措施裁决服务于案件的实体正义,尽管该裁决在特定时间是临时的,但对于所解决的问题来说是最终的。[②] 在某种意义上决定了当事人的权利分配,从而构成了"终局

---

① 《最高法首次发布仲裁司法审查年度报告》,载人民网 - 法治频道,http://legal.people.com.cn/n1/2020/1223/c42510-31976494.html。

② See Sperry Int'l Trade, Inc. v. Government of Israel, 689 F.2d 301(2 Cir. 1982).

性”效果。[①] 因此临时措施决定是终局的(final)、具有约束力的(binding)裁决,构成《纽约公约》意义上的仲裁裁决。而且承认和执行仲裁临时措施决定有助于促进公约目的的实现。但从实践角度来看,事实上难以依照《纽约公约》承认与执行仲裁庭发布的临时措施决定,因为《纽约公约》所规定的对裁决不予承认和执行的条件难以生搬硬套到临时措施决定上。目前,国际上的普遍观点也认为,该公约不适用于仲裁庭发布的临时措施裁决。[②]

我国有学者认为,本次仲裁法修订应该在立法中规定仲裁庭以裁决书的形式作出临时措施的决定,不仅可以体现仲裁庭作出临时措施的拘束力,还有利于作出的临时措施的裁决得到其他国家的承认与执行,或者有可能根据《纽约公约》得到承认与执行。[③] 但此种试图通过文书形式掩盖文书实质性质,以增强仲裁决定可执行性的方式并不可行。正如外国学者劳伦斯·布(Lawrence Boo)在评论文章中指出的,裁决的形式意味着一项临时措施决定事实上并非裁决,而仅仅在形式上是一个“裁决”。[④] 仲裁临时措施决定能否得到执行,仍需视执行地法律规则而定。如果法院地国的法律不允许仲裁庭发布临时措施,则命令就不能得到执行。但当事人可以在执行地向法院重新申请此类临时性措施。乔纳森·希尔(Jonathan Hill)认为,仲裁临时措施决定是否为仲裁裁决(award)这一问题本身并非关键问题,关键在于增强仲裁临时措施的可执行性。在统一国际实践,增强仲裁临时措施可执行性的路径中,《示范法》通过法院的强制执行力确保临时措施得以执行的做法具有可行性,值得肯定。[⑤]

于我国仲裁立法而言,笔者认为,上述德国立法所采用的转化模式对于执行域外临时措施决定具有一定的借鉴意义。应当注意到上述《德国民事诉讼法》第1041条所针对的执行对象既包括仲裁地在德国发布的临时措施,也包括

---

① See Tijana Kojovic, *Court Enforcement of Arbitral Decisions on Provisional Relief—How Final is Provisional*?, 18 Journal of International Arbitration 468, 2001.

② 2000年3月举行的联合国国际贸易法委员会仲裁与调解工作组第32届会议文件A/CN. 9/WG. II/WP. 108,第83段。

③ 参见徐伟功:《论我国商事仲裁临时措施制度之立法完善——以〈国际商事仲裁示范法〉为视角》,载《政法论丛》2021年第5期。

④ See Lawrence Boo, *Ruling on Arbitral Jurisdiction—Is that an Award*?, (2007) 3 Asian Int Arb J 125, 126 n 6.

⑤ See Jonathan Hill, *Is an Interim Measure Protection Ordered by an Arbitral Tribunal an Arbitral Award*?, J. Int. Disp. Settlement (2018) 9(4): 590 -608.

仲裁地在德国域外发布的临时措施。在当前国际上各国临时措施制度差异仍然较大，多种临时措施与我国民事保全体系难以对接的背景下，我国仲裁法有必要区别对待国内和域外的临时措施。对于国内仲裁决定采用经形式审查，将决定与法院保全裁定同等执行的做法，而对于域外仲裁决定采用转化模式，既有利于通过法院的审查维护我国司法主权和公共利益，也便于多样的临时措施与我国诉讼保全制度相协调。

五、结语

自1994年我国《仲裁法》颁布以来，仲裁与司法的关系随着仲裁的发展不断演变，最终达成今日司法支持、监督仲裁的理念共识。若想在《仲裁法征求意见稿》所确立的仲裁临时措施权力并行模式框架下，法院与仲裁庭能够像伙伴一样齐头并进、携手同行，则在临时措施程序的入口与出口处，仲裁庭与法院行使管辖权的效果应当是平衡的。质言之，二者发布临时措施的标准应该是相当的，二者作出决定的执行效力应该是相同的。但与此同时，也应当注意，所谓伙伴关系并非合二为一，仲裁仍然是相互独立的纠纷解决机制，不能因此扼杀了仲裁灵活、专业、便捷的优势。应当以列举发布标准考量因素的方式作为框架，指引仲裁庭正确使用自由裁量权，并以较为宽松的程序为仲裁庭裁量权的发挥提供场域。支持紧急仲裁员制度，允许仲裁庭根据当事人的申请裁量适用对审程序或单方面临时措施程序，在执行域内仲裁临时措施决定时，仅作形式上的审查。

论我国商事仲裁保全与临时措施决定权分配

陈　璐*

摘　要:根据我国仲裁相关立法的规定,当前商事仲裁临时措施与保全采取法院独占制。仲裁庭没有处理临时保全措施审批的权限,当事人需根据案件的类型,向有关基层或中级人民法院提交申请。法院专属决定权模式不仅会导致仲裁当事人申请效率的下降,还会时常因仲裁地与裁决执行地之间的法律冲突导致保全措施的法律缺位与执行困难。在法庭之外赋予仲裁庭处理临时措施的权限已经成为近年来商事仲裁发展的趋势。本文意在探究保全与临时措施调整为仲裁庭及法院双轨并行制的实质理由,并进而借由仲裁法的修法契机为仲裁保全的决定权提出具体修正建议。

关键词:商事仲裁　保全　临时措施　决定权　仲裁法

一、我国仲裁保全与临时措施决定权的法律缺位

商事仲裁的保全,通常情况下为利害关系人在仲裁前和仲裁中,为防止其利益受到难以弥补的损害,向法院或仲裁机构提起申请,由法院裁定对被申请人的财产或其行为或相关证据施以临时性的强制措施。保全通常可分为财产保全、证据保全以及行为保全。在《国际商事仲裁示范法》(以下简称《示范法》)下,保全称为临时措施(interim measures)。由于各国法制传统的差异,对保全与临时措施并没有统一的规定。在我国法律体系中并没有"临时措施"的

* 陈璐,华东政法大学国际法学院博士研究生。

概念,只有“保全”这一相近概念。

国家法院作为现代国家定分止争的基础建制,毫无疑问是各国审批临时措施与保全的主要机构,国家法院在仲裁争议中处理临时措施的权限较少受到各国的质疑。“仲裁庭作为当事人合意而组成的纷争解决机制,除受理、听审及裁决仲裁争端外,是否应如同国家法院般具有做出临时措施之权”在国际商事仲裁实践中一直富有争议。[①] 根据国际私法上的“场所支配行为”原则,传统理论下在某个国家进行的仲裁必须受仲裁地法律的支配,整个仲裁程序必须完全符合仲裁地法律。仲裁地是仲裁程序法得以适用的最具决定意义的连结因素。[②] 作为程序法事项,研究我国商事仲裁中的保全的决定权必然首先要回归到我国相关立法中。

(一)我国商事仲裁保全与临时措施的具体法律规定

商事仲裁的保全与临时措施根据时间段可分为仲裁前的保全、仲裁过程中的保全以及仲裁裁决后的保全。我国现行《民事诉讼法》明确规定仅法院对保全申请有审查与裁定权,排除了仲裁机构的审查和裁定权。[③] 由于目前我国境内临时仲裁仍然处于讨论之中,境内仲裁以机构仲裁为主,间接排除了临时仲裁中仲裁庭对保全申请的裁定权。仲裁利益当事人需根据案件的类型,向有管辖权的法院,主要是财产所在地或证据所在地的法院提交申请,由人民法院裁定采取保全措施或者裁定驳回申请。首先,《民事诉讼法》第 104 条规定了仲裁前的财产保全。相较之前已经突破性规定了利害关系人在仲裁前可以向人民法院申请保全措施,但仍未赋予仲裁庭发布保全与临时措施的权力,也就未给当事人于仲裁前向仲裁机构申请临时救济措施提供法律依据。其次,《仲裁法》第 28 条规定了仲裁中的财产保全,仲裁委员会应该按照民事诉讼法的规定将

---

① See G. Born, *International Arbitration: Cases and Materials* , Kluwer Law International, 2015, p. 905.

② 参见刘晓红、袁发强:《国际商事仲裁》,北京大学出版社 2018 年版,第 101 页。

③ 《民事诉讼法》第 103 条规定:“人民法院对于可能因当事人一方的行为或者其他原因,使判决难以执行或者造成当事人其他损害的案件,根据对方当事人的申请,可以裁定对其财产进行保全、责令其作出一定行为或者禁止其作出一定行为;当事人没有提出申请的,人民法院在必要时也可以裁定采取保全措施。人民法院采取保全措施,可以责令申请人提供担保,申请人不提供担保的,裁定驳回申请。人民法院接受申请后,对情况紧急的,必须在四十八小时内作出裁定;裁定采取保全措施的,应当立即开始执行。”

当事人的保全申请提交至人民法院。最后，最高人民法院2021年1月1日实施的《关于人民法院办理财产保全案件若干问题的规定》(以下简称《保全规定》)规定，仲裁过程中当事人申请财产保全的，应当通过仲裁机构向人民法院提交申请书及仲裁案件受理通知书等相关材料。① 同时，《保全规定》梳通了仲裁财产保全的操作流程与衔接环节，避免就同一财产多次重复申请保全，保障了仲裁财产保全措施的连续性效力，明确了仲裁财产保全的解除情形和申请保全人未及时申请解除保全的损害赔偿责任。仲裁过程中的保全需要经过仲裁机构这一中间渠道传递，尽管这一规定存在延迟隐患。

仲裁法规定涉外仲裁的当事人申请证据保全的，涉外仲裁委员会应当将当事人的申请提交证据所在地的中级人民法院。但针对仲裁地在国外，当事人是否可以在仲裁前或仲裁中向我国法院申请保全与临时措施，我国法律并未有明确规定。由于缺乏相应的法律依据，我国法院过去一直不能针对境外的仲裁程序中的当事人采取保全措施。2019年最高人民法院实施的《关于内地与香港特别行政区法院就仲裁程序相互协助保全的安排》(以下简称《仲裁保全安排》)规定了针对香港仲裁程序的当事人，仲裁地在香港的，当事人仲裁裁决作出前，即在仲裁开始前与仲裁过程中，可以向被申请人住所地、财产所在地或者证据所在地的内地中级人民法院申请保全。② 如果是在有关机构和办事处受理仲裁申请后提出保全，应当由机构或办事处转递申请，与我国国内商事仲裁过程中的保全申请转递一致。生效后的《仲裁保全安排》赋予了香港仲裁当事人在内地申请保全的权利，也进一步增强香港仲裁的优势。针对涉港澳台商事仲裁的裁决，在内地(大陆)申请认可和执行前后，当事人均有权申请保全和临时措施，法院也可作出保全的裁定。

(二)我国商事仲裁保全与临时措施立法的主要不足

保全与临时措施不仅是保护仲裁当事人诉讼利益的手段，而且是一种向对方施加压力的诉讼策略。保全措施是以在争议裁决之前维持现状或者恢复原状，采取行动防止目前或者即将对仲裁程序发生的危害或者损害，或者不采取可能造成这种危害或者损害的行动，保全资产或者保全对解决争议可能具有相

① 参见《保全规定》(2020年修正)第3条。

② 参见《仲裁保全安排》第3条。

关性和重要性的证据。

根据上文的分析可以看出,目前我国对仲裁保全措施的规定较为琐碎凌乱,散见于《民事诉讼法》、《仲裁法》以及相关司法解释中,这些规定存在以下问题:

第一,仲裁保全与临时措施的决定权分配僵化,赋予了法院绝对的权力。仲裁庭没有决定保全措施的权力,只是当事人保全申请的转递者。作为中国仲裁法中"双轨制"的典型结果,只有中级人民法院才可以在涉外仲裁中准予临时措施,而基层人民法院仅可以在国内仲裁中准予临时措施。当事人必须通过仲裁机构向法院递交申请,也不允许当事人在仲裁中直接向法院递交申请,这就导致了在仲裁过程中利益当事方在临时措施的递交上没有选择权,受到仲裁机构和法院的双重干预,必然损害仲裁的效率和自主权。第二,涉外商事仲裁的临时措施与保全出现了法律空白。国际商事仲裁的跨国性决定了仲裁地与执行地处于不同法域的情形将会频繁出现,由于我国仲裁庭无权决定临时措施,故仅当保全措施涉及他方住所地、财产及证据所在地在中国境内时,法院才具有管辖权,亦即其执行地必须是在我国境内。当执行地在境外就出现了仲裁地无任何机关可就此类保全与临时措施具有权限的局面,不利于我国国际商事仲裁裁决的跨境执行,限制了我国境内仲裁机构的发展壮大。此外我国法律中也未明确规定境外仲裁庭所决定的保全措施在中国境内是否可以得到相应执行。第三,仲裁开始前的保全措施规定仍不够明确。未明确规定当事人可以直接向法院提出申请,同时对紧急仲裁员制度是否可以实施缺乏明确表态,使案件受理后至仲裁庭组成前这一段时间内,仲裁保全措施救济问题缺乏法律依据,导致出现法院不予受理及仲裁无法处置的管理真空阶段。这些缺陷直接影响了仲裁程序的流畅度与紧凑性,损害了仲裁高效快捷的制度优势,降低了纠纷当事人对仲裁的制度信心与参与意愿。

二、仲裁机构对临时措施有决定权的实质理由

(一)国际社会对商事仲裁临时措施决定权建制安排

商事仲裁保全与临时措施的决定权在建制上有三种模式,法院独占制、仲裁庭单轨制以及法院与仲裁庭双轨制。法院独占制非常传统,意味着法院保留处理临时措施审批的专有权力,而宣布仲裁员下令的临时措施不被允许。一些

国内法律采用了这种方法,但随着国际商事仲裁的发展,越来越多的国家开始认识到有必要允许仲裁员通过法律的明确规定或当事方的协议来决定临时措施。瑞士的法律演进十分有代表性,早在1969年瑞士《联邦仲裁协议》规定了只有司法当局具备作出临时措施的权限,仲裁庭是依据仲裁协议组成的裁决组织,不具备审批临时措施的权限。但该条规定现已被取代,1987年瑞士《关于国际私法的联邦法》第183条与2008年《民事程序法》第374条分别就国际和国内仲裁赋予仲裁庭做出临时措施的权限。① 法院独占制现主要存在于商事仲裁发展较慢或仲裁重视度较低的国家,如西班牙、意大利、阿根廷、泰国等。② 仲裁庭单轨制是临时措施权限配置建构的另一个极端,当代仲裁法制鲜少采纳仲裁庭单轨制。相较于法院独占制,仲裁庭单轨制仅认为仲裁庭具有作出临时仲裁的权限排除了国家法院对仲裁中审批保全与临时措施的权限。对比法院独占制对国家司法权力的尊崇,仲裁庭单轨制体现了对双方当事人意思自治的维护和对商事仲裁的支持,赋予仲裁庭绝对的程序权力。

国际上通行的做法是赋予仲裁庭和法院在一定情况下均享有决定权。首先是针对仲裁的立法层面,2006年国际贸易法委员会修订了1985年《示范法》,其中包括有关仲裁庭下达临时措施权力的广泛的新规定。目前已经有117个辖区的84个国家通过了基于示范法的立法。③《示范法》规定利害关系人申请临时措施既可以向仲裁庭提出申请,由仲裁庭作出裁定(Tribunal - ordered provisional measures);也可以向法院提出,由法院裁定(Court - ordered provisional measures)。第四A章中阐明并扩大了仲裁庭发布临时措施的权力,并规定采纳国应要求其法院承认和执行仲裁员所采取的临时措施,而不论决定临时措施的国家如何。《示范法》确定了仲裁庭与法院双轨制的临时措施决定权规范建制。目前该模式已被世界大多数国家采纳。美国、英国、德国、瑞士、新加坡、荷

① See M. Arroyo, *Arbitration in Switzerland: The Practitionner's Guide*, Kluwer Law International, 2013, p. 18.

② 参见高文杰:《中国仲裁保全和临时措施制度的立法缺位和建议》,载《北京仲裁》2017年第2期。

③ Status: UNCITRAL Model Law on International Commercial Arbitration (1985), with amendments as adopted in 2006, https://uncitral. un. org/en/texts/arbitration/modellaw/commercial_arbitration/status, last visited on January 5, 2021.

兰、韩国、巴西等国的仲裁法都明确规定了“双轨制”做法。① 该模式又分为:其一,当事人自由选择,如《示范法》和德国的立法。其二,仲裁庭主导、法院辅助型,如英国的立法。各国立法规定仲裁庭作出临时措施权力适用不同的条件,核心条件是当事人之间的仲裁协议约定或者不与当事人的约定冲突。尽管各国对仲裁庭此项权力的范围规定不同,但普遍认可的观点是只要仲裁协议中没有明确排除仲裁庭对临时措施的权力,就默示同意。其次,国际上领先的仲裁机构的仲裁规则中明确规定仲裁员有权作出临时措施。包括联合国国际贸易委员会(UNCITRAL)、国际商会仲裁院(ICC)、斯德哥尔摩商会仲裁院(SCC)、伦敦国际仲裁院(LCIA)、新加坡国际仲裁中心(SIAC)、香港国际仲裁中心(HKIAC)等仲裁机构的仲裁规则均赋予了仲裁员进行仲裁的广泛的程序权,这些仲裁规则基本与示范法保持一致,明确仲裁庭临时措施的决定权。仲裁庭通过广泛的程序权来“塑造”仲裁,并使仲裁对于诉讼而言更具灵活性,发布临时措施的权力就是这种程序性权力的典型形式。通过对境外国家程序法、知名仲裁机构仲裁规则以及权威性国际条约的考察可以发现,随着近年来商事仲裁的发展,法院之外赋予仲裁庭处理临时措施的权限已经成为国际趋势。主要国际仲裁机构的仲裁规则也都授权了仲裁庭准予其认为适当的任何临时或保全措施。② 由此可以看出,目前国际上针对商事仲裁临时措施与保全的决定权以法院与仲裁庭双轨制为主,两者均具有审批权限,既保障了仲裁庭享有充分的程序权,又为利益当事人提供了选择的空间,同时兼顾了司法的协助作用。

因仲裁规则和法律的多样性,仲裁庭行使的程序权力在国际上有所不同,“仲裁友好国家”与“仲裁非友好国家”差距明显。由于我国对持续吸引国际贸易和投资具有长期利益,因此必须根据我国法律评估仲裁员的程序权力,以确

---

① 参见房沫:《仲裁庭组成前的临时救济措施——以新加坡国际仲裁中心仲裁规则为视角》,载《社会科学家》2013 年第 6 期。

② See UNCITRAL Model Law Art 17 and UNCITRAL Arbitration Rules Art 26; International Chamber of Commerce Rules, Art 23(1); International Centre for Dispute Resolution (ICDR) Rules, Art 21(1); Swiss Rules of International Arbitration, Art 26(1); London Court of International Arbitration Rules, Art 25; Singapore International Arbitration Centre Rules, Art 26; Arbitration Institute of the Stockholm Chamber of Commerce, Art 32; Japan Commercial Arbitration Association Rules, Rules 46, 48; Centre for Settlement of Investment Disputes (ICSID) Rules, Rule 39; World Intellectual Property Organization Arbitration and Mediation Center (WIPO) Rules, Art 46; China International Economic and Trade Arbitration Commission (CIETAC) Rules, Art 44; and Judicial Arbitration and Mediation Services (JAMS) Rules, Art 26.

定我国是否正在成为“仲裁友好国家”。[①] 保全与临时措施作为仲裁裁决实施的保障，其决定权体现了一个国家对仲裁的支持度。从重视商事仲裁的发展来看，我国与传统国际上“仲裁友好国家”相比仲裁庭在临时措施上拥有的程序权力完全是不够的。

（二）商事仲裁中临时措施决定权分配的内在法理

临时措施决定权的分配表面上看是法院与仲裁对程序权力的争夺，实质上是国家公权与当事人意思自治之间的动态博弈。从理论上讲，商事仲裁包括两方面因素，契约因素与司法因素。契约因素明确体现在各项仲裁原则之中，如仲裁必须建立在双方当事人之间的仲裁协议基础之上；司法因素则更多体现在法律原则之中，如仲裁裁决与法院的判决有同样效力。仲裁的双重因素下决定了仲裁与法院的关系从来不是一成不变的。国际商事仲裁发展的历史表明，某些历史时段当事人意思自治的自由度较高，而某些时段当事人意思自治的自由度较低，国家公权在不同时段对当事人意思自治限制的程度有所不同，二者之间呈现出一种此消彼长的反变关系。如何在此消彼长中把握国家公权与当事人意思自治之间的平衡点，一方面既可使得国际商事仲裁保有自由、高效、独立特色，另一方面又可使得仲裁裁决的撤销、承认和执行事项得到内国司法的支持真正做到定分止争，是研究国际商事仲裁领域当事人意思自治的前提。[②] 回归仲裁的发展历史，作为社会化争议解决方式，从最初的完全自由到被国家司法过度干预再到适当干预的历程，充分反映了在政治国家与市民社会二元分离背景下前者对后者的妥协和礼让，而其本质上也是政治国家基于历史发展趋势所作出的最佳选择。因为，一方面，随着市民社会的不断发展，社会多元利益冲突格局日益形成，政治国家想要通过诉讼解决数量巨大且类型繁杂的争议显然是困难的。另一方面，市民社会发展下的多元利益冲突，实际上是私主体基于个人意志在追求个人利益的过程。[③] 对国际商事仲裁的这种日益增长的兴趣是

---

① See Chi Manjiao, *Are We "Paper Tigers"? The Limited Procedural Power of Arbitrators Under Chinese Law*, Journal of dispute resolution, Vol. 2011:259, p. 265(2011).

② 参见孙建丽：《国际商事仲裁中当事人意思自治问题研究》，对外经济与贸易大学2020年博士学位论文，第27页。

③ 参见刘晓红、冯硕：《论国际商事仲裁中机构管理权与意思自治的冲突与协调——以快速仲裁程序中强制条款的适用为视角》，载《上海政法学院学报（法治论丛）》2018年第5期。

市场力量的直接结果,全球化要求并激发了越来越多的商事参与者。国际商事仲裁所带有的跨国性加强了仲裁概念中的协商一致意思自治,与此同时,倾向于反对国家机制通过法院作为媒介介入。

无论采取何种建制立场,承认法院在给予临时措施方面的支持可以发挥适当和有益的作用上有广泛的共识。仲裁界出现的想要避免任何形式的司法介入是无理由的,司法审查的存在赋予了国际仲裁一种有效性,并赋予当事各方的协议和仲裁员的裁决一种合法性。虽然仍有一些国家法院对国际仲裁表现出敌意,但大多数法院支持而不是干涉仲裁。法院干预是普遍的,而且确实是不可避免的,但它并不威胁仲裁作为一种争端解决形式的未来。相反,它支持并确保其持续的生存能力。① 因此在《示范法》中第 9 条规定当事人在仲裁程序之前或期间请求法院采取临时保护措施与他们将争端提交仲裁的原始承诺并不矛盾。基于同样的原因,仲裁机构颁布的仲裁规则往往明确指出,尽管当事人同意将其争端提交仲裁,但仍然可以向法院申请采取临时措施或保护措施,不管是仲裁开始前还是仲裁过程中。② 无论仲裁员下达临时措施的权力有多大,仍然常常有必要使仲裁各方直接向法院请求援助。申请仲裁,任命仲裁员并组成仲裁庭通常需要几个月的时间,因此在成立仲裁庭之前可能迫切需要采取临时措施。仲裁保全与临时措施本质上属于程序法中的临时性强制措施,是在当事方实体权利上施加的暂时性负担,并未真正形成权利变更。法院有权作出仲裁保全与临时措施体现了法院对仲裁的支持,赋予仲裁庭或仲裁机构有权作出仲裁保全和临时措施是充分尊重当事人意思自治。申请协助仲裁保全案件是人民法院受理的五类仲裁司法审查案件中重要的一类。③ 因此,法院协助仲裁保全是法院行使司法审查权的一部分,也是司法支持仲裁的重要体现之一。

---

① See WG Bassler, *The Symbiotic Relationship between International Arbitration and National Courts*, Dispute Resolution International (IBA)2013.

② See LCIA Arbitration Rules Article 25.3(1 October 2020);ICC 2021 Arbitration Rules 28(2).

③ 参见最高人民法院民四庭庭长罗东川法官在 2015 年香港国际仲裁中心司法论坛的主旨演讲(2015 年 5 月 14 日)中阐述仲裁与司法的关系时指出:“根据《民事诉讼法》和《仲裁法》的规定,人民法院受理的仲裁司法审查案件主要包括五类:(一)仲裁协议效力确认案件;(二)申请撤销或不予执行本国仲裁裁决案件;(三)申请认可和执行港澳台仲裁裁决案件;(四)申请承认和执行外国仲裁裁决案件;(五)申请协助仲裁保全案件……”

《示范法》第5条规定了除非本法另有规定否则本法管辖的事项任何法院不得干涉,这充分尊重了当事人的意思自治与商事仲裁的程序自由。而我国《仲裁法》第8条规定仲裁依法独立进行,不受行政机关、社会团体和个人的干涉。没有就法院不得干涉进行特殊规定,通过我国仲裁法与民事诉讼法的规定,可以看出我国仲裁与法院的关系更加强调监督,而不是协助作用。除了为履行中国根据《纽约公约》承担的义务而执行(包括承认)仲裁裁决外,司法似乎从未考虑过如何在仲裁庭的组成、仲裁管辖权方面的冲突等问题上为仲裁提供程序上的协助等。司法机关对仲裁和仲裁庭有系统性的不信任;因此,仲裁庭很难从司法机构获得"权威"。[①] 虽然中国的法律和主要的中国仲裁制度规则乍一看似乎与国际上的同类规则非常相似,但它们有本质的不同。不同之处在于它们各自在平衡仲裁权与司法权之间的策略。中国法律过分强调后者,牺牲了前者。临时措施作为程序性权力的主要表现之一,我国法律对临时措施决定权的限制体现了我国法律对仲裁员的程序性权力的否定。从本质上说,是中国长期以来对仲裁不信任的反映。仲裁程序复杂化、瘫痪,仲裁员在进行仲裁时,在仲裁的各个阶段邀请法院过早介入,仲裁员的程序权力在很大程度上仍然是名义上的,中国现阶段仍缺乏仲裁员自主仲裁制度,最终损害了仲裁的灵活性、效率和自主权,甚至有使仲裁成为中国诉讼"另类"的可能性。

事实上,商务仲裁作为"诉讼外纷争解决机制"的一环,其与国家法院间之关系应当处于相辅相成的协调、合作关系,而不是权限上的零和竞争。就临时措施的处理,法院与仲裁庭具有竞合或平行的关系,当事人原则上得依其考虑、权衡后,在仲裁庭尚未组成前,单独向法院提交申请,而于仲裁庭成立后,则可在管辖法院及仲裁庭间择一为之。

三、我国商事仲裁保全与临时措施决定权的突破与反思

随着我国商事仲裁机构的发展,各仲裁机构在实践中逐渐发现了我国立法中存在的空白之处与存在的弊端,纷纷通过出台仲裁规则寻求出路。《中国国

---

① See Liu Xiaohong & YangLing, *Redemption of Chinese Arbitration? —Comments on the Civil Procedure Law* (2012) *and Free Trade Zone Arbitration Rules* (2014), Chinese Journal of International Law, Vol. 13:653, p. 658 (2014).

际经济贸易仲裁委员会仲裁规则》(CIETAC Rules)(2015年)第23条第3款规定,“经一方当事人请求,仲裁庭依据所适用的法律或当事人的约定可以决定采取其认为必要或适当的临时措施”,这里看作是根据仲裁自愿的原则,针对涉外或国际仲裁案件,而且仲裁庭作出的临时措施可以在执行地法院(外国)获得执行的情形,并不适用需要在中国国内法院申请执行临时措施裁定的情形。名称为“保全及保全措施”,按照案件适用的法律来规定仲裁庭是否有权采取保全措施,分别适用“保全”与“保全措施”的概念,并增加了紧急仲裁员制度。2012年《深圳国际仲裁院仲裁规则》第25条也有规定,“经一方当事人请求,或如仲裁庭认为必要,仲裁庭可以决定采取其他适当的临时措施。仲裁庭采取其他临时措施的,可以程序令或中间裁决的方式作出……”上海国际仲裁中心2014年颁布的《中国(上海)自由贸易试验区仲裁规则》,细化完善了仲裁临时措施。第20条第2款规定,对于临时措施申请,仲裁委员会将根据临时措施执行地所在国家/地区的有关法律及本规则的规定,转交具有管辖权的法院作出裁定,或提交仲裁庭作出决定,或提交根据本规则第21条规定组成的紧急仲裁庭作出决定。上述仲裁规则均突破了我国以往由法院专享临时措施决定权的立法规定,这些改变是本土仲裁机构参考国际大型仲裁机构中仲裁庭具备临时措施受理与决定权进行的实践。授予当事人直接向仲裁庭申请临时措施的权利尽管与国际通行规则保持一致,亮点在于,允许仲裁庭或紧急仲裁员就涉外仲裁案件作出临时保全措施,某种程度而言,是对现行《民事诉讼法》第272条及《仲裁法》第68条在立法政策上的尝试性挑战。

虽然这些仲裁机构的仲裁规则确立了仲裁庭临时措施决定权,但却与我国现行法不一致,国内法院是否执行仲裁庭临时措施决定尚需法院审核,况且若临时措施在国外执行,需要当地法院协助配合时,则国际条约或相关国家国内法要有规定,但目前大多数国家法律没有规定法院如何协助执行外国仲裁庭决定的临时措施。上海市二中院在《〈中国(上海)自由贸易试验区仲裁规则〉仲裁案件司法审查和执行的若干意见》第6条规定:“申请仲裁保全的立案审查。当事人提出仲裁前或仲裁程序中保全申请的,应当立即受理。情况紧急、符合法律规定的保全条件的,应当在二十四小时内作出裁定并移交执行。对提出仲裁保全申请的当事人,可以责令其提供担保。……”该意见关于仲裁庭决定临时措施的补充规定,没有明确放弃法院审查临时措施的权力,而仅仅是加快了审查的速度和期限。司法对于《中国(上海)自由贸易试验区仲裁规则》关于临时措施制度的规定并没有全盘接受,而只是采取了观望的态度。虽然没有否定仲裁庭的审查权,但也没有放弃自己的审查权。[①] 虽然仲裁机构尝试通过仲裁规则创新来缓解这一问题,但仲裁规则的"造法"功能具有明显的局限性,在缺乏立法机关与司法机关有效配合的情况下,无法真正发挥制度设计所期待的效果。要解决当前中国仲裁保全措施决定权的问题,单凭仲裁规则的软化处理只能是隔靴搔痒,必须依靠仲裁地法律、仲裁规则之间的完善协调。

四、基于仲裁机构与法院双轨制对仲裁法的修法建议

基于我国当前的仲裁保全与临时措施的相关法律空白和缺陷,本土知名的仲裁机构通过制定仲裁规则企图在临时措施决定权上实现突破,仲裁法的修改已迫在眉睫。根据英国 Queen Mary University of London & White & Case LLP 调查发现,选择仲裁的当事人在选择仲裁地点和管辖争议实质内容的法律时"仲裁地的一般声誉和认可"是首要原因(占 14%),紧随其后的是"该地法律体系的中立性和公正性"(占 13%)、"国家仲裁法律"(占 12%)和"仲裁裁决的执行协定"(占 11%)。后三个原因在之前总结的内容中称为仲裁的"正式法律结构"。[②] 传统仲裁地的国家通过继续修订其法律,使其仲裁地的优势更为明显。法国和瑞士等许多受欢迎的仲裁地最近都更新和修订了它们的仲裁法,使本国对国际仲裁更具吸引力。2018 年 9 月,我国全国人大常委会立法规划将《仲裁法》的修改列入二类立法项目,仲裁保全与临时措施的决定权作为仲裁程序权重要的一项修法必然要对此问题进行回应。

(一)充分保障仲裁程序的意思自治

针对我国仲裁法的修改,首先要在仲裁法的总则中充分保障仲裁程序的意思自治,明确限制法院的干预。通过前文的分析可知,我国对商事仲裁的意思自治还未充分保障,对司法的过度尊崇使得商事仲裁诉讼化色彩浓重,失去了其应有的契约本色。基于我国社会对商事仲裁的不信任传统,所以要想赋予仲

---

① 参见袁发强:《自贸区仲裁规则的冷静思考》,载《上海财经大学学报》2015 年第 2 期。

② See 2018 *International Arbitration Survey*: *The Evolution of International Arbitration*, http://www.arbitration.qmul.ac.uk/media/arbitration/docs/2018 – International – Arbitration – Survey – The – Evolution – of – International – Arbitration – (2). PDF, last visited on January 7, 2021.

裁庭充分的程序权,就必须在仲裁法的修改中规定法院干预的限度。《示范法》第 5 条规定,由本法规制管理的事项,任何法院不得干预,除非本法有此规定。然而我国《仲裁法》仅在第 8 条规定仲裁依法独立进行,不受行政机关、社会团体和个人的干涉。笔者建议修改《仲裁法》的第 8 条,将法院与行政机关、社会团体和个人不得干涉仲裁明确注明。只有单独列出法院不得干预仲裁,才能真正提升仲裁地位,回归其商事活动契约性的本质。

(二)明确仲裁机构临时措施决定权

针对临时措施与保全的决定权,在仲裁法修改中要明确仲裁机构具备保全与临时措施的决定权。目前我国商事仲裁中保全措施决定权的法院专属模式与允许仲裁庭享有保全措施决定权的国际主流做法存在明显差异。在仲裁法的修改中应当将保全与临时措施的审批由法院独占制修改为法院、仲裁庭双轨并行模式。有管辖权的法院与仲裁庭均可对临时措施进行审批并作出决定,利益当事人可以根据自身意愿向仲裁庭或者法院提交保全与临时措施的申请。

同时修改仲裁法需要明确仲裁庭采取的临时措施应被视为具有约束力。以韩国为例,2016 年《韩国仲裁法》修正案之前,第 18 条就以"命令"形式规定了仲裁庭可以采取的临时措施,但对于这种命令是否可在韩国法院强制执行的问题,一直存在争论。出于执行方面的考虑,当事人倾向于诉诸法院采取的保守措施,而不是仲裁庭采取的临时措施。因此韩国 2016 年修订了本国的仲裁法,进一步提高仲裁程序的效力,仲裁庭发布的临时措施应被视为具有约束力,并应在向主管法院提出申请后予以执行。[①] 所以修改仲裁法必须明确仲裁机构对保全与临时措施的决定权与约束力,不能含糊了事。

(三)细化仲裁机构与法院临时措施决定权的具体分配

在确立了仲裁法对仲裁程序的充分自由,临时措施决定权采用法院与仲裁庭双轨并行之后,为避免发生预审或矛盾判断的结果,必须明确对仲裁机构与法院临时措施决定权进行具体分配。

第一,应以仲裁庭作为优先受理的机关,法院仅在仲裁庭无法或不宜作出临时措施时,担纲辅助角色。作为国际商事争议解决的主要方式,国际商事仲

---

① See Junsang Lee & Young Shin Um, *The Role of Korean Courts in International Arbitration Proceedings – procedual Issues*, Dispute Resolution Journal, Vol. 72:83, p. 86(2017).

裁是各国优化营商环境、提升法治软实力的重要手段。面对我国目前仲裁诉讼化、程序烦琐，国际商事仲裁机构迫切寻求发展的局面，我国仲裁法的修改必须要做到充分发挥仲裁的价值，为仲裁创建更宽松的发展条件。在《瑞士联邦国际私法》中对临时措施的决定规定任何申请都应首先向仲裁庭提出，然后再向仲裁地法院提出。原则上，仲裁庭作为发布与仲裁程序有关的必要措施的权威机构必须具有优先地位，法院只有在当事人或仲裁庭提出请求时才应参与仲裁程序。商事仲裁庭直接获得决定一方当事人寻求的临时措施是否必要所必需的最相关的资料，最有可能了解所请求的救济的紧迫性，因此鼓励当事人更多地诉诸仲裁庭而不是法院采取临时保全措施。鉴于提高仲裁庭准予采取临时措施的实际效率的根本考虑和立法目的，仲裁法修改中应当规定临时措施申请人在仲裁过程中应当首先向仲裁庭提出申请。

第二，在允许仲裁庭采取临时措施基础上，还应当充分发挥法院的协助作用。在仲裁庭未成立等其他无法或不宜作出临时措施的情况下，申请人可向法院提出保全与临时措施。从效率上考虑，仅法院决定保全与仲裁临时措施恐增加不少程序成本。① 尽管我国各地纷纷出台法院支持仲裁的相关意见等政策性文件，法院也确实对仲裁保全在较短时间作出裁决，但由于法律中将仲裁庭作为临时措施必要的中转站，仍然将临时措施申请的步骤烦琐化，故应就向法院提起临时措施的具体情况进行明确规定。无论是国内或涉外仲裁案件，如果保全措施是以仲裁协议以外第三人为执行对象，为避免发生仲裁庭是否能对仲裁协议外当事人做出措施的理论争议，当事人应直接向管辖法院提交保全措施的申请。

第三，要对临时措施的执行相关事项进行规定。允许仲裁庭作出临时措施后，如其执行地在中国境内者，应增订法院许可及承认措施执行之明文规范。法院要转变门户之见，与仲裁建立良性互动，对仲裁的监督本质上应当为对仲裁的支持，捍卫仲裁的公正，提升公众对仲裁裁决的信任度。只有积极高效推动仲裁保全协助工作，才能让当事人更愿意将案件提交仲裁，从而减轻法院的

---

① See J. Ribeiro & S. Teh, *The Time for a New Arbitration Law in China: Comparing the Arbitration Law in China with the UNCITRAL Model Law*, Journal of International Arbitration, Vol. 34:459, p. 459 - 487 (2017).

审判工作量。① 最后,现行仲裁法还应就“执行地在境外之临时措施审批”提供清楚的规范基础,使仲裁庭发出以境外为执行地的临时措施,在以中国为仲裁地法的情形下具备法律依据,且考虑其实效性,其审核标准及类型应采取较为概括的规范模式,使仲裁庭具有足够空间考虑执行地相关法律,而据以作成措施。

五、总结

在中国商务仲裁机构实践经验的迅速积累过程中,可以发现当前《仲裁法》在规范层面的疏漏及不足。仲裁机构所拟定的仲裁规则经常具有极高的前瞻性,本文提到的国际商事仲裁机构的仲裁规则就临时保全措施的审批一事,即便现行法在体例上明显采纳的是“法院独占制”,机构仍能关注到相关规定在“执行地在境外”案型上立法的空白,而从保障当事人权益的立场,提供仲裁庭及紧急仲裁员做出保全措施的规范基础。但仲裁机构的“造法性”毕竟有限,法律政策的变革,有赖于具体条文的精准落实。在规范面的层次,首先,要改变司法对仲裁的过度干预,在仲裁法的总则中做出明确的限制。建议修改第 8 条,将法院及司法机关单独列明,本法有规定的不得进行干预。其次,要在保全与临时措施审批权限上改为“仲裁庭及法院双轨并行制”,并明确仲裁庭与法院的权力分配,涉及修正现行法关于保全措施管辖权的规定、新增管辖竞合的配套规范及执行等。建议修正增订的具体条文为《仲裁法》第 28 条、第 46 条、第 62 条、第 68 条及《民事诉讼法》第 272 条。当执行地在境内时,法院及仲裁庭均得受理临时保全措施的审批,当事人得择一向法院或仲裁庭提出申请;当执行地在境外时,国内法院并不具备受理审批的权限,当事人只能向仲裁庭提交申请,取得批准后至执行地法院提交许可执行,亦可径自至执行地法院提交相关申请。

如果《示范法》的落实程度可被评价为仲裁地法相关规定是否进步或开放的指标,我国现行法临时保全措施审批采取“法院独占制”就是一个有别于多数进步法例的例子。现行中国《仲裁法》不仅规范过于单薄,且似乎与先进比较

① 参见罗嘉威:《仲裁与诉讼的分流机制研究——以司法文明建设为视角》,载《政法论坛》2019 年第 3 期。

法例间的落差过大。从本文的分析可知,仲裁机构有更充分的程序权,是对当事人意思自治的充分尊重,仲裁机构对临时措施有审批权限是对仲裁更有力的支持。法院在仲裁的态度上不能始终处于高位,要发展更平等、更紧密的协助关系。赋予仲裁庭审批保全与临时措施的权限,是中国仲裁法往高水平仲裁法制前进的重要事项,更是我国发展壮大我国商事仲裁机构,使我国早日成为国际商事纠纷仲裁优选地不可或缺的法治构建环节。

论我国商事仲裁中临时措施的法律制度完善

——关于《仲裁法(修订)(征求意见稿)》的讨论

杨伊宁*

摘　要: 自2021年《仲裁法(修订)(征求意见稿)》(以下简称《仲裁法征求意见稿》)出台以来,关于临时措施制度的有关新规不断引发热议。《仲裁法征求意见稿》中关于仲裁庭发布临时措施的权限、临时措施的发布操作,临时措施的承认与执行等创新规定,有效地解决了长期以来我国临时措施制度发展面临的难题与困境。未来,针对临时措施的发布形式、当事人提供担保、错误临时措施的救济与补偿、临时措施域外执行、紧急仲裁员制度和法院与仲裁庭的互动关系等问题,《仲裁法》可继续予以修订完善,《国际商事仲裁示范法》、《纽约公约》及外国立法之相关规定应成为其重要参考。

关键词: 临时措施　保全措施　仲裁法　国际商事仲裁示范法

2021年7月30日,司法部发布《仲裁法(修订)(征求意见稿)》。此次《仲裁法征求意见稿》中一大修改亮点就是丰富并完善临时措施制度的有关规定。《仲裁法征求意见稿》以"第四章第三节"共7条的篇幅就临时措施制度展开规定,其中包括临时措施定义与范围,临时措施的申请与发布,临时措施的修改、中止与解除,临时措施的承认与执行及紧急仲裁员等制度。

---

* 杨伊宁,加拿大蒙特利尔大学国际商法专业硕士研究生。

长期以来，临时措施研究备受关注。随着当前国际商事仲裁的快速发展，临时措施制度的运用正成为仲裁中不可或缺的一部分，并受到越来越多的当事人的关注。《2021 年国际仲裁调查报告》显示，当选择仲裁地时，56% 的受访者希望地方法院和司法机构对仲裁提供更大的支持；54% 的受访者希望增加当地法律体系的中立性和公正性并在执行仲裁协议和仲裁裁决方面有良好记录；39% 的受访者看重执行紧急仲裁员的决定或仲裁庭采取的临时措施的能力。① 由此可见，完善临时措施制度规范，提升临时措施的执行力和有效性，对提升我国作为仲裁地的吸引力至关重要。

《仲裁法》修订背景下，《仲裁法征求意见稿》对临时措施制度的拓展无疑为我国仲裁事业进一步发展提供了强有力的制度保障。但仍需注意的是，当前《仲裁法征求意见稿》中临时措施有关规定尚存缺漏，对于如何协调临时措施的法律规范对接、司法机关承认与执行临时措施等问题尚需未来实践和后续立法加以完善。本文拟从此次《仲裁法征求意见稿》出发，分析其对我国临时措施制度发展的积极作用，并在对比 2006 年联合国国际贸易法委员会《国际商事仲裁示范法》（以下简称《示范法》）、《纽约公约》、实践案例及外国立法的基础上，为后续我国临时措施制度的发展与完善提出可行性建议。

一、《仲裁法征求意见稿》对临时措施规范之概述

《仲裁法征求意见稿》于第四章“仲裁程序”增加临时措施有关规定一节，通过第 43 条至第 49 条共 7 个条文，对临时措施的定义与内涵，发布程序、执行程序以及相关的紧急仲裁员程序等事项作出规定。

（一）临时措施的发布主体

《仲裁法征求意见稿》中对临时措施的发布权归属规定做出重大修改。根据《仲裁法征求意见稿》第 43 条第 1 款的规定，当事人可以向法院或仲裁庭申请采取临时措施。《仲裁法征求意见稿》这一重大调整，使仲裁庭在此后的仲裁程序中能够独立审查并决定临时措施。

在此之前，我国临时措施的发布权专属于法院。综合《仲裁法》第 28 条、第

① See 2021 *International Arbitration Survey*: *Adapting Arbitration to a Changing World*, The School of International Arbitration (SIA) & Queen Mary University of London, 2021, p. 7 – 8.

46 条、第 68 条规定与《民事诉讼法》第 272 条规定来看,针对当事人提出的财产保全、证据保全、涉外证据保全申请,仲裁庭均需将其提交至人民法院后经由人民法院审查并做出有关决定。这一规定下,仲裁庭对于临时措施的角色始终停留在传递这一程序性流程中,对于临时措施的实质内容不具有话语权。此次《仲裁法征求意见稿》对于临时措施发布权的分配调整,使仲裁庭获得与人民法院平等的临时措施决定权,当事人可以根据客观情况自行选择申请对象。

(二)临时措施的发布操作

《仲裁法征求意见稿》第 43 条至第 47 条对临时措施的具体内容做出规定。根据第 43 条第 2 款的规定,我国临时措施的范围涵盖财产保全、证据保全、行为保全和仲裁庭认为有必要的其他短期措施。后第 44 条、第 45 条规定了与之相关的申请条件。财产保全和行为保全的申请前提包括其他当事人的行为或者其他原因可能使裁决不能执行、难以执行或者给当事人造成其他损害。证据保全的申请前提包括证据可能灭失或者以后难以取得的情况。对于出现不属于上述特定情形下的临时措施申请,仲裁庭可根据现实情况评估必要性后发布其他类型的短期措施。

第 46 条规定了当事人申请临时措施的时间和对象。根据《仲裁法征求意见稿》的规定,当事人申请临时措施的时间划分为提起仲裁前和提起仲裁后两个时间点。第 1 款规定对于在提起仲裁前申请临时措施的,当事人应向人民法院提出申请。其中依照相关法律,应指《民事诉讼法》第 84 条、第 103 条至第 111 条的有关规定。第 2 款规定对于在提起仲裁后申请临时措施的,当事人可以自主选择向有关人民法院或仲裁庭提出申请。

随后,第 47 条对人民法院与仲裁庭回应当事人的申请做出规定。根据第 47 条第 1 款与第 2 款的规定,人民法院应当及时审查当事人关于临时措施的申请并做出决定,仲裁庭在及时审查并决定的基础之上,应当要求当事人提供担保。对于经当事人或仲裁庭交由法院的临时措施决定,人民法院应当及时协助执行。第 47 条第 3 款对于当事人错误申请临时措施的救济做出规定,当事人错误申请临时措施造成损害的,当事人应当负有赔偿责任。

(三)临时措施的承认与执行

《仲裁法征求意见稿》第 48 条、第 49 条是关于临时措施的承认与执行的规定。第 48 条涉及三方面内容:其一,当事人申请其他临时措施的,仲裁庭应从必要性和可行性出发加以考量,同时仲裁庭负有及时做出决定的义务;其二,仲裁庭做出前款临时措施决定后,仲裁庭可以修改、中止或者解除临时措施的条件应包括经一方当事人申请,且情况确有必要;其三,当临时措施的执行需要人民法院协助时,当事人有权向人民法院提出申请,人民法院经审查后依法做出决定。

第49条首先规定了临时措施的域外执行,为当事人向外国法院申请执行临时措施提供法律依据。其次关于紧急仲裁员制度,《仲裁法征求意见稿》承认紧急仲裁员制度,并明确在仲裁庭组成前,当事人可以指定紧急仲裁员采取临时措施。

二、《仲裁法征求意见稿》对临时措施机制之拓展

(一)新增仲裁庭为合法发布主体

本次《仲裁法征求意见稿》对临时措施发布权归属的重大调整,可解决仲裁庭发布临时措施缺乏法律依据的现实困境。概括来说,现有临时措施的发布权立法模式包括法院专属模式、仲裁庭专属模式以及仲裁庭与法院并存权力模式。[①]产生上述不同模式的原因主要出于法院权力来源与仲裁庭权力来源之区分。临时措施的发布与执行涉及处分当事人行为或利益,据此由具有国家公权力授权的法院发布并执行临时措施,可以保障临时措施的内容与执行合法性,同时可视为仲裁程序中涉及处分当事人权益的环节的多重监督。我国仲裁发展初期,这一设想具有其必要性和合理性。[②]基于此,我国《仲裁法》《民事诉讼法》规定,各类临时措施的发布权归属相关法院所有,即使仲裁庭参与其中,也仅承担传递性的程序角色,并不涉及任何实体问题审查。

然而,随着我国仲裁事业的推进发展,这一权力划分方式无法继续满足临时措施发布与执行的现实需求。首先,法院专属模式与仲裁尊重当事人意思自治原则不符。仲裁以当事人之间合法有效的仲裁协议为基础,即若当事人间达成一致有效的仲裁协议,当事人已自愿赋予仲裁庭处分争端有关行为与利益的

---

① 参见严红、张洁:《浅析我国国际商事仲裁临时措施的决定权分配》,载《特区经济》2010年第10期。

② 参见黄凯绅:《仲裁临时保全措施及法院本位主义:法制变革上的建议》,载《交大法学》2019年第3期。

权力,在这一理念下,除非当事人另有协议或选择向法院提出临时措施申请,否则由仲裁庭发布临时措施更为合理。[①]其次,法院专属模式无法有效发挥仲裁优势。作为争端解决方式之一,仲裁的优势在于更加尊重当事人的意思自治,仲裁程序简化、效率高、具有保密性等。若法院专有临时措施的发布权,当事人即必须单独向法院提交临时措施申请,法院为确保发布临时措施的合理性需另行了解争端详情,这一流程不仅将增加整体争端解决流程耗时,更可能导致临时措施因时间变化无法发挥其相应作用。并且当事人约定仲裁机构往往出于争端解决便利性的考量,而现有法律规定下有权发布临时措施的法院并不一定与仲裁地点相一致,这给当事人申请临时措施增加了成本,挫伤当事人申请临时措施的积极性。[②]最后,由法院专属发布临时措施的规定不利于推动临时措施的执行。例如,根据我国《仲裁法》的规定,临时措施应由被申请人住所地或财产所在地或证据所在地的中级人民法院发布,然而国际仲裁中临时措施有关的证据或财产并不一定位于中国境内,若临时措施执行地法律规定与我国法律规定并不一致,则将导致当事人无法申请有效的临时措施;[③]再如,在复杂的国际投资仲裁中,东道国主权对法院中立性的影响也使临时措施的适用范围遭受质疑,由法院发布的临时措施决定或许面临无法在其他国家获得承认与执行的难题。

对此,《示范法》关于临时措施的有关规定为我国改革临时措施发布权提供了参考。根据《示范法》第 17 条第 1 款与第 17J 条规定,仲裁庭与法院同时享有临时措施的发布权,当事人选择向仲裁庭申请或是实践中更为常见的做法,但即使当事人选择向法院申请临时措施,也不与仲裁协议相抵触。这一规定更重视当事人的意思自治与临时措施的现实本质,符合实践中的不同案件的客观需求,得到众多国家立法参考。我国部分仲裁机构通过仲裁规则的形式约定了针对不同情况具体判断临时措施的发布路径,纳入仲裁地在其他国家或地区,

---

① 参见王显荣:《司法权的中国特色限制——以我国商事仲裁中临时措施决定权与执行权的归属为视角》,载《仲裁研究》2008 年第 4 期。

② 参见冯中杰:《试析商事仲裁中临时措施裁决权归属之完善》,载《〈上海法学研究〉集刊(2019 年第 17 卷,总第 17 卷)——上海国际经济贸易仲裁委员会文集》,2019 年。

③ 参见胡荻:《论国际商事仲裁中仲裁庭的临时保全措施决定权》,载《南昌大学学报(人文社会科学版)》2013 年第 4 期。

临时措施可以由仲裁庭发布的合理性。部分自贸区仲裁也在此方面做出尝试性规定。[①]但授权仲裁庭发布临时措施的规定始终停留在没有法律强制力的参考性或操作性文件,未被纳入我国立法层面。此次《仲裁法征求意见稿》第43条的有关规定将授权仲裁庭与法院同等的临时措施发布权,有利于解决实践中临时措施发布难题,符合我国仲裁实践中当事人关于临时措施发布的现实需求,确保临时措施执行的独立性和有效性,进一步推动我国仲裁事业的完善与发展。[②]

(二)完善临时措施具体发布流程

在解决临时措施发布权问题的基础上,《仲裁法征求意见稿》完善了临时措施种类、发布条件、临时措施的修改、担保、费用和损害赔偿等问题的有关规定,力求与国际接轨。

首先,就临时措施的种类与范围而言,《仲裁法征求意见稿》将现有立法中关于各类保全措施的规定加以整合,并增加兜底性规范,使临时措施的范围与种类定义更加清晰完善。当前国际商事仲裁中现有的临时措施往往包括证据保全、财产保全、行为保全或维持现状,以保障当事人在仲裁前或仲裁过程中维护证据,减少财产损耗,最终达到促进仲裁过程顺利进行,仲裁裁决得以有效执行的目的。在此过程中,多样化的临时措施不断出现,临时措施的种类也日益丰富。例如,《示范法》第17条第2款对常见临时措施的种类和定义做出规定,包括维持现状或恢复原状、防止对仲裁程序发生的危害或损害、财产保全、证据保全。我国对于临时措施的规定分布在《仲裁法》《民事诉讼法》《海事特别程序法》中,范围也从财产保全与证据保全加至行为保全。此次《仲裁法征求意见稿》中不仅整合上述法律中对财产保全、证据保全、行为保全的规范,同时未免未来复杂的仲裁中可能涉及新型或复合型临时措施的情形,难以用以上三种临时措施加以概括,《仲裁法征求意见稿》明确仲裁庭可以采取有必要的其他短期

① 参见商舒:《国内仲裁机构规则中的临时措施研究》,载《法制与社会》2015年第5期;参见杜丽君:《论临时措施制度在〈自贸区仲裁规则〉中的创新》,载《中国对外贸易》2015年第9期。

② 参见宋秋婵:《论商事仲裁临时措施裁定权归属中法院与仲裁庭的"伙伴关系"》,载《仲裁研究》2010年第4期。

措施,以充分发挥临时措施对仲裁的协助作用。①

其次,《仲裁法征求意见稿》对不同类型的临时措施的发布条件加以明确。对于临时措施的发布应满足何种情形,不同国家和地区规定并不完全一致。《示范法》认为临时措施的发布条件应满足必要性、胜诉可能性、适当性等。我国《仲裁法》与《民事诉讼法》早前已分别对几种临时措施的发布条件做出规定,本次《仲裁法征求意见稿》中对此加以继承与改进,如对于财产保全和行为保全的发布条件,《仲裁法征求意见稿》在确保裁决可执行性之外增加损害标准;证据保全的发布条件继承早前证据可能灭失或者难以取得的考量;其他临时措施则要求仲裁庭对必要性和可行性加以衡量。如此一来,现有临时措施的发布条件更加明确,财产保全和行为保全发布所增加的损害条件也符合仲裁庭的审查经验与仲裁实务经验;另外,将兜底性或者特色性的临时措施发布条件规定为必要性和可行性,为前文增加的其他临时措施一类提供了更加完善配套的规范标准,使未来其他临时措施的发展具有可操作性。②

最后,关于临时措施的修改、中止或者解除,当事人申请临时措施提供担保、因错误临时措施导致的损害赔偿等问题。参考《示范法》第 17D 条、第 17E 条、第 17G 条之规定可见,《仲裁法征求意见稿》纳入对相关规定的规范,明确仲裁庭修改、中止或者解除临时措施的条件,要求当事人为申请保全措施提供担保,并明确因错误申请的临时措施而遭受损害的,当事人有权享有赔偿。此类规定与其他国家和地区有关规定接轨,能够确保我国仲裁中临时措施的申请与运用具有规范性。③

(三)明确临时措施承认与执行路径

此次《仲裁法征求意见稿》的一大创新是为临时措施的执行提供法院协助,这一规定将进一步增强临时措施的执行效率。如上所述,本次《仲裁法征求意见稿》授予仲裁庭以临时措施发布权,在此之前我国法院专属发布临时措施并

① 参见郭玉军、陈文璨:《国际民商事争议解决中的禁止执行令制度研究》,载《国际法研究》2017 年第 6 期。

② 参见李晶:《国际商事仲裁中临时措施在中国的新发展——以民诉法修改和仲裁规则修订为视角》,载《西北大学学报(哲学社会科学版)》2014 年第 6 期。

③ 参见王徽:《〈国际商事仲裁示范法〉的创设、影响及启示》,载《武大国际法评论》2019 年第 3 期。

进行执行,临时措施的执行并未面临困境,而在仲裁庭同样有权发布临时措施后,关于临时措施的执行力能否与法院发布并执行相提并论这一问题,答案似乎并不确信。当事人进入仲裁程序后,被申请临时措施的一方当事人往往会基于对仲裁庭决策的尊重与避免使仲裁庭产生负面印象的考量执行仲裁庭发布的临时措施,但若一方当事人不执行临时措施,或执行情况并未达到仲裁庭发布临时措施的根本目的,抑或临时措施执行过程中出现仅靠仲裁庭无法解决的执行障碍,此时如何确保临时措施的执行将成为难题。①因此,《仲裁法征求意见稿》关于法院协助临时措施执行之规定将有助于解决仲裁庭发布的临时措施缺乏执行力的难题,进一步增强临时措施执行力。

此外,《仲裁法征求意见稿》的另一亮点是纳入紧急仲裁员制度。根据仲裁实践,由于证据可能具有时效性,或者当事人希望通过申请临时措施防止财产转移或者灭失,此时当事人需要在仲裁庭成立之前申请临时措施。为了确保发挥临时措施对于仲裁的保障作用,紧急仲裁员制度出现在仲裁实践中。在仲裁庭正式组成之前,若当事人申请临时措施,仲裁机构可以任命一名紧急仲裁员处理并做出决定。由于紧急仲裁员制度可以有效弥补争议发生与仲裁庭组建间的"真空阶段"。②这一制度被众多国际性仲裁机构加以采纳,我国仲裁机构也多次出现紧急仲裁员制度的实践运用经验。

《仲裁法征求意见稿》出台前,我国立法中缺乏关于紧急仲裁员制度的有关规定,使得紧急仲裁员发布临时措施面临发布难与执行难的问题。如上所述,我国临时措施发布模式采取法院专属发布模式,对于紧急仲裁员发布临时措施同样保持沉默,并未直接授予仲裁庭发布临时措施的权力。这一规定导致各国法院需根据本国国内法加以衡量,各国法律规定差异为紧急仲裁员发布的临时措施能否执行,能否在域外执行具有较大不确定性,导致紧急仲裁员制度的实践发展陷入困境。③当前,随着越来越多的仲裁机构认可紧急仲裁员制度并将其

---

① 参见戴晨、王英民:《国际商事仲裁临时措施法律问题研究》,载《法学杂志》2008年第2期。

② See Savola M., *Interim Measures and Emergency Arbitrator Proceedings*, The Croatian Arbitration Yearbook, 2016, p. 73-97.

③ 参见张恒:《论美国仲裁协会国际仲裁规则中的紧急保全措施》,载《北京仲裁》2008年第3期;See Rennie D. C., Sherwin P., *Interim Relief under International Arbitration Rules and Guidelines: A Comparative Analysis*, American Review of International Arbitration, 2010。

纳入仲裁规则，不少国家和地区也通过立法形式认可紧急仲裁员制度作为仲裁前的救济机制积极作用。此次《仲裁法征求意见稿》明确规定紧急仲裁员制度，将有利于我国仲裁程序的完善与进一步提高临时措施的及时性。[①]

三、《仲裁法征求意见稿》中关于临时措施规范之不足

（一）分类发布主体：从多重视角出发

如上所述，根据各国规定，当事人可以在法院或仲裁庭之间申请临时措施，此两者是否可以并存又因各国对仲裁庭与国内法院权力的划分程度不同而不同。例如，即使是在并存权力模式下，也可依照当事人是否完全占据选择的主动权分为自由选择模式和法院辅助模式。在自由模式下，仲裁庭与法院享有完全平等的临时措施发布权，当事人可以完全自由选择向法院或仲裁庭申请临时措施，法院与仲裁庭之间无须相互同意。而在法院辅助模式下，临时措施的发布权一般归仲裁庭所有，法院仅在当事人约定的例外或其他特定情况下介入，《示范法》中的“除非当事人另有约定，仲裁庭经一方当事人请求，可以准予采取临时措施”就是法院辅助模式下的规定示范。[②]

由于当前各国对临时措施的发布权归属并不统一，因此厘清一个临时措施由何而来将是判断临时措施能否得到本国法院承认和执行的第一步。一般而言，对于在本国进行的仲裁，各国国内法院具有临时措施的管辖权；但是对于外国仲裁，只有少数国家或地区明确表态支持、完全承认其地位并予以执行。对于这一问题的分析和解决，从是由法院发布还是仲裁庭发布出发进行区分是一个可行的视角，而也有学者提出可从临时措施的不同性质出发，赋予法院和仲裁庭分别管辖不同类型的临时措施。这一划分视角下，直接与裁决执行有关的临时措施可由国内法院管辖，其他临时措施（如证据保全）属于仲裁庭排他管辖的范围，这一划分方式可以减少国内法院对国际仲裁的不必要干预，使临时措施更具针对性和目的性。[③]

---

① 参见祝戈辉：《紧急仲裁员制度中临时措施的可执行性问题分析》，载《法制博览》2019 年第 20 期。

② 参见崔起凡：《国际投资仲裁中的临时措施研究——兼论“一带一路”背景下的中国对策》，载《国际商务研究》2019 年第 1 期。

③ 同上注。

此次《仲裁法征求意见稿》没有如《示范法》一般采取法院辅助模式，而是规定当事人可以自主选择法院或仲裁庭申请临时措施。对比我国前期采取的法院专属模式，这一规定已属于重大变化，可以满足预想中未来一段时间内我国的仲裁需求。而虽然上述从临时措施性质出发划分法院与仲裁庭发布权的做法目前暂无成熟的实践经验，但依然可成为未来当事人申请临时措施时的选择和我国进一步完善临时措施发布的相关规定的参考性意见。

（二）完善发布细节：与国际主流对接

对于临时措施的发布，《仲裁法征求意见稿》中需待完善更多细节，以便我国临时措施制度执行更加顺畅并与国际主流相符。

1. 临时措施的名称

各国立法对此类临时性的应急措施有不同的命名方式，如英国以禁令（Injunction）形式发布临时措施。①《示范法》对临时措施的英文表述为 interim measures。实践中，上述关于临时措施的不同称谓表述并不会成为影响当事人、仲裁庭与法院理解的障碍，因此对于在立法中如何命名临时措施，遵守国内已有的命名传统并无不可，而只需遵守内容无歧义的前提。

以此再思考《仲裁法征求意见稿》中采用"临时措施"一词是否必要便可能得到另一答案。我国现有的《仲裁法》《民事诉讼法》中采用的均为"保全措施"一词，相关法律法规文件也遵循此例。再考虑到法律规范的一致性与立法语言的谦抑性，"保全措施"一词已经可涵盖当前实践中基本的保全行为，也可与下文规定中财产保全、行为保全、证据保全等保持用语一致，符合实践认知和期待。②而采用"临时措施"一词，可能引发业界对于临时措施内涵边界的讨论，现有《民事诉讼法》等法律法规能否与修订后《仲裁法》直接匹配适用也存在疑惑，或将拖延临时措施制度的实践效力，产生反作用。因此可沿用"保全措施"一词，"临时措施"一词进入我国立法条文中缺少绝对意义和合理性。

2. 临时措施的发布过程

《仲裁法征求意见稿》中对于临时措施的发布条件采取分条规定，对比《示

---

① 例如，马瑞瓦禁令（Mareva Injuction），指法院签发冻结出国者资产以避免其转移的禁令。Also See Johansson L. E. , *The Mareva Injunction: A Remedy in the Pursuit of the Errant Defendant*, UC Davis L. Rev. , 1997, 31: 1091.

② 参见汤啸天：《论立法语言的创新与规范》，载《同济大学学报（社会科学版）》2001 年第 1 期。

范法》而言,这一制度安排可参考《示范法》第 17 条、第 17A 条之规定,在当前第 43 条的基础上,将第 44 条至第 46 条第 1 款整合为 1 条关于临时措施的发布条件的综合性规定,并以确保主题明确,内容简洁。

《示范法》对行为保全和财产保全的发布条件是以统一概括性的方式做出规定,要求符合比较损害标准和可能胜诉性,以此再额外说明证据保全的发布条件不需强制满足上述两个标准,仅在仲裁庭认为适当的情况下适用,如此规定应是考虑到证据保全与双方当事人和案件的最终走向有直接关联,因此仲裁庭发布证据保全决定的要求相对较少,仲裁庭可更自由地结合客观实际情况进行判断。①我国《仲裁法征求意见稿》中,对三种保全行为的发布条件采取分开规定的方式,这一安排可以与我国现有立法更精准地衔接,同时更明确每种保全措施的独特性,但需注意应完备每种保全措施发布条件,避免遗漏。《仲裁法征求意见稿》中对行为保全和财产保全的发布条件增加了给当事人造成其他损害的条件具有合理性,舍弃了"可能胜诉"标准的做法可能是希望与当前诉讼实务中因可能胜诉与错误保全引发的救济争议相为呼应,②但实践中可能胜诉标准是绝大多数仲裁庭在发布临时措施的考量标准之一,没有胜诉可能性的当事人申请的临时措施将欠缺发布必要性,且因可能胜诉与错误保全引发的救济争议可能性为少数,因此这一删改需要权衡;《仲裁法征求意见稿》要求发布证据保全需要在证据可能灭失或者以后难以取得的情况下,这一规定是对发布证据保全条件进行正面规定,其本质内涵与《示范法》中的相关性和重要性基本相同,可予以保留。

3. 临时措施发布的知情权与回应权

仲裁庭发布临时措施时应重视给予双方平等、充分的回应权,以减少沟通不畅导致的错误申请。例如,伦敦国际仲裁院 2020 年版《仲裁规则》中第 25.1 条规定,对于临时措施和保全措施申请,仲裁庭依据一定情形下其认为恰当的条件有权从事下列行为,但应事先给予所有当事人合理机会对该申请作出回应。又如,Bloomberry Resorts and Hotels Inc. and another v. Global Gaming Philippines LLC and another [2020] SGHC 113 一案中,当事人认为相比由法院做出

① 参见黄云:《论我国国际商事仲裁临时措施的发布》,载《法制与经济》2015 年第 8 期。
② 参见李仕春:《民事保全程序基本问题研究》,载《中外法学》2005 年第 1 期。

临时措施令,仲裁庭做出临时措施令使其申辩权受损。但本案的仲裁独立性质使得法院也仅能以撤裁的方式进行监督。由此看来,选择何种争议解决方式可能影响当事人的正当程序权利,由仲裁庭作出命令可能降低当事人的正当程序权利。①因此在由仲裁庭做出临时措施决定时,通过给予双方当事人合理的回应机会,可以减少此类差异,确保临时措施合理有效。

4. 临时措施的修改、中止和终结,披露,费用与损害

《示范法》中关于临时措施的修改、中止和终结,披露,费用与损害的规定也值得《仲裁法征求意见稿》参考。对于修改、中止和终结临时措施,《示范法》中规定仲裁庭既可以根据当事人的申请决定,也可以自行决定。《仲裁法征求意见稿》只规定当事人申请修改、中止和终结临时措施。鉴于仲裁庭的审查权和权威性,仲裁庭应该可以同样自行决定修改、中止和终结临时措施。

关于披露,《示范法》中规定仲裁庭可以要求任何当事人迅速披露在请求或者准予采取临时措施时而依据的情形所发生的任何重大变化,而《仲裁法征求意见稿》中没有关于此项的规定。临时措施的发布与执行具有较强的客观依赖性,依靠仲裁庭对临时措施发布的情况进行详细审查并不现实,此时较好的选择是当事人及时披露有关重大变化,这一安排不仅可以确保临时措施的发布最贴合案件需求,而且可以确保仲裁庭修改、中止和终结是建立在与当事人充分沟通了解的基础之上,减少因沟通不畅造成纠纷升级。②

对于错误申请临时措施造成的费用与损害赔偿,《示范法》在《仲裁法征求意见稿》基础上认为仲裁庭可以在任何时间判令这种费用和损害赔偿金。对比而言,这一规定可使仲裁庭判令费用和损害赔偿金的行为更具法律依据,同时确保因错误临时措施受损一方可以及时获得有关赔偿,确保仲裁过程平稳顺畅,同时,关于当事人申请错误的认定是否需要考虑其主观要件,本文认为一般情况下,当事人申请临时措施的动机是希望避免不利状态,因此当事人可以并应该意识到保全措施的启动意味着一方当事人权益受损,此时申请人应小心谨慎,在对保全行为做出认真考虑的前提下才能启动保全措施,否则应当为滥诉

---

① See https://siarb. org. sg/resources/newsletters/129 - case - digests/445 - bloomberry - resorts - v - global - gaming - 2020 - sghc - 113.

② 参见刘瑛、林舒婷:《借鉴〈联合国国际贸易法委员会国际商事仲裁示范法〉完善中国〈仲裁法〉》,载《太原师范学院学报(社会科学版)》2018 年第 3 期。

而给被申请人造成的损害进行赔偿。[①]因此,申请人赔偿因申请行为保全而给被申请人造成的损失不应考虑其是否存在主观过错。

5. 临时措施与提供担保

《仲裁法征求意见稿》中对提供担保的表述是"要求"。这一高要求并不符合未来多样化的仲裁形势。一方面担保不能保证涵盖所有种类的临时措施可能造成的损害,如证据保全可能涉及双方当事人和整个案件走向,很难用金钱形式加以准确估量;另一方面这一要求可能使得仲裁庭陷入两难,如仲裁庭认为无须当事人提供担保但必须按照法律要求当事人提供担保,或仲裁员可能以此为依据要求当事人提供超过合理范围的担保。[②]

对此,《示范法》认为仲裁庭可以要求当事人提供担保,但担保应当是适当合理的。伦敦国际仲裁院《仲裁规则》第25.2条同样规定仲裁庭可以要求当事人提供担保,如果当事人不遵守提供担保的命令,仲裁庭可以中止或在裁决中驳回该方当事人的请求、反请求或交叉请求。因此,赋予仲裁庭可以要求当事人提供担保的权力是合理的,但若一律要求当事人应该提供担保,将对当事人太过严苛,对仲裁庭也太武断或者过于信任。因此采取如果当事人不遵守担保决定,给予仲裁庭做出后续措施的规定更加符合情理。《仲裁法征求意见稿》可以将提供担保中"要求"改为"可以",并增加合理适当的标准要求。

行为保全中,担保应加以另一重讨论。例如,在知识产权仲裁中就可能出现被申请人是否可以通过以提供担保的方式解除行为保全的问题。此时应注意到仲裁标的的根本属性不同,因而需要从解除保全措施对案件审理的具体影响加以个别判断。尤其是相比于物权、债权等财产性权利纠纷,知识产权纠纷特别可能涉及商业秘密,意味着侵权行为对当事人产生的影响将更为严重。因此在此类纠纷中,即使被申请人提供担保,保全措施也不应被解除。[③]《关于审查知识产权纠纷行为保全案件适用法律若干问题的规定》第12条规定:"人民

---

① See Tucker L. A., *Interim Measures under Revised UNCITRAL Arbitration Rules: Comparison to Model Law Reflects both Greater Flexibility and Remaining Uncertainty*, Int'l Com. Arb. Brief, 2011, p. 12 – 14.

② 参见徐伟功:《论我国商事仲裁临时措施制度之立法完善——以〈国际商事仲裁示范法〉为视角》,载《政法论丛》2021年第5期。

③ 参见刘芳:《我国知识产权诉讼行为保全的适用标准研究》,载《学习与实践》2019年第2期。

法院采取的行为保全措施，一般不因被申请人提供担保而解除，但是申请人同意的除外。”

6. 临时措施的发布形式

临时措施以何形式发布将关系到临时措施的承认与执行。《示范法》规定临时措施是以裁决书为形式的或另一种形式的任何短期措施，这一规定的用意是赋予临时措施在外国法院获得承认与执行的能力。根据《纽约公约》对适用范围的约定，仲裁裁决，因自然人或法人间之争议而产生且在申请承认及执行地所在国以外之国家领土内作成者，其承认及执行适用《纽约公约》。关于仲裁裁决的范围，公约规定其不仅包括当事双方选任的仲裁员所作出的裁决，而且也包括由常设仲裁机构经当事人提请而作出的裁决。①

虽然《纽约公约》并未对裁决进行更为明确的界定与区分，学界对此也具有争议，但从现有实践经验和倾向而言，“裁决书”这一形式确实能获得更多国家法院的接受并同意根据《纽约公约》予以承认并执行。由此可想，《示范法》将临时措施的发布形式规定为裁决书，一方面是力求减少临时措施在外国法院承认与执行的阻碍；另一方面也是期待各国立法中能承认临时措施在仲裁中的重要地位，促进临时措施发挥在解决国际商事纠纷以及促进仲裁裁决国际执行便利化的积极作用。

此次《仲裁法征求意见稿》中对临时措施的发布形式没有做出明确规定，若从参考《示范法》规定与未来仲裁实务需求出发，将临时措施的发布形式明确为裁决书形式应是可取之道。《纽约公约》的设立背景和初衷是促进国际商事纠纷解决便利化，提升外国仲裁裁决的执行力，其超过 60 年发展历史说明出现公约中未曾预料的情况并不意外。在这种情况下，从公约的设立初衷出发进行解释既是应有之义，也是可取之义。因此，以裁决书形式发布临时措施，可以发挥临时措施在争议解决中的积极意义，也符合现实必要性。若我国可将以裁决书形式发布临时措施纳入规定，一方面将极大地提高临时措施在域外执行的便利程度，减少国外法院的审查障碍；②另一方面也可促进我国法院从便利化视角审

① 参见高杨：《中国法下仲裁保全和临时措施制度之研究：现状、问题及新发展》，载《北京仲裁》2021 年第 2 期；See Ferguson S. M. , *Interim Measures of Protection in International Commercial Arbitration: Problems, Proposed Solutions, and Anticipated Results*, Currents: Int'l Trade L. J. , 2003, 12: 55.

② 参见任明艳：《〈纽约公约〉项下临时性保全措施的承认和执行》，载《北京仲裁》2008 年第 1 期。

查他国发布的临时措施,从《纽约公约》的初衷出发保障临时措施的承认和执行,使我国仲裁发展在国际环境中更具影响力,最终实现促进国际争端解决便利化,促进仲裁审理公平合理,保障当事人合法权益的目标。①

(三)提升临时措施执行力:加强便利性与有效性

1.《仲裁法征求意见稿》第 48 条之完善

《仲裁法征求意见稿》第 48 条的 3 款规定分别涉及仲裁庭对当事人其他临时措施的处理,仲裁庭修改、中止或者解除临时措施与法院协助执行临时措施。首先,从本节关于临时措施规定的整体布局而言,此 3 款规定之间分别涉及临时措施的 3 个时间节点,且彼此之间并无直接关联,将此 3 款规定归于第 48 条中可能导致关于临时措施执行的规定重点不清。关于这一问题,《示范法》中采取从准许临时措施的条件、适用于临时措施的条文、临时措施的承认与执行这一顺序进行布局,并将对应规定纳入对应板块中,这一安排可使规定更有迹可循,《仲裁法征求意见稿》可加以参考并完善。

其次,这 3 款规定的具体内容也应加以进一步明确。第 2 款关于临时措施的修改、中止或者解除,其范围是包括全部种类临时措施,还是仅指第 1 款中所述"其他临时措施"需要加以明确,实践中其他临时措施发布数量少,如若不明确此条范围不局限于其他临时措施,则此款规定将缺少实践意义。同时《示范法》中认为修改、中止或者解除临时措施的情形不仅可由当事人申请,仲裁庭亦可在非常情况下并事先通知各方当事人后自行处理,这一规定具有一定的实践意义,且仍然建立在尊重当事人意思自治的前提之上,《仲裁法征求意见稿》可加以借鉴参考。第 3 款关于法院协助执行仲裁庭临时措施需加以澄清,如上所述,此处的临时措施是否受第 1 款局限抑或全部临时措施,更重要的是此款是否包括国际商事仲裁中仲裁庭发布的临时措施。当前对于临时措施的域外执行,伴随国际经贸往来规模扩大,数量激增,跨国企业等商事主体活动日渐频繁,跨境资产购置、国际争端解决也随之增加,其中关于域外冻结、资产扣押、取

① See Hill J., *Is an Interim Measure of Protection Ordered by an Arbitral Tribunal an Arbitral Award?*, Journal of International Dispute Settlement, 2018, p. 600 - 608; 参见杨弘磊:《中国内地司法实践视角下的〈纽约公约〉问题研究》,中国政法大学 2006 年博士学位论文,第 54 ~ 59 页。

证等临时措施也成为国际商事仲裁中确保仲裁裁决公正客观的必要手段。[①]增加法院协助执行国际商事仲裁中仲裁庭做出的合法临时措施决定,有利于我国参与国际商事仲裁领域发展进程,提升我国仲裁在国际仲裁领域中的影响力。

2.《仲裁法征求意见稿》第49条之完善

《仲裁法征求意见稿》第49条涉及临时措施的域外执行与紧急仲裁员两部分。关于临时措施的域外执行部分,第49条第1款虽然指明当事人可以向有管辖权的外国法院申请域外执行,但并未明确此处的临时措施是否对发布主体有限制,是否包括仲裁庭发布的临时措施或是指法院发布的临时措施。

关于仲裁庭发布的临时措施的域外执行效力,当前各国立法并未达成一致性意见,明确认可其能取得与法院发布的临时措施具有相同的域外执行效力。鉴于各国仲裁实践发展水平的差异性与对仲裁庭信任度不一,这一现象的出现有其合理性。而从《示范法》之规定与仲裁发达国家的立法示范而言,当事人在选择仲裁地时会十分青睐有高能力执行紧急仲裁员的决定或仲裁庭采取的临时措施的仲裁地,通过明确规定仲裁庭发布的临时措施具有可执行效力,可以向本国法院或外国法院申请承认和执行,赋予本国法院发布支持外国仲裁临时措施的权力已是切实提高国家在国际商事仲裁中的吸引力与竞争力的必经之路。[②]对我国而言,我国在国际商事领域中的参与程度呈直线上升趋势,完善我国临时措施域外执行规定对提升我国仲裁吸引力具有重大意义。同时鉴于我国与"一带一路"沿线国家之经贸往来逐渐频繁,争端解决潜在需求增加,完善此规定可为我国企业与个人提供必要的法律保障。因此后续规定中可明确不论在何地发布,仲裁庭发布的临时措施具有约束力,我国法院可认定仲裁临时措施的裁决。[③]

3.强化法院与仲裁庭的联动与监督

当前《仲裁法征求意见稿》中对仲裁庭与法院在临时措施制度下的互动规

---

① 参见张春良、周大山:《论ICSID仲裁临时措施的约束力理据与中国启示》,载《中国政法大学学报》2020年第4期;参见张川方:《论ICSID仲裁中临时措施的遵守》,载《国际经贸探索》2018年第7期;See Mouawad C., Silbert E., *A Guide to Interim Measures in Investor – State Arbitration*, Arbitration International, 2013, 29(3): p.415–423.

② 参见周丽霞:《论国际商事仲裁临时措施的域外执行》,载《河北法学》2011年第6期。

③ 参见杜玉琼、林福辰:《"一带一路"背景下我国国际商事仲裁临时措施制度的立法及完善》,载《西南民族大学学报(人文社科版)》2018年第10期。

定是:(1)第 47 条第 2 款“当事人向仲裁庭申请保全措施的,仲裁庭应当及时作出决定,并要求当事人提供担保。保全决定经由当事人或者仲裁机构提交有管辖权的人民法院后,人民法院应当根据相关法律规定及时执行”。(2)第 48 条第 3 款“临时措施决定需要人民法院提供协助的,当事人可以向人民法院申请协助执行,人民法院认为可以协助的,依照相关法律规定执行”。即现有规定明确的问题是有管辖权的人民法院应该执行仲裁庭下达的保全决定和人民法院可以协助执行临时措施决定。但可以预想的是,我国此前一直实行临时措施法院发布“单轨制”,对于临时措施的发布、修改、审核与执行,法院长期扮演着仲裁庭发布临时措施决定的监督者,也积累了大量的实践经验。在《仲裁法征求意见稿》修订下,未来仲裁庭与法院同时具备临时措施的发布权,但这不一定意味着法院与仲裁庭在临时措施制度上各据一方,而是可以此为基础建立两者间的联动监督关系,从而更好地促进临时措施制度的完善发展。

德国立法对我国具有参考作用。从德国关于临时措施的立法规定来看,法院与仲裁庭的配合程度与对接程序非常细致严密。首先,法院可以审查仲裁庭发布的临时措施,并决定是否通过;其次,在执行过程中,法院可以在审核后决定是否完全按照仲裁庭发布的临时措施命令执行;最后,依照申请,法院有权撤销或修改其作出的执行裁定。至于法院发布临时措施时,即使一方当事人向仲裁庭提出申请遭到拒绝,其并非一同失去向法院提出申请的权利。同时如若当事人申请由法院发布临时措施命令,法院即不受当事人约定的限制。这类制度规定一方面明确了实务中仲裁庭与法院在临时措施申请与执行过程中可能出现的对接情形与处理方法,另一方面为仲裁庭和法院发布临时措施“双轨制”提出了更加精细的区分,使当事人可以更加明确地判断自身需求从而选择最为合适的主体进行申请。有学者指出,德国临时措施制度的相关立法设计是“国际化与本土化结合”的良好示范。①

4. 完善紧急仲裁员制度

临时措施的域外执行与紧急仲裁员发布临时措施分属不同的时间流程,规

---

① 参见韩赤风:《德国仲裁临时措施制度及其借鉴》,载《商事仲裁与调解》2021 年第 3 期;王玉婷:《全球化下的国际商事仲裁临时措施制度——兼论我国相关制度的完善》,载《对外经贸实务》2006 年第 4 期。

定在同一条中稍显冗杂，可以将紧急仲裁员制度单独列出。

关于紧急仲裁员做出的临时措施决定能否得到执行，目前已有法院将“仲裁庭”解释为包含紧急仲裁员在内的所有仲裁员的实践。例如，印度最高法院在2021年8月Amazon. com NV Investment Holdings LLC v. Future Retail Limited & Others案中就表明认可紧急仲裁员作出的紧急仲裁裁决具有执行力。[①]重要的是，这一态度并非从一而终，此前印度也一度并不承认紧急仲裁员的裁决具有执行力。转机是2017年的《Srikrishna委员会报告》，该报告指出：

> 与新加坡、(中国)香港(地区)等仲裁发达的司法管辖区相比，印度在认可紧急仲裁员命令的可执行性的方式上有所差距。早在2012年新加坡已经通过立法方式将紧急仲裁员纳入“仲裁庭”的含义。中国香港地区也在2013年通过法律修订，确认紧急仲裁员作出的裁决在取得高等法院作出的动议后，与法院作出的命令具有相同的法律效力。鉴于国际普遍地支持紧急裁决执行(如新加坡、美国、中国香港地区)的做法，印度是时候允许各项仲裁程序中紧急裁决的执行。[②]

此案例可谓是这一理念下，印度作为新兴发展仲裁地，希望通过承认紧急仲裁员裁决的执行力提升仲裁吸引力的又一大实践举措。

紧急仲裁员制度可有效填补仲裁庭组庭前的空白，使临时措施的支持更加全面、有效。当前各国立法中对于如何规制仲裁庭与法院、如何判断仲裁庭裁决执行力都做出规定，但对于“紧急仲裁员”是否属于“仲裁员”和“仲裁庭”定义下的司法管辖区鲜有规定。实践中，由于紧急仲裁员并非双方当事人直接选任的仲裁庭，决策权也仅保留至仲裁庭成立之前为止，因而若无法律明文规定，紧急仲裁员作出的命令或裁决的效力将难以认定，只能依靠法院解释和判断。[③]此次《仲裁法征求意见稿》新增紧急仲裁员将有利于我国仲裁法规更加合理完

① See *Amazon. com NV Investment Holdings LLC v. Future Retail Limited & Others*, Civil Appeal Nos. 4492 – 4493 of 2021, The Supreme Court of India, paras. 187 – 189.

② See *Report of the High Level Committee to Review the Institutionalization of Arbitration Mechanism in India*, Chairman Justice B. N. Srikrishna, 2017, p. 76.

③ 参见何定宇：《紧急仲裁制度下临时措施的可执行性研究》，载《法制博览》2017年第6期。

善,而此次印度最高法院通过本案做出的裁决,以及法官在本案中就立法本意的探讨,将对我国后续完善紧急仲裁员制度提供参考性建议。

同时,紧急仲裁员发布的临时措施裁决同样面临域外法院承认与执行的问题。就紧急仲裁员做出的临时措施决定而言,执行地法院需要衡量此决定是否具有终局性,是否具有约束力,实践中各国法院对此态度各半,均有承认执行或不予承认执行的案例,美国法院认为应具体情况具体判断,以更加务实的做法代替统一规定,交由法院自由裁量。①但从现有实践和各国司法实践态度来看,大多数执行地法院仍然倾向认可临时措施的约束力和终局性,并愿意根据《纽约公约》加以承认和执行。为落实临时措施的承认与执行,充分发挥紧急仲裁的保护作用,国内立法可明确支持临时措施的域外执行性,在临时措施域外执行受阻时,可通过设置惩罚性措施如执行罚、惩罚性赔偿和不利推断等,使当事人仍会继续主动遵守紧急仲裁裁决。②

5. 拒绝承认和执行仲裁庭发布的临时措施的理由

现有《仲裁法征求意见稿》中没有关于拒绝承认和执行仲裁庭发布的临时措施的理由。目前《仲裁法征求意见稿》中只明确法院可以应当事人申请协助执行仲裁庭发布的临时措施决定,然而未来实践中不可避免出现当事人申请与法院审查意见相悖的情形。现有规定中以"人民法院认为可以协助的"作为法院审查标准,可能导致法院审查理由不为当事人所接受,或当事人申请法院协助执行的理由不合理等争议。上述任一情形都可能导致当事人申请与法院审查工作量上升,从而有损临时措施制度的执行力。因此《仲裁法征求意见稿》可参考《示范法》第 17I 条之规定,明确法院拒绝承认和执行仲裁庭发布的临时措施的理由,确保法院审查过程有法可依、理由明确,为当事人申请法院协助或对法院审查结果提出异议提供规则参考。

四、未来《仲裁法》修订背景下临时措施制度之完善

总结而言,此次《仲裁法征求意见稿》中对临时措施的发布权归属,临时措

---

① 参见张恒:《论美国仲裁协会国际仲裁规则中的紧急保全措施》,载《北京仲裁》2008 年第 3 期。

② 参见任明艳:《国际商事仲裁中仲裁员发布临时性保全措施问题》,载《北京仲裁》2007 年第 1 期。

施的种类、发布条件,临时措施的修改、担保、费用和损害赔偿及临时措施的承认与执行等重大问题做出创新型规定,是完善我国仲裁制度,推进我国仲裁事业发展的又一重大举措。同时也应注意到,对比《示范法》及其他国家与地区关于临时措施的规定而言,《仲裁法征求意见稿》中可从以下几个方面进行完善:一是立法中沿用保全措施的名称,确保法律规范体系的一致性。二是整合保全措施的发布条件,为财产保全措施和行为保全措施增加"可能胜诉"标准。三是增加保全措施的修改、中止和终结,提供担保,披露,费用与损害的相关规定。四是明确仲裁庭发布保全措施的形式,提升临时措施域外执行便利性。五是明晰法院协助执行保全措施的范围,提升临时措施的执行力。六是参考《纽约公约》、《示范法》及外国立法有关规定,明确临时措施的承认与执行制度。据此,笔者结合上述建议提出以下参照性条文,以期进一步协调与完善临时措施之有关规定,为《仲裁法征求意见稿》与《仲裁法》后续修订裨补阙漏:

第××节　保全措施

第××条　当事人在仲裁程序进行前或者进行期间,为了保障仲裁程序的进行、查明争议事实或者裁决执行,可以请求人民法院或者仲裁庭采取与争议标的相关的临时性、紧急性措施。

仲裁庭在发出最后裁定争议的裁决书之前任何时候,以裁决书为形式做出保全措施。

第××条　保全措施包括财产保全、证据保全、行为保全和其他有必要的短期措施。

一方当事人因其他当事人的行为或者其他原因,可能使裁决不能执行、难以执行或者给当事人造成其他损害的;以及根据索赔请求所依据的案情,请求方当事人相当有可能胜诉。对这种胜诉可能性的判定不影响仲裁庭此后作出任何裁定的自由裁量权的,可以申请财产保全和行为保全。

在证据可能灭失或者以后难以取得的情况下,当事人可以申请证据保全。

当事人申请其他保全措施的,人民法院或者仲裁庭应当综合判断采取保全措施的必要性与可行性,及时作出决定。

第××条　当事人在提起仲裁前申请保全措施的,依照相关法律规定直接向人民法院提出。当事人提起仲裁后申请保全措施的,可以直接向被保全财产所在地、证据所在地、行为履行地、被申请人所在地或者仲裁地的人民法院提出;也可以向仲裁庭提出。

第××条 当事人向人民法院提出保全措施申请的,人民法院应当依照相关法律规定及时作出保全措施。

第××条 仲裁庭组成前,当事人需要指定紧急仲裁员采取保全措施的,可以依照仲裁规则向仲裁机构申请指定紧急仲裁员。紧急仲裁员的权力保留至仲裁庭组成为止。

第××条 当事人向仲裁庭申请保全措施的,仲裁庭应当及时作出决定。仲裁庭可以要求请求保全措施的一方当事人提供与这种措施有关的适当担保。

第××条 保全措施决定作出后,经一方当事人申请,仲裁庭认为确有必要的,可以决定修改、中止或者解除保全措施。在非常情况下并事先通知各方当事人后,仲裁庭亦可自行修改、中止或终结其已准予采取的保全措施。

第××条 仲裁庭可以要求任何当事人迅速披露在请求或者准予采取保全措施时而依据的情形所发生的任何重大变化。

第××条 当事人因申请错误造成损害的,应当赔偿其他当事人因此所遭受的损失。仲裁庭可以在仲裁程序的任何时候判给这种费用和损害赔偿金。

第××条 保全决定经由当事人或者仲裁机构提交有管辖权的人民法院后,人民法院应当根据相关法律规定及时执行。

保全措施决定需要人民法院提供协助的,当事人可以向人民法院申请协助执行,人民法院认为可以协助的,依照相关法律规定执行。

第××条 保全措施需要在中华人民共和国领域外执行的,仲裁庭发出的保全措施应当被确认为具有约束力,并且除非仲裁庭另有规定,应当在遵从第××条各项规定的前提下,当事人可以直接向有管辖权的外国法院申请执行,不论该措施是在哪一国发出的。

正在寻求或已经获得对某一项保全措施的承认或执行的当事人,应当将该保全措施的任何终结、中止或修改迅速通知法院。

受理承认或执行请求的国家的法院如果认为情况适当,在仲裁庭尚未就担保作出决定的情况下,或者在这种决定对于保护第三人的权利是必要的情况下,可以命令请求方当事人提供适当担保。

第××条 应保全措施所针对的当事人的请求,法院确信只有在下列任何情形下,才能拒绝承认或执行保全措施:

仲裁协议的当事人有某种无行为能力情形;或者根据各方当事人所同意遵守的法律或在未指明何种法律的情况下根据裁决地所在国法律,该协议是无效的。

未向援用的裁决所针对的当事人发出指定仲裁员的适当通知或仲裁程序的适当通知,或因他故致使其不能陈述案情。

裁决处理的争议不是提交仲裁意图裁定的事项或不在提交仲裁的范围之列,或者裁决书中内含对提交仲裁的范围以外事项的决定。

仲裁庭的组成或仲裁程序与当事人的约定不一致;无此种约定时,与仲裁地所在国法律不符。

当事人未遵守仲裁庭关于与仲裁庭发出的保全措施有关的提供担保的决定。

该保全措施已被仲裁庭终结或中止,或被已获此项权限的仲裁发生地国法院或依据本国法律准予采取保全措施的国家的法院所终结或中止。

或法院认定在下列任何情形下,也可拒绝承认或执行保全措施:

保全措施不符合法律赋予法院的权力,除非法院决定对保全措施作必要的重新拟订,使之为了执行该保全措施的目的而适应自己的权力和程序,但并不修改保全措施的实质内容。

根据本国的法律,争议事项不能通过仲裁解决。

承认或执行该保全措施与本国的公共政策相抵触。

五、结论

此次《仲裁法征求意见稿》中关于临时措施的有关规定,解决了长期以来学界和实务界关心已久的由仲裁庭发布临时措施、行为保全、紧急仲裁员制度等问题,有效发挥提升仲裁效率、尊重当事人意思自治,强化我国作为仲裁地的吸引力的积极作用。但通过对比《示范法》、《纽约公约》与外国立法有关规定可以发现,当前《仲裁法征求意见稿》中关于临时措施的具体发布操作、临时措施的担保、临时措施的域外承认和执行等问题的规范尚有不足,后续《仲裁法》修订可通过借鉴参考《示范法》、《纽约公约》及外国有关立法规定,为进一步推动我国《仲裁法》的修订以及商事仲裁制度的国际化发展提供有效助力。

【仲裁协议】

涉外"先裁后审"协议效力的司法认定研究

——从BY.O诉豫商公司管辖权异议案谈起

包鸿举*

摘　要:由于对仲裁实行一裁终局、仲裁与诉讼彼此排斥存在法律认识错误,当事人常会签订"先裁后审"协议,即当事人就同一争议虽约定仲裁和诉讼两种争议解决方式,但协议明确约定或内容表明应首先适用仲裁方式,然后才适用诉讼方式。"先裁后审"协议由先仲裁条款、后诉讼条款两部分组成。"先裁后审"协议类型包括不服仲裁结果/裁决型和仲裁不成型,不包括仲裁调解不成型。审判实践中,法院逐渐扬弃其为"或裁或审"协议的法律定性,采纳分割论认可仲裁条款效力。当事人认为仲裁后可再起诉属于法律认识错误,不影响法院依据法定的仲裁一裁终局原则进行裁判。在涉外民事案件中,应准确认定涉外"先裁后审"协议效力适用的准据法。如果先仲裁条款的效力认定应依法适用中华人民共和国法律且本身约定合法有效,鉴于后诉讼条款因违反我国的仲裁一裁终局法律制度而无效、后诉讼条款无效不影响先仲裁条款效力、"先裁后审"协议因约定了仲裁程序的优先适用性而不同于"或裁或审"协议,应认定涉外"先裁后审"协议中仲裁条款有效、诉讼条款无效。

关键词:"先裁后审"　"或裁或审"　一裁终局　仲裁　诉讼

---

* 包鸿举,上海市浦东新区人民法院审判员。

一、基本案情

2015年5月,原告BY.O(乙方)与被告豫商集团有限公司(以下简称豫商公司)(甲方)签订《并购财务顾问服务协议》,约定甲方及其关联方聘请乙方提供并购财务顾问服务等内容。合同第6条"法律适用与管辖"约定:本协议根据中国法律订立、执行和解释;本协议争议的解决适用中国法律(第6.1条)。因本协议所引起的或与本协议有关的任何纠纷或争议(包括关于本协议约定条款之存在、效力或终止,或无效之后果等争议),首先通过新加坡国际仲裁中心进行仲裁解决。若双方对新加坡国际仲裁中心的仲裁结果无法达成一致,任何一方均有权将争议提交于甲方住所所在地有管辖权的商业法庭以诉讼方式解决(第6.2条)。①

原告BY.O诉称,原告已按约提供服务,被告未支付第四阶段服务费,合同中仲裁协议无效,故起诉要求被告支付服务费及利息损失。被告在提交答辩状期间对管辖权提出异议,认为合同中仲裁协议有效,本案应通过新加坡国际仲裁中心仲裁解决,要求法院裁定驳回原告起诉。

二、法院裁判

上海市浦东新区人民法院经审理后认为,本案中原告为外国法人,原、被告又签订《并购财务顾问服务协议》,可以认定双方成立涉外民事关系,本案为涉外民事案件。根据合同第6.1条约定,本协议争议的解决适用中国法律,双方亦认可仲裁协议适用中华人民共和国法律,故合同中的涉外仲裁条款效力认定应适用中华人民共和国法律。关于本案是否应提交新加坡国际仲裁中心仲裁解决,首先,根据合同第6.2条约定,因本协议所引起的或与本协议有关的任何纠纷或争议,首先通过新加坡国际仲裁中心进行仲裁解决。该约定就争议解决

① 6. Applicable law and jurisdiction:6.1 This agreement is signed, executed and interpreted in accordance with Chinese law; dispute settlement of this agreement is applicable by Chinese law. 6.2 Any dispute or Controversy related to this agreement (including the dispute of the existence of the agreement terms, validity or termination, or the consequences of invalidity), need to be arbitrated by the Singapore International Arbitration Center in the first place. If both parties cannot reach an agreement on this arbitration, any party shall be entitled to submit the dispute to commercial court of competent jurisdiction in Party A's residence location to resolve litigation.

选定了明确、唯一的仲裁机构,双方作为商事主体理应知晓选择仲裁机构解决争议后的法律后果,故上述涉外仲裁条款约定符合法律规定,合法有效,本案应通过新加坡国际仲裁中心进行仲裁解决。其次,《仲裁法》第 9 条第 1 款规定:“仲裁实行一裁终局的制度。裁决作出后,当事人就同一纠纷再申请仲裁或者向人民法院起诉的,仲裁委员会或者人民法院不予受理。”上述法律自施行之日起对本案当事人就具有法律效力,因此,尽管双方在合同第 6.2 条中另约定,若双方对新加坡国际仲裁中心的仲裁结果无法达成一致,任何一方均有权将争议提交于甲方(被告豫商公司)住所所在地有管辖权的商业法庭以诉讼方式解决。由于上述约定违反法律规定,虽然被告住所所在地在上海市浦东新区,属于本院辖区,但在新加坡国际仲裁中心针对本案民事纠纷作出裁决后,当事人就同一纠纷再向人民法院起诉的,无论当事人对仲裁实行一裁终局法律制度是否存在认识错误,人民法院依照上述法律规定应裁定不予受理,故该部分约定不具有法律效力。再次,仲裁方式解决约定和诉讼方式解决约定效力应相互独立,一部分约定无效,不影响另一部分约定的效力,故虽然诉讼方式解决约定部分无效,仲裁方式解决约定部分仍然有效。最后,合同第 6.2 条约定合同争议首先通过仲裁解决,若双方对仲裁结果无法达成一致以诉讼方式解决,但两者之间并非并列关系,其强调的是首先通过仲裁解决,并非“或裁或审”协议,不属于当事人约定争议可以向仲裁机构申请仲裁也可以向人民法院起诉的情形,故其中的涉外仲裁条款合法有效,不应认定为无效。综上,本案应提交新加坡国际仲裁中心进行仲裁解决,并据此作出(2020)沪 0115 民初 34710 号民事裁定:被告豫商公司对管辖权提出的异议成立;驳回原告 BY. O 的起诉。

一审裁定作出后,原告 BY. O 不服,提起上诉。上海市第一中级人民法院经审理并报上海市高级人民法院审核后,观点与一审裁定基本相同,并作出(2020)沪 01 民辖终 780 号民事裁定:驳回上诉,维持原裁定。

三、案例精解

(一)“先裁后审”协议的概念与特征

仲裁和诉讼是当事人解决民商事纠纷的两种常见争议解决方式,由于对仲裁实行一裁终局、仲裁与诉讼彼此排斥存在法律认识错误,当事人常会签订“先裁后审”协议。该争议解决协议常见情形为:当事人约定争议首先向或者可以向仲裁机构或专设仲裁庭申请仲裁,因仲裁不成或者不服仲裁裁决或者就仲裁结果无法达成一致等原因,可以再向法院起诉。可见,“先裁后审”协议由先仲裁条款、后诉讼条款(包含诉讼条款适用条件和向××法院起诉)两部分组成。该协议内容本质特征为:当事人虽约定仲裁和诉讼两种争议解决方式,但协议明确约定或者内容表明应首先适用仲裁方式,然后才适用诉讼方式。

争议解决协议是有关民商事争议的解决方法和法律适用的协议。对此,《民法典》第470条规定,合同的内容由当事人约定,一般包括下列条款:(1)当事人的姓名或者名称和住所;(2)标的;(3)数量……(8)解决争议的方法。因此,涉外“先裁后审”协议=涉外争议解决协议=涉外仲裁协议+涉外管辖协议≠涉外仲裁协议(协议整体并非一个仲裁协议)。

对于“先裁后审”协议中仲裁条款和诉讼条款的效力问题,审判实践中存在争议。在国内民事案件中,一些法院将“先裁后审”协议归类为“或裁或审”协议,或认定“先裁后审”协议违反仲裁一裁终局原则,而认定协议中仲裁条款无效。另一些法院则考虑当事人可以依法申请撤销仲裁裁决等因素,而认定仲裁条款和诉讼条款均有效。本案中原告为法国公司,被告为中国(上海)自由贸易试验区内注册公司,属于涉外商事纠纷。涉案合同第6.2条明确约定首先适用仲裁方式,属于最典型的涉外“先裁后审”协议。本文将在分析涉外“先裁后审”协议效力适用的准据法基础上,探究“先裁后审”协议效力认定难题的司法审查路径。

(二)依法准确认定涉外“先裁后审”协议效力适用的准据法

鉴于涉外“先裁后审”协议包含仲裁条款和诉讼条款,仲裁条款属于仲裁协议,诉讼条款既可以是管辖协议,也可以是仅约定争议可以向法院起诉但未明确管辖法院的条款,司法审查需要准确认定“先裁后审”协议中涉外仲裁协议和涉外管辖协议效力适用的准据法。

1.准确认定涉外仲裁协议效力适用的准据法

仲裁协议法律适用是指依据某一特定法律(仲裁协议准据法)来确定仲裁协议的效力问题,可以认为,国际商事仲裁协议法律适用的中心问题便是解决仲裁协议的有效性问题。[①] 对于承认及执行外国仲裁裁决阶段司法审查涉外仲

① 参见刘晓红:《论国际商事仲裁协议的法律适用》,载《法学》2004年第4期。

裁协议效力适用的准据法,我国 1987 年批准加入的《承认及执行外国仲裁裁决公约》第 2 条规定:"一、当事人以书面协定承允彼此间所发生或可能发生之一切或任何争议,如关涉可以仲裁解决事项之确定法律关系,不论为契约性质与否,应提交仲裁时,各缔约国应承认此项协定……三、当事人就诉讼事项订有本条所称之协定者,缔约国法院受理诉讼时应依当事人一造之请求,命当事人提交仲裁,但前述协定经法院认定无效、失效或不能实行者不在此限。"第 5 条规定:"一、裁决唯有于受裁决援用之一造向声请承认及执行地之主管机关提具证据证明有下列情形之一时,始得依该造之请求,拒予承认及执行:(甲)第二条所称协定之当事人依对其适用之法律有某种无行为能力情形者,或该项协定依当事人作为协定准据之法律系属无效,或未指明以何法律为准时,依裁决地所在国法律系属无效者……"《最高人民法院关于审理仲裁司法审查案件若干问题的规定》第 16 条规定:"人民法院适用《承认及执行外国仲裁裁决公约》审查当事人申请承认和执行外国仲裁裁决案件时,被申请人以仲裁协议无效为由提出抗辩的,人民法院应当依照该公约第五条第一款(甲)项的规定,确定确认仲裁协议效力应当适用的法律。"由此可见,该公约依照当事人协定准据之法律、裁决地所在国法律的顺位确定准据法,但涉及当事人行为能力事项依对其适用之法律作为准据法,我国最高人民法院亦采纳该公约规定。"依对其适用之法律",一般是指当事人的属人法或仲裁协议订立地法。[①] 但公约仅规定承认和执行仲裁裁决阶段确定仲裁协议效力的法律适用原则,未涉及提交仲裁阶段确定仲裁协议效力的法律适用原则,其原因是让一国法院可以顾及当地的法律规定。[②]

对于提交仲裁阶段司法审查涉外仲裁协议效力适用的准据法,《涉外民事关系法律适用法》第 18 条规定:"当事人可以协议选择仲裁协议适用的法律。当事人没有选择的,适用仲裁机构所在地法律或者仲裁地法律。"2021 年 7 月,司法部公布了《仲裁法(修订)(征求意见稿)》,立法宗旨增加"促进国际经济交往"表述,征求意见稿还吸收《仲裁法》司法解释成果,立法重新规定涉外仲裁协议效力认定的法律适用标准,即第 90 条的规定:涉外仲裁协议的效力认定,适

① 参见李双元、欧福永主编:《国际私法》(第 5 版),北京大学出版社 2018 年版,第 471 页。
② 参见丁伟主编:《国际私法学》(第 3 版),上海人民出版社 2013 年版,第 445 页。

用当事人约定的法律；当事人没有约定涉外仲裁协议适用法律的，适用仲裁地法律；对适用法律和仲裁地没有约定或者约定不明确的，人民法院可以适用中华人民共和国法律认定该仲裁协议的效力。因此，在仲裁法修改后，在涉外民事案件中，我国法院应依照当事人选择法律、仲裁地法律、法院地法律的顺位确定确认涉外仲裁协议效力适用的准据法。

2. 准确认定涉外管辖协议效力适用的准据法

对于涉外管辖协议效力适用的准据法，在国际条约方面，我国政府 2017 年 9 月 12 日签署的《选择法院协议公约》第 5 条"被选择法院的管辖权"中规定："在一项排他性选择法院协议中指定的某缔约国的一个或者多个法院对于该协议适用的争议享有管辖权，除非依据该国法律该协议是无效的。"第 6 条"未被选择法院的义务"规定："除以下情形外，被选择法院以外的缔约国法院应当中止或者驳回排他性选择法院协议所适用的诉讼：(一)依据被选择法院地国的法律，该协议是无效的；(二)依据受理案件的法院地国的法律，一方当事人不具有签订该协议的能力；(三)承认该协议有效将导致明显的不公正或者将明显违背受理案件法院地国的公共政策；(四)基于当事人不可控制的特殊原因，该协议不能合理得到履行；(五)被选择法院已决定不审理该案件。"由此可见，公约采纳以被选择法院地国法律为原则，缔约能力等事项以受理案件的法院地法律为例外的准据法确定准则。然而我国全国人大常委会至今尚未批准该公约，该公约对我国尚不具有法律拘束力。

在国内法方面，《民事诉讼法》第 35 条规定："合同或者其他财产权益纠纷的当事人可以书面协议选择被告住所地、合同履行地、合同签订地、原告住所地、标的物所在地等与争议有实际联系的地点的人民法院管辖，但不得违反本法对级别管辖和专属管辖的规定。"《最高人民法院关于适用〈中华人民共和国民事诉讼法〉的解释》第 529 条规定："涉外合同或者其他财产权益纠纷的当事人，可以书面协议选择被告住所地、合同履行地、合同签订地、原告住所地、标的物所在地、侵权行为地等与争议有实际联系地点的外国法院管辖。根据民事诉讼法第三十四条和第二百七十三条规定，属于中华人民共和国法院专属管辖的案件，当事人不得协议选择外国法院管辖，但协议选择仲裁的除外。"虽然上述法律和司法解释未涉及涉外管辖协议的准据法，但限定了当事人选择法院的范围，实质上是以中国法为准据法。在现行审判实践中，最高人民法院在(2011)

民提字第 301 号裁定中指出:“管辖权属于诉讼程序问题,应适用法院地法进行审理。因此,应适用中华人民共和国法律,判断涉案管辖条款能否排除中国法院的司法管辖权,以及一审法院对本案是否具有管辖权。长荣公司主张应适用美国法律和司法制度,确定涉案提单管辖条款是否有效的主张没有法律依据,本院不予支持。”最高人民法院在(2017)最高法民辖终 264 号裁定中再次明确:“本案中,独立保函未约定管辖或仲裁条款,仅约定‘此无条件履约保函受西澳大利亚法律管辖并据其解释’。上述约定属于当事人之间对保函实体问题准据法的约定,涉及保函欺诈侵权纠纷的管辖问题作为程序性事项,应当适用法院地法判断,不能适用西澳大利亚法律解决本案管辖权争议。”此外,《最高人民法院关于适用〈中华人民共和国涉外民事关系法律适用法〉若干问题的解释(一)》第 4 条规定:“中华人民共和国法律没有明确规定当事人可以选择涉外民事关系适用的法律,当事人选择适用法律的,人民法院应认定该选择无效。”鉴于我国法律没有明确规定当事人可以选择涉外管辖协议适用的法律,但明确规定当事人可以选择涉外仲裁协议适用的法律,考虑到涉外仲裁协议和涉外管辖协议均属于争议解决协议,两者理应均属于涉外民事关系范畴。因此,根据该司法解释,应认定当事人选择涉外管辖协议适用的法律无效。

综上,目前,我国法院一般认为涉外管辖协议的效力问题属于管辖权性质的程序问题,应适用法院地法即中国法。对此,有学者指出,中国法院适用法院地法为涉外管辖协议的准据法,其法律推理是比较严谨、有说服力的,即涉外管辖协议的效力问题属于管辖权问题,管辖权问题属于程序问题,而程序问题适用法院地法,这个在大陆法系的传统中是一样的。[①] 但是,在我国全国人大常委会批准《选择法院协议公约》后,我国作为缔约国应依公约确定涉外管辖协议效力的准据法。

本案中,合同第 6.1 条约定:本协议根据中国法律订立、执行和解释;本协议争议的解决适用中国法律。但根据《最高人民法院关于审理仲裁司法审查案件若干问题的规定》第 13 条的规定,当事人协议选择确认涉外仲裁协议效力适用的法律,应当作出明确的意思表示,仅约定合同适用的法律,不能作为确认合

① 参见王红燕:《“一带一路”倡议下协议管辖制度比较研究》,上海人民出版社 2020 年版,第 51 页。

同中仲裁条款效力适用的法律。关于本案合同条文是否明确约定了仲裁协议适用的法律,属于司法审查的重点。笔者认为,首先,从签订合同当事人角度而言,仲裁条款和合同其他条款在同一份合同中并存时,当事人只需要就整个合同约定法律适用问题,本合同理应指仲裁条款和协议其他条款的全部。相反,在同一份合同中要求当事人分别就仲裁协议、合同法律适用问题分别作出约定,有些强人所难,也不是对仲裁态度友好的英国等国的通行做法。对此,有学者就指出,按理说,合约如果明示了主合约实体/适用法是英国法,没有另去说明仲裁条文适用法是法国法,就可以合理解释起来主合约中的仲裁条文适用英国法,毕竟,仲裁条文是一个独立的协议只是近年来的说法。[①] 其次,本案合同约定“本协议争议的解决适用中国法律”,鉴于涉外仲裁协议属于争议解决协议,上述约定应认定为对仲裁协议法律适用的约定。最后,审理中,双方亦认可仲裁协议适用中华人民共和国法律。因此,本案合同中的涉外仲裁条款效力认定应适用中华人民共和国法律。鉴于我国全国人大常委会尚未批准《选择法院协议公约》,本案合同中的涉外管辖协议条款效力认定依法应适用中华人民共和国法律。

本文将在先仲裁条款的效力认定应依法适用中华人民共和国法律作为准据法的前提条件下,探讨涉外“先裁后审”协议在中国法背景下的效力认定问题。如果依据上述公约和我国法律规定,仲裁协议应适用外国法,我国法院则应适用外国法作为确定确认涉外仲裁协议效力的准据法。

(三)中国法背景下涉外“先裁后审”协议效力认定的法律分析

在先仲裁条款的效力认定应依法适用中华人民共和国法律作为准据法的背景下,笔者认为,如果涉外“先裁后审”协议中先仲裁条款本身约定合法有效,则应认定先仲裁条款有效、后诉讼条款因其约定的诉讼条款适用条件违法而无效。

1.“先裁后审”协议中先仲裁条款本身约定应合法有效

在机构仲裁方面,我国《仲裁法》第 16 条第 2 款规定:“仲裁协议应当具有下列内容:(一)请求仲裁的意思表示;(二)仲裁事项;(三)选定的仲裁委员

---

① 参见杨良宜、莫世杰、杨大明:《仲裁法:从 1996 年英国仲裁法到国际商务仲裁》,法律出版社 2006 年版,第 116 页。

会。”第17条规定:“有下列情形之一的,仲裁协议无效:(一)约定的仲裁事项超出法律规定的仲裁范围的;(二)无民事行为能力人或者限制民事行为能力人订立的仲裁协议;(三)一方采取胁迫手段,迫使对方订立仲裁协议的。”因此,符合上述法律规定是适用中国法认定仲裁协议有效的要件。

在临时仲裁方面,《最高人民法院关于为自由贸易试验区建设提供司法保障的意见》第9条中规定:“在自贸试验区内注册的企业相互之间约定在内地特定地点、按照特定仲裁规则、由特定人员对有关争议进行仲裁的,可以认定该仲裁协议有效。”《最高人民法院关于人民法院为中国(上海)自由贸易试验区临港新片区建设提供司法服务和保障的意见》第6条进一步规定:“……支持新片区内注册的企业之间约定在特定地点、按照特定仲裁规则、由特定人员对有关争议进行仲裁……”可见,最高人民法院逐步放开并允许自由贸易试验区探索开展临时仲裁,临时仲裁协议在满足上述三个特定条件下,必须再符合上述机构仲裁协议除了选定的仲裁委员会以外的其他全部有效要件时,才可认定协议有效。

司法部公布的《仲裁法(修订)(征求意见稿)》提出,完善仲裁协议规定,完善涉外仲裁规定、增加临时仲裁制度等九方面修改建议。该征求意见稿第21条、第35条,将仲裁协议界定为当事人达成的具有请求仲裁的意思表示的协议,删除仲裁条款需要约定明确的仲裁机构的硬性要求并对受理案件仲裁机构的确定作出指引性规定,另在涉外仲裁中增加临时仲裁制度,实现与国际接轨,法律修正后需加以注意。

总之,先仲裁条款本身约定合法有效是认定涉外“先裁后审”协议中仲裁条款有效必须满足的前提条件。本案中,涉外仲裁条款约定符合我国法律规定,合法有效。

2. 后诉讼条款因违反我国的仲裁一裁终局法律制度而无效

关于仲裁与诉讼的关系,《仲裁法》第5条规定:“当事人达成仲裁协议,一方向人民法院起诉的,人民法院不予受理,但仲裁协议无效的除外。”第20条第2款规定:“当事人对仲裁协议的效力有异议,应当在仲裁庭首次开庭前提出。”由此,上述法律规定确立了仲裁排除法院管辖原则。《仲裁法》第9条又进一步规定:“仲裁实行一裁终局的制度。裁决作出后,当事人就同一纠纷再申请仲裁或者向人民法院起诉的,仲裁委员会或者人民法院不予受理。裁决被人民法院依法裁定撤销或者不予执行的，当事人就该纠纷可以根据双方重新达成的仲裁协议申请仲裁，可以向人民法院起诉。”这就是我国的仲裁一裁终局原则，有学者指出其含义如下：一是针对某个争议的仲裁程序终结后，当事人不得就同一纠纷再次申请仲裁；二是针对某个争议的仲裁程序终结后，当事人亦不得就仲裁裁决向作出裁决的仲裁机构或者其他仲裁机构申请复议；三是仲裁裁决作出后，当事人不得就该纠纷向人民法院起诉；四是仲裁裁决作出后，虽然当事人有权向法院申请撤销或者不予执行，但是不能就仲裁裁决向法院提起上诉或申诉。[①] 鉴于上述法律规定自 1995 年 9 月 1 日施行之日起就具有法律拘束力，不以当事人的意思自治为转移，无论当事人对仲裁实行上述一裁终局制度是否存在法律认识错误，法院都应根据法律规定的仲裁一裁终局原则进行裁判。因此，对于有效的仲裁协议，当事人就仲裁事项所涉纠纷只能申请仲裁，在仲裁裁决作出后，当事人如不服裁决，可以依法通过仲裁裁决司法审查程序申请撤销裁决或者不予执行，但不可以就同一纠纷再向法院起诉；只有在仲裁裁决经过司法审查程序被法院依法裁定撤销或者不予执行后，当事人才可以就同一纠纷向法院起诉。

鉴于“先裁后审”协议由仲裁条款和诉讼条款组成，诉讼条款又常为管辖协议，因此，“先裁后审”协议作为争议解决协议，协议整体并非一个仲裁协议，需要根据仲裁与诉讼关系的法律规定来准确认定仲裁条款与诉讼条款的效力。由于“先裁后审”协议明确约定或者内容表明应首先适用仲裁方式，故仲裁优先适用性系当事人真实意思表示，对当事人具有法律拘束力。在仲裁裁决作出后，当事人未经过仲裁裁决司法审查程序，直接根据协议约定就同一纠纷再向法院起诉的，法院依法应裁定不予受理，这意味着因违反我国的仲裁一裁终局法律制度，后诉讼条款因其约定的诉讼条款适用条件违法而不具有法律效力，属于无效约定。

3.“先裁后审”协议因约定仲裁程序的优先适用性而不同于“或裁或审”协议

《最高人民法院关于适用〈中华人民共和国仲裁法〉若干问题的解释》第 7

---

① 参见宋连斌、黄保持：《违反一裁终局原则对仲裁协议效力的影响：基于中国实践的实证分析》，载《国际法研究》2017 年第 1 期。

条规定:"当事人约定争议可以向仲裁机构申请仲裁也可以向人民法院起诉的,仲裁协议无效……"上述争议解决协议又称"或裁或审"协议,其与"先裁后审"协议共同点是都约定了仲裁和诉讼两种争议解决方式,但两者根本区别在于:"或裁或审"协议中未约定仲裁方式和诉讼方式的先后适用顺序,两者之间是并列关系,首先适用仲裁程序或者首先适用诉讼程序均在当事人意思自治有效射程范围内,但当事人的选择则具有不确定性;而"先裁后审"协议明确约定或者内容表明应首先适用仲裁方式,然后在符合诉讼条款适用条件前提下才适用诉讼方式,两者之间是递进关系,仲裁程序具有优先适用性。正如有学者指出的,"或裁或审"协议的界定标准,首先是对仲裁和诉讼两种争议解决方式作了并列式约定或者作了选择式约定,而那种先仲裁后诉讼或者先诉讼后仲裁的顺序式约定则不属于"或裁或审"协议。① "先裁后诉"并不构成"或裁或诉",因为在"先裁"阶段当事人已经排除了法院管辖,达成了有效的仲裁协议;而"后诉"违反"一裁终局"是另一个问题,是我国仲裁制度施加的外部约束。②

关于"先裁后审"协议中的"首先适用仲裁方式"的界定标准,可以是争议解决协议明确约定首先适用仲裁方式,以本案合同中约定的"首先通过新加坡国际仲裁中心进行仲裁解决"最为典型。也可以是争议解决协议内容表明应首先适用仲裁方式,审判实践中,北京、广州、深圳、宁波、郑州等地中级人民法院和江苏、辽宁等地高级人民法院支持上述仲裁条款有效,但同时,最高人民法院和上海的中级人民法院以往的判例则否定上述仲裁条款效力。笔者将总结审判实践中"先裁后审"协议类型,并特别对认定仲裁条款无效的典型裁判文书进行归类和简要评析。

(1)不服仲裁结果/裁决型"先裁后审"协议

常见约定:纠纷可向××仲裁委员会提出仲裁,任意一方对仲裁结果提出异议的,可向××法院提出起诉。或者约定任何一方均有权将争议提交××仲裁委员会裁决;如双方对裁决仍有异议,则应提交到××法院提起诉讼请求。本案争议解决协议亦属于该类型约定。

---

① 参见戴曙:《"或裁或审"协议的界定与效力——以法律解释学为方法》,载《法律方法》2019 年第 3 期。

② 参见王韵儿:《再论"或裁或诉"约定下仲裁协议的效力》,载《北京仲裁》2018 年第 4 期。

对于上述类型争议解决协议,(2013)民二终字第 81 号民事裁定认为,诉讼与仲裁这两种争议解决方法在性质上是彼此排斥的,两种方式不能并存;本案双方当事人虽然约定了任何一方可向协议签订地所在仲裁委员会提出仲裁,但同时又约定任意一方对仲裁结果提出异议的,可向合同签订地法院提出起诉;这样的约定不符合《仲裁法》第 9 条第 1 款关于“仲裁实行一裁终局”的规定,违反了仲裁排除法院管辖的基本原则;因此,本案双方当事人约定的解决合同纠纷方式构成在合同争议解决条款中既约定了仲裁又约定了诉讼,一审法院认定该约定无效是正确的。在最高人民法院上述裁定作出 4 个月后,(2013)沪二中民认(仲协)字第 19 号民事裁定认为,本案系争争议解决条款从文字表述内容来看,前部分约定了争议可提交仲裁,后部分约定了对裁决有异议的,可以向人民法院提起诉讼请求;因此,该条款既约定了通过仲裁方式解决争议,又约定了通过诉讼方式解决争议,应属“或裁或审”条款,根据上述法律规定,该仲裁协议无效。

笔者评析如下:第一,从裁判理由上看,最高人民法院和上海市第二中级人民法院均将该类型“先裁后审”协议认定为“或裁或审”协议,裁判重点是认为只要约定了仲裁和诉讼两种争议解决方式,无论争议解决协议内容是否表明仲裁方式和诉讼方式具有适用的先后顺序,或者仲裁程序具有优先适用性,均认定属于“或裁或审”协议,实质是扩张解释了司法解释中“或裁或审”协议的界定标准。令人欣慰的是,最高人民法院在最新审判实践中对此进行了扬弃,逐步开始肯定争议解决协议中明确仲裁方式优先适用性条款的有效性。例如,(2019)最高法知民辖终 477 号民事裁定就认为,当事人在涉案协议中已明确赋予第 10 条第 f 款特定情形下的优先效力,即使协议其他条款有不同规定,对于特定内容和性质的争议,如数据保护隐私、拒不付款等争议,仍可以提交仲裁;本案系就合同付款问题发生的争议,属于第 10 条第 f 款约定通过仲裁解决的争议范围;涉案仲裁条款并未违反《最高人民法院关于适用〈中华人民共和国仲裁法〉若干问题的解释》第 7 条规定之情形,涉案纠纷应当通过仲裁解决。

第二,上述两份裁判文书采纳整体论观点,均未区分是仲裁条款还是诉讼条款违反了仲裁一裁终局原则,而是将“先裁后审”协议整体视为一个仲裁协议,认定违反了仲裁一裁终局原则,“先裁后审”协议整体包括仲裁条款和诉讼条款均无效。值得庆幸的是,最高人民法院在随后的审判实践中已逐步扬弃整体论观点,对仲裁条款和诉讼条款加以区分并分别认定条款效力。例如,对于“或裁或审”协议,(2017)最高法民辖32号民事裁定认为,在仲裁条款无效的情况下,当事人双方约定管辖协议并不当然无效,应充分尊重当事人双方的真实意思表示,合同有约定的并能够确定管辖法院的,按照合同约定确定管辖。

(2)仲裁不成型“先裁后审”协议

常见约定:争议可依法向××仲裁委员会申请仲裁,仲裁不成,可向××法院依法诉讼。

对于上述类型争议解决协议,(2017)沪01民特130号民事裁定认为,此处的“仲裁不成”的“不成”指经仲裁后任意一方对仲裁处理结果仍有异议,鉴于对仲裁裁决有异议可以起诉的情况违反了仲裁的终局性原则以及仲裁排除法院管辖的原则,相当于同时约定仲裁或者诉讼;据此,对本案双方约定的仲裁协议条款,应当认定无效。

笔者评析如下:将仲裁不成解释为对仲裁处理结果有异议后,本案裁定实质还是继续沿用最高人民法院上述2013年民事裁定的裁判思路;协议中“仲裁不成,可向××法院依法诉讼”条款的确违反仲裁一裁终局原则,但不能据此认为相当于同时约定仲裁或者诉讼。正如有学者指出的,这里实际上混淆了“仲裁协议是否有效”与“是否属于‘或裁或审’协议”两者之间的判断标准,错误地将“仲裁协议是否有效”的判断标准替代了“或裁或审”协议固有的界定标准。①

(3)仲裁调解不成型争议解决协议≠“先裁后审”协议

最新审判实践中出现了以下的争议解决协议:约定争议可申请相关部门调解,调解不成,向××仲裁委员会提起仲裁;如仲裁调解不成,可由××法院诉讼解决。对于这种类型争议解决协议,(2019)最高法民终279号民事裁定认为,合同中虽然约定将纠纷提交仲裁机构仲裁,但同时约定如仲裁调解不成,可由合同签订地人民法院诉讼解决,并未将仲裁作为纠纷的最终解决方式,故合同约定的仲裁条款无效。

笔者评析如下:不同于以往的判例,最高人民法院并未将上述类型争议解决协议界定为“或裁或审”协议,而是从“并未将仲裁作为纠纷的最终解决方

---

① 参见戴曙:《“或裁或审”协议的界定与效力——以法律解释学为方法》,载《法律方法》2019年第3期。

式"角度否认仲裁条款的效力。从文义解释和整体解释角度来看，该协议所约定的"提起仲裁"从上下文来看应理解为"提起仲裁调解"，即约定了相关部门调解、仲裁调解、直到诉讼解决的争议解决方式，由于调解以双方均自愿同意为前提，一方起诉意味着不再同意由相关部门调解、仲裁调解，故从这个角度而言，协议的确未将仲裁作为纠纷的最终解决方式或者优先解决方式，最高人民法院认定涉案仲裁条款无效具有合理性。因此，笔者认为，由于仲裁调解不具有终局性特征，上述类型争议解决协议不属于"先裁后审" 协议，仲裁条款无效。

综上，随着审判实践的发展，有必要扬弃最高人民法院前述2013年民事裁定对"先裁后审"协议的裁判思路。一是区分"或裁或审"协议和"先裁后审"协议，"先裁后审"协议因约定仲裁程序的优先适用性而不同于"或裁或审"协议。二是采纳分割论，分别认定仲裁条款和诉讼条款的法律效力，先仲裁条款有效，后诉讼条款因违反我国的仲裁一裁终局法律制度而无效。

4. 后诉讼条款无效不影响先仲裁条款效力

根据合同法原理，合同无效、被撤销或者终止的，不影响合同中独立存在的有关解决争议方法的条款的效力；合同部分无效，不影响其他部分效力的，其他部分仍然有效。有学者针对合同无效指出，就某单一合同，以合同无效的原因是存在于合同内容的全部还是一部，可区分为全部无效与一部无效。只有当合同部分无效，导致了整个合同的目的无法实现，整个合同即失去了存在的意义的情况下，才可以使整个合同无效；合同既可解释为有效又可解释为无效的，应优先选择使合同有效的解释。① 因此，"先裁后审"协议、"或裁或审"协议作为约定了仲裁和诉讼两种争议解决方式的争议解决协议，属于合同中独立存在的有关解决争议方法的条款，其效力具有独立性。但对于应整体认定争议解决协议效力还是分别认定仲裁条款、诉讼条款的效力，两者效力是否相互影响，则存在争议。持整体无效的观点倾向于将"或裁或审"条款整体视为仲裁协议，在此基础之上，根据《最高人民法院关于适用〈中华人民共和国仲裁法〉若干问题的解释》第7条的规定，整个条款的效力都归于无效；相反，持分别判断仲裁协议和诉讼协议效力的观点更倾向于将"或裁或审"条款作为一个混合了诉讼和仲

① 参见韩世远：《合同法总论》（第4版），法律出版社2018年版，第215、241页。

裁两种争议解决方式的条款。①

笔者认为,应分别认定“先裁后审”协议中仲裁条款、诉讼条款的效力,两者效力不相互影响。理由如下:第一,“或裁或审”协议中仲裁条款和诉讼条款处于并列关系,根据司法解释,仲裁条款无效,如依整体论,“或裁或审”协议整体为仲裁协议,故其中包含的诉讼条款(管辖协议)亦无效;或者依分割论,由于协议中仲裁条款和诉讼条款之间没有适用的先后顺序,效力也应作同一认定,故仲裁条款无效,诉讼条款(管辖协议)亦应认定无效。但“先裁后审”协议则具有明确的适用顺序,仲裁条款具有优先适用性,诉讼条款又有明确的适用条件,无效的原因仅存在于诉讼条款,而非存在于仲裁条款,故缺乏整体论的适用前提,对仲裁条款、诉讼条款的效力应分别加以认定。第二,以支持争议解决协议条款效力角度为出发点来看,仲裁条款和诉讼条款都是独立存在的有关解决争议方法的条款,后诉讼条款无效不应影响先仲裁条款效力。第三,从审判实践来看,最高人民法院对于“或裁或审”协议效力认定逐步扬弃整体论,从(2017)最高法民辖32号民事裁定开始坚持分割论,故对“先裁后审”协议效力认定亦应采取相同裁判思路。第四,从文义解释来看,“先裁后审”协议由仲裁条款和诉讼条款两部分组成,文义上仲裁条款具有优先适用性,不违反法律规定,应认定为有效。后诉讼条款因其约定的诉讼条款适用条件违反我国的仲裁一裁终局法律制度而无效,不论当事人是否存在法律认识错误。

四、结语

无论是协议明确约定应首先适用仲裁方式,还是协议内容表明应首先适用仲裁方式;无论是不服仲裁结果/裁决型协议,还是不服仲裁不成型协议;当事人对仲裁实行一裁终局、仲裁与诉讼彼此排斥存在的法律认识错误,不应影响法院依据法定的仲裁一裁终局原则进行裁判。对于涉外“先裁后审”协议,如果先仲裁条款的效力认定应依法适用中华人民共和国法律且本身约定合法有效,鉴于后诉讼条款因违反我国的仲裁一裁终局法律制度而无效、后诉讼条款无效不影响先仲裁条款效力、“先裁后审”协议因约定了仲裁程序的优先适用性而不

---

① 参见翟仲:《浅析“或裁或审”条款的性质与效力》,载《黑龙江工业学院学报:综合版》2020年第5期。

同于“或裁或审”协议，应认定涉外仲裁条款有效、诉讼条款无效，当事人应依法申请仲裁。本案以上述仲裁法律和法理为依据，依法认定本案应提交新加坡国际仲裁中心仲裁解决，裁定驳回原告 BY. O 的起诉。

目前，“一带一路”建设覆盖地区范围不断拓展，党中央支持浦东新区深入推进高水平制度型开放，国务院允许境外仲裁机构依法在临港新片区开展仲裁业务。本案作为上海乃至全国首例支持涉外“先裁后审”协议中仲裁条款有效的案例，体现了法院着力推动仲裁制度型开放、接轨国际通行规则、深化商事争端解决扩大开放的创新态度，助力打造国际化、法治化的营商环境。

单边选择仲裁条款效力探究

蒋志琦[*]

摘　要:国际商事合同中,约定仅一方有权选择将争议提交仲裁的单边选择仲裁条款越发频繁地被当事人选择作为争议解决条款。近年间,因此类条款效力产生的域外纠纷案例较多,而当下域内外均不存在直接针对此类条款效力的成文法规范。实践中,域外主流观点倾向于认定单边选择仲裁条款有效,我国的相关案例中也支持了此类条款的效力。本文从比较法角度探究对于单边选择仲裁条款效力的认定,意在论证此类条款并未违反我国法律关于仲裁协议效力的一般规定,属于双方当事人意思自治的范围,法院在单边选择仲裁条款效力的司法审查中应秉持谦抑性,注重查明准据法并以尊重当事人意思自治作为根本原则,以实现司法审查和商事活动的良性互动,为创造更好的营商环境护航。

关键词:单边选择仲裁条款　仲裁协议效力　当事人意思自治

一、前言

相较于诉讼,仲裁作为诉讼外纠纷解决方式(ADR)之一,往往凭借其当事人自治性、仲裁审理的保密性等特征受到民商事主体的青睐。仲裁条款(或协议[①])既为仲裁庭对争议的管辖提供了依据,也在仲裁裁决的承认和执行阶段起

---

* 蒋志琦,复旦大学法学院硕士研究生。

① 本文中出现的"仲裁协议"和"仲裁条款"除明确进行区分,一般均用以指出现在合同中的仲裁条款。

着举足轻重的作用。

与一般仲裁条款不同,当采用“单边选择仲裁条款”作为争议解决条款时,仅一方当事人有权选择将争议提交仲裁。单边选择仲裁条款在当代的国际商事合同,尤其是国际融资交易合同中得到了频繁使用[①]。单边选择仲裁条款的效力认定与当事人的实际权益息息相关,其效力直接决定了“仲裁庭对争议的管辖权”和“仲裁裁决的承认与执行”。即便仲裁庭认可了单边选择仲裁条款的效力,若此类条款的效力无法得到执行地法院的承认,当事人先期为进行仲裁投入的全部成本将付之东流,而争议仍无法得到解决;如此一来,单边选择仲裁条款的效力认定将直接影响商事活动的效率和当事人选择仲裁的积极性。

近年来,域外司法实践中由单边选择仲裁条款效力引发的争议不断,英国、美国、澳大利亚、印度、新加坡等不同法域中的法院都曾在具体案例[②]中就此类条款的效力展开了具体分析,各国学者、法律职业者及国际组织(或机构)[③]也对单边选择仲裁条款的效力认定进行了研究讨论。随着经济全球化程度进一步加深,我国当事人更广泛地参与到国际商事活动中,我国的司法实践中也已出现了与单边选择仲裁条款效力认定有关的案例,如“厦门建发化工有限公司与瑞士艾伯特贸易有限公司买卖合同纠纷案”[④](以下简称“建发化工与艾伯特案”)和“福建泉州老船长鞋业有限公司、地波里国际开发有限公司申请确认仲

---

① See Marie Davies, *The Use of Arbitration in Loan Agreements in International Project Finance: Opening Pandora's Box or an Unexpected Panacea*, Journal of International Arbitration, Vol. 32, p. 143 – 172 (2015).

② See NB Three Shipping Ltd. v. Harebell Shipping Ltd. [2004] EWHC 2001 (Comm); PMT Partners Pty Ltd. v. Australian National Parks & Wildlife Services, [1995] 184 CLR 302; Emmsons International Ltd. v. Metal Distributors (Uk) And Anr., Delhi High Court, 7 January 2005; Wilson Taylor Asia Pacific Pte Ltd. v. Dyna – Jet Pte Ltd., [2017] SGCA 32, Civil Appeal No. 71 of 2016, Court of Appeal, 26 April 2017.

③ 参见桑远棵:《单边选择争议解决条款的效力研究》,载《北京仲裁》2018 年第 4 期。See also Hans Smit, *The Unilateral Arbitration Clause: A Comparative Analysis*, American Review of International Arbitration, Vol. 20, p. 398 – 407 (2009); Marie Berard, James Dingley, Melissa Brown, *Unilateral Option Clauses* 2017 *Survey*, p. 3, 6, https://www.cliffordchance.com/content/dam/cliffordchance/briefings/2017/01/unilateral – option – clauses – 2017 – survey.pdf.; ICC, *Unilateral Jurisdiction Clauses in International Financial Contracts*, Position Paper, Document No. 470/1248 Rev.

④ 参见厦门建发化工有限公司与瑞士艾伯特贸易有限公司买卖合同纠纷案,上海市浦东新区人民法院民事裁定书,(2012)浦民二(商)初字第 S3375 号;上海市第一中级人民法院民事裁定书,(2016)沪01 民终 3337 号。

裁协议效力纠纷案”[①](以下简称“老船长鞋业与地波里案”)。

然而,包括我国法律在内,各法域的成文法或国际条约中均尚未出现判断单边选择仲裁条款效力的具体规定[②]。在我国推进完善多元化纠纷解决机制、重视当事人协议选择管辖[③]的司法政策背景下,本文认为有必要综合分析域内外司法实践中法院的说理,探究在我国目前关于仲裁条款效力的一般规定下,应如何对单边选择仲裁条款的效力进行认定,这种特殊的仲裁条款是否属于法无禁止即自由之下当事人意思自治的有效产物,以更为有效地回应实务中,尤其是涉外商事纠纷中关于此类条款的效力之争。

二、单边选择仲裁条款效力概述

(一)单边选择仲裁条款简述

单边选择仲裁条款(unilateral option arbitration clause[④])属于单边选择管辖条款的一类,本文所讨论的单边选择仲裁条款是出现在平等主体之间订立的商事合同中,约定仅一方(而非双方)有权选择商事仲裁(而非诉讼)的争议解决条款。不同学术论文或评论文章中用于指代单边选择仲裁条款的名称多样,比如:“单边条款”(unilateral/one - sided/one - way clause[⑤])、“混合管辖条款”(hybrid jurisdiction clause[⑥])或“非对称仲裁条款”(asymmetric/non - mutual ar-

---

① 参见福建泉州老船长鞋业有限公司、地波里国际开发有限公司申请确认仲裁协议效力纠纷案,泉州市中级人民法院民事裁定书,(2016)闽05民特9号。

② See Hans Smit, *The Unilateral Arbitration Clause: A Comparative Analysis*, American Review of International Arbitration, Vol. 20, p. 415(2009).

③ 参见《最高人民法院印发〈关于人民法院服务保障进一步扩大对外开放的指导意见〉的通知》,法发〔2020〕37号。

④ Bas van Zelst, *Unilateral Option Arbitration Clauses: An Unequivocal Choice for Arbitration under the ECHR?*, Maastricht Journal of European and Comparative Law, Vol. 25, p. 77(2018). See also Nigel Blackaby, J. Martin Hunter, Constantine Partasides & Alan Redfern, *Redfern and Hunter on International Arbitration*, 6th edition, Oxford University Press, 2015, p. 102.

⑤ Draguiev Deyan, *Unilateral Jurisdiction Clauses: The Case for Invalidity, Severability or Enforceability*, Journal of International Arbitration, Vol. 31, p. 20(2014).

⑥ Daniil Vlasenko, *Ambivalent Russian Arbitration Developments Regarding Hybrid Dispute Resolution Clauses*, Kluwer Arbitration Blog, http://arbitrationblog.kluwerarbitration.com/2019/08/04/ambivalent - russian - arbitrat ion - developments - regarding - hybrid - dispute - resolution - clauses/.

bitration agreement①)。本文采用"单边选择仲裁条款"的表述,是"建立在承认其有效性的基础上"②,旨在突出此类条款的单边性和约定仲裁的附条件生效性。

1. 单边选择仲裁条款示例

联合国国际贸易法委员会(UNCITRAL)或仲裁机构的仲裁规则中所提供的示范仲裁条款③限于双方均有权选择仲裁的一般仲裁条款,而单边选择仲裁条款的行文与一般仲裁条款存在较大差异——仅有一方有权而非双方均有权将争议提交仲裁。实践中,当事人订立的单边选择仲裁条款内容不尽相同,难以归纳出固定模板,为供直观理解,以下列举了两份被认定为有效的较典型单边选择仲裁条款。

在英国 NB Three Shipping Ltd. v. Harebell Shipping Ltd. 案中,双方当事人在合同第 47 条争议解决条款中约定的单边选择仲裁条款行文如下:

> 英国法院对合同当事人间就本合同产生或与本合同有关的争议具有管辖权,但船主(Owner)有权将下述争议提交仲裁……对于任何就当事人间约定的条款或合同的履行产生的争议,若无法经双方协议解决,船主有权选择将争议在伦敦提交仲裁解决,或根据船主的选择,在船主指定的城市中,由双方各行指定一名仲裁员通过仲裁解决,准据法为英国法。④

---

① Gary B. Born, *International Commercial Arbitration*, 2nd edition, Kluwer Law International, 2014, p. 866.

② 马敏:《单边选择仲裁条款的有效性研究》,苏州大学 2017 年硕士学位论文,第 10 页。

③ 例如,2015 年《上海国际经济贸易仲裁委员会(上海国际仲裁中心)仲裁规则》规定,凡因本合同引起的或与本合同有关的任何争议,均应提交上海国际经济贸易仲裁委员会/上海国际仲裁中心进行仲裁。

④ See NB Three Shipping Ltd. v. Harebell Shipping Ltd. [2004] EWHC 2001 (Comm), para. 7, "47.02 The courts of England shall have jurisdiction to settle any disputes which may arise out of or in connection with this Charterparty but the Owner shall have the option of bringing any dispute hereunder to arbitration. In case of court proceedings the provisions of Clauses 47.03 – 47.09 (both inclusive) and of Clauses 47.11 and 47.12 shall apply, while in case of arbitration the provisions of Clauses 47.10 – 47.12 (both inclusive) shall apply...47.10 Any dispute arising from the provisions of this Charterparty or its performance which cannot be resolved by mutual agreement which the Owner determines to resolve by arbitration shall be referred to arbitration in London or, at Owner's option, in another city selected by the Owner by two arbitrators, one appointed by the Owners and one by the Charterers who shall reach their decision by applying English law. If the arbitrators so appointed shall not agree they shall appoint an umpire to make such decision[Highlight added]".

在新加坡 Dyna – Jet Pte Ltd. v. Wilson Taylor Asia Pacific Pte Ltd. 案中,当事人约定的单边选择仲裁条款为:

> Dyna – Jet 与客户一致同意就关于合同的解释、履行产生的任何争议进行友好协商。若就履行合同中的服务产生争议,应在争议产生后的 3 天内通知 Dyna – Jet,逾期通知视为无效。
>
> 任何索赔、争议或违反合同条款的行为,均应通过双方协商友好解决。若经协商未能达成友好和解,则 Dyna – Jet 可选择将争议提交仲裁程序予以解决,准据法为英国法律,仲裁地为新加坡。①

2. 单边选择仲裁条款的特征

由上述示例可见,"单边选择仲裁条款"是一类特殊的争议解决条款,与双方当事人经合意约定以仲裁作为争议解决方式的一般仲裁条款不同,单边选择仲裁条款具有"单边性"②——"双方并未达成最终的仲裁合意,而是将是否通过仲裁解决争议的决定权交由特定一方当事人作出选择"③,仅有一方有权将争议提交仲裁。实践中,关于单边选择仲裁条款效力的争议焦点往往在于其"单边性"特征,即仅有一方能够选择仲裁是否足够被认定为双方达成了提交仲裁的"合意"。至于此类条款的单边性是否会造成"合同法意义上的不平等" ④,后文将就这一问题继续展开讨论。

单边选择仲裁条款本质上是附条件生效的仲裁条款⑤——尽管双方都能够

① Wilson Taylor Asia Pacific Pte Ltd. v. Dyna – Jet Pte Ltd., [2017] SGCA 32, Civil Appeal No. 71 of 2016, Court of Appeal, 26 April 2017, para. 4, "Dyna – Jet [which is the Respondent] and the Client [which is the Appellant] agree to cooperate in good faith to resolve any disputes arisingin connection with the interpretation, implementation and operation of the Contract. Disputes relating to services performed under the Contract shall be noted to Dyna – Jest within three days of the issue arising, thereafter the period for raising such dispute shall expire. Any claim or dispute or breach of terms of the Contract shall be settled amicably between the parties by mutual consultation. If no amicable settlement is reached through discussions, at the election of Dyna – Jet, the dispute may be referred to and personally settled by means of arbitration proceedings, which will be conducted under English Law; and held in Singapore".

② 马敏:《单边选择仲裁条款的有效性研究》,苏州大学 2017 年硕士学位论文,第 12 页。

③ 莫莉:《国际商事仲裁协议发展动向及我国司法审查立场》,载《理论界》2018 年第 2 期。

④ 马敏:《单边选择仲裁条款的有效性研究》,苏州大学 2017 年硕士学位论文,第 6 页。

⑤ 参见王韵儿:《再论"或裁或诉"约定下仲裁协议的效力》,载《北京仲裁》2018 年第 4 期。

向法院起诉，但仍有一方当事人保留了选择仲裁解决争议的权利①，若有权提起仲裁的一方选择将争议提交仲裁，那么仲裁条款即生效，另一方不得再将同一争议提交诉讼解决②，即使另一方当事人“抢先”(jumping the starting gun)将争议提交诉讼，有权选择仲裁的当事人并不当然丧失其将争议提交仲裁的权利，仍可以凭单边选择仲裁条款对法院的管辖权提出异议③。依据仲裁条款的生效条件是否得到满足，适用单边选择仲裁条款时，仲裁庭与法院对争议的管辖权分配可概括为如图 1 所示④。

与一般仲裁条款相比，单边选择仲裁条款中对于争议解决方式的选择更为灵活，有选择仲裁权的一方可以基于对争议复杂程度的衡量和执行便捷程度的考虑，决定究竟是通过仲裁还是诉讼解决争议，若有权选择仲裁的一方直接将争议提交诉讼，那么单边选择仲裁条款便未生效，双方仍将通过诉讼解决纠纷。

---

① See S. Nesbitt and H. Quinlan, *The Status and Operation of Unilateral or Optional Arbitration Clauses*, Arbitration International, Vol. 22, p. 134(2006).

② See Wilson Taylor Asia Pacific Pte Ltd. v. Dyna – Jet Pte Ltd., [2017] SGCA 32, Civil Appeal No. 71 of 2016, Court of Appeal, 26 April 2017, para. 24, "…the Clause did not place the parties under a present obligation to arbitrate but would give rise to an arbitration agreement only if and when the Respondent elected to arbitrate a specific dispute in the future…by the time the Appellant applied to stay the proceedings, the Respondent had already elected otherwise by commencing the present proceedings".

③ 莫里斯(Morison)法官在 NB Three Shipping Ltd. v. Harebell Shipping Ltd. 案中明确指出，在有权选择仲裁的一方未明确作出选择时，无权选择仲裁的一方不能直接将争议提交诉讼以望借此排除对方的选择管辖权。See NB Three Shipping Ltd. v. Harebell Shipping Ltd. [2004] EWHC 2001 (Comm), para. 12, "If Charterers seek to bypass the Owners' determination to have disputes resolved by arbitration as contemplated by Clause 47. 10, then Owners' option of bringing the disputes to arbitration remains, continuing Owners' control over the issue of arbitration or court. Charterers can obtain no advantage from 'jumping the starting gun' [Highlight added]".

④ 虽然单方选择仲裁的条款中未规定无选择权的一方具有向有选择提交仲裁一方书面询问是否有意将争议提交仲裁的义务，但是从降低风险、节省自身争议解决成本(避免将争议直接提交诉讼后法院认定无管辖权)的实务角度而言，通过图 1 可以看到，B 直接向法院提起诉讼后有着被法院基于管辖权而驳回、仍需待 A 提起仲裁的可能。

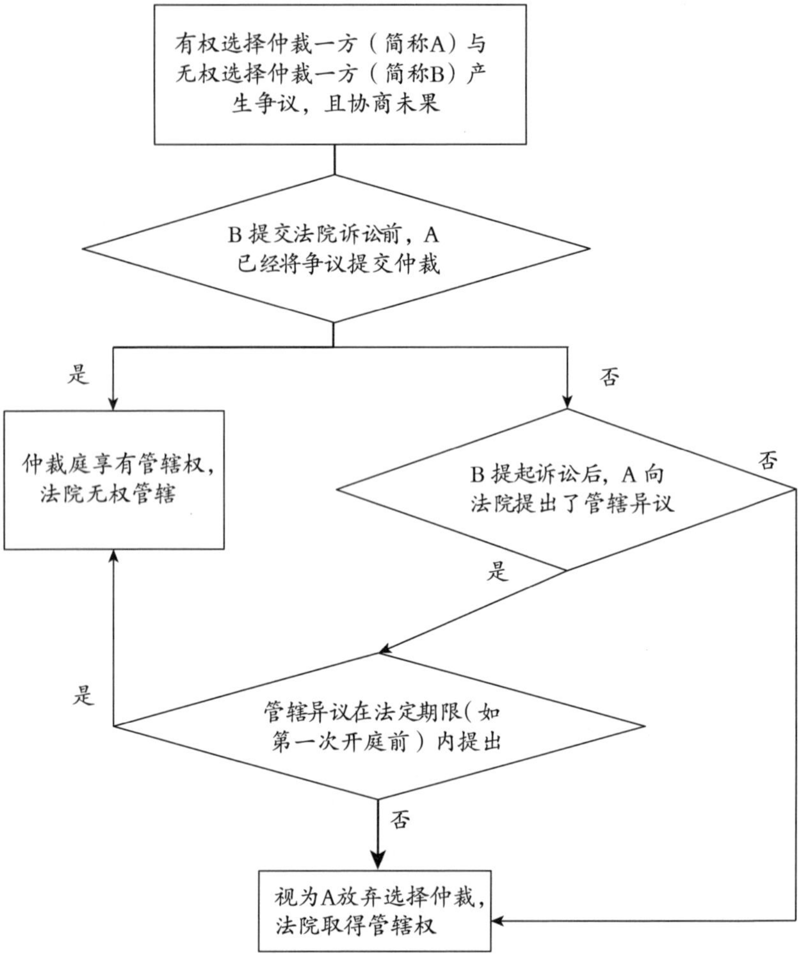

图1　仲裁庭与法院对争议的管辖权分配

3. 有效仲裁条款需符合的基本规定

单边选择仲裁条款属于合同条款中仲裁条款下的子分类,此类条款需满足有关合同与仲裁条款效力的基本规则①。出于能够提交仲裁的考虑,单边选择仲裁条款的效力需满足当事人约定的准据法与仲裁地法的规定;出于得到承认与执行的考虑,国际商事合同中的单边选择仲裁条款也需符合国际公约,如《承

① See Gary B. Born, *International Commercial Arbitration*, 2nd edition, Kluwer Law International, 2014, p. 740.

认及执行外国仲裁裁决公约》(以下简称《纽约公约》)第2条[①]对于仲裁条款效力的基本规定。

一般而言,有效的仲裁条款需满足合法成立的要求,不得存在欺诈、胁迫等违法情形,还需满足形式要件和实质要件。其中,形式要件一般需以书面形式订立;实质要件包括存在选择仲裁的意思表示、提交仲裁的具体事项、提交仲裁的事项具有可仲裁性(arbitrability)[②]等。此外,根据不同国家法律的具体规定[③],可能影响单边选择仲裁条款效力的因素还有内容中是否明确约定了仲裁地(the seat of the arbitration)、是否约定了仲裁所适用的规则等[④],但此类因素对于单边选择仲裁条款效力的影响往往有限,即便没有明确约定或未约定,相关仲裁条款只会被认定为存在缺陷而不是直接被认定为无效,仍可以通过补充协议的方式对存在缺陷的仲裁条款进行补足。

对于仲裁条款效力的认定因各国成文法的具体规定、判例法中形成的基本原则和法院具体审查时的宽松或严格程度不同而具有差异,本文将在第三部分中依据我国法律中判断仲裁条款效力的基础规则对单边选择仲裁条款的效力认定进行具体分析。

4. 单边选择仲裁条款效力的意义

单边选择仲裁条款的效力决定了仲裁庭与法院之间关于管辖权的分配[⑤],也决定了仲裁裁决最终是否能够得到执行。有效的仲裁协议是仲裁庭确立管辖权的基础,若单边选择仲裁条款被认定为无效,那么仲裁庭将自始不具有管辖权,当事人只能通过诉讼解决争议。仲裁裁决作出后,在请求法院承认和执行仲裁裁决阶段,仲裁协议的效力又需经执行地法院的审查,若被请求执行地法院认定此类条款无效,则仲裁裁决无法得到承认与执行,当事人之间的争议

---

① Convention on the Recognition and Enforcement of Foreign Arbitral Awards, 1958, Art. Ⅱ.

② See Nigel Blackaby, J. Martin Hunter, Constantine Partasides & Alan Redfern, *Redfern and Hunter on International Arbitration*, 6th edition, Oxford University Press, 2015, p.74,101.

③ See English Arbitration Act, 1996, § § 15 – 24, 33 – 39; French Code of Civil Procedure, arts. 1451 – 1459, 1463.

④ See Gary B. Born, *International Commercial Arbitration*, 2nd edition, Kluwer Law International, 2014, p.771.

⑤ See Gary B. Born, *International Commercial Arbitration*, 2nd edition, Kluwer Law International, 2014, p.743.

无法得到妥善解决。可见,单边选择仲裁条款需在提交仲裁庭解决争议与诉诸法院承认和执行的两个阶段中均被认定为有效,当事人之间的争议方能最终得到有效解决。

认定单边选择仲裁条款的效力,对于有权选择仲裁的当事人而言,能够最大限度地保障其选择争议解决方式的灵活程度——出于对自身利益的衡量而选择最合适的争议解决方式,并能保证双方当事人参与商事活动的效率;对于司法系统而言,亦有助于合理地分配司法资源,依据单边选择仲裁条款的约定,将关于商事合同争议的管辖权交由仲裁庭以便更好地集中法院审判资源、处理明确提交诉讼解决的纠纷。

(二)单边选择仲裁条款的产生

单边选择仲裁条款效力所引发的学理讨论与实践纠纷不断,在对其效力展开讨论前,有必要先理解其产生的原因——为什么当事人会选择订立此类条款?[①]

单边选择仲裁条款多出现在租赁、建设[②]、金融借贷[③]等领域的合同中,尤其是与贸易融资活动相关的国际商事合同[④]。当事人在法无禁止的情况下,通过衡量"最大化选择争议解决方式的自由、提高纠纷解决效率"与"单边选择仲裁条款效力存在被否定的法律风险"后自愿负担风险以保障争议解决效率,签订了单边选择仲裁条款。

作为商事合同谈判的产物,单边选择仲裁条款反映了双方当事人的自由意志,反映了"商业理性"[⑤]。单边选择仲裁条款是合同的组成部分之一,在合同

---

① 以下分析是基于国际商事合同中具有运用此类条款的现象,对可能促成这种实务选择的合理原因所进行的列举,采用了从"果"倒推"因"的分析思路,不涉及对于实践中是否应首选订立单边选择仲裁条款的讨论。

② Bas van Zelst, *Unilateral Option Arbitration Clauses: An Unequivocal Choice for Arbitration under the ECHR?*, Maastricht Journal of European and Comparative Law, Vol. 25, p. 79(2018).

③ See Marie Davies, *The Use of Arbitration in Loan Agreements in International Project Finance: Opening Pandora's Box or an Unexpected Panacea?*, Journal of International Arbitration, Vol. 32, p. 143 – 172(2015).

④ See ICC, Unilateral Jurisdiction Clauses in International Financial Contracts, Document No. 470/1248 Rev., p. 3. See also NB Three Shipping Ltd. v. Harebell Shipping Ltd. [2004] EWHC 2001 (Comm).

⑤ 桑远棵:《单边选择争议解决条款的效力研究》,载《北京仲裁》2018 年第 4 期。

的订立阶段，出于达成商事合作和取得商业利益的考虑，当事人在诚信、自愿的情况下，通过在争议解决条款中部分放弃诉讼权利，即通过赋予另一方当事人选择仲裁的权利作为合同谈判中的让步，以促成合同的达成或取得合同中其他方面的利益。

通过订立单边选择仲裁条款，有选择权的当事人对解决争议的方式享有了较大的选择自由度。尤其是对于拥有众多国际客户的金融借贷机构或商业银行而言，订立单边选择仲裁条款使其能够根据争议的复杂程度选择仲裁或诉讼，以最大程度降低争议解决成本和执行成本。比如，出于降低自身争议解决的成本考虑，选择仲裁能够避免其应对来自不同法域（合同另一方当事人所在地）的诉讼，依据更为熟悉的仲裁机构及仲裁规则进行仲裁能够提高解决争议的效率；若出于执行便捷度的考虑，对于法律关系并不复杂的争议，机构主体也可以放弃选择仲裁，通过法院诉讼解决争议并同时申请执行，以保证执行能够得到有效落实。

总之，单边选择仲裁条款是商事活动中效率优先、当事人自愿承担法律风险的产物，其在国际商事合同中日益增加的出现率使我们有必要对其法律效力予以充分关注。由于对单边选择仲裁条款效力的认定直接决定了日后仲裁裁决是否能够作出和仲裁裁决是否能够得到法院的承认与执行，故而有必要对此类“非主流”仲裁条款的效力进一步进行讨论。

（三）单边选择仲裁条款非“存在缺陷的仲裁条款”

仲裁条款可能因其内容存在缺陷，法院或仲裁庭难以通过合理解释确定其存在提交仲裁的意思表示，双方当事人又未达成补充约定，最终被认定为无效，一度生效的仲裁条款也可能因其现已失去法律效力而无法得到有效的认定。造成前述“存在缺陷的仲裁条款”（defective arbitration clause/pathological arbitration agreement）①的主要原因有三：“不一致性”（inconsistency）、“不确定性”（uncertainty）与“不能实行”（inoperative）②。

① 参见梁胜：《论国际商事仲裁中瑕疵仲裁协议的法律适用》，载《政法论丛》2010 年第 1 期。

② See Nigel Blackaby, J. Martin Hunter, Constantine Partasides & Alan Redfern, *Redfern and Hunter on International Arbitration*, 6th edition, Oxford University Press, 2015, p. 135. “The principal defects found in arbitration clauses are those of inconsistency, uncertainty, and inoperability.”

不一致性是指“争议提交仲裁和由法院诉讼之间的不一致性”[①],比如“仲裁协议中提到了双方将争端提交仲裁,而同时又约定某一国法院对双方提起的诉讼具有排他的管辖权”[②]。而单边选择仲裁条款的内容并不存在“不一致性”,由于其本质为附条件生效仲裁条款,其内容不会造成“平行管辖”的局面[③]——仲裁的生效条件得到满足时,仲裁条款生效,仲裁作为唯一确定的争议解决方式,若条件未满足,则诉讼便是确定的争议解决方式,单边选择仲裁条款并未导致对争议解决方式的选择出现不一致。

不确定性主要指仲裁协议的要素具有不确定性,仲裁协议的要素包括仲裁协议有效所需具备的一般要件,如前文第一部分所提及的提交仲裁的意思表示、提交仲裁的事项等,还包括仲裁协议中的主要内容,如仲裁机构的选择、仲裁规则的适用等[④];不确定性包括约定不明与未进行约定两种情况。笔者认为,在不存在欺诈等不真实意思表示的情况下,单边选择仲裁条款中提交仲裁的约定是明确的,前述条款中设置的仲裁生效条件是由双方共同约定的,自订立此种条款伊始,以仲裁作为争议解决方式对双方来说便具有可预见性,至于其内容中是授予了一方还是双方提交仲裁的权利,仅是有关提交仲裁“方式”的约定,而“存在提交仲裁的合意”是实质要件,需从实质上判断双方是否真实、自愿地同意将日后可能产生的争议提交仲裁。即便协议中的其他要素存在不明确性,一般均可以通过补充协议进行完善。总之,单边选择仲裁条款不属于约定不明确的仲裁条款,应初步认可其有效性。

“不能实行”的仲裁条款是指虽然在订立时有效,但现已失去法律效力的条

① 梁胜:《论国际商事仲裁中瑕疵仲裁协议的法律适用》,载《政法论丛》2010 年第 1 期。

② 同上注。

③ 参见前文“图 1 仲裁庭与法院对争议的管辖权分配”。

④ 参见韩德培主编:《国际私法》,高等教育出版社、北京大学出版社 2000 年版,第 501 页;梁胜:《论国际商事仲裁中瑕疵仲裁协议的法律适用》,载《政法论丛》2010 年第 1 期。

款[①],比如,放弃提交仲裁的约定(waiver)、未在法定期限内将争议提交仲裁[②],或者当事人之间补充订立的协议中明确约定选择诉讼而非仲裁作为争议解决方式[③]。依据《纽约公约》第2条第3款,被请求执行仲裁裁决的法院原则上应认定仲裁条款的效力[④],但如若仲裁条款被认定为"不能实行"[⑤],在承认与执行阶段中,法院可以不予认定其效力。对于单边选择仲裁条款而言,仅当有权选择仲裁的当事人明确表示放弃选择仲裁或没有在法定期限内对法院的管辖提出异议[⑥]时,单边选择仲裁条款中关于仲裁的约定内容才失去效力,仲裁条款因生效条件未得到满足而不能实行。但是,在单边选择仲裁条款中仲裁条款的生效条件得到满足时,即有权选择仲裁的一方,在法定期限内主动将争议提交仲裁或对法院的管辖权明确提出了异议,此类单边选择仲裁条款并不具有《纽约公约》第2条第3款中"不能实行"的特征,仍是有效的。

综上,笔者认为单边选择仲裁条款在内容中已明确表达了双方附条件选择仲裁的意思,不存在"不一致性"或"不确定性",也不会必然成为《纽约公约》[⑦]第2条第3款所述的"不能实行"的条款。单边选择仲裁条款不属于存在缺陷

---

① See Gary B. Born, *International Commercial Arbitration*, 2nd edition, Kluwer Law International, 2014, p. 842. See also Schramm, Geisinger & Pinsolle, in H. Kronke et al. (eds.), Recognition and Enforcement of Foreign Arbitral Awards: A Global Commentary on the New York Convention 104, 2010, Article Ⅱ, "The term inoperative refers to cases where the arbitration agreement has ceased to have effect by the time the court is asked to refer the parties to arbitration".

② See Gary B. Born, *International Commercial Arbitration*, 2nd edition, Kluwer Law International, 2014, p. 842, "...That would include cases of waiver, revocation, repudiation, or termination of the arbitration agreement, or failure to comply with jurisdictional time limits prescribed by the arbitration agreement".

③ See *Shanghai Foreign Trade Corp.* v. *Sigma Metallurgical Co.*, XXII Y. B. Comm. Arb. 609, 614 (N. S. W. S. Ct. 1996) (1997), "settlement agreement without arbitration clause rendered arbitration clause in earlier agreement inoperative".

④ Gary B. Born, *International Commercial Arbitration*, 2nd edition, Kluwer Law International, 2014, p. 840, "In summary, Article Ⅱ(3) requires – as a uniform and mandatory international rule – the recognition of the validity of international arbitration agreements except where such agreements are shown to be invalid under generally – applicable..."

⑤ See Nigel Blackaby, J. Martin Hunter, Constantine Partasides & Alan Redfern, *Redfern and Hunter on International Arbitration*, 6th edition, Oxford University Press, 2015, p. 74, "In seeking to establish the 'international requirements', the starting point has to be the New York Convention..."

⑥ 如《仲裁法》第26条;《最高人民法院关于适用〈中华人民共和国仲裁法〉若干问题的解释》第14条。

⑦ Convention on the Recognition and Enforcement of Foreign Arbitral Awards, 1958.

的仲裁条款,在审查单边选择仲裁条款效力时,应初步认可其效力。

三、单边选择仲裁条款效力认定的域外实践

单边选择仲裁条款的效力认定在确定管辖和承认与执行仲裁裁决的两个阶段中起着举足轻重的作用,此类条款被认定为无效的法律风险将为商事活动的纠纷解决效率“蒙上”不确定的“阴影”。由于域外司法实践中,关于单边选择仲裁条款效力产生的争议案例出现时间较早、案例数量远多于我国目前涉单边选择仲裁条款效力的案例,且有众多域外学者已就其效力问题进行了较为深入的讨论,在成文法规定存在空白的情况下,本部分梳理并分析对于单边选择仲裁条款效力持不同立场的域外判例法。

总体而言,域外司法实践中挑战单边选择仲裁条款效力的主要理由有三:缺乏相互性、违反公共政策(public policy)、违反公平(平等)原则[①]。

(一)是否缺乏相互性

20 世纪的美国法院一度以缺乏相互性否定单边选择仲裁条款,但随着商事活动的多元化,实践中合同与仲裁条款的种类也趋于多元,“缺乏相互性”已经成为了过时的用于否定合同效力的立场,现今域外法院更是鲜少从合同相互性角度否定仲裁条款效力。

在合同法的语境下,“相互性”是指有效的合同中双方须具有相当的权利与义务[②],美国法院一度认为在单边选择管辖条款中双方不具有同等的提交仲裁权利,基于合同相互性否定了此类条款的效力。然而,现美国法院几乎已摒弃了对于合同相互性的狭义理解[③],认识到合同相对性并不限于双方在权利义务上的完全平等。尤其是对于商事合同而言,双方当事人间可能因悬殊的谈判能力而达成明显对于一方更为有利的合同,但此类合同并未违反成文法的规定。

---

① 参见桑远棵:《单边选择争议解决条款的效力研究》,载《北京仲裁》2018 年第 4 期;马敏:《单边选择仲裁条款的有效性研究》,苏州大学 2017 年硕士学位论文,第 12 ~ 20 页。

② See Hoadley v. Hoadley, 155 N. E. 728, 730 (N. Y. 1926), “either both must be bound, or neither is bound”.

③ See Christopher R. Drahozal, *Nonmutual Agreements to Arbitrate*, Journal of Corporation Law, Vol. 27, p. 539, 540(2002). See also Arthur M. Kaufman & Ross M. Babbitt, *The Mutuality Doctrine in the Arbitration Agreements: The Elephant in the Road*, 22 Franchise Law Journal, Vol. 22, p. 101, 103(2003). 参见马敏:《单边选择仲裁条款的有效性研究》,苏州大学 2017 年硕士学位论文,第 12 ~ 14 页。

在英国 Pittalis v. Sherefettin 案中，福克斯(Fox)法官指出，单边选择仲裁条款是双方合意下达成的合同条款，合同双方都接受了仅一方当事人有权选择仲裁的争议解决安排，Fox 法官结合对于合同实质内容的分析，认为这种争议解决方式的安排对于双方而言是合理的，由此得出结论：单边选择仲裁条款并不缺乏合同相互性(“no lack of mutuality”)①。

新加坡高院在 2016 年的 Dyna - Jet Pte Ltd. v. Wilson Taylor Asia Pacific Pte Ltd. 案中也明确驳回了原告(Dyna - Jet)对单边选择仲裁条款因缺乏合同相互性(“lack of mutuality”)而无效的主张，并认为，依据英国的判例法与新加坡的成文法，此类条款的“单边选择性”(optionality)和“非对称性”(asymmetric)并不影响其成为有效的仲裁条款②；新加坡上诉法院在对前案的上诉裁决中支持了原审法院的观点，认定了系争单边选择仲裁条款的效力③。

由上述法院立场和美国法院态度的转变可见，目前仅凭“缺乏相互性”挑战单边选择仲裁条款效力，一般难以被主流的域外司法实践所接纳。

(二)是否违反公共政策

公共政策本不作为否定仲裁条款效力的直接依据，依据《纽约公约》第 5 条第 2 款(乙)项的规定，被请求承认与执行地法院可以凭仲裁裁决违反法院地的“公共政策”为由拒绝承认和执行此仲裁裁决。是否有违公共政策一般是对于仲裁裁决的执行所可能造成的实质影响(substantive results)进行的判断④；在鼓励仲裁的基本原则下，援引公共政策时需尤其审慎。

然而实践中，有域外法院直接以有违公共政策为由否认了单边选择仲裁条款的效力，印度德里高等法院一度在 2005 年的 Emmsons International Ltd. v.

---

① Pittalis v. Sherefettin, [1986] 1 QB 868, p. 875 E - G. “…I can see no reason why, if an agreement between two persons confers on one of them alone the right to refer the matter to arbitration, the reference should not constitute an arbitration. There is a fully bilateral agreement which constitutes a contract to refer. The fact that the option is exerciseable by one of the parties only seems to me to be irrelevant. The arrangement suits both parties…Both sides, therefore, have accepted the arrangement and there is no question of any lack of mutuality.”

② Dyna - Jet Pte Ltd. v. Wilson Taylor Asia Pacific Pte Ltd., [2016] SGHC 238, paras. 61, 62.

③ Wilson Taylor Asia Pacific Pte Ltd. v. Dyna - Jet Pte Ltd., [2017] SGCA 32, Civil Appeal No. 71 of 2016, Court of Appeal, 26 April 2017, para. 4.

④ See, Gary B. Born, *International Commercial Arbitration*, 2nd edition, Kluwer Law International, 2014, p. 905.

Metal Distributors (Uk) and Anr. 案中以条款下双方当事人权利不平等、有违印度的公共政策为由[①],否认了出现在商事合同中的单边选择仲裁条款[②]的效力,并拒绝承认和执行基于前述条款作出的仲裁裁决。此案中,印度法院主要以系争条款违反了《印度合同法》第 28 条的规定、未给予双方当事人平等的诉讼权利,系争的单边选择仲裁条款在印度法下缺乏法律效力为核心理由否定了单边选择仲裁条款的效力,但在判决中并未对"为何有违公共政策"进行说理。

依据《纽约公约》第 5 条第 1 款(甲)项,判断仲裁条款效力的准据法为当事人约定的法或仲裁地法,而不是被请求执行地法院所在地的内国法,印度法院在上述案例中实则以内国法作为了认定仲裁条款效力的准据法,这种变相扩张审查仲裁条款效力准据法的行为违反了《纽约公约》的规定,更是与鼓励仲裁、尊重当事人意思自治的主流价值大相径庭。

缺少内国法的明确规定时,法院在自由裁量范围内对法院地法律进行的解释与诸如法院地的司法秩序、社会政策等"公共政策"相比,明显不具有同等的位阶。公共政策往往与社会利益紧密相关,法院需充分论证为何承认与执行与某商事合同争议相关的仲裁裁决将给法院地的公共利益带来侵害,而非简单地在缺乏成文法明确规定时基于自由裁量轻易得出有违公共政策的结论,更不应直接以违反公共政策作为否定单边选择仲裁条款效力的依据。

有趣的是,同样依据"公共政策",美国法院作出了与印度法院截然相反的认定。美国阿拉斯加最高法院的戴蒙德(Dimond)法官在 Inman v. Clyde Hall Drilling Co. 一案中明确指出,由于不存在明确违反宪法或成文法规定,法院依据司法政策(judicial policy)更倾向于认可合同当事人的意思自治并使得其合

---

① Emmsons International Ltd. v. Metal Distributors (Uk) and Anr., Delhi High Court, 7 January 2005, para. 15.

② See Emmsons International Ltd. v. Metal Distributors (Uk) and Anr., Delhi High Court, 7 January 2005, para. 4, "Governing Law and Forum for Resolution of Disputes – This contract shall be construed in accordance with and governed by English Law. Sellers shall be entitled at their opinion, to refer any dispute arising under this contract to arbitration in accordance with the rules and regulations of the London Metal Exchange or to institute proceedings against buyers in any Courts of competent jurisdiction".

同有效[①],系争单边选择仲裁条款有效。

由此,本文认为印度法院在不具有成文法的依据下,凭借对于内国法的解释而作出的认定单边选择仲裁条款有违公共政策的判决仅具有个案效力,印度法院在认定违反公共政策时的说理过于模糊[②],不具有充足说服力,公共政策不能直接作为否定单边选择仲裁条款效力的依据。

(三)是否有违公平(平等)原则

域外主流司法实践中一般未接受从平等原则或当事人平等角度否定单边选择仲裁条款效力的观点。比如,美国阿拉斯加最高法院在 Willis Flooring, Inc. v. Howard S. Lease Constr. Co. 一案[③]中明确指出,单边选择仲裁条款对于合同双方均有约束力,也不会造成双方争议解决权利的不平等。林奇(Lynch)法官在 Joseph Hannon v. Original Gunite Aquatech Pools Inc. 案中也认为,单凭单边选择仲裁条款中仅授予了一方选择仲裁管辖权,不能得出其造成了合同双方显失公平的结论[④],此类条款是有效的。

---

① See Inman v. Clyde Hall Drilling Co., 369 P. 2d 498, 500 (Alaska 1962), para. 3, "…In the absence of a constitutional provision or statute which makes certain contracts illegal or unenforceable, we believe it is the function of the judiciary to allow men to manage their own affairs in their own way. As a matter of judicial policy the court should maintain and enforce contracts, rather than enable parties to escape from the obligations they have chosen to incur".

② See Hans Smit, *The Unilateral Arbitration Clause: A Comparative Analysis*, American Review of International Arbitration, Vol. 20, p. 404 (2009), "…In addition, public policy has, in many cases, justly been argued to be too amorphous a ground for invalidation of an agreement".

③ Willis Flooring, Inc. v. Howard S. Lease Constr. Co., 656 P. 2d 1184 (Alaska 1983), s. 1185. "As one clause is a larger contract, the [asymmetrical arbitration] clause is binding to the same extent that the contract as a whole is binding…We see no unfairness, nor any coercion, inherent in this resolution of the case …Arbitration is not so clearly more or less fair than litigation that it is unconscionable to give one party the right of forum selection."

④ Joseph Hannon v. Original Gunite Aquatech Pools Inc., 434 N. E. 2d 611, 618 (Mass. 1982), s. 823, "Inclusion of a clause in a contract allowing one party, but not the other, to demand arbitration is not 'unconscionable' per se…"

虽然有评论文章①指出,自 2012 年以来,法国、俄罗斯两国法院②对于单边选择管辖条款效力改变了一贯的开放态度,倾向于以缺乏公平性而否定条款的效力,然而鉴于单边选择管辖条款下的“单边选择诉讼条款”与“单边选择仲裁条款”两类条款间存在本质不同③,前述法国或俄罗斯的实践案例实质上均是针对前者的否定,而非对于单边选择仲裁条款效力的否定。比如,Sony Ericson 案中的系争条款明显为“单边选择诉讼条款”④,俄罗斯联邦仲裁法院基于合同双方当事人享有平等的民事诉讼权利角度而未认可系争条款仅授予一方选择诉讼的内容,最终认定了双方均有权将争议提交法院诉讼。

(四)分析与小结

因不存在直接针对单边选择仲裁条款的成文法规定,基于合同相互性、违反被请求承认执行地公共政策和合同双方平等角度,对单边选择仲裁条款效力直接或间接进行的消极认定,几乎均为法院基于法院所在地的内国法或相关判例的解释作出的自由裁量。纯粹从说理角度而言,否定单边选择仲裁条款效力

---

① See Maxi Scherer, *The French Rothschild Case: A Threat for Unilateral Dispute Resolution Clauses*, Kluwer Arbitration Blog (18 July 2013), http://arbitrationblog. kluwerarbitration. com/2013/07/18/the - french - rothschild - case - a - threat - for - unilate ral - dispute - resolution - clauses/; Daniil Vlasenko, *Ambivalent Russian Arbitration Developments Regarding Hybrid Dispute Resolution Clauses*, Kluwer Arbitration Blog (4 August 2019), http://arbitrationblog. kluwerarbitration. com/2019/08/04/ambivalentrussian - arbitration - developments - regarding - hybrid - disputeresolution - clauses/.

② See Mme X v. Banque Privée Edmond de Rothschild Europe, Cass. Civ. (1ère), French Cour de cassation, 26 September 2012; Russian Telephone Company CJSC v. Sony Ericsson Mobile Communications Rus. Limited Liability Company, the Supreme Commercial Court of the Russian Federation, No. VAS - 1831/12, 19 June 2012.

③ 前者仅赋予了一方当事人选择某特定法院进行诉讼的权利,从而限制了另一方的诉讼权利,故更易被法院地内国法认定为无效。

④ See Ibid. “Any dispute arising in connection with this Agreement that cannot be resolved through negotiations is to be finally resolved in accordance with the Rules of Conciliation and Arbitration of the International Chamber of Commerce, by three (3) arbitration judges appointed in accordance with the Rules. The place for the arbitration proceedings will be the City of London, the proceedings will be held in the English language. This arbitration clause will continue to remain in effect upon termination of this Agreement and cannot restrict the rights of the Parties to apply to the courts of a competent jurisdiction for enforcement or court injunction measures in the event of a violation or a threat of a violation of provisions of the sections Sony Ericsson Trademarks, Software Licenses, Export Control, Counteraction against Circulation of Counterfeit Products and Confidentiality. The arbitration clause does not restrict Sony Ericsson's rights to file with a court of a competent jurisdiction a claim for recovery of debts for supplied Products (clause 21.2 of the Contract).”

的法院说理很难具有超越个案意义的说服力①。从学术角度考察前述判决时，需留意有关法院的立场可能受到了法院所在地注重维护法院的司法审查权、对当事人的意思自治范围进行限制的不同司法价值观念的影响。

近年间，域外司法实践对于单边选择仲裁条款效力的态度趋于友好。关于单边选择仲裁条款的效力认定，英国法院一贯持开放的态度②，北美与澳大利亚法院③在近年来也基本持积极的立场，西欧国家如意大利、西班牙等国的法院近年来也持开放态度，尽管东欧与亚洲各法域内相关司法实践较少、法院的态度尚不明朗，但新加坡法院已明确在实践中对此类条款持友好态度④。虽然法国与俄罗斯法院近年来一改原先对于单边选择诉讼条款的开放态度，但对于单边选择仲裁条款尚未明确展现消极态度。综观明确肯定单边选择仲裁条款效力的域外司法实践，法院在进行说理时尤其注重依据条款本身的行文内容进行分析，再基于对条款的文义解释，评价双方的主张是否有合理性，最终得出结论。

综上可见，支持单边选择仲裁条款的效力成为域外实践的主流观点，而否定此类条款效力的判例往往个案性较强、说理价值有限。

四、我国法院对单边选择仲裁条款效力的司法认定

（一）我国法律对仲裁协议效力的规定

在我国现行法律，如《仲裁法》、《民法典》及相关司法性文件中尚不存在针对单边选择仲裁条款效力的直接规定，但中国法对仲裁条款效力的基本规则仍

---

① 参见桑远棵：《单边选择争议解决条款的效力研究》，载《北京仲裁》2018 年第 4 期。

② NB Three Shipping Ltd. v. Harebell Shipping Ltd. [2004] EWHC 2001 (Comm), para. 12, "... The arbitration stream [Clause 47. 10] satisfies the requirements of an arbitration agreement since a one sided choice of arbitration is sufficient". 在英国 NB Three Shipping Ltd. v. Harebell Shipping Ltd. 一案中，Morison 法官明确指出单边选择仲裁的约定已足够构成有效的仲裁协议。

③ See PMT Partners Pty Ltd. v. Australian National Parks & Wildlife Services, [1995] 184 CLR 302, para. 18; Mulgrave Cent. Mill Co. v. Hagglunds Drives P/L, [2001] QSC 040. 澳大利亚高院在 PMT Partners Pty Ltd. v. Australian National Parks & Wildlife Services 案中，通过对本国法中仲裁条款（arbitration agreement）的定义进行解释，将单边选择仲裁条款一并纳入仲裁条款的范围内，认为一旦条款最终确定了以仲裁作为争议解决方式，即便对于仲裁的选择权仅为单方所有，此类条款都应被认定为是有效的仲裁条款，从而肯定了单边选择仲裁条款的效力。

④ See Marie Berard, James Dingley, Melissa Brown, *Unilateral Option Clauses 2017 Survey*, p. 3, 6, https://www.cliffordchance.com/content/dam/cliffordchance/briefings/2017/01/unilateral-option-clauses-2017-survey.pdf.

适用于单边选择仲裁条款的效力认定。

认定仲裁协议效力的主要中国法依据为我国《仲裁法》第 16 条、第 17 条[①]。依据我国《仲裁法》第 16 条的规定，仲裁协议除了需要满足“书面方式”订立的形式要件，还需具备以下三个实质要件：(1) 请求仲裁的意思表示；(2) 仲裁事项；(3) 选定的仲裁委员会[②③]。其中，不能仲裁的事项有婚姻、收养、监护、扶养、继承纠纷、行政争议等[④]。另据《仲裁法》第 18 条的规定，“仲裁协议对仲裁事项或者仲裁委员会没有约定或者约定不明确的，当事人可以补充协议；达不成补充协议的，仲裁协议无效”。据我国《仲裁法》第 17 条的规定，仲裁协议的法定无效情形有：(1) 约定的仲裁事项超出法律规定的仲裁范围的；(2) 无民事行为能力人或者限制民事行为能力人订立的仲裁协议；(3) 一方采取胁迫手段，迫使对方订立仲裁协议的。

此外，仲裁协议效力也需满足我国《民法典》中关于民事行为的效力性强制性规定[⑤]，仲裁协议的订立不得存在通谋虚伪，恶意串通，欺诈，显失公平，违反法律、行政法规的强制性规定，违背公序良俗，损害国家、集体或者第三人利益等情形。

值得注意的是，在我国《民法典》[⑥]下，合同（条款）的成立与有效是两个层面的问题——“合意存在与否是合同成立层面的问题，而非已成立的合同是否有效的问题”[⑦]，双方真实合意的认定并不作为判断合同条款的效力的直接依据，而是用于判断合同条款成立与否——若其在订立阶段便不存在双方当事人的真实合意，那么此类条款将直接因不合法而不成立。并且，仲裁条款的效力

① 参见北京市土地整理储备中心房山区分中心与北京鸿润成业房地产开发有限责任公司申请确认仲裁协议效力纠纷案，北京市第四中级人民法院民事裁定书，(2019) 京 04 民特 321 号，“人民法院应适用《中华人民共和国仲裁法》第十六条、第十七条及第二十条规定对仲裁协议效力进行审查”。

② 中国法中仅认可机构仲裁而未认可临时仲裁（ad hoc arbitration），故在《仲裁法》第 18 条及《民事诉讼法》第 271 条中使用了“仲裁委员会”“仲裁机构”的称呼而未采用《纽约公约》中“仲裁地”的表述；对于已明确约定仲裁地的涉外仲裁条款，法院仍将依据仲裁地法而不是中国法判断前述条款的效力。

③ 《仲裁法》第 16 条第 2 款。

④ 参见《仲裁法》第 3 条。

⑤ 参见《民法典》第 143 条、第 144 条、第 146 ~ 154 条。

⑥ 参见如《民法典》第 136 条、第 465 条、第 502 条。

⑦ 王韵儿：《再论“或裁或诉”约定下仲裁协议的效力》，载《北京仲裁》2018 年第 4 期。

独立于合同成立与否的判断[①]，“即使合同未成立，仲裁条款的效力也不受影响”[②]。而根据我国《仲裁法》第17条，当事人的真实仲裁合意是判断仲裁条款效力的直接依据，法院在依据我国法律认定仲裁协议效力时，以尊重当事人意思自治为原则，双方合意下选择仲裁的意思表示是判断仲裁条款效力的直接依据——“以审查当事人有无将争议提交确定仲裁机构仲裁的意思表示为依据来确定仲裁协议（仲裁条款）的效力”[③]。

在中国法下认定仲裁协议效力时，还需留意以下三点：

首先，在提交仲裁阶段，我国法院在特殊情况下将优先于仲裁庭成为认定仲裁协议效力的主体；仲裁裁决作出后，我国法院也可能在特殊条件下基于对仲裁协议效力的认定而撤销我国域内作出的仲裁裁决。依据我国《仲裁法》第20条与《最高人民法院关于适用〈中华人民共和国仲裁法〉若干问题的解释》第27条，当法院与仲裁庭同时收到当事人对于仲裁条款效力的异议时，法院享有审查仲裁条款效力的优先权[④]；当事人在仲裁程序中已对仲裁协议的效力提出异议，在仲裁裁决作出后又以此为由主张撤销仲裁裁决或者提出不予执行抗辩时，法院可以对仲裁协议效力进行违法性审查，若确实存在违反法律强制性规定（程序要求）的情形，法院有权直接撤销相关仲裁裁决[⑤]。

其次，在承认和执行仲裁裁决阶段，作为被请求执行法院，法院将有权对仲裁裁决所依据的仲裁条款效力进行认定，当审查仲裁条款效力的准据法为中国法时，依据我国《仲裁法》第63条和《民事诉讼法》第237条的规定，若仲裁条款违反了前述条款中的强制性规定，那么法院有权拒绝执行相关的仲裁裁决[⑥]。

---

① 参见《仲裁法》第19条、《民法典》第507条和《最高人民法院关于适用〈中华人民共和国仲裁法〉若干问题的解释》第10条第2款。

② 新劲企业公司、深圳市中苑城商业投资控股有限公司申请确认仲裁协议效力纠纷案，最高人民法院民事裁定书，（2019）最高法民特2号，“虽然运裕公司等没有在最后的合同文本上盖章，其法定代表人也未在文本上签字，不符合合同经双方法定代表人或授权代表签字并盖章后生效的要求，但根据《仲裁法解释》第十条第二款的规定，即使合同未成立，仲裁条款的效力也不受影响。在当事人已达成仲裁协议的情况下，对于本案合同是否成立的问题无需再行认定，该问题应在仲裁中解决”。

③ 丹东港集团有限公司与万家基金管理有限公司申请确认仲裁协议效力纠纷案，北京市第四中级人民法院民事裁定书，（2018）京04民特398号。

④ 参见《仲裁法》第20条第1款。

⑤ 参见《最高人民法院关于适用〈中华人民共和国仲裁法〉若干问题的解释》第27条第2款；《仲裁法》第58条。

⑥ 参见《仲裁法》第63条；《民事诉讼法》第237条第2款、第3款。

最后,我国法院在仲裁司法审查中秉持尽可能使仲裁协议有效的司法理念[①]。尽管我国《仲裁法》对于仲裁协议效力的审查中存在较多的限制,比如,将仲裁委员会作为判断仲裁协议的效力要素之一[②],但是,自 2018 年《最高人民法院关于审理仲裁司法审查案件若干问题的规定》(法释〔2017〕22 号)生效实施以来,我国司法政策中对于仲裁条款所采取的"尽可能使其有效"[③]的立场使我国法院在实践中对仲裁协议效力认定较大程度地采取了开放、友好态度,与国际范围内支持仲裁的主流理念相一致。比如,北京市第四中级人民法院结合实证数据,通过对经北京市第四中级人民法院审理的 316 件确认仲裁协议效力案件的分析指出,"仅有不足百分之一的案件,法院否定了其效力,绝大多数案件法院都支持了仲裁协议有效的观点"[④]。

(二)我国法院对单边选择仲裁条款效力的认定

我国的司法实践中,确认单边选择仲裁条款或单边选择管辖条款效力的案例数量较为稀少,由于单边选择仲裁条款多被国际商事合同所采用,既存的案例均为涉外仲裁协议效力案件[⑤],典型案例为"建发化工与艾伯特案"[⑥]与"老船长鞋业与地波里案"[⑦]。尽管相关案例总数少,但在前述两案中,法院的说理均较为完善,对于分析我国法院认定单边选择仲裁条款效力的立场具有较强的参考意义,案例相关具体介绍如下。

1."建发化工与艾伯特案"

"建发化工与艾伯特案"的一审与终审判决均肯定了系争单边选择管辖条款的有效性,该案当事人的核心争议焦点为法院管辖权的认定与单边选择管辖条款效力的认定,一审法院对于准据法为中国法时应如何认定系争条款的效力

---

① 参见北京市第四中级人民法院《仲裁司法审查案件审理规范指南》。

② 参见《仲裁法》第 16 条。

③ 参见《最高人民法院关于审理仲裁司法审查案件若干问题的规定》第 14 条。

④ 北京市第四中级人民法院、中国政法大学仲裁研究院联合发布的《仲裁司法审查案件大数据研究报告》,2019 年,第 27 页。

⑤ 截至 2020 年 12 月 31 日的检索,尚未发现与非涉外单边选择仲裁条款效力相关的(国内)案例。

⑥ 参见厦门建发化工有限公司与瑞士艾伯特贸易有限公司买卖合同纠纷案,上海市浦东新区人民法院民事裁定书,(2012)浦民二(商)初字第 S3375 号;上海市第一中级人民法院民事裁定书,(2016)沪 01 民终 3337 号。

⑦ 参见福建泉州老船长鞋业有限公司、地波里国际开发有限公司申请确认仲裁协议效力纠纷案,泉州市中级人民法院民事裁定书,(2016)闽 05 民特 9 号。

进行了完善与充分的说理并得到了二审法院的确认,该案能够作为支持在我国法下认定单边选择仲裁条款有效的重要参考①。

在"建发化工与艾伯特案"中,原告、被告为《销售确认书》(以下简称销售合同)的双方当事人,在销售合同第14条中,双方约定"出售方(被告)可以选择将由此产生的一切争议提交瑞士楚格州法院解决或根据巴黎国际商会仲裁调解规则在楚格州进行仲裁"。一审中,原告将与销售合同相关的争议直接提交至上海市浦东新区人民法院(一审法院)进行诉讼,而被告则依据前述的争议解决条款,对一审法院的管辖权提出异议,主张一审法院无管辖权并请求将案件移送瑞士楚格州法院处理。

一审法院将销售合同第14条定性为"单边选择性争端解决条款"——"通过该约定,双方同意授予出售方(被告)单方决定双方争议解决方式的权利";并指出,在此类条款下争议解决方式的确定"取决于一方当事人(被告)的选择"——"如果当事人选择仲裁,那么它就是一项仲裁条款;反之,如果当事人选择诉讼,那么它就是一项法院管辖条款,而且该选择是唯一的、确定的","尽管该约定将选择权授予出售方(被告),限缩了原告的权利,但因该约定是双方协商一致的结果,且并不足以构成双方权利义务显失公平,原告应当恪守",最终得出结论:单边选择性争端解决条款"与双方均有权选择诉讼或仲裁的情形并不相同","不属于'或仲裁或诉讼'条款"②。此外,一审法院还就争议是否属于我国法院专属管辖进一步指出,双方约定的国际货物买卖合同纠纷不属于我国法院的法定专属管辖,且双方在合意下已明确约定了由与争议有实际联系的瑞士楚格州法院管辖,该约定并未违反我国法律的程序性强制性规定,并未违反

① "建发化工与艾伯特案"被列为"上海法院涉外、涉港澳台商事十大典型案例"(2012~2016年)之一,鼓励法院应穷尽包括委托专门的外国法查明机构在内的外国法查明途径,依据双方协议约定的法律判断系争涉外单边选择性争端解决纠纷效力。

② "健乐士贸易(上海)有限公司与上海日珠贸易有限公司申请确认仲裁协议效力纠纷"一案中,对于单边选择诉讼条款的效力判断准据法为中国法,该案中法院以系争条款为《最高人民法院关于适用〈中华人民共和国仲裁法〉若干问题的解释》第7条所规定的"或裁或诉"条款而作出了否定其效力的认定。[参见北京市第二中级人民法院民事裁定书,(2015)二中民特字第12930号]我国法院得出前述结论是由于,依据该案系争条款的具体文本内容,确实难以判决达成了唯一、确定的争议选择方式,并非由于我国对于单边选择诉讼条款的审查更为严格所致,也并未与"建发化工与艾伯特案"中的法院说理存在矛盾。

协议管辖。①

上海市第一中级人民法院在本案的二审中也从尊重合同当事人意思自治的角度肯定了一审法院的裁决,支持了单边选择性争端解决条款的效力——"该约定由双方自愿达成。(我国)法律对此无禁止性规定,且该约定并不足以构成双方权利义务显失公平,因此本案应尊重双方意思自治"。②

2."老船长鞋业与地波里案"

在"老船长鞋业与地波里案"中,审查系争单边选择仲裁条款效力的准据法为中国法,最高人民法院在对于该案的答复③中继而明确指出,系争单边选择仲裁条款的内容并不违反我国《仲裁法》第6条第1款"仲裁委员会应当由当事人协议选定"的规定,由于条款中选定的仲裁机构具有唯一性,也不属于《仲裁法》第18条中对仲裁机构约定不明的情形,最终得出结论:"不宜认定本案所涉仲裁条款无效。"该案中,最高人民法院对于系争单边选择仲裁条款效力予以了肯定。

"老船长鞋业与地波里案"中的争议双方事先签订了《生产及销售许可合同》(以下简称《许可合同》)。《许可合同》第17条约定:"本合同适用中国法律,如发生争议,由双方自行协商解决,未能自行协商解决的,由甲方(被告)指定的仲裁委员会或由广州法律仲裁解决,并适用该会之各项仲裁条款。"原告现请求法院确认前述仲裁条款无效。

该案中,系争仲裁条款为典型的单边选择仲裁条款,且判断该仲裁条款效力的准据法为中国法。泉州市中级人民法院在认定系争条款无效④后请示最高人民法院,并得到了《最高人民法院对〈关于福建泉州老船长鞋业有限公司与地波里国际开发有限公司确认仲裁协议效力纠纷一案的请示〉的答复》⑤(以下简

① 参见厦门建发化工有限公司与瑞士艾伯特贸易有限公司买卖合同纠纷案,上海市浦东新区人民法院民事裁定书,(2012)浦民二(商)初字第S3375号。

② 厦门建发化工有限公司与瑞士艾伯特贸易有限公司买卖合同纠纷案,上海市第一中级人民法院民事裁定书,(2016)沪01民终3337号。

③ 《最高人民法院对〈关于福建泉州老船长鞋业有限公司与地波里国际开发有限公司确认仲裁协议效力纠纷一案的请示〉的答复》,2016年12月23日。

④ 参见《关于福建泉州老船长鞋业有限公司与地波里国际开发有限公司确认仲裁协议效力纠纷一案的请示》,(2016)闽民他14号。

⑤ 参见罗东川主编:《涉外商事海事审判指导》(2017年第1辑,总第34辑),人民法院出版社2019年版,第14页。

称最高院答复),由于最高院答复中展示了"不宜认定本案所涉仲裁条款无效"的清晰立场,泉州市中级人民法院继而在判决中改变了最初认定相关条款无效的观点。

泉州市中级人民法院依据最高院答复[①]中的说理,首先认定《许可合同》第17条的约定并未违反《仲裁法》第6条的规定,"是本案双方当事人协商一致的意思表示,是双方当事人协议选择的结果";又指出,《许可合同》第17条中也不属于《仲裁法》第18条所指的对仲裁机构约定不明的情形——"在地波里公司已经指定仲裁委员会的情况下,当事人通过该协议选定的仲裁机构具有唯一性";最终得出结论:该仲裁协议应认定为合法有效,肯定了系争单边选择仲裁条款的效力。

综上所述,上海市第一中级人民法院在"建发化工与艾伯特案"以及我国最高人民法院对于"老船长鞋业与地波里案"的答复均反映了我国法院在涉外案件中判断单边选择仲裁条款效力时优先注重对当事人意思自治的认定,而并未将此类条款效力的认定与公共秩序或司法秩序相挂钩。在对单边选择仲裁条款效力的认定缺乏明确的成文法与裁判规则的情况下,前述两案对于日后相关司法实践中可能进行的"类案检索"[②]亦具有较强参考价值。

结合我国目前的司法政策,我国法院在上述实践案例中所采取的肯定单边选择仲裁条款效力的立场与说理体现了"'最大善意'原则"[③],也与我国法院在国际、国内商事仲裁案件中尊重当事人"自治性"[④]、认定仲裁协议有效的司法理念相一致[⑤]。

---

① 《最高人民法院对〈关于福建泉州老船长鞋业有限公司与地波里国际开发有限公司确认仲裁协议效力纠纷一案的请示〉的答复》,2016年12月23日。

② 参见《最高人民法院关于统一法律适用加强类案检索的指导意见(试行)》第2条。

③ 北京市第四中级人民法院、中国政法大学仲裁研究院联合发布的《仲裁司法审查案件大数据研究报告》,2019年,第46页。

④ 《最高人民法院印发〈关于人民法院服务保障进一步扩大对外开放的指导意见〉的通知》,法发〔2020〕37号,"充分尊重并保障中外当事人依法选择管辖法院的权利、依法选择适用法律的权利以及选择调解、仲裁或者诉讼等方式解决纠纷的权利,提高国际商事纠纷解决的自治性"。

⑤ 参见北京市第四中级人民法院发布的《仲裁司法审查案件审理规范指南》,2019年,第13页,"尊重平等民事主体选择仲裁作为解决争议方式的本意……为国际国内商事仲裁营造良好的法治环境,体现人民法院在仲裁司法审查中尽量确认仲裁协议有效的司法理念"。

(三)评析

单边选择仲裁条款作为商事活动发展至今的多元化产物之一,虽并非传统意义上的常见仲裁条款,但是约定选择仲裁的方式之“古怪”并不必然导致其欠缺合法性[①]。综观域外司法实践,除去一贯对于单边仲裁条款效力持开放态度的国家,主流实践对于单边选择仲裁条款效力的认定可谓“经历了从无效到有效的演变”[②]。结合对于我国法律的梳理总结,由于尚不存在直接否定单边选择仲裁条款效力的成文法规定,笔者认同我国法院在“建发化工与艾伯特案”[③]与“老船长鞋业与地波里案”[④]中的说理,我国法院在依据中国法认定单边选择仲裁条款效力时需优先尊重当事人在商事活动中的意思自治,尽可能认定有关争议解决条款的效力。

我国法院在上述两案中认定单边选择仲裁条款效力的立场与国际主流司法实践具有一致性,均以尊重当事人选择仲裁的意思自治作为根本原则。与其他法域中对于中国法院审查仲裁条款效力时倾向于采取保守立场的刻板印象[⑤]不同,我国法院在前述两案中均明确否定了试图从合同相互性与平等原则主张单边选择仲裁条款无效的观点,明确认定系争条款是当事人意思自治的结果、具备法律效力。另外,我国法院在审查单边选择仲裁协议效力时首先注重准据法的查明,在准据法无法查明、依据中国法进行效力认定的情况下,也对单边选择仲裁条款的效力予以了积极认定[⑥]。

法院在实践中认定单边选择仲裁条款效力时秉持的司法克制和开放态度是一种实践智慧,不仅可以使双方当事人通过具有预期性的争议解决方式尽早

---

① 参见桑远棵:《单边选择争议解决条款的效力研究》,载《北京仲裁》2018 年第 4 期,“在个人利益和商业理性的驱使下,单边选择争议解决条款本质上是当事人之间自主意思的真实产物,其表面上的不对等性并不会影响当事人实体权利的分配,因而其法律效力不应当受到不当的减损”。

② 马敏:《单边选择仲裁条款的有效性研究》,苏州大学 2017 年硕士学位论文,第 12 页。

③ 参见厦门建发化工有限公司与瑞士艾伯特贸易有限公司买卖合同纠纷案,上海市浦东新区人民法院民事裁定书,(2012)浦民二(商)初字第 S3375 号;上海市第一中级人民法院民事裁定书,(2016)沪01 民终 3337 号。

④ 参见福建泉州老船长鞋业有限公司、地波里国际开发有限公司申请确认仲裁协议效力纠纷案,泉州市中级人民法院民事裁定书,(2016)闽 05 民特 9 号。

⑤ See Marie Berard, James Dingley, Melissa Brown, *Unilateral Option Clauses 2017 Survey*, p. 6, https://www.cliffordchance.com/content/dam/cliffordchance/briefings/2017/01/unilateral - option - clauses - 2017 - survey.pdf.

⑥ 参见莫莉:《国际商事仲裁协议发展动向及我国司法审查立场》,载《理论界》2018 年第 2 期。

平定纷争,也有益于司法资源的合理配置——通过肯定此类条款的效力以减少相关诉讼利于从程序角度推进解决实体争议的效率,也可以使法院集中审判资源于其他明确约定诉讼作为争议解决方式的案件。司法主体充分尊重域内外商事活动中当事人选择仲裁的意思自治,积极认定这类特别的仲裁条款效力利于维持司法审查与仲裁和商事活动间的良性互动。

尽管我国实践中出现的单边选择仲裁条款效力纠纷较少,但深入探究此类条款对于完善我国仲裁协议效力司法审查活动具有重要意义。鉴于我国当事人越发广泛地参与到当代国际商事活动中,而单边选择仲裁条款在国际商事合同中的出现频率近年来日益增高,我国法院或为确定对于争议的管辖权或因被请求承认和执行仲裁裁决而在日常审判活动中面临对于单边选择仲裁条款的效力认定问题,而我国法院认定此类特殊的仲裁协议的效力所采取的立场可能影响国际商事活动中域外主体对于交易相关法律风险的预判①。

结合既有司法实践,本文认为在认定单边选择仲裁条款效力时还应回归判断仲裁条款效力的基本思路,注意查明准据法并避免滥用《纽约公约》第5条中的公共政策条款,以尊重当事人意思自治为根本宗旨,作出足以支持商事仲裁活动效率、保障双方当事人合法权利的高质量司法裁判,从司法角度为创建良好营商环境护航。

① 若我国法院肯定单边选择仲裁协议效力或基于前述仲裁协议作出的仲裁裁决能够得到我国法院承认与执行,这无异于给域外主体与我国主体达成国际商事合作前服下一剂“定心丸”,从司法环境的可预期性角度提升了我国当事人参与国际商事活动的竞争力。

双阶理论下行政协议的可仲裁性思考

——以 PPP 协议为视角

方小康*

摘　要:行政协议具备“行政性 + 合同性”的双面性质,在修正的双阶理论视域下,“行政性”面向下的协议不具备可仲裁性,但“合同性”面向下的协议具备可仲裁性的理论与实践基础。PPP 协议作为行政协议的一种,其无论是在域外的司法实践,还是在我国实践中的规定与尝试,均为行政协议的可仲裁性提供了论证空间与思路。以修正的双阶理论为分析工具,通过对行政协议的“混合性”进行分析,提出应全面把握行政协议的“双面向”,即“行政性 + 合同性”,根据行政协议的不同面向、不同阶段,选择协议争议的解决方式。以 PPP 协议为视角,分析这一行政协议的实践现状与国家有关部门的规范性文件规定,总结出 PPP 协议具备可仲裁性,进而为行政协议的可仲裁性提供思路。

关键词:PPP 协议　双阶理论　可仲裁性

一、问题背景

行政协议因其具有的行政性与合同性而成为学界以及司法实务界讨论的热点。在《最高人民法院关于审理行政协议案件若干问题的规定》(以下简称

---

* 方小康,北京互联网法院立案庭法官助理。

《行政协议规定》)出台前,对于行政协议的把握主要依据《行政诉讼法》的相关规定。《行政诉讼法》第 12 条第 1 款第 11 项规定,“认为行政机关不依法履行、未按照约定履行或者违法变更、解除政府特许经营协议、土地房屋征收补偿协议等协议的”,属于行政诉讼范围。2019 年 11 月 27 日,最高人民法院公布的《行政协议规定》对行政协议的范围作了细化规定,其第 1 条明确“行政机关为了实现行政管理或者公共服务目标,与公民、法人或者其他组织协商订立的具有行政法上权利义务内容的协议,属于行政诉讼法第十二条第一款第十一项规定的行政协议”。因此,所谓行政协议,是指行政机关为实现公共利益或者行政管理目标,与相对人经过协商一致订立的具有行政法上权利义务内容的协议。[①]同时,《行政协议规定》第 2 条对行政协议的类型作了列举式规定,主要有:政府特许经营协议;土地、房屋等征收征用补偿协议;矿业权等国有自然资源使用权出让协议;政府投资的保障性住房的租赁、买卖等协议;符合《行政协议规定》第 1 条规定的政府与社会资本合作协议;其他行政协议。此外,我们需要认识到行政协议的“混合性”,如果仅用公法规则或仅用私法规则来构建行政协议制度,都将会脱离行政协议的契约本质或行政行为本质,从而难以保障行政协议相对人的合法权益或削弱司法对公共利益的保护。[②]

本文所讨论的行政协议主要以政府与社会资本合作协议为视角,即 PPP 协议。此类协议是行政机关利用社会资本进行相关的基础设施等投资合作的协议,在一般情况下是以合同群的方式存在。最高人民法院将 PPP 协议纳入行政协议范畴,是始终坚持以保障民营经济和社会资本的合法权益为重要职责的表现,明确了参与招标、拍卖、挂牌等竞争性活动等市场主体的行政诉讼原告资格,推动实现平等保护产权,努力营造公平的竞争环境。[③] 在《行政协议规定》实施前,学界与实务界对于行政协议中能否约定仲裁条款,并无统一认识。反对者则认为“行政诉讼的目的之一是监督行政机关依法行使职权,行政机关在订立行政协议时不能协议排除对行政机关依法行使职权的监督,其在行政协议

① 蔡小雪:《行政行为的合法性审查》,中国民主法制出版社 2020 年版,第 232 页。

② 崔建远:《行政合同族的边界及其确定根据》,载《环球法律评论》2017 年第 4 期。

③ 黄永维、梁凤云、杨科雄:《〈关于审理行政协议案件若干问题的规定〉的理解与适用》,载《人民司法》2020 年第 4 期。

中约定的仲裁条款为无效条款”①。持肯定态度的则认为“不能仅从合同的主体为行政机关就认定合同属于行政协议，而是需要从合同的目的、职责、双方权利义务、合意性等角度对合同进行定性，进而确定合同中仲裁条款是否有效”②。以上态度分歧所反映的一个关键问题便是对行政协议的认识。

虽然行政协议的“行政性 + 合同性”已经得到大家的认同，但是对于制度内的具体内容仍存有分歧。《行政协议规定》第 26 条规定：“行政协议约定仲裁条款的，人民法院应当确认该条款无效，但法律、行政法规或者我国缔结、参加的国际条约另有规定的除外。”该条内容似乎为行政协议的可仲裁性提供了明确的态度，但从行政协议的“混合性”来看，该规范适用的前提必须是“行政协议”，即在行政性面向中，约定的仲裁条款是无效的；然而，这并不代表合同性面向下的协议内容不能约定仲裁条款。因此，本文将以行政协议的“双阶理论”为分析工具，通过对 PPP 协议的分析，为行政协议的可仲裁性寻找空间，并力图为行政协议的司法审判实践提供有益的思路。

二、PPP 协议中仲裁约定的现状

(一)何为 PPP 协议

PPP 协议是 Public - Private Partnership 的简称，是政府与社会资本合作在基础设施及公共服务领域建立的一种长期合作关系。PPP 模式的出现，在我国已有多年。党的十八届三中全会《中共中央关于全面深化改革若干重大问题的决定》中提出“允许社会资本通过特许经营等方式参与城市基础设施投资和运营”；在《国务院办公厅转发财政部、发展改革委、人民银行关于在公共服务领域推广政府和社会资本合作模式指导意见的通知》(国办发〔2015〕42 号)中，对于 PPP 模式的定义为：“政府和社会资本合作模式是公共服务供给机制的重大创新，即政府采取竞争性方式择优选择具有投资、运营管理能力的社会资本，双方按照平等协商原则订立合同，明确责权利关系，由社会资本提供公共服务，政府依据公共服务绩效评价结果向社会资本支付相应对价，保证社会资本获得合理收益。政府和社会资本合作模式有利于充分发挥市场机制作用，提升公共服务

① 安庆市中级人民法院行政裁定书，(2017)皖 08 行辖终 1 号。

② 最高人民法院民事裁定书，(2015)民一终字第 244 号。

的供给质量和效率，实现公共利益最大化。”

2019 年 12 月 17 日，财政部正式发布 PPP 项目政府方会计准则，即《政府会计准则第 10 号——政府和社会资本合作项目合同》（以下简称《10 号准则》）。[①]《10 号准则》规定了政府方对 PPP 项目合同的确认、计量与相关信息列报，反映了 PPP 项目政府方的权利和义务的核算，为社会资本方提供了一定的考核标准。随后，在 2020 年 3 月 16 日，财政部发布了《政府和社会资本合作（PPP）项目绩效管理操作指引》（以下简称《PPP 项目绩效指引》），[②]明确 PPP 项目绩效管理是指在 PPP 项目全生命周期开展的绩效目标和指标管理、绩效监控、绩效评价及结果应用等项目管理活动；各参与方按照科学规范、公开透明、物有所值、风险分担、诚信履约、按效付费等原则开展 PPP 项目全生命周期绩效管理。《PPP 项目绩效指引》中明确，PPP 项目的阶段管理主要分为三个阶段：一是 PPP 项目准备阶段；二是 PPP 项目采购阶段；三是 PPP 项目执行阶段。

从国家及相关部门的规范性文件中可以看出，PPP 协议主要体现为政府与社会资本的一种合作关系，这种合作模式有着多样性、长期性以及复杂性等特点。[③] 因此，对于 PPP 协议中的仲裁约定的判断并不能直接依据其为行政协议而武断地予以否定，必然需要考虑 PPP 协议的具体阶段及其目的。

（二）PPP 协议中仲裁约定的实践现状

1. 国家相关部门的规范性文件规定

财政部印发的《关于规范政府和社会资本合作合同管理工作的通知》，[④]其附件《PPP 项目合同指南（试行）》第二十节关于“争议解决”中提道：“争议解决条款中一般以仲裁或者诉讼作为最终的争议解决方式，并且通常会在最终争议解决方式前设置其他的争议解决机制，以期在无需仲裁或者诉讼的情况下快速解决争议，或达成一个暂时具有约束力、但可在之后的仲裁或诉讼中重新审议的临时解决办法。”同时，指出“就 PPP 项目合同产生的合同争议，应属于平等的

① 中华人民共和国财政部会计司：《政府会计准则第 10 号——政府和社会资本合作项目合同》，载 http://kjs.mof.gov.cn/zhengcefabu/201912/t20191223_3448588.htm。

② 中华人民共和国财政部金融司：《政府和社会资本合作（PPP）项目绩效管理操作指引》，载 http://jrs.mof.gov.cn/zhengcefabu/202003/t20200331_3490994.htm。

③ 参见孙洁：《政府和社会资本合作（PPP）基本原理》，载《政府采购与 PPP 评论》2018 年第 2 辑。

④ 中华人民共和国财政部金融司：《关于规范政府和社会资本合作合同管理工作的通知 》，载 http://jrs.mof.gov.cn/zhengwuxinxi/zhengcefabu/201501/t20150119_1181717.html。

民事主体之间的争议,应适用民事诉讼程序,而非行政复议、行政诉讼程序。这一点不应因政府方是 PPP 项目合同的一方签约主体而有任何改变”。

此外,在 2020 年 2 月 21 日,财政部办公厅发布了《关于印发污水处理和垃圾处理领域 PPP 项目合同示范文本的通知》,①其附件 1 在《污水处理厂网一体化及垃圾处理 PPP 项目合同示范文本使用说明》的“争议解决方式的确定”中提道,“政府方和社会资本如发生争议,双方应当本着友好、互利的原则协商解决,必要时也可由政府有关部门调解解决。当协商或调解不成的,则双方可选择采用仲裁或诉讼方式予以解决,并在《合作协议》中明确”。

从上述规范性文件中不难看出,对于 PPP 协议纠纷,国家相关部门倾向于以非诉讼方式予以解决。同时,允许在协议中约定仲裁或诉讼的争议解决方式。

2. 司法实践现状

笔者在中国裁判文书网上检索“PPP”一共出现 2576 篇文书,然后在结果中搜索“仲裁条款”,共出现 11 篇裁判文书。② 其中对 PPP 协议中仲裁条款有异议的文书有 4 篇,而其中 2 篇文书是关于申请确认仲裁协议效力的,另外 2 篇文书是关于申请撤销仲裁裁决的。本文以两篇申请确认 PPP 协议中仲裁条款效力的文书为例,试对 PPP 协议仲裁约定的司法现状作一个侧面反映。

这两个案件分别是中电建建筑集团有限公司与神州长城股份有限公司等申请确认仲裁协议效力案(以下简称中电建案)与天颂建设集团有限公司、诸暨市人民政府大唐街道办事处申请确认仲裁协议效力案(以下简称天颂案)。两案中,当事人均签署了 PPP 项目合同,并且合同中均约定了仲裁条款。2019 年 12 月 16 日,北京市第四中级人民法院对中电建案作出裁决认为“《PPP 项目合同》中仲裁条款约定为‘甲乙均可向当地仲裁机构’申请仲裁,《PPP 项目合同》的签订地为安阳市……综上,涉案合同约定的仲裁条款具有《中华人民共和国仲裁法》第十六条规定的构成要件,且无《中华人民共和国仲裁法》第十七条规

① 中华人民共和国财政部办公厅:《关于印发污水处理和垃圾处理领域 PPP 项目合同示范文本的通知》,载 http://jrs. mof. gov. cn/gongzuotongzhi/202003/t20200304_3477927. htm。

② 案例源于中国裁判文书网,http://wenshu. court. gov. cn/website/wenshu/181217BMTKHNT2W0/index. html,最后访问时间:2020 年 5 月 5 日。

定的无效情形,故中电建公司的主张,本院不予支持"①。

天颂案则发生在2020年,并且其审理法院认为涉案的"《PPP项目投资协议》系行政协议,相关纠纷属于行政争议,受行政诉讼法调整,不具有仲裁性……仲裁条款系无效约定",其所依据的便是最高人民法院发布的《行政协议规定》。2020年4月14日,浙江省绍兴市中级人民法院作出裁定,认为"本案纠纷是否具有可仲裁性取决于案涉《PPP项目投资协议》的法律性质。关于案涉《PPP项目投资协议》的性质问题,首先,案涉项目虽然与行政机关实现行政管理目标,履行公共管理职责有一定的关联,但该项目并非诸暨市大唐街道办事处完全无偿的、单一的向社会公众提供的公共服务。其次,从合同订立及合同内容确定情况来看,虽然合同的一方当事人是诸暨市大唐街道办事处,但案涉协议内容不能充分表明行政机关在订立合同、监督和指挥合同的履行、变更或者解除合同等方面均享有单方的优越和主导地位。合同相对人天颂建设集团有限公司、中新房东方有限公司在订立合同及决定合同内容等方面仍享有充分的意思自治,并不受单方行政行为强制。最后,从合同内容来看,本案合同并未就行政审批、行政许可等行政法上权利义务内容进行约定,合同系为了约定设立项目公司后签署《PPP项目协议》,实施项目的设计、投融资、建设、运营管理及维护等事宜而签订。合同约定的具体的权利义务及违约责任,均体现了双方当事人的平等、等价协商一致的合意。本案协议具有明显的民商事法律关系性质,应当定性为民商事合同,不属于行政机关为实现公共利益或者行政管理目标,在法定职责范围内,与公民、法人或者其他组织协商订立的具有行政法上权利义务内容的行政协议。另外,从诸暨市大唐街道办事处的仲裁请求来看,其涉及的是案涉《PPP项目投资协议》的履行问题,纠纷并不涉及具体的行政行为。因此,本案争议具有可仲裁性,不属于依法应当由行政机关处理的行政争议"②。

从上述两案的司法裁判中不难看出,对于PPP协议中的仲裁约定的效力判断,取决于对PPP协议的性质判断。在天颂案中,绍兴市中级人民法院从合同主体、合同订立及确定情况以及合同内容等方面来综合判定PPP协议的性质。

---

① 北京市第四中级人民法院民事裁定书,(2019)京04民特657号。

② 浙江省绍兴市中级人民法院民事裁定书,(2020)浙06民特4号。

虽然 PPP 协议的一方是行政机关,并且具有公共服务,与行政机关实现行政管理目标、履行公共管理职责有一定的关联,但是从 PPP 协议的不同阶段来分析,PPP 协议并非一直处于行政协议的效力状态,而在合同的具体履行内容上,是双方当事人平等、自愿的意思表示,是平等主体的合同体现。因此,在此阶段的 PPP 协议,已经由行政协议效力转变为民事合同效力,或者称为"行政协议的民事合同效力",此阶段的 PPP 协议中的仲裁约定便具有合法性与合理性。

三、行政协议的可仲裁性路径

从上述分析中可以看出,对于 PPP 协议中的争议解决方式选择,国家有关部门倾向于选择非诉讼方式解决。同时,在协议中约定仲裁方式也被相关部门所认可。而法院在处理 PPP 协议中仲裁效力的相关案件时,首要选择便是对 PPP 协议进行性质认定。根据案件具体情况对协议中的仲裁约定作出裁判,司法实践的支持性态度也反映出对待 PPP 协议的具体做法。之所以在实践中呈现相反的两种观点,根源在于对公法、私法两分的传统的法律观念。在传统公法领域中,行政行为是行政权力的体现,是一种管理行为,而将行政协议划分为公法调整,这便是过分强调其行政性面向;而在私法领域,强调的便是双方当事人的平等地位,凡是平等主体之间签订的协议(或契约),均应受到私法调整,这一观点则是片面看中行政协议的合同性面向。无论是传统公法理论观点,还是私法理论观点,对行政协议的性质都有片面性的扩大,以致实践中出现不小的争议。通过上文的分析,可以看出相关实践已折射出行政法学理论中的新的理论观点,即基于修正主体学说下的双阶理论,背后所反映的是行政理念的转变,更加强调行政合作的重要性,改变以往行政单向性的唯一现象。

(一)理论路径:新行政法学理论下的双阶理论

1. 双阶理论的提出及发展

所谓双阶理论,是指将一个生活关系纵向拆解为不同阶段,分别适用不同性质的法规范的学说。① 最早提出双阶理论的是德国学者汉斯·彼得·伊普森,其在 1956 年出版的《对私人的公共补贴》一书中,对双阶理论进行了系统的阐释。其将补贴区分为两个阶段:第一阶段是决定阶段,即国家是否向私人提

---

① 严益州:《德国行政法上的双阶理论》,载《环球法律评论》2015 年第 1 期。

供补贴的阶段，适用公法；第二阶段是履行阶段，即国家如何向私人提供补贴的阶段，适用私法。此理论所采取的划分标准，是以利益说为核心，即根据国家行为的指向利益进行阶段的不同区分。随后，基于利益说的双阶理论受到了来自行政私法理论的挑战。德国学者汉斯·尤里斯·沃尔夫针对私法形式的公权力行使如何受到公法约束的问题提出了行政私法理论。其提出的修正主体说认为：国家或其他主体以公权力主体的身份享有权利或承担义务者，其适用的法律规范系专属于国家的职务性规范，故应判别为公法；反之，若某一法律规范对任何人均可适用，则系属任何人之法，故应判别为私法。①

无论是传统的双阶理论，还是以行政私法理论为代表的修正主体说，其基本的认识前提是公法、私法的二元理论，即对抗式的行政法理论。然而，随着公私合作的扩大化、风险社会理念的提出以及全球化的发展，传统的对抗式理论已经无法应对新形势下的诸多问题。因此，风险社会概念下的双阶理论必然发生改变，此时“行政正确”的双阶理论便应运而生。基于双阶理论的基本框架，“行政正确”强调公法与私法具有的不同实施效果，并且其所依据的行为理性是不同的，即公法遵循的是国家行为理性，将公共利益置于首位，而私法遵循的个人行为理性，以个人利益为优先。同时，两者并非绝对对抗关系，为了达到共同的实施效果，公私法会进行合作，而这一合作模式被德国学者霍夫曼金称为“交互性支持系统”。在“行政正确”理念下，行政机关一方与另一方当事人则享有行为选择的自由，而行为选择需以任务目标为导向，权衡公法与私法各自的实施效果，作出行政上的“正确”选择。

2. 双阶理论下 PPP 协议的可仲裁性

将这一理论置于我国 PPP 协议的审视中，更能直观、正确地反映该协议的本质。根据财政部所发布《PPP 项目绩效指引》的相关规定，PPP 项目的评价主要有项目准备阶段、采购阶段以及执行阶段。而这一阶段的划分思想正是双阶理论的体现。同时，《PPP 项目绩效指引》的第 12 条规定，“项目公司（社会资本）对绩效目标或指标体系调整结果有异议的，可申请召开评审会，就调整结果的科学性、合理性、可行性等进行评审。双方对评审意见无异议的，按评审意见完善后履行报批程序；仍有异议的，按照合同约定的争议解决机制处理”。从该

① 严益州：《德国行政法上的双阶理论》，载《环球法律评论》2015 年第 1 期。

规定的行为方式选择以及异议处理上,不难看出行政合作的理念,而且强调结果评审的科学性、合理性以及可行性等,更加凸显"行政正确"的行政理念。

在新行政法学的双阶理论背景下,行政协议的本质讨论根据协议的每一具体阶段对其属性进行认定。根据财政部发布的《关于推进政府和社会资本合作规范发展的实施意见》(以下简称《实施意见》),强调各级财政部门要会同有关部门,多措并举,加强规范管理和分类指导。《实施意见》在"加强分类指导"方面,对于PPP项目进行了阶段区分,分为"在建项目""尚未开工项目""采购阶段项目"等。针对每一阶段,政府有关部门所承担的角色以及任务分工都是不同的。如对于在建项目,则需督促各方履约,保障出资到位,推动项目按期完工,避免出现"半拉子"项目;对尚未开工的项目,其主要负责督促各方严格按照要求加强合同条款审核,规范融资安排;对于已经进入采购阶段的项目,则需加强宣传推介和信息披露,吸引各类市场主体的平等参与。

从上述阶段分工安排可以看出,以PPP协议为典型的行政协议,在行政机关与另一方当事人之间有着明显的阶段层次。在PPP协议项目中,笔者主要将协议分为三个阶段:一是前期准备阶段;二是中期履行阶段;三是完工交付考评阶段。实践中,不会针对每一阶段而专门订立合同,而是针对PPP项目订立一个合同,但是这个PPP项目合同中却包含了上述的所有阶段。行政协议兼具行政性与合同性,同时也包含了行政阶段与民事阶段。以上述分工阶段为例,首先,在第一阶段中,政府各部门在前期准备中,所涉及的资格审核、信息披露与公开、前期论证等环节,其行政性十分明显,体现了行政行为的单向性。因此,这一阶段,也就是PPP协议的行政阶段,体现的便是PPP协议的行政性面向。根据行政行为的特点,这一阶段所发生的争议体现为行政争议,发生在不平等主体之间的争议,显然不具备仲裁的前提性要件。其次,在项目合同的具体履约阶段,这一阶段主要由社会资本方根据签订的PPP项目合同,负责执行、建设,而政府相关方则负责加强对项目的全生命周期进行跟踪指导及监督检查,其目的是实现项目建设的有序实施。在这个阶段中,社会资本方与政府方的关系是一种合作关系,所体现的是平等主体之间依据自愿、协商原则订立合同并履行合同的行为,而这一行为显然与第一阶段的行政单向性管理行为相区分,更多的是平等主体间的履约,因而为民事合同阶段。既然处于民事合同阶段,那么在此所发生的行为争议应属合同争议,即应按照合同约定的争议处理方式来解决。仲裁作为争议的解决方式之一，当然能够成为社会资本方与政府方约定的争议处理方式。因此，PPP 项目合同的民事阶段，其协议内容中应当允许双方当事人自由选择争议处理方式，仲裁条款理应得到支持与承认。

（二）域外路径借鉴：以法国 PPP 协议为例

法国的行政机关种类繁多，每年订立的行政合同也有成千上万份，对于这些合同，从理论上划分大致有以下四类：一是管理性合同，典型的为公务特许经营合同；二是计划合同，如与大型国有企业、大学、医院等签订的合同；三是资源合同，主要有人力资源与物力资源两方面；四是准私法合同，以公产占用合同为典型。[①] 从实践角度来看，法国的行政合同分为公共合同、公共服务委托管理合同、公务人员招聘合同以及国家与地方政府间的合作合同。本部分讨论的 PPP 协议则属于公共合同一种，是公共采购合同的重要形式。[②] 法国 PPP 协议是指政府将建设公共设施、提供公共服务的任务整体性外包给社会力量，由社会力量垫资完成相关建设、运营等任务，政府则在项目全生命周期内根据建设、运营的绩效评估结果分期实施政府付费，从而既完成公共设施、公共服务的供给，又实现对政府财政压力的平滑性处理。[③] 从上述定义中可以看出，对于 PPP 协议的定义，我国与法国具有一致性，同时，法国作为行政合同制度的渊源国家，其在 2004 年特别法令中，明确将 PPP 协议定性为行政协议，这一点与我国最高人民法院此前发布的《行政协议规定》中对 PPP 协议的定性一致，因此，其对 PPP 协议争议的解决机制设置值得我国借鉴与学习。

法国将 PPP 协议的争议从两个阶段分别进行考量。首先，是在协议缔结阶段发生的争议。此阶段需要政府方与社会资本方作出真实的意思表示并达成合意，同时，协议的缔结、程序等要符合相关部门规定，不违反法律的禁止性规定。在缔结阶段针对协议所发生的争议，法国 PPP 协议的纠纷解决机制主要有以下三种思路：一是快速、集中解决协议效力问题，避免将协议的合法性瑕疵带到履行阶段；二是授予协议外第三人诉权，对于参与 PPP 协议竞争的所有市场主体，都可以基于维护自身的利益提起诉讼；三是针对第三人诉讼，避免出现诉

---

① 参见杨解君编：《法国行政合同》，复旦大学出版社 2009 年版，第 5 ~ 7 页。

② 同上注，第 42 ~ 45 页。

③ 陈天昊：《法国 PPP 纠纷解决机制——在协议合法性与协议安定性之间》，载《中国法律评论》2018 年第 4 期。

累，设置诉讼时效、事由等限制，同时赋予法官处理缔约阶段违法性审查更加丰富的裁判工具，以妥善解决纠纷。[①] 从法国的纠纷解决思路中可以看出，对于协议缔约阶段的纠纷，因涉及第三人或社会公共利益，面对协议效力争议，在此阶段并不允许采取仲裁方式解决争议。

其次，便是在协议履行阶段所发生的争议。对于该阶段争议的解决，法国最高行政法院构建了协议有效性之诉和协议履行之诉。同时，2004 年通过的特别法令的第 11 条中，允许 PPP 协议在履约阶段采用非诉讼方式以外的替代性纠纷解决机制，意味着 PPP 协议可以采用除行政诉讼以外的其他方式解决争议，其中最主要的替代性纠纷解决方式便是专家调解与仲裁制度。对于 PPP 协议的仲裁解决方式，2015 年修改的特别法令第 90 条作出了限制，即仲裁约定必须由有关部委联合财政部共同向总理提交报告，由总理发布行政法规明确授权才能实施仲裁，而这样做便是为了防止“公法入私法”的现象出现，避免政府一方逃避监管。

总之，法国在 PPP 协议的争议处理方式上，允许出现非诉讼以外的替代性纠纷解决方式，赋予 PPP 协议一定的可仲裁空间，添加仲裁条款可在签订合同之时，也可在合同商谈之初，由合同各方协商确立仲裁方式。[②]

（三）本土实践：PPP 协议的可仲裁性尝试

相关理论及域外经验证明，作为行政协议的 PPP 模式具有可仲裁性，而我国对以 PPP 协议中约定仲裁方式解决争议也有相关实践的尝试。

1. PPP 协议可仲裁性的法律依据

对我国 PPP 协议的可仲裁性进行讨论，首要解决的前提便是仲裁的法律适用条件。根据《仲裁法》第 2 条、第 3 条的规定，仲裁约定存在于平等主体之间的合同纠纷和其他财产权益纠纷，同时涉及婚姻、收养、监护、扶养、继承纠纷以及应当由行政机关处理的行政争议不适用仲裁。如何理解此处的“行政争议”，是否包含行政协议争议，成为讨论行政协议可仲裁性所要解决的首要问题。对于行政争议的解释，主要有两种：一是指行政机关作为争议主体一方的争议；二

---

① 参见陈天昊：《法国 PPP 纠纷解决机制——在协议合法性与协议安定性之间》，载《中国法律评论》2018 年第 4 期。

② 参见徐琳：《论法国行政合同纠纷的可仲裁性》，载《行政法学研究》2018 年第 3 期。

是解释为由行政机关居中处理的民事争议。显然,此处的“行政争议”主要是前者解释,即行政机关作为一方当事人的争议。[①] 而根据《行政复议法》《行政诉讼法》的相关规定,仲裁排除规定的行政争议主要指行政复议范围内的行政争议事项,而行政协议所发生争议则不属于此范围,自然不属于《仲裁法》的禁止性规定。因此,从《仲裁法》看,并没有明确排除行政协议的可仲裁性。

此外,2016 年 6 月,全国人大常委会向社会发布的《政府和社会资本合作法》(征求意见稿)中,第 49 条中规定对于 PPP 协议争议可以依法提起民事诉讼或仲裁。虽然目前该法仍处于意见征求中,但从意见稿中可以看出,国家立法部门承认 PPP 协议的可仲裁性。因此,从目前我国立法体系来看,行政协议并不属于《仲裁法》的禁止性规定,同时,根据行政协议的“合同性”,遵循着“法无禁止即允许”的法理,在民事阶段的 PPP 协议中,作为平等主体的双方当事人可以约定仲裁条款。

2. PPP 协议仲裁约定的实践尝试

我国政府相关部门对 PPP 协议的争议解决方式有过不少的规范性文件规定,笔者整理了国家政府主要部门针对 PPP 协议争议的解决方式(如表 1 所示),可以看出,国务院的征求意见稿中对于 PPP 协议的争议解决方式体现了“双阶理论”的思想,分别规定有行政复议或诉讼以及仲裁、民事诉讼的解决方式;而财政部、国家发改委等部门,对于协议的处理着重于其“合同性”属性,承认仲裁的解决方式。[②] 因此,从顶层设计角度出发,诸如 PPP 模式等行政协议,因其特有的“行政性 + 合同性”性质,使其法律适用必须具体区分,根据协议的不同阶段而选择具体的争议解决方式。

表 1　我国政府主要部门关于 PPP 协议争议解决方式的规定

名称	颁发部门	发布时间	争议解决方式
基础设施和公共服务领域政府和社会资本合作条例(征求意见稿)	国务院	2017 年 7 月	行政复议或行政诉讼;仲裁或民事诉讼

① 参见王世涛、刘俊男:《行政协议争议解决之仲裁问题研究》,载《南海法学》2019 年第 3 期。

② 参见尹少成:《PPP 协议的法律性质及其救济——以德国双阶理论为视角》,载《政法论坛》2019 年第 1 期。

续表

名称	颁发部门	发布时间	争议解决方式
基础设施和公用事业特许经营管理办法	国家发改委等六部门	2015 年 4 月	行政复议或行政诉讼
政府和社会资本合作模式操作指南(试行)	财政部	2014 年 11 月	仲裁或民事诉讼
政府和社会资本合作项目政府采购管理办法	财政部	2014 年 12 月	仲裁或民事诉讼
政府和社会资本合作项目通用合同指南	国家发改委	2014 年 12 月	仲裁或诉讼
PPP 项目合同指南(试行)	财政部	2015 年 1 月	仲裁或诉讼

此外,对于 PPP 协议的争议解决方式中采用仲裁方式,中国国际经济贸易仲裁委员会成立了 PPP 仲裁中心,这是国内首家致力于通过仲裁方式处理 PPP 争议的仲裁中心。[①] 同时,如北京仲裁委员会,对于 PPP 项目争议解决上积极推动,成立 PPP 研究中心,不断提升仲裁在 PPP 协议争议解决中的优势地位。[②] 可见,对于 PPP 协议中约定仲裁条款,我国有关部门已做出一定的实践尝试,行政协议的可仲裁性已存在一定的生存空间。

四、结论

虽然最高人民法院的《行政协议规定》中明确了人民法院对于行政协议中的仲裁约定应确认无效,但这一规定所针对的是行政协议的"行政性"面向,而没有注意到行政协议的"合同性"面向。以修正的双阶理论重新审视行政协议的"混合性",根据行政协议的不同阶段进而采取相应的争议解决方式,能够最大限度地发挥行政协议的作用,转变政府的工作职能,实现行政合作职能,推进国家治理体系和治理能力现代化。

① 张莉:《首家 PPP 争议仲裁中心成立为"一带一路"建设保驾护航》,载《中国对外贸易》2017 年第 6 期。

② 参见尹少成:《PPP 模式下公用事业政府监管的挑战及应对》,载《行政法学研究》2017 年第 6 期。

无涉外因素争议的域外仲裁协议无效之司法实践的反思

陈凡凯*

摘　要:基于高效力法律权源的缺失,实践中无涉外因素争议的域外仲裁协议无效成为一种惯常性做法,但随着我国对外开放的不断深入,有必要对该司法实践重新反思。涉外因素的认定是实践中认定该类仲裁协议效力的先行问题,对兜底条款采扩张性认定和最密切联系原则相结合的方法可在前提上规避该司法实践带来的影响。强调将仲裁"司法性"作为根本原因、将仲裁裁决审查"双轨制"作为直接动因、将本国仲裁市场保护主义作为政策动因,三者形成合力促成该司法实践产生。通过对相关案例的分析,司法实践中存在错误的准据法被选择、相关法源难以导致仲裁协议无效以及与"有利于有效"原则相左的症结,因此尊重当事人的意思自治、破除仲裁裁决审查"双轨制"、适当引入境外仲裁机构境内仲裁、提高司法审查专业化程度可能匡司法实践之谬。

关键词:涉外因素　仲裁协议　域外仲裁　司法权论　境外仲裁机构

一、问题的提出

无涉外因素争议的域外仲裁协议是指当事人在无涉外因素争议时达成的

---

* 陈凡凯,中国政法大学国际法学院硕士研究生。

约定争议发生时提交域外仲裁的仲裁协议。然而,这一类型的仲裁协议在立法上缺乏认定其无效的法律基础,通常在司法实践中被认定为无效,客观标准的缺失促成了这一司法实践的反复沿用。随着我国"一带一路"倡议和自贸试验区建设的推行,有必要对该司法实践进行重新反思以迎合我国对外开放水平稳步提升的需求。

(一)反思前提:高效力法律权源的缺失

在立法上,我国尚无法律明确规定无涉外因素争议的域外仲裁协议无效,依此,将该种类型仲裁协议认定为无效只是一项司法实践,只不过这种司法实践在法官之间获得一致认同并相互共享。但正是基于高效力法律权源的缺失,对该司法实践的反思则有了前提和可能性。

首先,强调意思自治的私权条款援用公法原则来解释有不妥之处。在司法实践中,人民法院常常将 2017 年《民事诉讼法》第 271 条[①]、1999 年《合同法》(已失效)第 128 条[②]和其他一些与仲裁制度相关的法律条款作为法律基础,借"法无规定即禁止"之理,认为该类型仲裁协议无效。无论是在北京朝来新生案[③]中还是在江苏万源案[④]中,法院的观点均指向公法中"法无规定即禁止"的理论。[⑤] 然而,仲裁协议作为当事人之间意思自治的产物,当事人之间的意思自治则成为仲裁的基石,而仲裁的每一环节均浸润了意思自治的光泽,[⑥]上述法院

---

① 参见 2017 年《民事诉讼法》第 271 条规定:"涉外经济贸易、运输和海事中发生的纠纷,当事人在合同中订有仲裁条款或者事后达成书面仲裁协议,提交中华人民共和国涉外仲裁机构或者其他仲裁机构仲裁的,当事人不得向人民法院起诉。当事人在合同中没有订有仲裁条款或者事后没有达成书面仲裁协议的,可以向人民法院起诉。"

② 参见 1999 年《合同法》第 128 条规定:"当事人可以通过和解或者调解解决合同争议。当事人不愿和解、调解或者和解、调解不成的,可以根据仲裁协议向仲裁机构申请仲裁。涉外合同的当事人可以根据仲裁协议向中国仲裁机构或者其他仲裁机构申请仲裁。当事人没有订立仲裁协议或者仲裁协议无效的,可以向人民法院起诉。当事人应当履行发生法律效力的判决、仲裁裁决、调解书;拒不履行的,对方可以请求人民法院执行。"

③ 参见北京朝来新生体育休闲有限公司申请承认和执行外国仲裁裁决案,北京市第二中级人民法院民事裁定书,(2013)二中民特字第 10670 号。

④ 参见《最高人民法院关于江苏航天万源风电设备制造有限公司与艾尔姆风能叶片制品(天津)有限公司申请确认仲裁协议效力纠纷一案的请示的复函》(〔2012〕民四他字第 2 号)。

⑤ 法院或是提出"法律并未允许国内当事人将其不具有涉外因素的争议提请外国仲裁"的理由,或是强调"仲裁管辖权系法律授予的权力"的观点。

⑥ 参见杜焕芳、李贤森:《国际商事仲裁当事人程序自治边界冲突与平衡》,载《法学评论》2020 年第 2 期。

援引的法律条款本应为强调意思自治的私权条款，却被“法无规定即禁止”这一公法原则加以解释，法院这一做法本身值得商榷。法院的解释路径强行扩大了判断仲裁协议无效理由的范围，与仲裁法的初衷背道而驰，更不用说在强调“法无禁止即自由”的自贸试验区内的司法实践了。①

其次，明确提到无效的文件在效力上不足以上升为法律。这些明确提到的无效文件或是征求意见稿，或是最高人民法院民四庭的编著，或是地方法院的意见，②在效力上难以上升为法律。

由此可见，明确认定无涉外因素的争议提交域外仲裁机构的仲裁协议无效的法律依据在我国还未有之，但通过窥视我国现有的司法实践，司法机关将该类型的仲裁协议认定为无效的倾向昭然。

（二）反思契机：新时期发展的需求

随着自贸区建设和“一带一路”倡议的推进，我国仲裁案件剧升，尤其是我国与“一带一路”沿线国家的仲裁案件呈几何式增长，我国亟待提升国际化水平和对外开放水平，2021 年《国民经济和社会发展第十四个五年规划和 2035 年远景目标纲要》（以下简称《十四五规划和 2035 纲要》）更是将“实行高水平对外开放，开拓合作共赢新局面”作为一大篇章。

2019 年《最高人民法院关于人民法院进一步为“一带一路”建设提供司法服务和保障的意见》（以下简称《“一带一路”意见》）提出，应当对当事人意思自治进行充分的保障和尊重，不断提高国际商事纠纷自治解决的水平，并进一步强调了“一站式”纠纷解决平台的建设。③ 这说明在“一带一路”倡议下，我国积极鼓励当事人通过意思自治解决纠纷，以提高纠纷解决效率。

与此同时，随着我国经济不断与世界经济融合，进一步加大营商环境优化力度尤为重要。如上海市作为自贸试验区的改革先锋，更应与国际趋势接轨，提倡先行先试、勇于创新的精神，以保障营商法治环境、促进国际海事商事仲裁

---

① 参见顾维遐：《无涉外因素争议的域外仲裁问题》，载《中外法学》2018 年第 3 期。

② 这些文件包括《最高人民法院关于人民法院处理涉外仲裁及外国仲裁案件的若干规定（征求意见稿）》第 20 条第 7 项、最高人民法院民四庭在《涉外商事海事审判实务问题解答（一）》第 83 项的解答、江苏省高级人民法院《关于审理民商事仲裁司法审查案件若干问题的意见》第 17 条。

③ 参见 2019 年《“一带一路”意见》提出，“充分尊重当事人意思自治……鼓励当事人共同提交域外法，进一步提高国际商事纠纷司法解决的自治性”，并且进一步强调了“‘一站式’国际商事争端解决机制建设”。

为目标,在认定涉外仲裁协议效力这一问题上逐步采取更为积极、包容和开放的司法理念。[①]

在对外开放不断深入的当下,值得重新审视无涉外因素争议提交域外仲裁的仲裁协议无效这一司法实践。一方面,对于涉外因素识别条款的理解和适用应当采取合理恰当的态度。在解释时应提供科学合理的技术操作基准,防止涉外因素识别条款扩张解释的任意性、无序化和无限性,保障扩张解释结论的适恰性与正当性。[②] 另一方面,应当以开放的心态反思该司法实践产生的原因、发现其存在的症结并提出相对合理的规制方式,以满足新时期下"一带一路"倡议的不断推进和自贸区的发展需求,促进我国对外开放水平的提升。

二、涉外民事关系中涉外因素的确定

所涉争议是否具有涉外因素在司法实践中往往是法院在界定无涉外因素争议约定域外仲裁协议有效性时优先考虑的问题,若具备涉外因素,则不需要讨论无涉外因素提交域外仲裁协议有效性的问题,只需讨论是否符合 1958 年《承认及执行外国仲裁裁决公约》(以下简称《纽约公约》)第 5 条中规定的认定仲裁协议无效的情形[③]、是否符合我国作出的"互惠保留""商事保留",一般而言,我国法院的判定流程如图 1 所示:

---

① 参见《仲裁协议中"非典型涉外因素"的认定》,载上海海事法院网,http://shhsfy.gov.cn/hsfyytwx/hsfyytwx/spdy1358/jpal1435/2018/09/19/2c93809965f0bed60165f17c0a260209.html。

② 参见周艳云:《涉外因素识别条款扩张解释的技术操作基准——以"法释〔2012〕24 号"第 1 条为中心》,载《法学》2018 年第 11 期。

③ 参见 1958 年《纽约公约》第 5 条规定:"一、裁决唯有于受裁决援用之一造向声请承认及执行地之主管机关提具证据证明有下列情形之一时,始得依该造之请求,拒予承认及执行:(甲)第二条所称协定之当事人依对其适用之法律有某种无行为能力情形者,或该项协定依当事人作为协定准据之法律系属无效,或未指明以何法律为准时,依裁决地所在国法律系属无效者;(乙)受裁决援用之一造未接获关于指派仲裁员或仲裁程序之适当通知,或因他故,致未能申辩者;(丙)裁决所处理之争议非为交付仲裁之标的或不在其条款之列,或裁决载有关于交付仲裁范围以外事项之决定者,但交付仲裁事项之决定可与未交付仲裁之事项划分时,裁决中关于交付仲裁事项之决定部分得予承认及执行;(丁)仲裁机关之组成或仲裁程序与各造间之协议不符,或无协议而与仲裁地所在国法律不符者;(戊)裁决对各造尚无拘束力,或业经裁决地所在国或裁决所依据法律之国家之主管机关撤销或停止执行者。二、倘声请承认及执行地所在国之主管机关认定有下列情形之一,亦得拒不承认及执行仲裁裁决:(甲)依该国法律,争议事项系不能以仲裁解决者;(乙)承认或执行裁决有违该国公共政策者。"

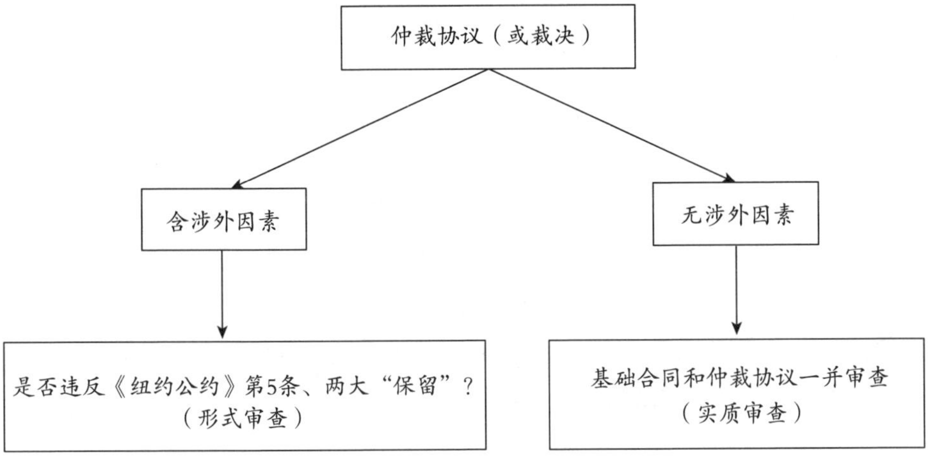

图 1　我国判定仲裁协议效力流程

由此可见,讨论涉外因素的范围关系当事人预期能否得到实现以及法院行使裁量权认定仲裁协议有效性的松紧问题,倘若法官在界定涉外因素问题时采取一种较为宽松的态度,则可以回避认定无涉外因素争议提交域外仲裁协议有效性的问题并且先行遏止认定无效产生的后果。

(一)我国现行规定浅析

苏联国际私法学家隆茨将涉外因素分为三个方面,即主体涉外、客体涉外、法律事实涉外,[①]我国继受了苏联的国际私法学说,采用这种“三要素说”。与此同时,我国在“三要素说”的基础上,结合自身司法实践,在认定涉外性问题上,立法以 2012 年《最高人民法院关于适用〈中华人民共和国涉外民事关系法律适用法〉若干问题的解释(一)》(已在 2020 年被修改,以下简称《涉外司法解

① 具体分为:(1)涉外法律关系的参与者为外国自然人或外国法人,即主体涉外;(2)涉外法律关系的客体位于国外,即客体涉外;(3)据以产生的法律事实位于国外,即法律事实涉外。转引自江保国、龚柳青:《论民商事案件涉外性之判断》,载《天津政法管理干部学院学报》2009 年第 2 期。

释(一)》)第1条的面世为时间节点,[①]分为两个阶段:穷尽列举阶段[②]和增设兜底条款阶段。

《涉外司法解释(一)》第1条融会贯通了规则和方法,[③]一方面保留了"三要素"规则框架,结合晚近国际私法实践,加入经常居所地这一属人法连结点;另一方面,增加了兜底条款,赋予法官自由裁量权,增强了涉外关系认定的灵活性,预设了非典型涉外因素案件的解决渠道,理论上有利于解决偶然涉外和当事人操纵涉外的弊端。[④] 但是由于兜底条款给定过于宽泛且立法上没有其他具体的标准据以支撑,许多本应认定为涉外案件的民事案件没有得到认定,在无涉外因素争议的域外仲裁协议这个问题上则体现为认定无效,从而与当事人意思自治相违背,损害当事人利益。

(二)关于兜底条款适用标准的探讨

涉外因素认定的松紧程度基本取决于兜底条款适用标准的松紧程度。时至今日,关于兜底条款的标准问题,学界讨论纷繁,有学者认为,既然赋予了法官自由裁量权,那么也应当赋予其限缩认定涉外关系的权力,以防止认定范围过宽;[⑤]亦有学者认为,应当融概括法和列举法为一体,增加除外条款,即增加"但此类涉外因素法律意义不大的可以不作涉外民事关系处理"条款;[⑥]还有学者认为,应当肯定原则性界定,法律实施的监督机制能够遏制和纠正自由裁量

---

① 实际上,早在2010年3月《涉外民事关系法律适用法建议稿》的第2条就已经将兜底条款加入认定涉外因素的标准中。

② 在穷尽列举阶段中,最高人民法院于1988年颁布的《关于贯彻执行〈中华人民共和国民法通则〉若干问题的意见(试行)》(已失效)第178条、1992年《关于适用〈中华人民共和国民事诉讼法〉若干问题的意见》(已失效)第304条、2000年由中国国际私法学会起草的《国际私法示范法》第2条,以及2002年《民法(草案)第九编 涉外民事关系的法律适用法》第1条皆体现了这种穷尽列举,即未加入兜底条款。

③ 参见张春良:《制度型对外开放的支点:私法关系涉外性之界定及重构》,载《中国法学》2019年第6期。

④ "偶然涉外"指案件事实表面上符合"三要素"的要求,但实际上与外国法律体系没有关联,只是一种偶然的国内当事人之间的行为;"当事人操纵涉外"指当事人人为地通过改变连结点的方式使法律关系附有涉外色彩。

⑤ 参见王小骄:《对涉外民事关系"涉外性"界定的再思考——兼议〈《涉外民事关系法律适用法》若干问题解释(一)〉第一条的完善》,载《新疆大学学报(哲学·人文社会科学版)》2013年第4期。

⑥ 参见江保国、龚柳青:《论民商事案件涉外性之判断》,载《天津政法管理干部学院学报》2009年第2期。

权的滥用。[①] 另外,也有观点称,当界定一涉外民事法律关系是否满足兜底条款时,人民法院可以分析内外法域的相关性,同时区分真实冲突和虚假冲突,从而判定民事关系是否具有涉外性。[②] 综上可见,关于该问题,学界主要将目光投射在对法官自由裁量权的规制上,或强调限制,或强调放宽。

自由裁量权是司法者有意识之行为,与司法能动性挂钩,是一个合理维度的问题,缺乏有效规则进行约束和程序导引将导致自由裁量权的滥用,因此探索通过设立自由裁量权基准、程序化等方式,在克服裁量随意性的同时,又能保留"审慎和合理"的裁量空间尤为重要,[③]故法官在认定涉外性时应持一种开放的心态,但也应当符合国际私法的一般原则,即克制性地扩张认定。

一方面,基于提升我国对外开放水平的需要,有必要放宽和肯定司法者的自由裁量权,发挥法官的能动性,敢于适用兜底条款而不是任由兜底条款沉睡。一直以来我国的司法实践呈现重规则、轻方法的态势,导致大部分可能认定为涉外案件的民事案件没有得到认定。直到 2015 年上海西门子案[④]民事裁定书的作出,我国对于兜底条款的援引、适用和解释才得到突破。本案从主体和合同履行两大方面突破了传统的涉外因素认定标准,拓宽了《涉外司法解释(一)》第 1 条第 5 款兜底条款的适用范围。[⑤] 同时作为我国首例"非典型涉外仲裁案"及"涉自贸区仲裁案",本案使当事人约定域外仲裁的连接点更加开放,证明了我国对于国际商事仲裁和仲裁制度的支持,彰显我国仲裁友好的态度,有利于树立我国在仲裁制度司法审查上的良好形象和口碑,[⑥]也为《最高人民法

---

① 参见齐宸:《涉外民事关系的界定与思考》,载《清华法学》2017 年第 2 期。

② 参见周浩:《我国涉外民事关系"涉外"认定标准之检讨与完善》,山东大学 2019 年硕士学位论文,第 26 页。

③ 参见黄晖:《涉外民商事审判中的直觉选法及其克服——由最高人民法院(2015)民四终字第 9 号判决展开》,载《法商研究》2019 年第 5 期。

④ 参见西门子国际贸易(上海)有限公司诉上海黄金置地有限公司申请承认和执行外国仲裁裁决案,上海市第一中级人民法院民事裁定书,(2013)沪一中民认(外仲)字第 2 号。

⑤ 上海市第一中级人民法院认为表面上看本案不具有涉外因素,但该合同却与一般的国内合同有较大的差异。首先,主体具有涉外因素。原被告双方均为在上海自贸区注册的外商独资企业,双方的资本来源、最终利益归属、公司的经营决策与外国投资者有十分密切的联系,故双方相较于一般的国内企业有较为明显的涉外因素。其次,合同履行特征具有涉外因素。合同标的物从境外运到自贸区办理手续,其流转过程与普通买卖合同有明显区别。综上所述,本案的合同民事法律关系符合《涉外司法解释(一)》第 1 条第 5 款规定的兜底条款。

⑥ 参见顾维遐:《无涉外因素争议的域外仲裁问题》,载《中外法学》2018 年第 3 期。

院关于为自由贸易试验区建设提供司法保障的意见》(以下简称《自贸区意见》)的颁布奠定实践基础。① 因此,对传统认定标准的扩张性解释是加强涉外法治、推进我国国际商事合作和发展的重要一环。

另一方面,在对兜底条款进行开放的补充解释的基础上,贯彻最密切联系原则的要求。事实上,在《涉外司法解释(一)》还未出台前,就有学者认为应将最密切联系原则作为一种认定涉外性无法可依时的兜底条款。② 国际私法上的自由裁量权是指法官或法庭在审理涉外民商事案件时,根据国际私法原则或规则中的弹性规定,合理选择案件所要适用的法律以解决涉外民商事案件的一种权力。③ 所以,法官在行使自由裁量权时应当遵循国际私法上的一般原则,而最密切联系原则以其矫正功能④成为维护案件公平正义、匡正适用谬误的边界,法官在认定争议涉外性时应以此原则为审视标准。由此,一些按照僵化规则界定为"不"具有涉外因素的争议约定域外仲裁协议则在前提上遏制了无效的可能性。

三、无涉外因素争议的域外仲裁协议无效之成因分析

长期以来,我国深受仲裁"司法权论"的影响,法官借"法无规定即禁止"来解释相关法律条款,得出无涉外因素争议的域外仲裁协议无效的结论,对仲裁"司法性"的过度强调成为无涉外因素争议的域外仲裁协议无效这一司法实践的根本原因。加入《纽约公约》后,我国一直采取的仲裁裁决司法审查内外"双轨制"驱使当事人将争议提交域外仲裁,这成为司法系统加强仲裁裁决监督审查力度的直接动因。由于我国仲裁起步较晚,基于对本国仲裁市场的保护,一方面不允许境外仲裁机构准入,另一方面不允许当事人在争议无涉外因素的情

---

① 2016 年《自贸区意见》第 9 条中规定,"在自贸试验区内注册的外商独资企业相互之间约定商事争议提交域外仲裁的,不应仅以其争议不具有涉外因素为由认定相关仲裁协议无效"。这间接地肯定了上海市第一中级人民法院的做法。

② 参见张春良:《涉外民事关系判定准则之优化——要素分析的形式偏谬及其实质修正》,载《法商研究》2011 年第 1 期。

③ 参见徐伟功:《从自由裁量权角度论国际私法中的最密切联系原则》,载《法学评论》2000 年第 4 期。

④ 关于最密切联系原则的功能,虽然在我国立法上只体现了兜底和填补功能,但是并不能否认我国立法者对于该原则矫正功能的肯定。参见王胜明:《涉外民事关系法律适用法若干争议问题》,载《法学研究》2012 年第 2 期。

况下提交域外仲裁,此为该司法实践产生的政策动因。

（一）根本原因:强调仲裁“司法性”

关于仲裁的性质,主要存在四种观点:“司法权论”“契约论”“混合论”“自治论”。其中,“司法权论”对我国影响深刻,即便在“司法权论”的内部,亦有“判决论”者、“代表论”者和“国内法论”者的分歧,但不可否认的是,“司法权论”者将仲裁和司法主权联系在一起,认为仲裁权力是对司法权力的分割,强调仲裁地法的作用,所以当事人和仲裁员的自主权要受仲裁地法的限制。① 虽有论者言我国现在处于“混合论”时期,但其同时承认仲裁“司法权论”至今对我国仍产生重要的影响,是一种偏重仲裁“司法性”的“混合论”。② 尽管我国一直强调仲裁委员会是独立的民间性组织,与行政机关之间没有任何隶属关系,如《仲裁法》第 14 条规定:“仲裁委员会独立于行政机关,与行政机关没有隶属关系。仲裁委员会之间也没有隶属关系。”③但是,由于我国的仲裁制度起步较晚,政府曾作为主导力量对仲裁制度的构建起到了重要作用,④尤其是仲裁委员会依赖于政府部门设立且经由省级司法行政部门登记的制度仍然存在,⑤因此我国的仲裁制度带有鲜明的“司法性”。对“司法性”的强调成为一种逻辑贯穿于我国的司法实践中。

“司法权论”对我国产生的影响在司法实践中集中体现为法官对于法律条款的解释——既然法律未授权当事人将无涉外因素的争议提交域外仲裁,那么当然地,仲裁就不能从诉讼中分得相应的权力。如在北京朝来新生案中,法院认为“法律并未允许国内当事人将其不具有涉外因素的争议提请外国仲裁”。又如,在江苏万源案中,最高人民法院的批复进一步强调了“仲裁管辖权系法律

① 参见宋连斌:《国际商事仲裁管辖权研究》,法律出版社 2002 年版,第 13 ~ 14 页。

② “混合论”者中和了“司法权论”和“契约论”,认为我国的仲裁制度兼具司法性与契约性,既强调司法上和立法上的做法和规定是认定仲裁协议有效性的根本,即“司法性”,又承认当事人之间达成的契约成为仲裁协议成立的基础,即“契约性”。参见张珍星:《无涉外因素纠纷约定外国仲裁协议无效的司法惯例剖析》,载《国际商务(对外经济贸易大学学报)》2018 年第 4 期。

③ 参见李汉生等编:《仲裁法释论》,中国法制出版社 1995 年版,第 37 页。

④ 在我国仲裁制度的发展过程中,政府起到了极大的作用,这种作用甚至在《仲裁法》条文中也可见一斑,如《仲裁法》第 10 条中规定的“仲裁委员会由前款规定的市的人民政府组织有关部门和商会统一组建”。

⑤ 详见《仲裁法》第 10 条第 2、3 款规定:“仲裁委员会由前款规定的市的人民政府组织有关部门和商会统一组建。设立仲裁委员会,应当经省、自治区、直辖市的司法行政部门登记。”

授予的权力”的观点。

从上述案件可探知，我国法院从有关提交涉外仲裁的规定中推知对于无涉外因素的案件提交涉外仲裁的禁止，体现的是一种“法无规定即禁止”的理论，这从侧面反映出我国法院的一种取向：1999 年《合同法》（已失效）第 128 条和 2017 年《民事诉讼法》第 271 条旨在对私权利和当事人意思自治设置边界，意在厘清仲裁的权力范围。基于此，我国法院对于无涉外因素争议的域外仲裁协议采认定其无效的态度，也最终体现出强调仲裁“司法性”成为禁止无涉外因素的案件提交域外仲裁这一司法实践存在的根源。

（二）直接动因：仲裁裁决审查“双轨制”

受《纽约公约》的制约，我国法院在承认与执行外国仲裁裁决的过程中对于外国仲裁裁决只进行形式审查而不进行实体审查。[①] 由此，我国法院仅对外国仲裁裁决的效力和仲裁程序中出现的问题进行审查，而对于纯国内裁决还可能审查基础法律关系，在合同领域，一并审查基础合同和仲裁条款。因此，在这种“双轨制”审查模式下，存在一种可能：当事人通过恣意创造域外连结点的方式，甚至是直接在无涉外因素的情况下约定域外仲裁，从而获得更为宽松的审查“优惠”。所以，为了防止当事人意图规避人民法院审查权的行为，人民法院更希望当事人将争议提交给法域内仲裁机构解决，而不希望当事人将一个无涉外因素的争议交由域外仲裁机构解决。[②] 从这一角度上来说，人民法院有可能采取如下两种措施来规制这种行为：（1）从前提上规制：严格根据司法解释中明确列举的“三要素”界定争议涉外性，鲜少动用兜底条款；（2）从结果上规制：在确认争议无涉外因素后，认定该种仲裁协议无效。这样一来，当事人欲通过约定无涉外因素争议的域外仲裁从而获得更为宽松的审查条件的可能性将大大降低。

由于法官倾向于认定无涉外因素的争议的域外仲裁协议无效，其行使自由

---

① 这种“双轨制”审查模式脱胎于我国早期未将内地仲裁裁决纳入内部报告制度的做法。具体而言，对于外国裁决，我国法院只能根据《纽约公约》第 5 条规定及我国作出的“商事保留”“互惠保留”拒绝承认与执行外国仲裁裁决，即仅对仲裁程序和仲裁协议效力等部分进行形式审查。对于我国涉外裁决，我国法院只能根据 2017 年《民事诉讼法》第 274 条规定拒绝承认与执行，同样是形式审查。而对于我国纯国内裁决，则可能涉及基础法律关系争议的部分。

② 参见余萌：《论国内纠纷不得境外仲裁的司法意图》，载《法大研究生》2016 年第 2 辑。

裁量权很有可能发生不当行使或恣意裁量的情况。即便中国法院对于国际商事仲裁十分重视，但受法官法律知识、实务经验和司法观念的限制，法官自由裁量权可能得不到合理行使，司法裁判可能出现与应然的裁量结果背道而驰的情形，大大挫伤和损害司法公正，不利于发挥仲裁的社会功能和经济功能，严重制约了我国在国际商事仲裁领域的国际化和规范化发展，不利于我国对外商事往来，降低了我国商事交易环境的吸引力。① 归根结底，这种"双轨制"审查模式一方面驱使当事人产生规避我国审查的意图；另一方面，对法律条款的解释的自由裁量权倚重法官中立的自由心证，而法官先入为主地认为该种仲裁协议无效的态度将影响法官在认定争议涉外性时的尺度和解释，如向2017年《民事诉讼法》第271条和1999年《合同法》（已失效）第128条这样的法律条文的倾斜。

（三）政策动因：保护本国仲裁市场

我国仲裁制度发展比较晚，仲裁机构、仲裁制度和仲裁市场还不成熟。在不成熟的仲裁市场条件下，如果准许无涉外因素的纠纷提交境外仲裁机构解决或者引入境外仲裁机构到中国进行仲裁，我国仲裁机构很可能会处于尴尬的境地，我国的仲裁市场将会被大量抢占，从这一角度来看，认定无涉外因素提交域外仲裁协议无效是为了保护本国仲裁市场的发展。

基于对本国仲裁市场的保护，我国严格管控仲裁市场的"进"和"出"。首先，我国不准境外仲裁机构在我国境内进行仲裁。这在我国入世时作出的《加入议定书》的"附件9"中可见一斑，我国仅允许外国律师事务所在特定的几个城市以代表处的形式提供法律服务，②同时，国内法上亦缺乏允许境外仲裁机构在我国境内仲裁的依据。③ 其次，限制当事人将无涉外因素的纠纷提交给境外仲裁机构。以上政策倾向本质上是在倡导当事人选择我国内地为仲裁地开展仲裁活动，因为开放我国仲裁市场可能影响我国法律体系的独立性，同时将涉及仲裁人员和资本的流动，对我国行政和金融监管产生不确定性，造成一定的

① 参见宋连斌：《论中国仲裁监督机制及其完善》，载《法制与社会发展》2003年第2期。

② 针对除中国法律业务之外的法律服务中市场准入限制的商业存在部分，《加入议定书——附件9：中华人民共和国服务贸易具体承诺减让表》作出承诺："外国律师事务所只能在北京、上海、广州、深圳、海口、大连、青岛、宁波、烟台、天津、苏州、厦门、珠海、杭州、福州、武汉、成都、沈阳和昆明以代表处的形式提供法律服务。"

③ 参见李健：《外国仲裁机构在中国内地仲裁不可行》，载《法学》2008年第12期。

管理风险,且倘若我国当事人选择比我国仲裁机构运作更成熟的境外仲裁机构或者直接引入境外仲裁机构,将对我国仲裁机构的成长造成不可言喻的压力。[①]

但是,过度保护本国仲裁市场很可能导致仲裁裁决在我国难以执行,无论是在政策上还是在实践中,抑或从仲裁市场自身发展上看,这种过度保护都已经与我国"引进来和走出去"、提高对外开放水平的时代要求背道而驰。在政策上,随着"一带一路"倡议和自贸区的发展推进下,这种过度保护有可能导致因噎废食的后果,从当下看,可能达到对我国仲裁机构和服务行业进行一定保护的效果,但从长远来看可能不利于提升我国的对外开放程度,也不利于吸引外商投资。在实践中,虽然我国近年来已经针对仲裁裁决执行困难的现状在立法上作了长足的努力,但是实践中仍然存在较大的执行壁垒,这些壁垒主要体现在:地方保护主义,司法权的羸弱、腐败,以市场为导向的经济转型中出现若干问题,仲裁裁决的不能执行依旧对外国投资者的投资方向产生影响、对我国企业的利益造成损害。[②] 同时,从仲裁市场自身发展来看,过度的保护意味着我国仲裁机构没有竞争压力,也许对于仲裁市场健康快速发展不是一件好事,甚至可能因违背互惠原则使我国的仲裁裁决得不到外国的承认与执行。因此,破除或松动对本国仲裁市场的过度保护是优化我国营商环境、吸引外资的重要举措,而近年来的境外仲裁机构引入政策意味着我国仲裁市场逐渐走向开放、积极融入国际商事仲裁的大环境中,也意味着我国在这一问题上的立场随着当下国际环境的发展和我国对外开放水平提升的需要而转变。[③]

四、无涉外因素争议的域外仲裁协议无效之症结分析

(一)实践操作中选择了错误的准据法

每一个国际条约基本都规定了其适用的条件和适用的范围,并且适用条件和适用范围存在较大差异,并不是所有的国际条约都将法律关系的涉外性作为

① 参见冯硕:《境外仲裁机构内地仲裁的政策动因与法治保障》,载《商事仲裁与调解》2021 年第 1 期。

② See Randall Peerenboom, *The Evolving Regulatory Framework for Enforcement of Arbitral Awards in the PRC*, Asian – Pacific Law & Policy Journal, Vol. 1, No. 2, p. 2(2000).

③ 2020 年《国务院关于深化北京市新一轮服务业扩大开放综合试点建设国家服务业扩大开放综合示范区工作方案的批复》、2021 年《上海市促进多元化解矛盾纠纷条例》等文件的出台是对我国引入境外仲裁机构到境内仲裁的验证。

适用该条约的条件或者硬性条件,[①]应当根据条约规定的适用范围进行适用。而《纽约公约》的适用建立在仲裁地的不同上,而非基础法律关系的涉外性上,即要求外国仲裁裁决的条件,而非涉外合同的条件。在审查该类型仲裁协议的效力时,法院应优先选择《纽约公约》第5条第1款确立的法律适用规则,原因有三:其一,从目的出发,《纽约公约》一直以来以追求构建仲裁承认与执行领域统一实体法体系为目标,对于我国来说,只需满足我国作出的"互惠保留"和"商事保留",[②]以及《纽约公约》的相关要求,我国就应当承认和执行在缔约国作出的仲裁裁决;其二,从国内法出发,根据2017年《民事诉讼法》第260条的规定,作为程序法性质的《纽约公约》应当优先适用;[③]其三,前文谈及的法院援引的2017年《民事诉讼法》第271条和1999年《合同法》(已失效)第128条难以被解释为是一种强制性规范,[④]难以排除《纽约公约》优先适用。基于以上三重理由,《纽约公约》有其适用上的优先性和直接性。然而在司法实践中,由于我国法官深受以往司法实践的影响,往往不考虑《纽约公约》规定的法律适用规则而径直地援引2017年《民事诉讼法》第271条和1999年《合同法》(已失效)第128条的规定,从而否定仲裁协议的效力。

在北京朝来新生案中,北京市第二中级人民法院在以《纽约公约》第5条第1款(甲)项为依据的同时,认为无论是双方当事人基础合同还是仲裁协议都应当适用中国法,而根据中国法仲裁协议无效。暂且不论中国国内法是否有明确法律规定此情形下仲裁协议无效,仅就准据法而言,认定准据法为中国法是有疑问的:首先,法院没有注意到法律适用规则对于仲裁庭和法院的限制程度不同;其次,法院忽视了仲裁条款独立性原则,从而因为基础法律关系不涉外而认定仲裁条款无效。

---

① 参见万鄂湘、余晓汉:《国际条约适用于国内无涉外因素的民事关系探析》,载《中国法学》2018年第5期。

② 1987年《最高人民法院关于执行我国加入的〈承认及执行外国仲裁裁决公约〉的通知》规定了我国作出的"互惠保留"和"商事保留",即"根据我国加入该公约时所作的互惠保留声明,我国对在另一缔约国领土内作出的仲裁裁决的承认和执行适用该公约","根据我国加入该公约时所作的商事保留声明,我国仅对按照我国法律属于契约性和非契约性商事法律关系所引起的争议适用该公约"。

③ 参见2017年《民事诉讼法》第260条规定:"中华人民共和国缔结或者参加的国际条约同本法有不同规定的,适用该国际条约的规定,但中华人民共和国声明保留的条款除外。"

④ 参见中国国际仲裁30人编著:《1958年〈承认与执行外国仲裁裁决公约〉(〈纽约公约〉)理论与适用》,法律出版社2020年版,第93页。

首先,法院没有注意到法律适用规则对于仲裁庭和法院的限制程度不同。在该案中,大韩商事仲裁院援引韩国国内的仲裁法律规定来认定中国法为准据法,而没有严格按照《纽约公约》的法律适用规则进行认定,但北京市第二中级人民法院亦未按照《纽约公约》的法律适用规则进行认定的做法却值得推敲。国内仲裁员非国内司法的工具,国际法律体系中的冲突规范是为法院制定的而非为国际仲裁庭制定的,司法机关不像国际仲裁庭那样有较大的自主性并严格受制于冲突规范的制约。① 所以,本案中法院应当优先并严格地将《纽约公约》确定的仲裁地法律作为准据法的法律适用规则来判定仲裁条款有效性,最终确定的仲裁条款的准据法应为韩国法而非中国法。

其次,法院忽视了仲裁条款独立性原则。根据"仲裁条款独立性原则",仲裁条款独立于主合同条款而存在,主合同变更、撤销、终止或无效不影响仲裁条款,所以,仲裁条款的准据法应当独立于基础合同准据法而确定。② 在北京朝来新生案中,法院首先说明涉案合同非涉外合同,进而法院认定无论双方当事人之间是否约定了基础合同准据法还是仲裁条款准据法,均是无效的,因为基础法律关系不涉外,所以应当适用中国法。③ 显然,法院的做法受到在先的惯常性思维所限,忽视了仲裁协议应当单独考察的仲裁法律独立性原则,从而在仲裁协议准据法判断上也就有了直接适用中国法的结果。

(二)司法裁判中所引用的法源并不当然导致仲裁协议无效

最高人民法院在对北京朝来新生案和江苏万源案的复函中,对于2017年《民事诉讼法》第271条和1999年《合同法》(已失效)第128条进行了硬性解读,均将法条解释为"法无规定即禁止",从而得出我国法律并没有授予当事人约定无涉外因素争议的域外仲裁协议的权利的结论,故仲裁协议无效。

事实上,在合同法领域,无论是我国民法学界的分类还是最高人民法院在其司法解释中的划分,将强制性规范划分为效力性强制性规范和管理性强制性

---

① 参见王克玉:《国际商事仲裁协议法律选择的逻辑透视》,载《法学》2015年第6期。

② 仲裁条款独立性原则在我国国内法上早有体现,如《仲裁法》第19条。

③ 在北京朝来新生案中,法院首先证明该案件不具有涉外性,主要理由包括:合同当事人均为中国法人,合同签订地也在中国境内,股权转让人也为中国法人,双方之间的民事法律关系的设立、变更、终止的法律事实发生在中国境内,诉讼标的亦在中国境内。进而认为:"该合同以及所包含的仲裁条款之适用法律,无论当事人是否作出明示约定,均应确定为中国法律。"

规范的做法在理论和实践中都得到了认可,[①]而根据《最高人民法院关于适用〈中华人民共和国合同法〉若干问题的解释(二)》第 14 条的规定可知,只有效力性强制性规范才能导致合同的无效,仲裁协议不是基础合同但同样是当事人双方合意的体现,是合同的一种形式,应当适用该理论。

认定效力性强制性规范具体可以采取以下标准:(1)法律法规明确规定违反禁止性规定将导致合同无效或不成立的;(2)无法律法规明确规定违反禁止性规定将导致合同无效或不成立,但将损害国家利益和社会公共利益的;(3)仅损害当事人利益的不应属于效力规范。[②] 针对此三项标准,分析 2017 年《民事诉讼法》第 271 条和 1999 年《合同法》(已失效)第 128 条是否为效力性强制性规范。

首先,这两条规定没有明确地规定该类型的仲裁协议无效。从文义上来看,两条规定都只是表明涉外合同的当事人可以提交域外仲裁机构仲裁,以及仲裁优先,若仲裁不成可另行起诉的内容,没有明确禁止该行为,采取反向解释有不妥之处;从目的上来看,这些规定旨在保障当事人的意思自治、提倡仲裁优先、提高诉讼资源利用效率、提高纠纷解决速度,所以将这两条规范解释为"法无规定即禁止"也是很难站得住脚的。

其次,在无明确法律导致合同无效时,违反"社会公共利益"成为判断效力性强制性规范的重要标准。[③] 公共政策作为一国重大利益的维护者,是各国承认与执行外国仲裁裁决的兜底条款或者利益维护的安全阀,是一国利益转让的底线。[④]《纽约公约》第 5 条第 2 款中的"公共政策"也往往被当事人援引作为仲裁协议无效的理由,认为无涉外因素的争议交由域外仲裁裁决是对我国司法主权的侵犯。[⑤] 对此,有如下两方面疑问:其一,仲裁基于双方当事人意思自治

① 参见韩世远:《合同法总论》(第 4 版),法律出版社 2018 年版,第 233 ~ 234 页。

② 参见王利明:《关于无效合同确认的若干问题》,载《法制与社会发展》2002 年第 5 期。

③ 事实上,"社会公共利益"在我国司法实践中也早已成为判断合同无效的金科玉律,如在东北石油大学与深圳市新世纪投资发展有限公司合同纠纷案中,法官明确指出处置国有资产所涉利益不能直接等同于社会公共利益,故不应据此认定转让合同无效的观点。参见东北石油大学与深圳市新世纪投资发展有限公司合同纠纷案,最高人民法院民事判决书,(2015)民二终字第 129 号。

④ 参见何其生:《国际商事仲裁司法审查中的公共政策》,载《中国社会科学》2014 年第 7 期。

⑤ 如在北京朝来新生案中,被申请人所望之信公司答辩称:"将不具有涉外因素的纠纷案件提请外国仲裁机构裁决,显然与《中华人民共和国民事诉讼法》第二百八十二条相悖,有损我国司法主权。"

而产生,具有民间性的特点,而仲裁机构作为民间机构又何以作出公法上的侵犯主权的行为?其二,通过地方法院的裁判文书和最高人民法院的复函可看出,我国界定“公共政策”十分严格,但界定的标准又十分模糊,包括在上海西门子案中法官对此也只是一笔带过,重要的是在该案中法官以“客观说”[①]为导向,否定了执行该仲裁裁决与“公共政策”相违背的观点。因此,轻易认定这一类型的仲裁协议违反我国“社会公共利益”是否草率和妥当?很显然,无法说明2017年《民事诉讼法》第271条和1999年《合同法》(已失效)第128条包含了“社会公共利益”的内容。

由此,2017年《民事诉讼法》第271条和1999年《合同法》(已失效)第128条不属于效力性强制性规范,故引用这两条法律规范并不当然导致仲裁协议无效,也得不出“法无规定即禁止”的结论。

(三)与国际仲裁实践趋势背道而驰

辅助性地适用“有利于有效”原则[②]成为现今国际性仲裁协议准据法的确定规则。[③] 在目前经济全球化的趋势下,国际商事仲裁的发展趋势为更加尊重当事人之间的合意,只要当事人在仲裁协议中明确表明其想通过仲裁解决纠纷的意思,通常应当满足他们之间的意愿而不是在仲裁协议出现漏洞时一律根据国内法否定仲裁协议的效力。[④] 立法者也指出《涉外民事关系法律适用法》的指导思想之一就是“方便当事人从事民事活动”,要尊重当事人的意思自治和法律选择,[⑤]当事人在无涉外因素的情况下协议选择域外仲裁是其意思自治的体现,在没有明确的法律和公共政策禁止的情况下,偏执地持仲裁“司法性”的观点强调“法无规定即禁止”,从而一律地认定此行为无效显得有失公正。

在国际条约和国家实践中均能发现“有利于有效”原则的踪迹,对于当事人将无涉外因素的争议提交给域外仲裁的行为,国际条约和有代表性的国家的认

---

① “客观说”指不注重考察仲裁裁决推理方法或者裁决内容本身与中国法律的一致性,而注重考察承认与执行某一仲裁裁决的结果是否违反中国的公共政策。

② 辅助性地适用“有利于有效”原则,指在可能适用于仲裁协议的数个法律体系中,如仲裁协议依任何一个法律体系有效,则以该法律体系为仲裁协议的准据法。

③ 参见陈卫佐:《国际性仲裁协议的准据法确定——以仲裁协议的有效性为中心》,载《比较法研究》2016年第2期。

④ 参见赵秀文:《〈纽约公约〉与国际商事仲裁协议的效力认定》,载《河北法学》2009年第7期。

⑤ 参见王胜明:《〈涉外民事关系法律适用法〉的指导思想》,载《政法论坛》2012年第1期。

定方法和结果似乎与我国不尽相同。

首先,重要的国际条约以“有利于有效”原则为目的,割裂基础法律关系和仲裁法律关系之间的联系,仅仅强调仲裁的涉外性而非基础法律关系的涉外性。例如,《纽约公约》第1条第1款规定,只要仲裁裁决在其他缔约国内作出,《纽约公约》即可适用,或者只要本国认为是仲裁裁决非本国作出亦可适用,而不考虑基础法律关系的涉外性,由此也可推知《纽约公约》对“有利于有效”原则的支持。又如,《联合国国际贸易法委员会国际商事仲裁示范法》(以下简称《国际商事仲裁示范法》)作为国际通行做法和国内立法蓝本,其第1条第3款(b)项第一点解释到,“仲裁协议中确定的或根据仲裁协议而确定的仲裁地点”位于当事人各方营业地所在国之外的即可认定为“国际仲裁”,这说明仲裁地也能成为决定仲裁涉外性的因素,而基础法律关系的涉外性不是必要因素。

其次,新加坡作为国际民商事仲裁争议解决方面的代表性国家,在无涉外因素提交域外仲裁的问题上采取“双轨制”的做法。① 新加坡在1994年吸收了《国际商事仲裁示范法》的规定和内涵,制定了《新加坡国际仲裁法》,而此前新加坡还存在《新加坡仲裁法》,于是二法并用,在不同情况下适用不同法律,虽然它们都没有明确当事人选择的仲裁机构应当是域内还是域外,但是在司法实践中“双轨制”的适用最终都指向了仲裁协议有效的结果。这说明新加坡也充分保障当事人的合意和利益,在制定法律过程中,以“有利于有效”原则为基准和目的。

最后,同样作为发展中国家的印度,在近年来的司法实践中也发生了态度的转变,即从频繁而宽泛地引用“公共政策”条款来否认无涉外因素争议的域外仲裁协议效力,到近年来司法裁判上对于这一问题的态度发生了松动。② 虽然近年来的这些司法判例的合理性仍然值得商榷和推敲,但这至少说明了印度已经开始了对以往司法判例的反思,也说明新兴国家开始受到“有利于有效”原则的影响。

---

① 此处的“双轨制”指当事人在争议无涉外因素的情形下选择在新加坡法域内仲裁机构仲裁,适用《新加坡仲裁法》,仲裁协议可以得到承认与执行;若选择域外仲裁机构进行仲裁,则适用《新加坡国际仲裁法》,仲裁协议同样可以得到承认与执行。

② 参见杨灵一:《非涉外合同可否约定境外仲裁——考察中国和印度的司法实践》,载《北京仲裁》2018年第2辑。

由此可见,“有利于有效”原则已经成为现今国际仲裁司法实践的趋势和潮流。然而反观我国的司法实践,我国一直以来对此类仲裁协议的效力认定严苛,甚至认定为无效成为一种惯常性做法。在国际条约和各国司法实践对于“有利于有效”原则的支持下,我国以往的惯常性做法则显得十分逼仄,不仅与国际仲裁实践的趋势背道而驰,也有可能招致因为不承认与执行外国仲裁裁决而产生的互惠风险。

五、无涉外因素争议的域外仲裁协议无效之规制路径

(一)尊重当事人的意思自治

对仲裁制度的“司法性”认识是形成本文所讨论的司法实践的根本原因。随着我国仲裁制度的不断发展,法院对于仲裁制度的认识也应当不断加深。2018 年《最高人民法院关于为海南全面深化改革开放提供司法服务和保障的意见》第 15 条指出,应当充分尊重当事人选择纠纷解决方式的意愿,自贸区或自由贸易港民商事案件的主体之间约定将争议提交域外仲裁解决的,不宜以无涉外因素为由认定无效。[①] 这表明我国法院在试图扭转既往惯常性司法实践造成的局面,强调以当事人意思自治为核心,充分尊重和保障当事人的合理预期和合法权益。对于司法机关来说,维护当事人的合法权益更多的是用法律形式记录当事人民事活动,反映当事人的心声,合理总结民事行为准则。[②] 所以,结合我国做法与“有利于有效”原则背道而驰的症结,法院必须要转变其观念,以“有利于有效”原则为准绳,从上层建筑上进行改革。

第一,推行指导性案例、完善相关司法解释。首先,推行案例指导制度。我国近年来由最高人民法院推行的案例指导制度,是法官对成文法基础的解释和补充,具有较大影响力,虽其不能直接得到适用,但能作为法官审判案件的参考,对指导全国涉外民商事案件具有重大作用。在上海西门子案中,法院对涉

---

① 参见 2018 年《最高人民法院关于为海南全面深化改革开放提供司法服务和保障的意见》第 15 条规定:“支持建立国际商事仲裁机构,充分尊重当事人选择纠纷解决方式的意愿。自由贸易试验区或自由贸易港民商事案件的主体之间约定将争议提交域外仲裁解决的,不宜以无涉外因素为由认定无效。当事人向人民法院申请执行的,人民法院依照《中华人民共和国民事诉讼法》第二百八十三条的规定处理。”

② 参见王胜明:《〈涉外民事关系法律适用法〉的指导思想》,载《政法论坛》2012 年第 1 期。

外因素的扩张性解释在学界和实务界中引起了广泛讨论,这意味着我国不断创新对涉外因素认定的标准,也说明具有参考意义的案例具有巨大影响力。通过推行有参考意义的指导性案例,可以转变地方法院的观念,从尊重和保障当事人的利益的角度出发,不轻易认定这一类型的仲裁协议无效,或者通过指导性案例的方式让法官在裁判之前有认定这一类型仲裁协议有效的预期。其次,完善相关司法解释。司法解释应当站在支持仲裁的角度进行制定,支持仲裁的政策不是要求司法对仲裁进行让步,也不是司法机关的自由裁量,而是尊重当事人意思自治,遵守民事法律明文规定的必须。[①] 为保护当事人的合理预期和合法利益,贯彻"有利于有效"原则,可以随着实践的不断深入,考虑在司法解释中确认当事人将无涉外因素的争议提交域外仲裁机构仲裁协议的效力,正如2016年《自贸区意见》第9条规定的那样。

第二,试点先行、探索先进做法。首先,从既有的成果来看,自贸区在涉外性的认定上已经作出了创新,在主体上、客体上、法律事实发生时间上都进行了扩张,[②]《自贸区意见》第9条更是首次作为认定该种类型仲裁协议的"突破口"和"创新点",这说明了自贸区在仲裁规则创新上的进步并发挥了改革先锋的作用。其次,从长远来看,自贸区应当探索先进的做法,吸收借鉴国外优秀成果,在结合自身现状的同时紧跟国际潮流。2019年《临港新片区建设意见》亦指出,应当发挥国际商事案例指导制度的作用,将国外优秀做法在新片区内先行试验。因此,借鉴域外优秀做法本身是我国对外开放水平不断提升的体现,并且吸收借鉴新加坡等国对这一类型仲裁协议效力的认定方法,也符合"有利于有效"原则的要求。

(二)破除仲裁裁决审查"双轨制"

仲裁裁决审查"双轨制"驱使当事人将无涉外因素的争议提交给域外仲裁,此为法官认定该种仲裁协议无效的直接动因,因此,为破除这种仲裁裁决审查"双轨制"带来的影响,可从两个层次加以规制:第一,从前提上规制,即对涉外性的传统认定标准加以扩张;第二,从制度本身进行规制,进一步破除"双

① 参见宋连斌:《涉外仲裁协议效力认定的裁判方法——以"仲裁地在香港适用英国法"为例》,载《政治与法律》2010年第11期。

② 参见汤霞:《我国涉自贸区仲裁中的"涉外性"认定》,载《国际经贸探索》2017年第12期。

轨制”。

第一层次,扩张性地认定涉外性。法官基于防止当事人规避司法审查的意图,以及法官本身的“返家”主义倾向,在涉外性认定上采严格的认定标准。法官秉持的“返家”主义虽能达到司法便利、提高司法效率的目的,但法官常常出现的自由裁量不当和恣意裁量的行为损害了当事人之间的可预见性和合法利益。[①] 如前文所述,涉外性的认定标准是法官自由裁量权的范围,如果采取较为宽松的态度,一些本应认定为涉外的案件也能适用形式上的司法审查标准,实质审查标准也因此在实践中被限缩了适用范围,所以,扩张性地认定涉外性可以从前提上规避“双轨制”带来的影响。

第二层次,从制度本身进一步破除“双轨制”。2017 年 12 月 26 日《最高人民法院关于仲裁司法审查案件报核问题的有关规定》(已被修改,以下简称《仲裁报核规定》)把内地仲裁裁决也纳入到了报核范围中,[②]一定程度上宣告了我国长期以来内外审查标准“双轨制”的结束以及内外审查并轨的新发展,但是在实践过程中仍然存在内外有别的情况,所以在实践中审查仍然可能滞于“双轨制”的状态。[③] 但是,鉴于对司法效率的考虑,一律将内地仲裁裁决交由最高人民法院进行审核会对其造成巨大的案件压力。因此,如何对这种困境进行消解、对上下级法院审查权进行分配,仍待日后通过立法机关和司法机关解决。一国仲裁的司法审查直接决定了其仲裁市场的国际竞争力,同时一国仲裁的司法审查标准体现了这个国家仲裁的健康发展和多元化纠纷解决方式的发展状况,体现了一国仲裁对外的具体态度。[④] 为了顺应国际商事关系“去国家法”的趋势,使我国司法实践不偏离“共识性”规则,弱化司法对于国际商事仲裁的干预显得尤为重要。[⑤] 所以,还是应当秉持“友好仲裁”、解决争议和保障当事人

---

① 参见于亮:《试论海峡两岸民商事案件中的“返家”现象及其合理限制——以大陆司法实践为视角》,载《南台人文社会学报》2012 年第 8 期。

② 参见 2017 年 12 月 26 日《报核规定》第 1 条规定:“本规定所称仲裁司法审查案件,包括下列案件:(一)申请确认仲裁协议效力案件;(二)申请撤销我国内地仲裁机构的仲裁裁决案件;(三)申请执行我国内地仲裁机构的仲裁裁决案件;(四)申请认可和执行香港特别行政区、澳门特别行政区、台湾地区仲裁裁决案件;(五)申请承认和执行外国仲裁裁决案件;(六)其他仲裁司法审查案件。”

③ 参见沈伟:《我国仲裁司法审查制度的规范分析——缘起、演进、机理和缺陷》,载《法学论坛》2019 年第 1 期。

④ 参见李经纬:《对仲裁庭仲裁规则适用裁量权的司法审查》,载《人民司法》2019 年第 20 期。

⑤ 参见王克玉:《国际商事仲裁协议法律选择的逻辑透视》,载《法学》2015 年第 6 期。

合法权益的立场来化解前述困境,不分内外、一视同仁地划分审查权也许是一种考虑的思路,而不是在分配审查权的过程中过分强调制度的管理效益,以免陷入地方保护主义的泥潭,与《仲裁报核规定》的目的背道而驰,同时,任何破解"双轨制"困境的思路和方法都需要经过实践的检验,以寻求最更有利于吸引外资的方法。

(三)适当引入境外仲裁机构境内仲裁

当无涉外因素争议的域外仲裁协议约定的是在我国境内进行仲裁的境外仲裁机构时,也会不可避免地遇到协议无效而不予承认与执行的问题。

新时期我国对外开放的脚步日趋加快,开放仲裁市场日渐必要。《十四五规划和 2035 纲要》将"扩大服务业对内对外开放,进一步放宽市场准入"作为一项"加快发展现代产业体系"的新要求。2019 年《"一带一路"意见》则强调"拓展国际商事法庭'一站式'纠纷解决平台",推进我国仲裁机构与沿线国家和地区的仲裁机构进行合作,并明确了境外仲裁机构在片区设立分支机构、开展仲裁业务的支持立场和政策。

所幸 2020 年《国务院关于深化北京市新一轮服务业扩大开放综合试点建设国家服务业扩大开放综合示范区工作方案的批复》指出,要允许境外知名仲裁机构经登记备案在北京市特定区域设立业务机构,[①]以及作出世界知识产权组织仲裁与调解上海中心的落地和实质化运作的决定。[②] 2021 年《上海市促进多元化解矛盾纠纷条例》第 44 条则将登记备案作为引入境外知名仲裁机构开展仲裁活动的配套要求,[③]凸显了我国主动开放仲裁业务的态度。

---

① 参见 2020 年《国务院关于深化北京市新一轮服务业扩大开放综合试点建设国家服务业扩大开放综合示范区工作方案的批复》提出:"允许境外知名仲裁机构及争议解决机构经北京市司法行政部门登记并报司法部备案后,在北京市特定区域设立业务机构,就国际商事、投资等领域发生的民商事争议提供仲裁服务,依法支持和保障中外当事人在仲裁前和仲裁中的财产保全、证据保全、行为保全等临时措施的申请和执行。"

② 参见《全国首家:国际组织仲裁机构落地上海并实质化运作》,载中国政府法制信息网,http://www.moj.gov.cn/Department/content/2020-10/22/612_3258457.html。

③ 参见 2021 年《上海市促进多元化解矛盾纠纷条例》第 44 条规定:"仲裁委员会由市人民政府组织有关部门和商会统一组建,并经市司法行政部门登记。境外知名仲裁机构及其他争议解决机构经市司法行政部门登记并报国务院司法行政部门备案后,可以在中国(上海)自由贸易试验区临港新片区设立业务机构,就国际商事、海事、投资等领域发生的民商事争议开展仲裁业务。未经登记的仲裁机构不得开展仲裁活动。"

扭转仲裁裁决国籍认定标准可打消司法机关司法审查上的顾虑。长期以来我国奉行“仲裁机构标准”且备受学界批评,有学者认为“仲裁机构标准”与判断仲裁协议效力、推进仲裁程序与撤销仲裁裁决等事项的连结因素较弱,并指出“仲裁地标准”较“仲裁机构标准”更优越。[①] 亦有学者指出,应删除仲裁机构的分类,因为我国已经没有内外仲裁机构之分,并应当摒弃以仲裁机构性质为仲裁裁决国籍的标准,其认为弱化仲裁机构法律功能是我国的必经之路。[②]事实上,近年来的广州市中级人民法院的布兰特伍德案就确认了该标准,[③]可借《仲裁法》修改之东风采纳该标准。如此,应认定为中国裁决赋予了司法机关更多的审查和监督权,以缓司法机关的顾虑,而不轻易认定该种仲裁协议无效。

(四)提高司法审查的专业化程度

北京朝来新生案、上海西门子案等裁判文书中的论述存在说理上不清晰、逻辑上不严密的现象,这很容易造成当事人对裁判文书质疑,使当事人权益受损,并可能减损司法机关的权威性,法院作出的裁判文书难以得到信服。对此,有必要提高司法审查的专业化程度,尤其是要提升裁判文书逻辑的严密性和说理的清晰性。

首先,应当提升逻辑的严密性。裁判文书中逻辑不严密的现象主要体现于准据法适用上的错误。法官在认定仲裁协议有效性时,一方面没有按照法律适用规则来确定仲裁协议准据法,另一方面没有遵循仲裁条款独立性的原则,从而在实践操作中选择了错误的准据法。如在北京朝来新生案中,北京市第二中级人民法院将《纽约公约》第5条第1款(甲)项作为不予承认与执行的根据,但并未经过《纽约公约》该条中的法律适用规则进行推理得出应当适用的仲裁协议准据法而决定适用中国法。无独有偶,在上海西门子案中,上海市第一中级人民法院认为,认定合同关系这一基础法律关系是否涉外是认定涉外仲裁协议

① 参见高晓力:《司法应依仲裁地而非仲裁机构所在地确定仲裁裁决籍属》,载《人民司法(案例)》2017年第20期。

② 参见杨玲:《仲裁机构法律功能批判——以国际商事仲裁为分析视角》,载《法律科学(西北政法大学学报)》2016年第2期。

③ 参见布兰特伍德工业有限公司(Brentwood Industries)、广东阀安龙机械成套设备工程有限公司申请承认与执行法院判决、仲裁裁决案,广州中级人民法院民事裁定书,(2015)穗中法民四初字第62号。在本案中,广州市中级人民法院指出,由于仲裁地位于中国广州市,法院将裁决视为中国涉外仲裁裁决。

是否有效的关键,即基础合同关系涉外,涉外仲裁协议有效,反之无效。[①] 很显然,法院没有遵循仲裁协议独立性原则单独考察仲裁协议的效力,相反直接将目光投向了基础合同关系的涉外性上,认为基础合同关系的涉外性是决定仲裁协议效力的关键,显然是受到以往司法实践的影响。

其次,应当提升说理的清晰性。在北京朝来新生案中,裁判文书最后一句仅仅写道:"根据《承认及执行外国仲裁裁决公约》第五条第一款(甲)项之规定,本院对大韩商事仲裁院于2013年5月29日作出的第12113-0011号(原申请)、第12112-0012号(反申请)仲裁裁决不予承认及执行",而没有其他的论述和解释,甚至没有对《纽约公约》第5条第1款(甲)项的具体适用过程进行详细说明,只是在前文罗列了该法条。这似乎不能让人明晰地理解法官的推理过程,对于当事人来说只得到了一个简单的结果。而实际上,过于简单的说理省略了其中法律规范和事实之间相互涵摄的过程,从而直接判定不予承认和执行仲裁裁决一来使法院的权威受损,二来经仔细推敲最终难以证成的裁判结果将损害当事人的权益。

鉴于此,法官在裁判文书上应该重视裁判文书的说理性和逻辑性。第一,裁判文书应当将法官的推理过程、法律要件和案件事实的涵摄过程载于其中,这有利于当事人对裁判文书的理解和法院权威的树立。第二,区分仲裁庭和法院在确定准据法中法律规范限制上的不同,严格按照《纽约公约》确立的法律适用规则进行准据法的确定,并严格遵循仲裁条款的独立性原则,最终得出应当适用的仲裁协议的准据法。第三,在确定完仲裁协议准据法后积极查明仲裁协议准据法。在确定仲裁协议准据法后,难免涉及域外法查明的情况,如果当事人确实难以查明,为了保证当事人的合理期待不被程序所绊,让法院在应当适用外国法时承担主要责任或者补充责任是必要的。可以通过设立外国法查明中心的方式,也可以建立内部共享数据库,加强法院之间的交流合作,这样可使外国法律得以平等适用、对中外当事人进行平等保护、促进我国国际民商事关

① 上海市第一中级人民法院认为:"影响该条款效力的判断关键在于系争合同关系是否具有涉外因素,如果本案纠纷系涉外合同纠纷,则当事人协商将合同争议提交外国仲裁机构的约定应为有效,反之则应认定仲裁条款无效。"

系发展,以期国际利益的协调与促进之目标得到保障。[①]

六、结论

在高效力法律权源缺失的前提下,无涉外因素争议的域外仲裁协议无效成为一种实践中的惯常性做法,在我国提升对外开放水平的需求下,有必要对这一司法实践进行反思和规制。涉外因素的认定是这一司法实践涉及的先行问题,涉外因素传统认定标准的突破依赖于对兜底条款的解释,因此适当放宽涉外性认定门槛,并发挥最密切联系原则的矫正功能,可能使最终的认定张弛有度。

实践中,法官未严格按照《纽约公约》确立的法律适用规则、也未按照《仲裁法》第19条体现的仲裁条款独立原则确立仲裁协议准据法。同时,1999年《合同法》(已失效)第128条、2017年《民事诉讼法》第271条难以解释为效力性强制性规范,并不当然导致仲裁协议无效。在国际条约和各国实践"支持仲裁"的大环境下,将此类仲裁协议认定为无效的做法似乎与"有利于有效"原则相左。

虽然《仲裁法》第14条强调仲裁委员会独立于行政机关,但是仲裁委员会的设立与行政机关和司法行政部门挂钩,我国受仲裁制度"司法权论"的影响也就一直存在,因此法院在司法实践中也就从司法权分配的角度解释相关法律条文。仲裁裁决司法审查"双轨制"的存在可能驱使当事人规避国内实质审查,从加强司法审查的角度来看,司法机关在实践中禁止这种行为也有其缘由。基于对本国仲裁市场的保护,我国严格管控仲裁市场的"进"和"出",是该司法实践产生的政策原因,但今非昔比,开放仲裁市场的趋势早已显露锋芒。

对此,法官应当转变思路,从尊重当事人意思自治的立场对上层建筑进行改革,制度上可从指导性案例和司法解释入手,政策上可采用试点先行的做法。虽然2017年《仲裁报核规定》宣告了内外审查并轨,但在实践中仍存在内外有别的龃龉,消解这一困境应以保护当事人合法权益、吸引外资为落脚点。引入境外仲裁机构在我国境内进行仲裁是我国开放仲裁市场的体现,可破除对本国

---

① 参见王克玉:《全面开放新格局下外国法查证的国际本位理念与规则再塑》,载《法学评论》2018年第1期。

仲裁市场过度保护的影响,也是本文讨论的仲裁协议类型的组成部分,在此过程中采纳“仲裁地标准”认定裁决为中国裁决可缓司法机关审查的顾虑。最后,提高司法审查的专业化程度,提升文书说理性和逻辑性,从准据法的认定到外国法的查明层层递进地、正确而明晰地适用法律。

不对称仲裁条款的效力分析及中国的具体适用

郎　雪*

摘　要：不对称仲裁条款是一种糅合不同救济方式的争议解决条款，因其形式上呈现当事人权利的明显不对称性而使其效力饱受争议。不同国家司法实践中肯定或否定不对称仲裁条款效力的理由不同，而其广泛存在的合理性可从当事人意思自治、不对称性实质、争端解决方式的灵活性、国际金融市场的发展四方面进行剖析。我国对不对称仲裁条款缺乏立法规定，司法实践中态度不一，因此，应从立法上有条件地承认不对称仲裁条款的效力、司法上设置合理的效力救济规则、当事人缔约时增强条款的可预见性等维度完善不对称仲裁条款在我国的具体适用，以充分发挥不对称仲裁条款的效用。

关键词：不对称性　仲裁条款　选择权　相互性

传统的争议解决条款通常由当事人约定一种解决方式，非诉即裁，而不对称仲裁条款（asymmetrical arbitration clause）作为一种争议解决条款，糅合了不同的救济方式，概括而言，其规定只有一方当事人可以在两个甚至多个司法管辖区内、在不同仲裁方案之间或者诉讼与仲裁之间进行选择以解决纠纷，①而另一方只能按照约定的诉讼或仲裁寻求司法支持，也即对于某些争议解决方法的

---

* 郎雪，武汉大学法学院硕士研究生。

① See Jane Willems, *Chapter 38: The Arbitrator's Jurisdiction at Risk: The Case of Hybrid and Asymmetrical Arbitration Agreements*, in Patricia Louise Shaughnessy & Sherlin Tung eds., The Powers and Duties of an Arbitrator: Liber Amicorum Pierre A. Karrer, Kluwer Law International, 2017, p. 410.

选择权是赋予给单边当事人的，[①]因此又被称为单边仲裁条款（unilateral/ one - sided/one - way arbitration clause）、混合仲裁条款（hybrid arbitration clause）、混合可选择性条款（hybrid optional clause）等。[②] 从法律救济方式的分配来看，不对称仲裁条款包含多种情形：第一种情形为约定具有排他性管辖权的法院同时允许一方当事人将争议提交仲裁，如英国 NB Three Shipping Ltd. v. Harebell Shipping Ltd. [③]中的租船合同约定："英格兰法院具有解决可能由该合同引起或与此有关的任何争议的管辖权，但船东有权选择将本合同项下的任何争议提交仲裁。"第二种情形为约定争议提交仲裁同时只赋予一方选择诉讼的权利，如 2012 年 Russian Telephone Company v. Sony Ericsson Mobile Communications Rus[④] 合同中就纠纷解决的约定为："与本协议有关的任何争议应该根据国际商会调解与仲裁规则解决……该仲裁条款不限制索尼爱立信公司通过有管辖权的法院追回已交付产品货款的权利。"第三种情形为约定争议发生时只有一方能将争议提交给指定或其认为适当的仲裁机构，而无须征得相对方的同意，[⑤]如国际贷款协议中通常约定仅银行可以向仲裁机构提交仲裁。第四种情形为指定仲裁或诉讼，约定只能由一方当事人选择，如俄罗斯 Piramida 案[⑥]中约定："与本合同有关的任何争议根据索赔申请人的选择由乌兰诺夫斯克地区商业法院或乌兰诺夫斯克商会仲裁院管辖。"

尽管不对称仲裁条款类型多样，救济方式组合复杂，但其仍具有以下四个典型特征：(1) 救济方式的混合性。该种条款通常同时涉及仲裁和诉讼两种争

---

① See Bas van Zelst, *Unilateral Option Arbitration Clauses in the EU: A Comparative Assessment of the Operation of Unilateral Option Arbitration Clauses in the European Context*, 33 (4) Journal of International Arbitration 365 (2016).

② 有的学者认为，就争端解决方式、管辖权、仲裁程序、修改仲裁条款等授予一方不对称权利的条款都属于不对称仲裁条款。[See *Is an Asymmetric Disputes Clause Valid and Enforceable?*, 86 (3) Arbitration: The Int'l J. of Arb., Med. & Dispute Mgmt 347 (2020).] 为突出争议解决方式选择权的不对称性，即合同一方比相对方选择的范围更广泛，本文用"不对称仲裁条款"术语而不是常见的"单边仲裁条款"。

③ NB Three Shipping Ltd. v. Harebell Shipping Ltd., [2004] EWHC 2001 (Comm), [2005] 1 ALL ER (Comm) 200, [2005] 1 Lloyd's Rep. 509, [2004] ALL ER (D) 152 (Oct.).

④ Russian Telephone Company v. Sony Ericsson, Case No. A40 - 49223/11 - 112 - 401.

⑤ Bas van Zelst, *Unilateral Option Arbitration Clauses in the EU: A Comparative Assessment of the Operation of Unilateral Option Arbitration Clauses in the European Context*, 33 (4) Journal of International Arbitration 367 (2016).

⑥ Piramida v. BOT, [2015] 310 ES14 5919.

议解决方式,打破了有效的仲裁协议排除法院管辖的原则。(2)选择权的不对称性。在不同争议解决方式中选择的权利只由一方当事人拥有,该方当事人在争议发生后可以自行决定对自己最有利的争议解决的程序和机构,另一方诉诸司法的权利受到限制,从而使双方当事人的选择权明显不对等。(3)双方当事人地位的特殊性。[①] 该种条款通常用于复杂的国际商事合同中,由议价能力强的一方握有选择权,而限制经济弱势一方的救济途径。(4)大多是格式条款。该种条款在特定领域出现,往往是经济强势一方为了重复签订协议的便利而预先拟定的,[②]不允许相对人对其内容作出变更。有的法院会因为格式条款剥夺了弱势一方当事人协商争议解决方式的权利,而认为不对称仲裁条款显失公平并判定其无效。

不对称仲裁条款在国际商事合同尤其是在国际建设合同、证券、租赁协议、航运合同中广泛存在,对那些希望保留选择法院的灵活性的金融机构的金融合同来说尤为重要,[③]但其因形式上双方当事人权利的明显不对称性引发学界广泛的讨论与争议,各国司法实践中对不对称仲裁条款效力的认定也存在明显的差异。然而,不对称仲裁条款的效力认定直接影响案件管辖权的归属,也关乎仲裁裁决或法院判决是否能够获得承认与执行,对商事主体的合法权益必然产生根本性影响。[④] 因此,分析不对称仲裁条款在不同国家效力认定的司法实践及其理由,厘清其利弊,以更好地规范其在我国的具体适用是十分有必要的。

一、不对称仲裁条款效力认定争议

对于不对称仲裁条款的效力认定,理论学界和司法实践一直未有明确的定论与充分的阐述,也很少在国家或地区的成文法中进行规定。普通法系国家的法院通常肯定不对称仲裁条款的有效性;而有的国家部分甚至全部否认该类型仲裁条款的效力;还有的国家在司法实践中出现截然不同的裁决,这给当事人、

---

① 参见吕加岭:《不对称仲裁条款的法律效力:基于比较法之考察》,载《仲裁研究》2020 年第 1 期。

② 参见马敏:《单边选择仲裁条款的有效性研究》,苏州大学 2017 年硕士学位论文。

③ See Kevin Cheung, *Unilateral Option Clauces to Arbitration*: *The Debate Continues*, http://arbitrationblog. kluwerarbitration. com/2020/02/25/unilateral - option - clauses - to - arbitration - the - debate - continues/.

④ 参见桑远棵:《单边选择争议解决条款的效力研究》,载《北京仲裁》2018 年第 4 期。

司法机关和仲裁机构都带来很大的不确定性。

（一）肯定派

1. 英国：尊重当事人选择纠纷解决方式的自由

英国法院早在 1986 年 Pittalis 案①中就肯定了不对称仲裁条款的效力，并在之后的相关案件中坚持这一先例原则。比如，在 2004 年的 NB Three Shipping Ltd. v. Harebell Shipping Ltd. 中，法院认为赋予当事人选择仲裁的自主权是 1996 年《英国仲裁法》的基本目标之一，在本合同项下一旦船东行使了选择权，当事各方已同意将争端提交仲裁，因此拒绝中止仲裁程序的申请。② 在 2005 年的 Law Debenture Trust Corp. v. Elektrim Finance BV & Ors③ 中，法院重申了契约自由这一原则，强调尊重当事人选择纠纷解决方式的自由，且不要求享有选择权的一方必须先行使该项权利。但在这些判例中英国法院并没有考量不对称仲裁条款潜在的公平性问题。直到 2013 年的 Mauritius Commercial Bank Ltd. 案④，英格兰与威尔士高等法院对不对称仲裁条款的公平性问题作出如下解释：平等诉诸司法的权利主要是指在法院受到公平合理的审判的权利，并非选择法院的权利。单边选择条款并不违反《保护人权与基本自由公约》（以下简称《欧洲人权公约》）第 6 条规定的平等诉诸司法的原则。该案中当事人起初在贷款合同和保证合同中约定准据法为毛里求斯法，并由毛里求斯法院专属管辖，后借款方拖欠还款，当事人又签订补充协议规定适用英国法，且英国法院对争议事项具有专属管辖权，并特别说明前述规定是为了出借方的利益，并不阻碍出借方可以向其他任何有管辖权的法院起诉，甚至可以在法律允许的范围内提起平行诉讼。争议发生后，毛里求斯商业银行向英国法院提出索赔，被告以英国法院没有管辖权为由提出驳回起诉的申请，英国法院认为管辖权协议的法律适用像其他任何合同条款一样取决于当事人的明示选择，原告并不会因为拥有对法院的选择权就能获得被选定法院的偏袒。可见，英国法院在关于国际商

① Pittalis v. Sherefettin [1986] 1 Q. B. 868.

② NB Three Shipping Ltd. v. Harebell Shipping Ltd.，[2004] EWHC 2001 (Comm)，[2005] 1 ALL ER (Comm) 200，[2005] 1 Lloyd's Rep. 509，[2004] ALL ER (D) 152 (Oct.).

③ Law Debenture Trust Corp. v. Elektrim Finance BV [2005] ALL ER (D) 08 (July)，[2005] EWHC 1412 (Ch.).

④ Mauritius Commercial Bank Ltd. v. Hestia Holdings Ltd. And Another [2013] ALL ER (D) 311 (May)，[2013] EWHC 1328 (Comm).

业合同的司法实践中充分尊重当事人的意思自治,并不认为包括不对称仲裁条款在内的单边争议解决条款是不平等的。

2. 西班牙:尊重当事人意思自治且法律无限制

西班牙马德里上诉法院在 2013 年的 Camimalaga S. A. U. v. DAF Vehículos Industriales S. A. U. ①中认为,限制一方选择纠纷解决方式的不对称管辖条款有效,符合国际规范,并且诸如此类的混合性条款在国际实践中并不罕见,这并不违反西班牙的法律规定和公共政策。案涉争端源于当事人之间的合同关系,因此当事人在合同中明示的关于如何解决争端的意图应得到尊重,而且约定的仲裁条款没有显示出任何可能表明其无效的严重缺陷。可见,西班牙法院在判定仲裁条款的效力时是较为谨慎的,最大限度上尊重当事人的意思自治。

3. 新加坡:提交仲裁的意思表示不需要立即产生义务

有效的仲裁条款需要包含"请求仲裁的意思表示",②而不对称仲裁条款也因为其请求仲裁的意图是否明确而饱受争议。2017 年新加坡高等法院在 Wilson Taylor Asia Pacific Pte Ltd. v. Dyna – Jet Pte Ltd. ③中认为,不对称仲裁条款属于《新加坡国际仲裁法》(2012 年修订)第 2A 条④所规定的有效仲裁协议。案涉合同中的争议解决协议仅授予 Dyna – Jet 一方选择仲裁的权利。高等法院在判断争端解决协议是否有效的过程中考虑了反对该种协议的两个理由:缺乏

---

① See Spain No. 78, *Camimalaga S. A. U. v. DAF Vehículos Industriales S. A. U.*, *Audiencia Provincial*, *Madrid*, *Appeal No.* 66/2013, 18 October 2013, in Albert Jan van den Berg ed., Yearbook Commercial Arbitration 2014 – Volume XXXIX, Yearbook Commercial Arbitration, Vol. 39, p. 505 – 506.

② 参见《仲裁法》第 16 条规定:"仲裁协议包括合同中订立的仲裁条款和以其他书面方式在纠纷发生前或者纠纷发生后达成的请求仲裁的协议。仲裁协议应当具有下列内容:(一)请求仲裁的意思表示;(二)仲裁事项;(三)选定的仲裁委员会。"

③ Wilson Taylor Asia Pacific Pte Ltd. v. Dyna – Jet Pte Ltd., [2017] SGCA 32, Supreme Court of Singapore, Court of Appeal, Civil Appeal No. 71 of 2016 (Suit No. 1234 of 2015), 26 April 2017.

④ Singapore International Arbitration Act [Revised Edition 2002, incorporating amendments as at 1 June 2012] Article 2A: "(1) In this Act, 'arbitration agreement' means an agreement by the parties to submit to arbitration all or certain disputes which have arisen or which may arise between them in respect of a defined legal relationship, whether contractual or not…(6) Where in any arbitral or legal proceedings, a party asserts the existence of an arbitration agreement in a pleading, statement of case or any other document in circumstances in which the assertion calls for a reply and the assertion is not denied, there shall be deemed to be an effective arbitration agreement as between the parties to the proceedings."

相互性(lack of mutuality)、具有选择性(仲裁义务在选择后才产生),但是英联邦国家没有将缺乏相互性或具有选择性视为不属于仲裁协议的因素的判例,而且原则上该种协议不仅符合当事人自治和契约自由,还完全符合《新加坡国际仲裁法》的规定,该法没有要求仲裁协议必须将所有将来的争议都无条件地提交仲裁。主审法官认为提交仲裁的意思表示不需要立即产生仲裁义务,即提交仲裁的意思表示不需要具有现实明确性,纠纷发生后,当具有选择权的一方选择将争议提交仲裁之后,该仲裁协议才产生必须提交仲裁的拘束力。新加坡上诉法院也坚持了这一论点,即赋予一方仲裁选择权的争议解决条款尽管具有不对称性,但其仍然是有效的仲裁条款。

除此之外,澳大利亚、新西兰、越南、意大利、卢森堡、埃及、克罗地亚等国家以及我国香港特别行政区同样承认不对称仲裁条款的效力。① 香港特别行政区和新加坡都通过了《联合国国际贸易法委员会国际商事仲裁示范法》(以下简称《国际商事仲裁示范法》),该法第18条规定了平等待遇原则:"当事人应当受到平等待遇,并应当被给予充分的机会陈述其案情。"但是我国香港特别行政区法院在对不对称仲裁条款的判决中从未援引该条款,可能因为该条载于"仲裁程序的进行"一章中,因此可以说平等待遇原则仅适用于仲裁程序进行中的行为,而不是扩大解释至当事人对救济方式选择权的平等。

(二)否定派

1. 保加利亚:属于"非对等性权利"

保加利亚最高法院在2011年就否认了一借款合同中的不对称仲裁条款的效力,②其理由是该争议解决条款中包含保加利亚法所禁止的"非对等性权利"(potestative right),即一方当事人可能单方面影响另一方当事人法律权限的权利。该借款合同由两个自然人达成,其中的仲裁条款约定出借方有权将争议提交保加利亚商工会(Bulgarian Chamber of Commerce and Industry,BCCI)仲裁院、任何其他仲裁机构或者索菲亚地区法院,而借款方可能只能将争议诉诸索菲亚地区法院。争议发生后,出借方向BCCI提起仲裁,BCCI认为其有管辖权

① See Marie Berard, *Unilateral Optional Clauses* – 2017 *Survey*, https://www.cliffordchance.com/briefings/2017/01/unilateral_optionclauses – 2017 survey.html, last visited on 26 Oct. 2020.

② Judgment of 2 September 2011, No. 71 in commercial Case No. 1193/2010.

并作出裁定,借款方随即向保加利亚最高法院提起仲裁协议无效之讼。最高法院认为该案中出借方自行选择争端解决机构提出索赔的权利属于“非对等性权利”的范畴,由于“非对等性权利”对第三方具有潜在的不利影响,其只能根据法律明文规定存在,而不能由合同约定,该案中仲裁条款约定的权利超出了当事人自治的范围,不符合法律规定,所以无效。[①] 尽管本案并不存在涉外因素,但保加利亚最高法院指出此类非对等条款无效同样适用于涉外案件。

2. 俄罗斯:违反当事人程序平等原则

不对称仲裁条款在俄罗斯的司法实践中也一直得不到承认,然而其否认理由与保加利亚最高法院不同,俄罗斯联邦最高商事法院以违反程序平等的基本原则为由,在 Russian Telephone Company v. Sony Ericsson Mobile Communications Rus[②] 中认定单边仲裁条款无效。该案中,俄罗斯电话公司与索尼爱立信公司在达成的销售移动手机和配件的协议中约定了由国际商会在伦敦进行仲裁的标准仲裁条款,同时并赋予索尼爱立信公司向其他任何有管辖权的法院提起诉讼的权利。双方当事人就案涉货物发生争议时,俄罗斯电话公司向莫斯科市商事法院提起诉讼,初审法院认为争议应按照双方协议中的仲裁条款规定提交伦敦仲裁,驳回起诉。该决定得到了第九仲裁上诉法院和莫斯科地区联邦仲裁法院两级上诉法院的支持,而俄罗斯联邦最高商事法院却推翻了下级法院的判决并发回重审。该最高商事法院认为,协议中的仲裁条款仅赋予索尼爱立信公司诉讼选择权的约定使其相对于俄罗斯电话公司有优势,因此造成了双方权利的不平衡。而当事人程序平等是《欧洲人权公约》所载并得到欧洲人权法院支持的法院和仲裁程序中的一项基本原则,该平等诉诸司法的原则应延伸至争议解决条款,因此该条款被解释为双方都有选择向法院提起诉讼的权利以达到当事人程序平等。这与上述英国与毛里求斯商业银行案形成鲜明对比,但俄罗斯最高商事法院对《欧洲人权公约》第 6 条的延伸没有提供任何理由。同样地,俄罗斯在 2015 年的 Piramida 案[③]中认为不对称仲裁条款打破了双方当事人之

---

① See Gilles Cuniberti, *Bulgarian Court Strikes Down One Way Jurisdiction Clause*, https://conflictoflaws.net/2012/bulgarian-court-strikes-down-one-way-jurisdiction-clause/, last visited on 27 Oct. 2020.

② Russian Telephone Company v. Sony Ericsson, Case No. A40 – 49223/11 – 112 – 401.

③ Piramida v. BOT, [2015] 310 ES14 5919.

间的利益平衡，违反了权利对等原则这一直接适用的规则。2018 年 12 月 26 日，俄罗斯联邦最高法院发布了《关于司法协助和控制国内和国际仲裁的法院实践摘要》（以下简称《法院实践摘要》），在《法院实践摘要》中最高法院明确了不对称仲裁条款的不平等性和无效性，且提出合同当事人都被视为享有平等的选择权这一处理办法。① 尽管《法院实践摘要》不具有先例的价值，但它为俄罗斯法院在处理不对称仲裁条款时可采取的方法提供了宝贵的指导。

3. 印度、德国：违反公共政策

在印度 2005 年的 Emmsons International Ltd. 案中，②当事人签订的国际商业合同中规定合同应按照英国法解释并受其管辖；卖方有权将根据本合同产生的任何争议提交仲裁，或在任何有管辖权的法院对买方提起诉讼。但合同没有对买方的司法救济途径进行规定。德里高等法院认为，该条款具有单方面契约性，构成对买方通过普通法院或替代性争端解决机制来行使程序性权利的绝对限制，不仅明显地违反 1872 年《印度合同法》第 28 条的规定，而且与公共政策相抵触，以此直接判定案涉不对称仲裁条款是无效的、不可执行的。同 Emmsons International Ltd. 案一样，2015 年 M/S. Castrol India Limited v. M/S. Apex Tooling Solution 的争议解决条款也是只赋予一方选择诉讼或仲裁的权利，③印度马德拉斯法院虽然承认仲裁条款不一定必须具有相互性，但不对称仲裁条款只是赋予特定的一方当事人选择将案件提交仲裁的权利，未能体现出双方当事人明确的仲裁意图，除非争议是排他地提交仲裁解决，因此否认了案涉单边仲裁条款的效力。

尽管不对称仲裁条款在德国并不是当然无效的，但德国法律要求仲裁协议不得违反公共政策；此外，对于格式合同，德国法律要求任何仲裁协议都不得给一方当事人造成不公平的负担，这违反诚实信用原则。④ 德国联邦最高法院认

---

① See Alexander Gridasov & Maria Dolotova, *Unilateral Option Clauses: Russian Supreme Court Puts an End to the Long – Lasting Discussion*, http://arbitrationblog.kluwerarbitration.com/2019/05/07/unilateral – option – clauses – russian – supreme – court – puts – an – end – to – the – long – lasting – discussion/.

② Emmsons International Ltd. v. M/S. Metal Distributors (UK) & Another Lnind 2005 Del 23.

③ Castrol India Limited v. Apex Tooling Solutions Lnind 2015 Mad 249.

④ See Bas van Zelst, *Unilateral Option Arbitration Clauses in the EU: A Comparative Assessment of the Operation of Unilateral Option Arbitration Clauses in the European Context*, 33(4) Journal of International Arbitration 376 (2016).

为不对称仲裁条款会给没有选择权的一方带来不必要的诉讼费用,从而以不公平否定了该条款的效力。

除了上述国家之外,日本、波兰、匈牙利、罗马尼亚和美国某些州的法院还以缺乏相互性、具有选择性、显失公平(unconscionability)、不符合法律的确定性与可预见性[①]等为由认定不对称仲裁条款无效。

(三)矛盾派

在美国早期案件中,相互性原则通常被用作一般规则来确定契约的效力,[②]不对称仲裁条款也因缺乏相互性被认为是不可执行的,直到 2000 年的 Pridgen 案[③]出现了不同的观点。根据该案的仲裁条款,绿树公司可以选择在法院提起诉讼或将争议提交仲裁,而原告 Pridgen 对她提出的任何主张都必须提交仲裁。密西西比州地区法院认为不对称仲裁条款不能仅仅因为单方面地允许债权人选择司法救济方式而被认为实质上显失公平,合同的可执行性不需要义务的相互性,因此认为案涉不对称仲裁条款是有效的、可执行的。时至今日,由于美国各州法律规定与判例的不同,美国各州对不对称仲裁条款的效力认定态度仍有分歧,如 Bragg v. Linden Research, Inc. 中适用的加利福尼亚州法律认为不对称仲裁条款因程序上和实质上显失公平而无效。[④]

在关于不对称仲裁条款的司法实践中,法国最高法院似乎给出了两个矛盾的判决结果。在 Ms X v. Banque Privée Edmond de Rothschild[⑤] 中,X 女士在卢森堡银行开户时签署的合同中的管辖条款规定,卢森堡法院拥有对纠纷的排他性管辖权,而卢森堡银行可以"在顾客的住所地或任何其他有管辖权的法院起诉",该案件一直上诉到法国最高法院,最高法院认为该管辖条款仅仅约束 X 女士,是"非对等的"(potestative),该不对称管辖权条款属于无效条款,因为该条款取决于缔约者任何一方的意愿,违背了欧盟《民商事管辖权及判决承认与执

① See Philippe Hameau, *France and the Unilateral Jurisdiction Clause*, Banking and Finance Disputes Review 9 (Norton Rose Fulbright 2015).

② 参见吕加岭:《不对称仲裁条款的法律效力:基于比较法之考察》,载《仲裁研究》2020 年第 1 期。

③ Pridgen v. Green Tree Financial Servicing Corp., 88 F. Supp. 2d 655(2000).

④ Bragg v. Linden Research, Inc., 487 F. Supp. 2d 593 (E. D. Pa. 2007).

⑤ Ms X v. Banque Privée Edmond de Rothschild, First Civil Chamber of the Cour de Cassation, 26 September 2012, Case No. 11 – 26. 022.

行条例》第 23 条[①]协议管辖规定的目的和宗旨。非对等是指合同的履行与否取决于合同中一方的行为,在包括法国在内的一些国家的民法中,非对等条款因其缺乏相互对等的义务而无效。[②] 该判决遭到了广泛的批评,并被认为背离了最高上诉法院 1974 年作出的一项裁决,该裁决认为如果当事各方的共同意图是仅向其中一方提供选择诉讼或仲裁的权利,则该条款是无异议的。[③] 但是在 2015 年的 Société Bizcuss. com v. Apple 中[④],对于上诉人认为该条款属于自由裁量条款,违背了《民商事管辖权及判决承认与执行条例》规定的宗旨这一意见法院并不认可。该案中的管辖权条款约定,与合同有关的争议应提交爱尔兰国内法院,苹果公司保留在分销商公司所在地(法国)或对苹果公司产生损害的任何司法管辖权提起诉讼的权利,可能正是由于这样的限制,法国最高法院认为该管辖权条款在诉讼开始前就能够确定与合同有密切联系的法院,是具有可预见性的(sufficiently predictable),所以同一法院才会作出不同的判决。虽然这两个案件中的受益人是在法院之间作出选择,没有牵涉仲裁,但法院在审理时所依据的原则和考量是一致的,因此通过对两案截然不同的判决进行分析,可以合理推断法国最高法院对不对称仲裁条款效力的态度是不确定的,似乎受益方选择诉讼或仲裁的权利受到某些限制并具有可预见性时才会得到法国法院的肯定。

不同司法管辖区的法院对不对称仲裁条款效力的不同意见会导致同一案

① See Council Regulation (EC) No. 44/2001 of 22 December 2000 on jurisdiction and the recognition and enforcement of judgments in civil and commercial matters, Article 23: "If the parties, one or more of whom is domiciled in a Member State, have agreed that a court or the courts of a Member State are to have jurisdiction to settle any disputes which have arisen or which may arise in connection with a particular legal relationship, that court or those courts shall have jurisdiction. Such jurisdiction shall be exclusive unless the parties have agreed otherwise."

② See French Civil Code, Article 1170: "A potestative condition is one which makes the execution of the agreement depend upon an event that one or the other of the contracting parties has the power to bring about or to prevent." French Civil Code, Article 1174: "Any obligation is null when it has been contracted subject to a potestative condition on the part of the party who binds himself."

③ See Maxi Scherer & Sophia Lange, *The French Rothschild Case: A Threat for Unilateral Dispute Resolution Clauses?*, http://arbitrationblog.kluwerarbitration.com/2013/07/18/the-french-rothschild-case-a-threat-for-unilateral-dispute-resolution-clauses/.

④ See Philippe Hameau, *France and the Unilateral Jurisdiction Clause*, Banking and Finance Disputes Review 9,10 (Norton Rose Fulbright 2015).

件在不同国家起诉的判决结果截然对立,不利于国际私法的统一性,影响法院判决的确定性和可预测性,一定程度上会打击当事人自主选择多元纠纷解决方式的积极性,甚至阻碍国际商业实践的创新和发展。

二、不对称仲裁条款的合理性

细数否定不对称仲裁条款效力的理由,无论是非对等性权利、违反程序平等原则、违反公共政策还是缺乏法律可预见性等,都不具有明确的法律依据。①深究不对称仲裁条款双方当事人之间的权利义务关系与利益关系,便不难发现该条款产生的实质后果不仅仅局限于表面上当事人救济程序的不对称,其在国际商事实践中的广泛存在是具有合理性的。

(一)尊重当事人意思自治

当事人合意选择纠纷解决方式也是契约自由的一种,是意思自治原则在合同领域的体现。契约自由使当事各方能够就他们认为适合调节其关系的任何事情达成协议,包括如何解决可能发生的争议,②并且只要协议在公共政策允许的范围内,法律将维护该协议。③ 当事人在不对称仲裁条款缔结时的同意是对自己实体和程序权利的处分,表明选择权受到限制的一方可以预见潜在的风险或不便,或认为该种条款不会对其利益造成重大损害。当事人在订立合同时已经可以预见不便并加以接受,并不能构成压迫或不公平的情形。④ 而且不对称仲裁条款只是赋予一方更广泛的权利,并没有对另一方强加任何义务,另一方仍然有权提出自己的诉求,⑤寻求司法救济的根本权利没有受到损害。相反,认

---

① See Gary B. Born, *International Commercial Arbitration*, 2nd ed. ,Kluwer Law International, 2014, p. 870.

② Russian Federation No. 35, *CJSC Russian Telephone Company v. Sony Ericsson Mobile Communications Rus*, *Supreme Commercial* [*Arbitrazh*] *Court of the Russian Federation*, *Case No.* 1831/12, 12 *June* 2012, in Albert Jan van den Berg ed. , Yearbook Commercial Arbitration 2013 – Vol. XXXVIII, Yearbook Commercial Arbitration, Vol. 38, p. 451 –452(2013).

③ See Ashford FCIArb, Peter, *Is an Asymmetric Disputes Clause Valid and Enforceable*?,86(3) Arbitration: The Int'l J. of Arb. , Med. & Dispute Mgmt 348 (2020).

④ 参见杨弘磊:《论涉港民事诉讼协议管辖条款效力判定中方便与非方便法院规则的运用》,载《法律适用》2004 年第 9 期。

⑤ See Deyan Draguiev, *Unilateral Jurisdiction Clauses*: *The Case for Invalidity*, *Severability or Enforceability*, Journal of International Arbitration, Vol. 31, p. 34(2014).

定不对称仲裁条款无效是对合同自由的干涉，它破坏了当事方对法律预期的确定性。[①] 因此，如果当事人不是在胁迫、欺诈或显失公平的情况下签订条款，即使法律对该种条款的效力尚未明确，法院也应该尊重当事人的意思自治，确保双方当事人解决争议的真实意图得以呈现。

（二）不对称与不公平不能等同

从平等原则的本质来看，不应当把平等原则简单理解为双方当事人具有完全对称的关系。[②] 尽管有的学者认为"管辖协议中的权责不均衡，正是大公司以对方的不利益为代价，追求单边利益的结果"，[③]但不对称仲裁条款是双方自愿作出的利益交换或商业妥协，是救济途径的不平等，并不违反合同权利和义务的相互性与平等性；看似受损害的一方一般会在其他方面得到补偿，比如消费者合同中降低产品价格。[④] 如此相互权衡的合同约定实际上反映了国际商事交往实践中的商业理性，体现了商事主体应当恪守的诚实信用原则。在强调当事人自主性的合同领域，公平性的判断不能仅以纠纷解决方式的选择权为考量指标，应综合商业合同中的其他条款进行判断，而商业合同中可能包含许多类似的不平衡条款，此时公平性的判断标准和界限该如何界定呢？这显然是没有统一的衡量尺度的，且通常当事人之间的不平衡条款本身并不是导致合同无效的理由。[⑤] 因此法院应尊重当事人自愿作出的利益交换，即使双方付出的对价并不完全相等，但因当事人的自愿接受，在法律层面上也是一种公平的对价。

就纠纷解决方式本身来说，首先，不对称仲裁条款中受限制一方的利益并不一定比单纯的仲裁条款更容易受到不良影响，如国际贷款合同中单独赋予金融机构在借款人财产所在地法院提起诉讼的权利，借款人可能会更熟悉当地的法律规则，这对弱方利益无实质损害，并不违反弱者保护原则。其次，不对称仲裁条款并不违反程序平等原则，正如范登伯格教授所言："与公共政策有关的正

---

① See Louise Merrett, *The Future Enforcement of Asymmetric Jurisdiction Agreements*, 67 International and Comparative Law Quarterly 44 (2018).

② 参见郭玉军、司文：《单边法院选择条款的法律效力探析》，载《国际法研究》2014 年第 4 期。

③ 参见张利民：《不对称管辖协议的合法性辨析》，载《法学》2016 年第 1 期。

④ See Christopher R. Drahozal, *Nonmutual Agreements to Arbitrate*, 27 The Journal of Corporation Law 537 (2001).

⑤ See Louise Merrett, *The Future Enforcement of Asymmetric Jurisdiction Agreements*, 67 International and Comparative Law Quarterly 45 (2018).

当程序作为一项基本原则,意味着当事方享有平等的审理机会。"[①]而正当程序原则中的平等待遇仅在诉讼或仲裁程序开始后才适用,不应扩大解释至包括当事双方选择纠纷解决方式的权利平等。最后,不对称仲裁条款实质上与投资仲裁类似,在投资条约中外国投资者通过申请仲裁接受国家的仲裁提议。换句话说,外国投资者可以选择在任何具有管辖权的法院提起诉讼或通过投资仲裁解决争端。如果不对称仲裁条款由于不平等而无效,那同样的考量也应适用于投资条约中的仲裁条款,这无疑是对投资仲裁协议本质上的否认。

(三)促进争端解决方式的灵活性和多样化

不对称仲裁条款是可以使当事人之间的争议匹配到最合适的争议解决方式,如要获得及时的救济措施或所诉事项需要保密可以选择仲裁;而选择诉讼可以获得诉讼程序中更广泛的证据开示,也可以通过审前动议、证据或财产保全、上诉等程序有力地对抗对方当事人。同时,该种条款也是两种类型管辖协议的融合,一方面,它具有排他性争议解决机制的部分优点,具有可预测性和稳定性,当无选择权的一方成为原告时,争议解决方式是固定的,协议中约定的法院或仲裁机构的管辖权是明确的,不必在管辖问题上耗费过多时间和精力;另一方面,它也具有非排他性争议解决机制的灵活性,当具有选择权的一方作为原告时,争议解决条款中约定的法院或仲裁机构只是原告众多选择中的一个机构,纠纷解决方式及地点会在原告选择之后固定,比如在国际金融交易中,金融机构可以选择债务人财产所在地的法院,也可以选择《纽约公约》缔约国内的仲裁机构,这有利于判决或裁决的承认和执行;而在受益方选择之后,不会再有可诉诸其他争议解决方式或机构的空间,从而在争议真正得到解决的阶段所谓的"不对称"因素就消失了。因此,不对称仲裁条款具有独特的争端解决价值,其纠纷解决方式选择上的灵活性,无疑为当事人提供了更加多元化的纠纷解决方式,可以防止实际案件与争议解决机制的不一致或不协调;其仅赋予一方选择权的约定也可以有效地避免诉讼和仲裁平行程序的进行,符合当今世界各国追求的争议解决机制之间互动融合的潮流。

---

① A. J. van den Berg, *The New York Convention of 1958: An Overview*, in E. Gaillard & D. Di Pietro eds., Enforcement of Arbitration Agreements and International Arbitral Awards: The New York Convention in Practice, Cameron, 2008, p. 64.

（四）推动国际金融交易的发展

在日新月异的国际商事交易之中，纠纷日益复杂，当事人往往面临不确定的风险，因此就需要高效、灵活又能保障公平的争议解决方式。不对称仲裁条款允许一方在发生纠纷后选择解决争议的方式减轻了该方在国际商业交易中固有的风险，[①]因为拥有选择权的一方可以选择使其利益最大化的纠纷解决方式，是企业战略风险管理的重要一环。首先，在国际金融市场上，当事人的资产可能位于多个司法管辖权且容易被重新安置，借款合同对出借方来说存在更大的商业风险，越来越需要通过指定手段来确保对债务人资产的执行，[②]赋予出借方纠纷解决方式的选择权可以让出借方合法地灵活选择借款人的财产所在地的争端解决机构，更能降低金融机构无法追回欠款的风险，从而促进国际贷款业务的持续良性发展。其次，通过最大限度地降低借款人的债务无法执行的风险有利于增加债权人成功收回欠款的可能性，从而降低呆坏账的占比，这反过来有助于提高金融机构提供贷款的意愿和热情，促进贷款业务的可持续性发展，保障借款人的资金来源并降低借贷成本。[③] 此外，如此灵活的纠纷解决方式能够降低解决纠纷的成本，具有选择权的一方当事人可以选择最容易实现债权的方式，满足诉求、解决纠纷只需一场诉讼或仲裁；也可以阻止借款人在不适当的司法管辖区内进行挑选法院的行为，[④]避免诉讼拖延。可以说，不对称仲裁条款的运用能够满足国际金融交易安全、效率的要求，英国法院一直支持此种条款的原因之一便是维护其作为国际金融和航运中心的地位，吸引当事人到当地仲裁，促进相关经济产业的发展。在跨国交易如此频繁的今天，不承认不对称仲裁条款的效力势必会阻碍惯用此类条款的商事主体在这些国家的经济活动，继而阻碍一国对外经济交往和国民经济的发展。

---

① Kevin Cheung, *Unilateral Option Clauces to Arbitration*: *The Debate Continues*, http://arbitrationblog. kluwerarbitration. com/2020/02/25/unilateral – option – clauses – to – arbitration – the – debate – contin-ues/.

② See Deyan Draguiev, *Unilateral Jurisdiction Clauses*: *The Case for Invalidity*, *Severability or Enforceability*, Journal of International Arbitration, Vol. 31, p. 19(2014).

③ See Financial Markets Law Committee, *Issues of Legal Uncertainty Arising in the Context of Asymmetric Jurisdiction Clauses* 7, Adopted on 29 July. 2016, http://fmlc. org/wp – content/uploads/2018/03/paper_on_unilateral_jurisdiction_clause. pdf, last visited on 26 Nov. 2020.

④ See *Is an Asymmetric Disputes Clause Valid and Enforceable*?, 86(3) Arbitration: The Int'l J. of Arb., Med. & Dispute Mgmt 348 (2020).

三、不对称仲裁条款在中国的具体适用

(一)缺位的立法基础

我国对不对称仲裁条款或单边争议解决条款都没有明确的规定,但《仲裁法》第16条中规定仲裁协议应当具备“请求仲裁的意思表示”,如一方拥有诉讼或仲裁的选择权,相当于同时约定诉讼和仲裁或约定不明,这可能被视为缺乏请求仲裁的意思表示或缺乏明确提交仲裁的意图。而且《最高人民法院关于适用〈中华人民共和国仲裁法〉若干问题的解释》(以下简称《仲裁法司法解释》)中也明确了或裁或审约定的无效性。[①] 不对称仲裁条款与或裁或审条款之间是有关联的,或裁或审条款也同时涉及诉讼和仲裁两种救济方式,实际上就是双边性质的选择性仲裁条款。[②] 根据该规定,不对称仲裁条款中受限制的一方可以在法定期间内向仲裁委员会或人民法院提出异议,请求确认不对称仲裁条款无效。不过存在事后补救的可能,如果一方向仲裁机构申请仲裁,另一方未在仲裁庭首次开庭前提出异议,则视为当事人之间达成了有效的仲裁协议。此外,如果双方约定仅有一方当事人具有诉讼或仲裁的选择权,而限制另一方提请仲裁或诉讼的权利,这一条款还可能由于寻求纠纷解决途径权利的不平等被认为显失公平或违反公平、合理的法律原则而无效。[③] 由此可见,我国法注重保持民商事交易中双方当事人权利的平衡,对不对称仲裁条款的效力持保守态度,不允许一方单方面地享有仲裁机构的选择权,更不允许一方单方面地享有

---

① 参见《仲裁法司法解释》第7条规定:“当事人约定争议可以向仲裁机构申请仲裁也可以向人民法院起诉的,仲裁协议无效。但一方向仲裁机构申请仲裁,另一方未在仲裁法第二十条第二款规定期间内提出异议的除外。”

② 参见马敏:《单边选择仲裁条款的有效性研究》,苏州大学2017年硕士学位论文。

③ 参见《北京市高级人民法院关于执行“关于审理请求裁定仲裁协议效力、申请撤销仲裁裁决案件的‘暂行规定’和‘若干问题的意见’”的说明》中规定:“五、下列仲裁协议应当认定无效:(一)一方采取胁迫手段,迫使对方订立合同,合同中的仲裁协议作为被胁迫方违背真实意思表示的产物,应当无效。(二)仲裁协议中同时约定仲裁委员会管辖和人民法院管辖,一方当事人申请仲裁,另一方当事人提出异议。如:‘发生纠纷,将争议提交某仲裁机构或者人民法院依法解决。’(三)仲裁协议显失公平。如:‘发生争议,由卖方选择其认为适当的仲裁机构进行仲裁。’该协议直接剥夺了一方当事人寻求解决纠纷途径的权利。”最高人民法院民事审判第四庭发布的《涉外商事海事审判实务问题解答(一)》中规定:“80、涉外合同中约定的提请仲裁的权利不平等的,仲裁协议效力怎样?答:当事人在涉外合同中约定提请仲裁的权利不平等,违背了公平、合理的法律原则,应认定该仲裁协议无效。”

诉讼或仲裁的选择权。[①]

(二)不一致的司法实践

由于相关立法的缺失,对于不对称仲裁条款的效力各地法院在司法实践中出现了不同的态度,如在陈友华等申请星展银行(中国)有限公司上海分行申请确认仲裁协议效力案[②]中,双方当事人在保证合同中约定争议应提交中国国际经济贸易仲裁委员会以仲裁方式解决,但同时并不排除权利人在对合同有管辖权的其他争议解决机构提起主张。北京市第二中级人民法院综合分析保证合同中的争议解决条款后认为,其约定虽然具有明确的仲裁意思表示,但亦未排除当事人向法院提起诉讼的权利,于是将该不对称仲裁条款归为或裁或审条款,依据《仲裁法司法解释》第7条裁定其无效。

在2016年上海市第一中级人民法院审理的厦门建发化工有限公司诉瑞士艾伯特贸易有限公司买卖合同纠纷案[③]中,双方当事人在销售确认书中约定"出售方可以选择将由此产生的一切争议提交瑞士楚格州法院解决或根据巴黎国际商会仲裁调解规则在楚格州进行仲裁",二审法院将其认定为"单边选择性争端解决条款",认为"法律对此无禁止性规定,且该约定并不足以构成双方权利义务显失公平",因此尊重了双方意思自治,肯定了该单边仲裁条款的效力。

由此可见,不对称仲裁条款在我国的司法实践中并不是一个陌生的概念,相关法律规定的缺位已经给我国各地法院的司法实务工作造成了困惑,无法可依、效力不明、观点各异,出现各地法院判决结果截然相反的局面,不利于我国法院判决的统一性和确定性,也阻碍了国际商业实践的新发展。

值得一提的是,2020年7月8日,厦门海事法院就一起涉港担保合同管辖权异议纠纷作出裁定,确认了不对称管辖条款的效力,该案所涉光船租赁主合同和担保合同中均约定仅在船东(债权人)选择香港特别行政区法院起诉时,香港特别行政区法院享有排他管辖权,承租人(保证人)必须服从专属管辖的约定,但不排除船东(债权人)选择香港特别行政区以外的其他法院起诉的权利。

---

① 参见陈剑玲:《诉讼/仲裁多重管辖条款的效力问题》,载《沧海瞭航:法学教师论文集》(下),对外经济贸易大学出版社2011年版,第240页。

② 北京市第二中级人民法院民事裁定书,(2016)京02民特93号。

③ 上海市第一中级人民法院民事裁定书,(2016)沪01民终3337号。

判决书中写道:“该约定不违反我国民事诉讼法的规定,应认定为有效。”[1]厦门海事法院对不对称管辖条款效力的肯定,表明我国对不对称争议解决条款态度的友好性转变、对多种争议解决方式并行的当事人约定的态度的缓和,有利于不对称仲裁条款效力在我国的进一步承认。

四、完善不对称仲裁条款适用的建议

随着“一带一路”倡议的不断推进,我国企业在国际商事实践中不断深入,单一的仲裁解决机制难以有效应对日益复杂化的跨境纠纷,不对称仲裁条款因其独特的争议解决价值而备受跨境企业青睐。由于我国司法实践中对不对称仲裁条款适用的模棱两可,相关主体很难预见不对称仲裁条款在具体案件中会产生怎样的问题,因此应从立法、司法、当事人三个维度完善不对称仲裁条款在我国的具体适用,以合理有效地发挥其最大效用。

(一)有条件地承认不对称仲裁条款的效力

作为国际贷款市场协会(Loan Market Association, LMA)推荐的管辖权格式条款,[2]单边争议解决条款在国际商事实践中的应用已非常广泛,一律禁止不对称仲裁条款的效力显然已不合时宜,但无条件地肯定其效力也容易造成经济地位上处于强势一方的滥用,因此宜对不对称仲裁条款施加某些限制,有条件地承认其效力。

1. 符合仲裁协议有效性的要求

有效的仲裁协议是仲裁庭或仲裁机构受理争议案件的依据。[3] 不对称仲裁条款本质上是仲裁条款,自然应当符合有效仲裁协议的国际标准。根据《示范法》的规定,有效的仲裁协议必须采书面形式,且当事人之间已经发生或可能发生的争议必须产生于确定的法律关系中。[4] 不对称仲裁条款一般是合同中的格式条款,也应完全符合仲裁协议的形式有效性要求。此外,当事人的合意是自

---

① 厦门海事法院民事裁定书,(2020)闽72民初239号。

② See the jurisdiction clause in the Loan Market Association Single Currency Term Facility Agreement.

③ 参见韩德培主编:《国际私法》(第3版),高等教育出版社2014年版,第588页。

④ 参见《国际商事仲裁示范法》第7条规定:“(1)‘仲裁协议’是指当事人同意将他们之间一项确定的契约性或非契约性的法律关系中已经发生或可能发生的一切争议或某些争议交付仲裁的协议。仲裁协议可以采取合同中的仲裁条款形式或单独 的协议形式。(2)仲裁协议应为书面形式。”

愿的国际商事仲裁制度的重要基础。[①] 仲裁协议必须是双方自愿将争议提交仲裁的结果,特别是在格式合同中,提供格式合同的一方必须使相对方知悉合同中所含不对称仲裁条款的准确含义,否则无法进行协商的相对方只能概括接受或拒绝,往往体现不出当事人真实的意志。

不对称仲裁条款中提交仲裁的事项,必须是有关国家法律允许采用仲裁方式处理的事项,即须具有可仲裁性。各国法律对争议事项可仲裁性问题的规定有所不同。[②] 不对称仲裁条款要想在我国法院得到承认与执行,不能与我国的基本法律原则或公共秩序相抵触,应遵守我国《仲裁法》对可仲裁争议事项的限制或排除。[③]

2. 排除在特殊领域的适用

近年来,不对称仲裁条款适用的领域已扩大至消费者合同、雇佣合同等领域,在这些领域当事人的地位具有明显的不对等性,国际立法普遍对消费者、受雇者等弱势当事人制定专门规定予以特殊保护,防止相对方迫使该类弱势当事人接受不公平、不合理的合同条款。[④] 在法院管辖方面,1993 年欧洲经济共同体的《消费者合同中的不公平条款》第 3 条就规定:"未协商的合同条款如果违背诚信要求,导致双方在合同项下的权利和义务严重失衡,损害消费者的利益,应被视为不公平。"[⑤]其在附件中明确说明"排除或阻碍消费者采取法律行动或行使任何其他法律补救措施的权利"应被视为《消费者合同中的不公平条款》中的不公平术语;2012 年欧盟《关于民商事案件管辖权和判决执行的第 1215/2012 号(欧盟)条例》(以下简称《布鲁塞尔条例(重订)》)在序言部分也强调了

---

① 参见[英]艾伦·雷德芬等:《国际商事仲裁法律与实践》(第 4 版),林一飞、宋连斌译,北京大学出版社 2005 年版,第 139 页。

② 参见韩德培主编:《国际私法》(第 3 版),高等教育出版社 2014 年版,第 598 页。

③ 参见《仲裁法》第 3 条规定:"下列纠纷不能仲裁:(一)婚姻、收养、监护、扶养、继承纠纷;(二)依法应当由行政机关处理的行政争议。"

④ See, e. g. , German Civil Procedure Code, s. 1031; Austrian Civil Procedure Code, s. 617; Swedish Arbitration Act, s. 6; Italian Civil Code, Arts. 1341 and 1342. French law prohibits domestic arbitration in consumer cases. Also note the restrictions of Brussels I Regulation, Arts. 15 – 17. In US law similar results may be reached on grounds of the doctrine of unconscionability.

⑤ Directive 93/13 on Unfair Terms in Consumer Contracts Article 3(1): a contractual term which has not been individually negotiated shall be regarded as unfair if, contrary to the requirement of good faith, it causes a significant imbalance in the parties' rights and obligation arising under the contract, to the detriment of the consumer.

特殊领域的弱者保护原则,即"在有关保险合同、消费者合同和雇佣合同中,弱方当事人应受到相对于一般规则而言对其更有利的管辖权规则的保护"。① 从具体规定来看,该三类合同中的管辖协议须允许弱者在法定的连接点之外提起诉讼时才有效,除非格式条款保留弱势当事人在自己住所地法院起诉的权利,否则格式条款中的管辖权条款无效。② 而在仲裁条款方面也涉及弱者保护的问题,比如 1998 年《德国仲裁法》规定,消费者为当事方的仲裁协议必须包含在由当事方亲自签署的文件中,且该文件不得载有仲裁程序之外的任何协议。③ 1999 年《瑞典仲裁法》第 6 条中规定,"关于商业企业和消费者之间主要为私人使用的货物、服务或者其他产品而发生的争议,在争议发生前签订的仲裁协议不能予以援引"。诸如此类都表明保护消费者公平获得司法救济权利的重要性,在这些特殊领域不对称仲裁条款的效力容易遭遇减损。

美国联邦第九巡回上诉法院在 2002 年审理的涉及雇佣合同强制仲裁协议的案件中④,明确说明所有雇佣合同均不受《美国联邦仲裁法》的约束,这不与美国联邦支持仲裁的原则相抵触。该法院认为案涉争端解决协议在实质上是显失公平的(substantively unconscionable),因为该协议对员工的救济施加了重大限制,该协议要求雇员对雇主的任何索赔必须提交仲裁而没有对雇主进行同

---

① Regulation (EU) No. 1215/2012 of the European Parliament and of the Council of 12 December 2012 on jurisdiction and the recognition and enforcement of judgments in civil and commercial matters (recast) Article 15: The provisions of this Section may be departed from only by an agreement... (2) which allows the policyholder, the insured or a beneficiary to bring proceedings in courts other than those indicated in this Section; Article 19: The provisions of this Section may be departed from only by an agreement... (2) which allows the consumer to bring proceedings in courts other than those indicated in this Section; Article 23: The provisions of this Section may be departed from only by an agreement... (2) which allows the employee to bring proceedings in courts other than those indicated in this Section.

② 参见陈珍:《涉外民商事合同中单边争议解决条款效力之争——基于案例及价值取向的分析》,载《中国国际私法与比较法年刊》2018 年第 1 期。

③ German Arbitration Act 1998 Section 1031: (5) Arbitration agreements to which a consumer is a party must be contained in a document which has been personally signed by the parties. The written form pursuant to sentence 1 may be substituted by electronic form pursuant to section 126a of the Civil Code (Bürgerliches Gesetzbuch - BGB). No agreements other than those referring to the arbitral proceedings may be contained in such a document or electronic document; this shall not apply in the case of a notary certification.

④ Circuit City Stores, Inc. v. Saint Clair Adams, United States Court of Appeals for the Ninth Circuit, 279 F. 3d 889 (2002).

样的要求,即雇主有权就与雇员之间的任何争议提起诉讼或提交仲裁,在此种情况下,仲裁似乎不再是中立性的争议解决方式,而是使雇主利益最大化的手段。

为避免不对称仲裁条款在弱者保护领域可能引发的效力限制,我国应禁止不对称仲裁条款在国家强行法领域的适用。《最高人民法院关于适用〈中华人民共和国涉外民事关系法律适用法〉若干问题的解释(一)》第8条也对我国强行法领域作出了规定,[①]我国法律应禁止不对称仲裁条款在消费者合同、雇佣合同、食品或公共卫生安全领域以及涉及行政领域的适用,以免损害弱势当事人的合法权益和我国的社会公共利益。

3.限制受益人的选择权

仲裁条款因对争议解决方式的笼统约定通常被称为"午夜条款",[②]为了平衡双方当事人的权利义务关系,规范不对称仲裁条款的使用并最大限度地发挥出其价值,可以对受益人的选择权施加以下限制:(1)在法院或仲裁机构的选择范围上,限定在与案件事实有实质联系的司法管辖区;(2)在选择权行使时间方面,受益人仅能在对方当事人答辩期满前行使单方选择权,不得随时更改其争端解决方式;[③](3)在选择权的放弃方面,在受益人已经明确表示放弃选择权或已实质性参与非受益人提起的诉讼或仲裁程序中而没有提出任何有效的抗辩的情况下,视为受益人对选择权的放弃。没有选择权的一方当事人也应当基于诚实信用原则遵守不对称仲裁条款对其作出的单方权利限制。

(二)设置合理的效力救济规则

仲裁条款被认定无效或被撤销后,当事人可重新协商争议解决方式,继续提交仲裁或向人民法院起诉以解决纠纷,但实际上走到诉讼或仲裁阶段的当事

---

① 参见《最高人民法院关于适用〈中华人民共和国涉外民事关系法律适用法〉若干问题的解释(一)》第8条规定:"有下列情形之一,涉及中华人民共和国社会公共利益、当事人不能通过约定排除适用、无需通过冲突规范指引而直接适用于涉外民事关系的法律、行政法规的规定,人民法院应当认定为涉外民事关系法律适用法第四条规定的强制性规定:(一)涉及劳动者权益保护的;(二)涉及食品或公共卫生安全的;(三)涉及环境安全的;(四)涉及外汇管制等金融安全的;(五)涉及反垄断、反倾销的;(六)应当认定为强制性规定的其他情形。"

② 参见候登华:《仲裁协议法律制度研究——意思自治视野下当事人权利程序保障》,知识产权出版社2012年版,第176页。

③ 参见许晨:《非对称性仲裁条款的效力分析》,载《黄冈职业技术学院学报》2018年第5期。

人再次协商十分困难且会造成时间和精力的浪费。就不对称仲裁条款而言,法院运用其司法裁量权来行使效力救济规则,纠正其认为不合理的部分,能促使当事人更高效地解决纠纷。在 Sony Ericsson 案中,俄罗斯运用公平转换规则赋予俄罗斯电话公司和索尼爱立信公司一样的选择权,将此类单边条款变为双边条款,赋予选择权受限的一方当事人和对方同等的选择诉讼或仲裁的权利,①但这一做法也遭到了部分学者的反对,其认为该做法是对当事人意思自治的根本性变更。②

除此之外,法官还可以采取分割的方法实现不对称仲裁条款的司法救济,承认双方协商一致的仲裁或管辖权条款,把可能使其无效的缺陷部分从中剥离出来,比如双方都同意仲裁,就把提交法院管辖这一更不确定的部分进行分割,这样既符合当事人的意思自治,没有改变合同的性质,又能确保纠纷的合理解决。但分割方法的运用缺乏统一的标准,需要结合个案具体分析,可以在以后的有关司法实践中不断积累经验,直至出台适用办法对分割方法适用的条件作出明确具体的规定。

(三)增强不对称仲裁条款的可预见性

不管是成文立法还是司法实践规则的形成都需要长时间的尝试和积累,要想使不对称仲裁条款真正在国际商事实践中发挥价值,当事人在拟订条款时的措辞是关键。为了增强不对称仲裁条款具体适用的确定性,当事人在拟订条款时应充分考虑其适用的可行性,比如选择承认该类型仲裁条款效力的国家的法律作为准据法,或选择仲裁地为承认其效力的国家。除此之外,当事人在选择法院或仲裁机构、仲裁地的范围时明确规定司法管辖区和仲裁机构名称,从而使不对称仲裁条款更清楚和确定,比如法国苹果公司案中苹果公司虽具有爱尔兰国内法院之外法院的选择权,但这些法院都是与合同履行密切相关的、限定司法管辖区内的法院,从而因其具有可预见性被一向不承认单边争议解决条款效力的法国法院肯定了案涉条款的效力。条款签订时应明确对受益人在决定

① See *Alexander Gridasov & Maria Dolotova*, *Unilateral Option Clauses: Russian Supreme Court Puts an End to the Long – Lasting Discussion*, http://arbitrationblog.kluwerarbitration.com/2019/05/07/unilateral – option – clauses – russian – supreme – court – puts – an – end – to – the – long – lasting – discussion/.

② See Deyan Draguiev, *Unilateral Jurisdiction Clauses: The Case for Invalidity, Severability or Enforceability*, Journal of International Arbitration, Vol. 31, p. 31(2014).

选择仲裁或诉讼时是否必须向非受益人发出通知作出规定，这可以避免一方提起诉讼的同时另一方提交仲裁，从而避免延长了纠纷解决过程。①

为了便于不对称仲裁条款的可执行性，当事人在签订时应考虑潜在的仲裁裁决执行地的公共政策；还可以采取“经协商的格式条款模式”，由企业经营者、消费者代表和国际权力机关三方共同参与拟定相关行业的争议解决示范条款，②从而较好地平衡合同当事方的力量悬殊，有效减少不公平条款的存在，也能促成相关国际商事惯例的形成；最后约定相应的补救条款，以应对不对称仲裁条款被判无效的风险。

五、结语

在“一带一路”倡议不断深入、我国与全球经济交往日益密切的时代，不对称仲裁条款因其独特的争议解决价值在国际商事实践中应用广泛。考虑到司法实践中已经出现了矛盾的裁定，首先，我国应在仲裁法司法解释中有条件地承认不对称仲裁条款的效力，排除其在国家强行法领域的适用，对受益人的选择权从选择范围、行使时间、放弃等方面加以限制；其次，司法实践中法院可以行使司法裁量权对个案进行司法救济；而作为不对称仲裁条款的主体，当事人在拟订时应明确司法管辖区和仲裁机构的名称、是否通知、约定补救条款等方式以增强其适用的可预见性，降低被法院认定无效的风险，以快速合理地解决纠纷。

---

① Maria Davies, *The Use of Arbitration in Loan Agreementsin International Project Finance: Opening Pandora's Box or an Unexpected Panacea?*, 32(2) Journal of International Arbitration 170 (2015).

② 参见陈珍:《涉外民商事合同中单边争议解决条款效力之争——基于案例及价值取向的分析》，载《中国国际私法与比较法年刊》2018 年第 1 期。

仲裁协议对代位权人的效力探讨

——仲裁协议相对性原则与代位权制度的冲突与协调

李佳临*

摘　要：仲裁在民商事争议解决机制中的地位不断提升，仲裁协议的效力范围也呈扩大趋势，仲裁协议相对性原则不断遭到破坏。《民法典》保留了《合同法》规定的代位权行使方式，并没有采取仲裁与诉讼并列的表述。当债务人与相对人之间存在仲裁协议时，债权人应该通过诉讼还是仲裁行使代位权，理论上没有形成有力的通说，未能给司法实践提供指导。新近的仲裁说较一致地支持仲裁协议效力对债权人的扩张，与比较法上的趋势一致。但是，一方面，从理论学说出发，仲裁说采取的解释学进路在诉讼说的视角下却得出相反的结论；另一方面，就现实落地而言，仲裁说并未提供代位权制度的具体运行方式，而债权人代位权制度中的复杂关系决定了它需要一套精巧的规则融入仲裁程序。

关键词：代位权　仲裁协议相对性　效力扩张　利益衡量

一、引言

20世纪90年代，“三角债”成为中国经济生活中的突出问题，《合同法》（已失效）第73条规定了代位权这一债的保全制度以作应对。在债务人怠于行使

* 李佳临，北京大学诉讼法学博士研究生。

到期债权、对债权人造成损害时,债权人可以向人民法院请求以自己的名义代位行使债务人的债权。《民法典》第 535 条基本保留了《合同法》(已失效)第 73 条的表述,并没有作出实质性改变。

在债务人与相对人之间存在仲裁协议的情形下,债权人能否代位向相对人提起仲裁(又称代位仲裁)? 其行使代位权的方式是提起诉讼还是提请仲裁? 诉讼说认为,诉讼方式可以保证多数债权人之间的公平、防止债权人滥用代位权、防止发生不必要的纠纷,①且债权人不一定有仲裁意愿,因此仲裁协议不应对代位债权人生效,债权人行使代位权应向法院提起诉讼。② 仲裁说则支持债权人代位仲裁,这一学说愈渐风靡。③

这一问题具有现实意义且无法搁置。尽管关于代位执行(又称债权执行)与债权人代位权的讨论开展得如火如荼,④但是代位执行无法取代债权人代位权的功能。因为根据 2020 年《最高人民法院关于适用〈中华人民共和国民事诉讼法〉的解释》(已在 2020 年被修改)第 501 条的规定,除非债务人与相对人之间的到期债权为生效法律文书确认,否则相对人对到期债权提出异议的执行法院不得执行。⑤ 而又根据审执分离原则的要求,代位执行的到期债权只能是无争议的债权,⑥在执行程序中若相对人提出异议,那么对该到期债权是否存在的

---

① 参见王利明、崔建远:《合同法新论 · 总则》,中国政法大学出版社 2000 年版,第 401 页。

② 参见杨秀清、韦选拾:《仲裁协议效力扩张若干问题研究》,载《仲裁研究》2007 年第 1 期;沈志韬:《论债权人代位权情形下仲裁协议的效力》,载《仲裁研究》2010 年第 2 期。

③ 参见韩健:《派生仲裁请求权和代位仲裁请求权之刍议》,载《仲裁与法律》2001 年第 2 期;曲昇霞、朱愈明:《仲裁协议抗辩能否对抗债权人代位权之诉? ——以矛盾裁判为视角的分析》,载《扬州大学学报(人文社会科学版)》2018 年第 6 期。

④ 参见陈杭平、李凯:《中国语境下的债权执行制度——兼论〈民事强制执行法〉与〈民法典〉的衔接》,载《国家检察官学院学报》2021 年第 3 期;庄加园:《初探债权执行程序的理论基础——执行名义欠缺的质疑与收取诉讼的构造尝试》,载《现代法学》2017 年第 3 期。

⑤ 与之相比,《德国民事诉讼法》第 829 条以下建构了完善的债权人在债务人对第三人有债权时的强制执行制度,因此德国不存在债权人代位权制度。参见[德]弗里茨 · 鲍尔、霍尔夫 · 施蒂尔纳、亚历山大 · 布伦斯:《德国强制执行法》(上册),王洪亮、郝丽燕、李云琦译,法律出版社 2019 年版,第 669 ~ 708 页。

⑥ 更为精细化的展开,参见高小刚:《到期债权执行问题研究——以执裁分离实践及典型案例分析为视角》,载《法律适用》2019 年第 10 期。

审理,只能回到执行异议之诉或债权人代位权诉讼程序进行,[①]而这又陷入债务人与相对人之间存在的仲裁协议与法院主管的矛盾之中。因此,债权人无法通过直接向债务人提起诉讼、在执行程序中代位执行规避这一问题。

本文赞成仲裁说的结论,但认为仲裁说存有两个问题亟待解决:一是目前仲裁说提供的理论依据并不足以证成代位仲裁;二是仲裁说停留在得出肯定代位仲裁这一结论上,而没有为代位仲裁提供切实可行的操作方式。仲裁说在仲裁协议效力扩张理论的基础之上诉诸对《合同法》(已失效)第 73 条或《民法典》第 535 条的文义解释、对债权人提出程序抗辩、扩张解释仲裁协议"书面"要式等理由,试图论证代位仲裁的正当性。但源于英美法系的仲裁程序与源于大陆法系的代位权制度本身就存有抵牾,在形式层面展开的理由根本无法触及这一矛盾。本文试图对代位关系中的利益衡量进行精细化分析,为代位权制度与仲裁协议的相对性之抵牾提供实质解释路径,探讨代位仲裁在我国实行的可能性。

二、代位仲裁的运行考察

为了建构合理的代位权行使机制,有必要先对国内外代位仲裁的实践现状进行系统考察。

(一)代位仲裁的本土实践考察

我国实践运行中的代位仲裁,由于缺乏明确的法律依据和法教义学理论支撑,呈现杂乱无序的样态。早年间,有少数法院参照适用《最高人民法院关于适用〈中华人民共和国仲裁法〉若干问题的解释》第 9 条的规定,即债权债务全部或者部分转让的,仲裁协议对受让人有效,裁定驳回债权人代位权诉讼。[②] 显而易见的是,这种做法混淆了债权人债权让与和代位权的内在性质与产生机理,有失妥当。实际上,债权让与和代位权的法律性质、产生方式和债权人在其中的意愿表达大有差异,因此不具备参照适用的条件。其一,债权让与和代位权

① 不过,2017 年 12 月 29 日《最高人民法院关于认真贯彻实施民事诉讼法及相关司法解释有关规定的通知》只选择了债权人代位权诉讼,其明确规定,对于次债务人在法定期限内提出异议的,除到期债权系经生效法律文书确定的外,人民法院对其提出的异议不予审查,即应停止对次债务人的执行,债权人可以另行提起代位权诉讼主张权利。

② 参见甘肃省庆阳市中级人民法院民事裁定书,(2016)甘 10 民终 111 号。

的法律性质及产生方式不同。债权让与是指债权人在保持债权同一性的情况下,将合同的权利全部或者部分转让给第三人,是当事人意思自治的一种表现形式;而代位权是源自法律的直接规定,并不体现意思自治。其二,债权人在债权让与和代位权制度中的意愿表达有异。债权让与意在使受让人取代让与人的地位,进而与债务人产生合同法律关系。债权让与的各方当事人达成转让协议,这意味着受让人接受了合同中的仲裁内容,仲裁条款对受让人当然产生约束力。但享有代位权的债权人取代债务人的诉讼地位,是基于法律对债权人权利保全的直接规定,债权人难以知悉债务人与次债务人之间包括仲裁条款在内的合同约定,更无法表达个人的意愿。

目前,我国法院在实践中达成了代位权与债权让与有别这一共识,不过在面对债务人与相对人签订仲裁协议的情况时,代位权人是以仲裁方式还是以诉讼方式对相对人行使代位权仍未达成一致,主要有以下三类观点:(1)诉讼说。持该类观点的法院认为提起诉讼是行使代位权的合法方式,因此其会审理债权人提起的代位权纠纷。(2)仲裁说。持此观点的法院认为这种代位权案件由仲裁庭主管,因此其会拒绝受理此类代位权纠纷,或者在受理之后支持相对人一方提出的管辖权异议。(3)相对说。不同于诉讼说和仲裁说的单一结论,相对说认为具体情形的不同会影响仲裁协议对债权人的效力。根据影响仲裁协议效力的标准不同,相对说又主要有两种学说。其一,以仲裁协议是在代位权诉讼提起之前还是在之后形成为标准。若代位权诉讼前债务人与次债务人已达成仲裁协议,在代位权诉讼中次债务人以此提出抗辩,符合常态。而当仲裁协议是在代位权诉讼提起之后才形成的,很大程度上债务人与相对人之间存在恶意串通、损害债权人权益的可能。① 其二,以债权人与债务人之间的关系是否明确具体为标准。为了避免仲裁越权审理,只有对于确定的无异议的债权人,仲裁庭才可以受理代位申请。②

① 参见曲昇霞、朱愈明:《仲裁协议抗辩能否对抗债权人代位权之诉?——以矛盾裁判为视角的分析》,载《扬州大学学报(人文社会科学版)》2018 年第 6 期。

② 仲裁庭应避免将代位权作为审理事项,对债权人和债务人的代位权关系进行实质审查,仲裁庭可受理的代位权案件限定于债权人与债务人之间的债权是经判决,仲裁裁决确定的债权,经公证的债权,经过债务人承认的债权的情形。对于无法从形式上立即确定的债权,仲裁庭拒绝受理代位权人的申请。详见孙兆秋:《仲裁条款对合同第三人的效力》,载《北京仲裁》2005 年第 4 期。

诉讼说的理由较为简单,主要集中在对合同相对性原理的坚守上。[①]"仲裁协议具有契约性与自愿性,其只对签订合同的双方当事人有效,对于非当事人的第三人则不具有法律约束力。"[②]

仲裁说则发展出了以下三种支持仲裁协议效力扩张的方式,分别围绕《合同法》(已失效)第73条或《民法典》第535条"可以"的表述、《最高人民法院关于适用〈中华人民共和国合同法〉若干问题的解释(一)》(已失效,以下简称《合同法解释(一)》)赋予相对人的抗辩、扩张解释仲裁协议"书面"要件的要求展开。

1.《合同法》(已失效)第73条或《民法典》第535条

以北京市高级人民法院为例,[③]其认为《合同法》(已失效)第73条的规定不代表债权人只能以诉讼方式行使代位权,因为该条所使用的文字是"可以",而非"应当"或者"必须",且没有任何法律规范明确排除债权人以仲裁方式行使代位权的可能性。因此,现有法律规范并未表明立法机关或者司法解释机关具有下述意图:为了赋予债权人以代位权并保障其行使,而剥夺相对人本来对债务人所享有的程序抗辩权。不过,北京市高级人民法院对《合同法》(已失效)第73条的这一解读明显站不住脚,该条表述的"可以"不是针对债权人行使代位权的方式,而是指向债权人享有的代位权本身。具言之,《合同法》(已失效)第73条是授权规定,而非命令规定,[④]其旨在授予债权人以一个享有代位权的地位而非命令债权人为起诉的行为。因此,采"可以"而非"应当"或者"必须",与立法者是否将诉讼之外的方式纳入代位权行使方式的考量无涉。在此基础上,通过体系解释可以清楚地将提请仲裁排除在代位权的行使方式之外。从法律规定出发,与第73条共同出现在《合同法》里的规定合同撤销权、确认合同效力、违约金酌减请求的法律条文,使用的表述是"受损害方有权请求人民法院或者仲裁机构变更或者撤销""请求人民法院或者仲裁机构确认解除合同的

① 参见湖北省武汉市中级人民法院民事裁定书,(2017)鄂01民终1576号;广东省高级人民法院民事裁定书,(2016)粤民辖终383号。

② 参见浙江省永康市人民法院民事判决书,(2014)金永商初字第4651号。

③ 参见北京市高级人民法院民事裁定书,(2020)京民终94号。

④ 参见黄茂荣:《法学方法与现代民法》(增订7版),台北,植根法学丛书编辑室2020年版,第286~287页。

效力”“当事人可以请求人民法院或者仲裁机构予以增加”[①]，一律采取了仲裁机构与人民法院并列的表述方式，肯认了仲裁与诉讼二者作为权利行使方式的地位。倘若说《合同法》将债权人代位权行使方式限定于诉讼可能是立法者无心造成的，那么《民法典》第535条对原表述的坚守至少表明了某种立场，这无疑是给了对代位仲裁信心满满的学者和实务人士当头一棒。《合同法》（已失效）与《民法典》针对其他通过向人民法院请求得以行使的权利，都将仲裁机构作为与法院并列的请求对象予以规定，偏偏在此处没有将人民法院单列，体现出立法者坚定地将代位权行使方式限定于诉讼的决心。

2.《合同法解释（一）》第18条第1款

《合同法解释（一）》第18条第1款也成为绝大多数支持代位仲裁的法院所依据的规定，该款规定次债务人对债务人的抗辩可以向债权人主张。持此依据支持代位仲裁的法院认为，当债务人向次债务人提起诉讼时，次债务人可以以双方签订了仲裁协议为由提起妨诉抗辩，债权人虽然不是仲裁协议的当事人，但次债务人对债务人的妨诉抗辩可以向债权人主张，故债权人实质上仍然应该受到仲裁条款的约束。[②] 细究之下，不难发现这一观点建立在《合同法解释（一）》第18条第1款规定的抗辩不仅包含实体抗辩，也包含程序抗辩的基础之上。[③] 但是，我国合同法领域的债权人代位权究竟只是一种实体代位，还是在实体代位之外兼具程序代位的色彩，民法理论界素有争议。如果仅仅是实体代位，相对人能向债权人主张的抗辩仅限于实体抗辩，债权人自然不受债务人与相对人之间仲裁条款的约束；反之，如果兼具实体代位和程序代位的双重属性，

---

① 《合同法》（已失效）规定的债权人撤销权行使方式也仅限于向法院请求撤销，但是撤销权作为法定的撤销双方之间民事法律行为的权利，与代位权不一样，其无法根据任意两方之间的仲裁条款将双方法律行为付诸仲裁。因此，在行使双方法律行为内含的某种权利而非为第三人利益设置的救济权利的范围内，代位权是唯一一项被法律规定的排除了通过仲裁行使的权利。

② 参见山东省高级人民法院民事裁定书，(2019)鲁民终597号；北京市高级人民法院民事裁定书，(2020)京民终94号。

③ 实体抗辩是指一方当事人针对对方当事人诉讼请求中的权利主张，基于民事实体法规定的具体事由或者权利提出的，旨在使原告主张的权利自始不存在或者虽存在但已消灭，或者阻止权利行使的一种反驳性主张。程序抗辩则是指一方当事人通过主张具体程序事项的欠缺或者瑕疵，来排除对方当事人诉讼请求中的权利主张，主要表现为妨诉抗辩（包括诉讼要件不成立的抗辩和诉讼障碍抗辩）和证据抗辩（包括证据能力抗辩和证明力抗辩）。参见张海燕：《论法官对民事实体抗辩的释明》，载《法律科学（西北政法大学学报）》2017年第3期。据此，以存在仲裁协议为由主张法院不具有主管权限的管辖抗辩是典型的妨诉抗辩，属于程序抗辩范畴。

相对人能向债权人主张的抗辩包括实体抗辩和程序抗辩,债权人就应受债务人与次债务人之间仲裁条款的约束。在代位权仅具单层属性或具双重属性在民法上未得到共识的基础上,以《合同法解释(一)》第18条第1款规定的抗辩为由支持代位仲裁,亦不免有越俎代庖之嫌。

3. 扩张解释仲裁协议"书面"要件,拟制仲裁合意

代位权诉讼中审查代位权是否成立时,法院需要审查两重实体法律关系,第一重是债权人与债务人之间的债权债务关系,第二重是债务人与相对人之间的法律关系。代位仲裁中,仲裁庭审查第二重法律关系的依据是债务人与相对人对第二重法律关系是否达成了仲裁合意,然而仲裁庭审查第一重法律关系的依据何在呢?以债权人与债务人之间的关系是否明确具体为标准的相对说便对仲裁庭审查第一重法律关系作出了保留。仲裁说则将债权人提起代位仲裁本身看作债权人通过提起仲裁的方式与债务人和相对人达成了合意,[①]灵活解释仲裁协议"书面"要件之"书面"的含义,为仲裁协议的效力扩张提供了条件。看似有扩大"书面合意"的形式美感之嫌,但并未提供扩张解释"书面"要件的实质理由。扩张解释"书面"要件只是一条解释路径,论者必须有精细的价值判断作为支撑,按照论证负担规则承担论证责任。[②] 判断债权人是否可以代位仲裁,核心是判断哪样做能更好地平衡三方主体(债权人、债务人及相对人)的法律关系且使其更融洽地嵌于仲裁制度。

(二)代位仲裁的域外立法与实践

从比较法上看,法律并没有对代位权的行使方式作出强制性规定,我国《民法典》第535条的做法也是独树一帜。《法国民法典》、《日本民法典》及我国台湾地区"民法"只是概括地规定,债权人为保全自己的债权,可以(得)使属于债务人的权利。学说上也认为,代位权之行使,并非都有必要通过裁判方法来行使,根据具体情况,债权人可采取裁判外的方法来行使代位权。[③] 具言之,《法国

① 如果在债权人和债务人订立债权债务关系时债务人已经和相对人成立了债权债务关系并约定了仲裁条款,且债权人明知该债权债务关系和仲裁条款,则有推定债务人接受该仲裁条款约束的空间。参见韩健:《派生仲裁请求权和代位仲裁请求权之刍议》,载《仲裁与法律》2001年第2期。

② 参见王轶:《民法价值判断问题的实体性论证规则——以中国民法学的学术实践为背景》,载《中国社会科学》2004年第6期。

③ 参见朱广新:《合同法总则研究》(下册),中国人民大学出版社2018年版,第448页。

民法典》第 1341 –1 条规定,Lorsque la carence du débiteur dans l'exercice de ses droits et actions à caractère patrimonial compromet les droits de son créancier, celui – ci peut les exercer pour le compte de son débiteur, à l'exception de ceux qui sont exclusivement rattachés à sa personne。(如果债务人未能行使其所有权性质的权利,危及债权人的权利,债权人可以代表债务人行使这些权利,但是专属于他本人的权利除外。)《日本民法典》第 423 条第 1 款规定,債権者は、自己の債権を保全するため、債務者に属する権利を行使することができる。ただし、債務者の一身に専属する権利は、この限りでない。(债权人可以行使赋予债务人的权利,以保全自己的债权;但是,这不适用于债务人独有的和个人的权利。)第 2 款则规定,只有未到期的债权在被代位行使时,才需要通过裁判所的许可。台湾地区"民法"第 242 条规定,债务人怠于行使其权利时,债权人因保全债权,得以自己之名义,行使其权利。但专属于债务人本身者,不在此限。

具体而论,以代位权制度发源地——法国的巴黎上诉法院实践为例,巴黎上诉法院最初裁定"仲裁法规则不允许将仲裁协议的效力扩展到第三方"。[①] 不过两年之后,巴黎上诉法院就承认了特殊的效力扩张的情况,即使某人不是合同的签署人,但根据合同情况、活动和其与签署人之间的商业关系,足以证明该人知道仲裁协议的存在和范围,即可假定他接受了仲裁条款。[②] 对于巴黎上诉法院来说,受仲裁协议约束的明确意愿仍然是核心标准。[③] 法国最高法院则确认,初始承包合同中包含的国际仲裁条款的效力扩展到在签订合同时意识到这一点并直接参与初始承包合同履行的分包商。[④] 可见,尽管巴黎上诉法院与法国最高法院在细节处理上仍存在差别,但其达成了意识到仲裁协议存在的债权人受到仲裁协议约束这一共识,与我国扩张解释"书面"要件、拟制仲裁合意的做法有异曲同工之处。

三、代位仲裁的实质理由

通过对本土及域外代位仲裁运行实践的梳理,不难看出持仲裁说与诉讼说

---

① Cour d' Appel de Paris, 19 déc. 1986, n°9999.

② Cour d' Appel de Paris, 11 Jan. 1990, n°88/18457.

③ Rev. Arb. 1987, p. 553.

④ Cass, civ., 1ère, 26 octobre 2011, n°10 – 17.708, Bull. civ., I, n° 175.

的理论与实务人士都在法教义学上找到了自己的立足点。之所以会得到完全不同的结论,是因为代位权制度本身是对相对性的突破,而以仲裁合意为基石的仲裁制度又在无时无刻地强调相对性原则。基于二者的抵牾,单纯在某一方的领土内遵循严格的法教义学进行解释,无法得到一以贯之的融洽答案。因此,本文将引入价值衡量的视角,在现有的实体法律制度和执行程序规定的框架下,权衡债权人、债务人及相对人之间的利益关系,拟调和仲裁协议相对性原则与代位权制度的矛盾,论证代位仲裁的正当性。

(一)债权人利益保护已占据高位

1. 债权人代位权制度本身是对债权人的加强保护

代位权制度在我国设立,是为了给困扰中国企业多年的"三角债"问题多提供一个可资利用的手段。在利益基本平衡的制度下再引入一个有保护倾向的制度(债权人代位权制度)加强对债权人的保护时,是应无所不用其极、将该制度的保护效果行使得淋漓尽致,还是进行一些细节上的处理、让该制度的保护效果受到一定限制呢? 我们否认错误的代位仲裁立场,即为了保护债权人而选择架空债务人与相对人之间的仲裁协议,将债权人利益奉为圭臬,不惜调整债务人与相对人之间的法律关系;承认代位仲裁应为债权人权利强化留有撤回的余地和空间,使债权人与债务人的利益、此制度与彼制度的功效都呈现更为精美的抗衡关系。

2. 强制执行程序中的协助执行与转付命令可以实现部分相同功能

代位权制度相继在法国、日本以及我国台湾地区设立,其在法国设置是因为法国没有强有力的执行措施,在执行措施较为完备的日本和中国台湾地区,代位权制度也长期遭受考虑不周延、毫无实益的指责。①

在我国,债权人代位权制度与协助执行措施及转付命令并存,具体的优劣可由债权人依自身情形判断,选择有利者适用,②可谓强制执行措施比较完备,协助执行与转付命令与代位权制度在功能上部分重合。在"三角债"中,债权人、债务人与相对人的利益形成了三足鼎立的格局,加强对债权人的利益保护势必会贬损债务人与相对人的利益,有待考察的是,对债务人与相对人权利贬

① 参见韩世远:《合同法总论》(第4版),法律出版社2018年版,第434页。
② 同上注。

损的程度是否已达显失公平的程度。在强制执行措施已经能对债权人利益进行保障的基础上,债权人代位权制度提供了另一重保障,即对债权人的第二重保护,此强化保护本就扩大了债务人与相对人履行义务的途径,若还承认债权人能避开仲裁协议直接通过诉讼途径向相对人求偿,则对债务人与相对人是第二重不利益。

3. 民法典中代位权制度对债权人的保护更进一步

《合同法》(已失效)第 73 条将代位权的客体限定于到期债权,《民法典》则扩大代位权的客体范围,加大了债权人对债务人经济活动的干预。立法沿革上,《民法典草案(一审稿)》是"怠于行使权利",二审稿将之改为"债权以及与债权有关的从权利",三审稿再改为"债权或者与债权有关的从权利"。[①] 此外,《民法典》放宽了代位权的行使条件。原本《合同法》(已失效)第 73 条要求的是"债务人怠于行使其到期债权,对债权人造成损害的";《合同法解释(一)》第 13 条将其软化为"债务人不履行其对债权人的到期债务,又不以诉讼方式或者仲裁方式向其债务人主张其享有的具有金钱给付内容的到期债权,致使债权人的到期债权未能实现";《民法典》将"致使债权人的到期债权未能实现"改为"影响债权人的到期债权实现",[②]作了进一步软化。由此可见,《民法典》在《合同法》规定的代位权制度基础上,扩大客体、放松标准,实质性地放宽了债权人代位权成立及行使的要求。

---

① 民法理论认为,构成债务人的责任财产者,不仅限于债权,物权及物上请求权、形成权、诉讼法上的权利或公法上的权利等均包括在内。参见韩世远:《合同法总论》(第 4 版),法律出版社 2018 年版,第 443 页。

② 何为"影响债权人的到期债权实现",学界存有多种声音。传统学说认为,在债务人陷于"无资力"的状态时,将债务人的责任财产额与债务人所负债务总额进行比较,被称为"无资力说"。参见邱聪智:《新订民法摘编通则(下)》(新订 1 版),中国人民大学出版社 2004 年版,第 306 页。随后出现了在特定物债权的情况下采取以特定物债权的实现发生障碍为标准的"特定物债权说",对"无资力说"也进行了修正,认为该说应比较的是债务人现时可控制的财产和所负债务总额。参见崔建远:《债权人代位权的新解说》,载《法学》2011 年第 7 期。

(二)债务人与相对人的仲裁意愿应得到尊重①

仲裁的吸引力主要源于仲裁程序的灵活性以及仲裁程序的保密性,②而意思自治是其基石。③

首先,仲裁的灵活性体现在仲裁充分尊重当事人的意思自治,仲裁中的诸多具体程序都可以由双方当事人自愿协商确定与选择。当事人可以在仲裁中对仲裁庭的组成方式、开庭方式、准据法等进行选择,无严格的地域管辖规定。④因此,与民事诉讼相比,仲裁程序更加灵活,更具有弹性。

其次,仲裁的保密性体现在仲裁以不公开审理为原则且仲裁员、当事人、仲裁参与人都负有仲裁保密义务。我国《仲裁法》第 40 条规定:“仲裁不公开进行。当事人协议公开的,可以公开进行,但涉及国家秘密的除外。”《中国国际经济贸易仲裁委员会仲裁规则》第 38 条第 2 项规定:“不公开审理的案件,双方当事人及其仲裁代理人、仲裁员、证人、翻译、仲裁庭咨询的专家和指定的鉴定人,以及其他有关人员,均不得对外界透露案件实体和程序的有关情况。”由此可见,仲裁程序不对社会公开,仲裁审理不允许民众旁听和新闻媒体采访报道,仲裁裁决更不会上网,且仲裁文件、案件实体情况及审理过程不会被披露。与仲裁的保密性相比,《民事诉讼法》第 137 条规定,人民法院审理民事案件,除涉及国家秘密、个人隐私或者法律另有规定的以外,应当公开进行。离婚案件,涉及商业秘密的案件,当事人申请不公开审理的,可以不公开审理。可见,我国法院的审理以公开审理为原则、不公开审理为例外,在判断是否公开审理上法官享有较大自由裁量权。

债务人与相对人签订了仲裁协议,即希望将双方之间的法律关系(第二重法律关系)提交仲裁机构予以解决,必然有其自身的考虑。可能是看中了仲裁

---

① 仲裁意愿较早在颜盈盈的《试论合同当事人变更后仲裁协议的效力认定》一文中有提及,但该文讨论的是债权人的仲裁意愿会因否认仲裁协议效力向其扩张而贬损,进而妨碍债权人维护自己的利益,给侵害债权人利益的债务人和次债务人推诿、延缓或逃避债务留下可乘之机。然而,债权人若想仲裁,完全可以和债务人及相对人再达成仲裁协议,即承认仲裁协议的效力扩张实际上是拟制了债权人的仲裁意愿,并不能反过来说不承认仲裁协议的效力扩张是贬损了债权人的仲裁意愿。参见颜盈盈:《试论合同当事人变更后仲裁协议的效力认定》,载《仲裁与法律》2002 年第 5 期。

② See Gary B. Born, *International Arbitration: Law and Practice*, Kluwer Law International, 2016, p. 16.

③ Ibid, p. 37.

④ 参见江伟、肖建国主编:《仲裁法》(第 3 版),中国人民大学出版社 2016 年版,第 13 页。

程序的简便、青睐自己选定的仲裁规则，甚至是仲裁机构所在地在地理位置上离双方都很近；也有可能是不愿意让外界知道自己卷入纠纷、案件涉及商业秘密……不论何者，债务人与相对人经过协商签订的仲裁协议都承载着双方的自由意志，若因为债权人行使代位权，债务人与相对人的仲裁意愿就被忽视，债务人与相对人在签订仲裁协议时对纠纷解决方式的预期将被击碎，仲裁制度在债务人与相对人的眼中也将不再稳定。[①] 仲裁作为最能与诉讼程序分庭抗礼、为其分忧解难的替代性纠纷解决机制，也将逐步失去活力。因此，承认仲裁协议效力不可及于债权人，不仅会贬损债务人与相对人的自由意志，而且会伤害正在蓬勃发展的仲裁程序。

或有持诉讼说的论者对此进行批评，其认为允许债权人不与债务人或相对人达成仲裁协议就可以和他们一同参与仲裁程序，反而是不尊重债务人与相对人的表现。对于这一观点，下面将从代位权案件的两重法律关系分述之。对于第一重法律关系，债务人没有与债权人达成仲裁协议，因此，债务人对于仲裁事项和仲裁相对人都没有表达仲裁意愿；对于第二重法律关系，债务人与相对人达成了仲裁合意，因此双方对将这个事项提交仲裁解决并无异议，只是对债权人作为仲裁相对人并没有表达过仲裁意愿。由此可见，仲裁意愿其实可细分为对仲裁事项的仲裁意愿以及对仲裁相对人的仲裁意愿。对仲裁相对人的仲裁意愿要求应被淡化，在动态的交易过程和复杂的民事流转关系中，参与仲裁的以商主体为主，他们对于人身特定性的要求较低，因此应减少仲裁条款的人身依附性。[②] 对于第一重法律关系，债务人没有就第一重法律关系表达仲裁的意愿，但是对已经就第二重法律关系表达过仲裁意愿的债务人来说，仲裁程序在某些情形下是受其青睐的，对于第一重法律关系也很有可能有提请仲裁的意向；且如果不同意将第一重法律关系提请仲裁，那么债务人对第二重法律关系的仲裁意愿也将得不到实现。此时，可以推定债务人对第一重法律关系也是有仲裁意愿的。

---

① 北京市高级人民法院在（2020）京民终94号民事裁定书中以此作为支持代位仲裁的理由："如果债务人本人都无权对次债务人提起特定诉讼，则债权人也当然不得提起；否则，债务人与次债务人之间的管辖约定、仲裁条款等就会被轻易规避，这不仅对次债务人不公平，还可能滋生虚假诉讼。"

② 参见孙兆秋：《仲裁条款对合同第三人的效力》，载《北京仲裁》2005年第4期。

(三)债务人与相对人通过仲裁协议损害债权人的顾虑可以打消

或有诉讼说论者担心,债务人与相对人选定离债权人很远的仲裁机构或者知晓债权人难以承担仲裁费用,使债权人难以行使代位权。其一,笔者在北京市仲裁委员会实习期间发现,大部分因为一方当事人不便参与线下审理的案件,通过线上开庭的方式也得到了顺利解决。其二,仲裁费用昂贵实际上是不知全貌的错觉,仲裁费用并不必然高于法院费用,而是随着仲裁标的额的增加较法院收费越来越有优势。以一件国内民商事财产争议于 2022 年 5 月在我国法院进行诉讼涉及的案件受理费及案件处理费①、北京国际仲裁中心(以下简称北仲)和中国国际经济贸易仲裁中心(以下简称贸仲)进行仲裁分别涉及的仲裁机构管理费及仲裁员费用②为例,计算出的不同争议金额下各自的费用情况如表 1、图 1 所示:

表 1　仲裁机构案件受理费

单位:元

争议标的额	法院一审终审	法院二审终审	贸仲	北仲
500,000	7500	15,000	25,550	25,000
10,000,000	70,000	140,000	121,550	126,000
50,000,000	250,000	500,000	406,550	387,000
100,000,000	500,000	1,000,000	731,550	667,000
500,000,000	2,500,000	5,000,000	3,251,550	2,497,000
1,000,000,000	5,000,000	10,000,000	6,351,550	4,597,000

① 以《诉讼费用交纳办法》中规定的费用标准分别计算一审终审和二审终审的案件需要交纳的诉讼费用,其中,基于计算的可行性和比较的直观性,假设二审中上诉人就一审全部诉讼请求提起上诉。

② 申请费、鉴定费等其他可能产生的费用在诉讼程序与仲裁程序中都有可能出现,故置之不论。

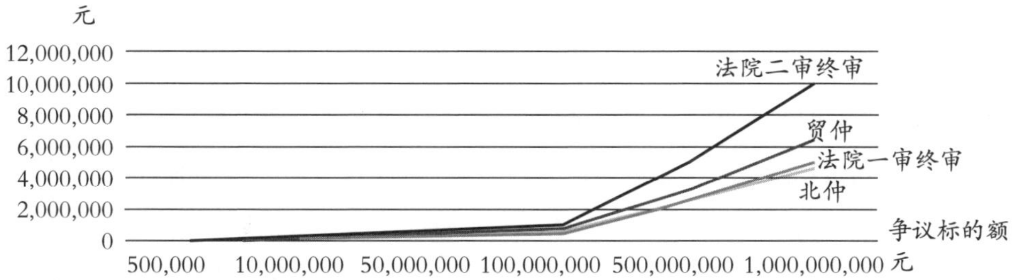

图1　仲裁机构案件受理费

从表1可以看出,在争议标的额大于1亿元时,二审终审的案件需交纳的费用开始逐步远高于需交纳给仲裁委员会的费用,在争议标的额大于5亿元时,需交纳给北仲的费用甚至低于需交纳给一审法院的费用。

四、代位仲裁的制度建构

(一)采仲裁机构与法院并列的表述

持仲裁说的学者认为,从法律规定出发可以对《合同法》(已失效)第73条或《民法典》第535条进行扩张解释,但如前所述,没有实质理由支撑又与体系解释不符的结论是站不住脚的,因为提出者没有履行自己的论证义务。是故,应对现行代位权规定作出调整。具体有以下两种方案:第一,《民法典》第535条明确规定的"债权人可以向人民法院请求以自己的名义代位行使债务人对相对人的权利,但是该权利专属于债务人自身的除外",适用时对条文作平义解释即可;第二,需要注意,此处采用简单的表述,但实际上其内涵是"债权人可以向人民法院请求以自己的名义代位行使债务人对相对人的权利,在债务人与相对人之间有仲裁合意的情况下向仲裁机构请求以自己的名义代位行使债务人对相对人的权利"。因为不同于本文讨论的债务人与相对人之间存在仲裁协议的语境,在债务人与债权人存在仲裁协议的情况下,债权人并不能对相对人提起仲裁。①

(二)明确债务人作为被申请人参与仲裁程序

对于代位权诉讼的诉讼形态,《合同法解释(一)》第16条第1款规定,债权

① 囿于篇幅,在这篇文章中不赘述,理由主要为相对人没有将第一重法律关系提交仲裁的意愿,且代位权不是债权人实现权利的唯一途径。

人以次债务人为被告向人民法院提起代位权诉讼,未将债务人列为第三人的,人民法院可以追加债务人为第三人。法律规定采用“可以”而非“应当”,导致实践中出现了债务人并未以被告或第三人身份参与诉讼的案例。[①] 根据《民法典》第 535 条的规定,代位权的构成要件有三:债权人对债务人拥有合法的到期债权、债务人怠于行使其对第三人的债权、债务人怠于行使影响了债权人到期债权的实现,[②]这些实体事项都与债务人有关且都需要在代位权案件中得到实质审理。从事实查明的角度来看,若没有债务人参与其中进行主张和举证,将很有可能出现债权人与相对人恶意串通、损害债务人的利益。从程序保障的角度来看,两重法律关系中都有一方主体是债务人,且最终代位权诉讼结果会对债务人产生实体影响,但是两重法律关系的审理却离开了债务人的参与,债务人在没有得到程序保障的情况下将受到裁判效力的拘束,违反了自我责任原理。可见,若不向债务人提供以被告身份参与或以第三人身份加入诉讼的机会,则既不利于事实的查明,也有失对债务人程序权益和实体权益的保护。

上述讨论也适用于代位仲裁程序。放眼代位仲裁,当下将第三人制度引入仲裁程序的理论基础和时机仍然都不成熟,因此,债务人应以被申请人的身份参与代位仲裁程序。与此配套,《民法典》、《仲裁法》以及各个仲裁机构的仲裁规则应明确加入该制度,表述以“债权人根据债务人与相对人之间的仲裁协议向仲裁机构提起代位权仲裁,必须将债务人、相对人共同列为被申请人。未将债务人列为被申请人的,仲裁庭不予受理”为宜。

五、结语

仲裁与诉讼制度在查清事实、保障程序权利方面相差无几,此外,仲裁协议最为显著的意义是双方将纠纷提交给仲裁管辖的意愿,是对仲裁事项受何种司法机关管辖所作出的安排。《民法典》已经将债权人代位权制度作了扩大适用,虽然强制执行法立法活动当下开展得如火如荼,但债务人与相对人的利益却似乎找不到一个扩张从而与之抗衡的出口。倘若再进一步地认为债务人和相对

---

① 参见山东省淄博市中级人民法院民事裁定书,(2021)鲁 03 民终 1724 号;北京市高级人民法院民事裁定书,(2020)京民申 3471 号。

② 参见王洪亮:《债法总论》,北京大学出版社 2016 年版,第 138～141 页。

人先前达成的仲裁协议可以为债权人行使代位权轻易瓦解,不但债务人与相对人之间的仲裁意愿受到了忽视,而且还会招致仲裁制度因不再有稳定的预期而被冷落的风险。

结合对代位制度和仲裁制度之抵牾的解释,对债权人、债务人及相对人之间的利益衡量进行分析,可得知债务人与相对人之间的仲裁协议对债权人具有约束力的方案更优。在具体制度构建上,一方面,《民法典》代位权规定中应采取仲裁机构与法院并列的表述;另一方面,相关法律及仲裁机构的仲裁规则应明确规定代位仲裁中债务人应作为被申请人参与仲裁程序。

诉裁并存争议解决条款之管辖归属

韩　煦*

摘　要:争议解决条款本是为了解决双方当事人的纠纷,但诉裁并存争议解决条款的出现为管辖的归属增加了不确定性。对此情形,首先,应具体区分诉裁并存争议解决条款的两种不同形式,判定真正意义上的或裁或诉条款和先裁后诉条款。其次,管辖归属源于对该类型条款效力的判定。具体而言,或裁或诉条款整体为有效,但其中的仲裁条款因违反法律规定而为无效,但诉讼管辖条款若满足生效要件则应不受影响为有效。而在先裁后诉条款中,具有选择优先性的仲裁条款为有效,而诉讼管辖条款因违反一裁终局原则而为无效。最后,双方当事人在订立合同时应尽量对争议解决条款约定明确,若对诉裁并存争议解决条款无法达成补充协议,则相应纠纷应按或裁或诉条款和先裁后诉条款的效力进行管辖的确定。

关键词:诉裁并存　或裁或诉　先裁后诉　意思自治　管辖归属

近年来,在民商事纠纷中,采取仲裁形式解决纠纷的情形逐渐增多。作为一种诉讼以外的纠纷解决机制,仲裁在争议解决领域中的优势也逐渐显现,其充分尊重当事人自治、快捷、便利等特点为民商事纠纷的解决打开了新的一扇门,同时为法院减少了部分诉累,实现了既方便当事人又加快纠纷解决的双重效果。作为一种不同于诉讼管辖的争议解决方式,其存在必然可以带来一定的积极效果,但同时为争议解决条款的确定性造成了一定的负担。对此,诉讼管

---

* 韩煦,上海市人民检察院第二分院检察官助理。

辖条款已不再是唯一的争议解决方式,除独立的仲裁条款和诉讼管辖条款外,诉裁并存的争议解决条款也逐渐浮出水面,对实践中争议解决的管辖问题造成了一定的模糊。

一、诉裁并存争议解决条款之展露

实践中,争议解决条款充分体现了尊重当事人意思自治的理念,在合同履行过程中,若出现无法调和的问题,双方可以按照合同约定的争议解决条款解决相应的纠纷。可以说,争议解决条款是合同不可或缺的一部分,对整个合同的履行及纠纷的解决起着至关重要的作用,是当事人在管辖问题上意思自治的充分体现。对于争议纠纷的管辖而言,法定管辖属于例外情况,争议出现时,约定管辖优先。因此,在争议解决中,双方当事人极其注重这一权利的行使,对合同纠纷的争议解决行使充分的意思自治,而该意思自治的体现便是合同的争议解决条款。

在仲裁出现以前,诉讼管辖条款作为一种单一的争议解决方式并不会影响争议解决条款的确定性,但是当仲裁作为一种不同于法院的纠纷解决方式,其对争议解决条款的影响逐渐展现。在争议解决条款中多了对仲裁形式的选择,在此选择中,单一的仲裁条款或诉讼管辖条款并不会对管辖问题产生混淆,但当这两种选择方式的混合形式作为一种特殊的争议解决条款出现在大众面前时,便打破了争议解决条款原有的平静,造成了争议解决条款管辖问题的模糊。

这种诉裁并存争议解决条款体现了仲裁和诉讼两种争议解决方式的混合,在这样的争议解决条款中,既包括提请仲裁的意思,也存在对诉讼管辖的选择,两者并存在一个争议解决条款中,互相独立,却又互相影响,为争议解决条款的确定披上了一层面纱。

二、诉裁并存争议解决条款之初探

尽管在诉裁并存争议解决条款中存在仲裁和诉讼两种争议解决方式,但却可以根据文义表述的不同将其具体分为两种情形。一种是或裁或诉条款,另一种是先裁后诉条款。尽管在司法实践中,有法院将其统一为或裁或审条款,但实际上两者存在明显的差异,不可混为一谈。[①] 两者虽均体现为仲裁条款和诉讼管辖条款的并存,但实际上存在逻辑关系的差异[②]。或裁或诉条款属于选择性条款,两种方式的选择是并列的,没有先后顺序;相反,先裁后诉条款则属于顺序性条款,两种方式存在一种递进,即两者的选择存在一个先后关系。由此可知,对于诉裁并存争议条款应该具体分析,分别判定不同类型的争议解决条款,进而确定该形式下的管辖归属。

(一)或裁或诉条款的判定

或裁或诉条款是诉裁并存争议解决条款的一种表现形式,在该条款中,既存在当事人将争议纠纷提请仲裁的意思表示,同时又约定了法院的管辖。就两者的选择而言呈现"或……或……"的形式,即两者的选择是平等和平行的,既可以选择 A,也可以选择 B。这种形式的条款极大地反映了双方当事人的意思自治,同时也是一种选择权的体现。但是并非只要出现这两种争议解决方式并存的"或"字表述即为或裁或诉条款,其判定还应考虑各部分条款的效力即条款的独立性部分效力判定问题。

"或……或……"形式的条款看似是一个整体,但实际为两个独立的部分,即或仲裁部分和或法院部分,故对该条款的效力判定应分别考虑其各自部分的效力。对于或仲裁部分条款的效力而言,除《仲裁法》第 17 条规定的仲裁协议无效的几种情形外,《仲裁法》第 16 条规定,仲裁协议应该具备请求仲裁的意思表示、仲裁事项和选定的仲裁委员会三部分,同时第 18 条规定,仲裁协议对仲裁事项或者仲裁委员会没有约定或者约定不明确的,当事人可以补充协议;达不成补充协议的,仲裁协议无效。因此,总体而言,一个有效的仲裁条款应该具备请求仲裁的意思表示、仲裁事项和选定的仲裁委员会三部分,且对于具体的仲裁事项或者仲裁委员会应约定明确,同时不存在《仲裁法》第 17 条规定的无效情形,只有如此,仲裁条款的效力才可以得到确定,若争议解决条款的或仲裁部分不符合上述规定,则该部分不属于符合生效条件的仲裁条款,也就不属于真正意义上的或裁或诉条款。同理,或法院部分,也应该符合诉讼管辖的规定。

---

① 参见牛妍:《"或裁或审"条款效力的实证分析》,华东政法大学 2017 年硕士学位论文,第 2 页。

② 参见杜涛、张炳南:《论"或裁或审"条款的实践发展与反思——兼评仲裁法司法解释第 7 条》,载《时代法学》2019 年第 6 期。

在诉讼管辖条款的意思自治中对法院的选择应具体、明确，不得违反级别管辖和专属管辖的规定，否则或法院部分的条款也不属于真正意义上的诉讼管辖条款，并因此不属于或裁或诉条款。

因此，对于或裁或诉条款的管辖问题应该首先判定是否属于或裁或诉条款，其特征大概可以表示为以下三点：(1)争议解决条款中包含提请仲裁和选择诉讼管辖两种争议解决方式；(2)两种方式的选择是并列的、平行的；(3)两种解决方式均满足各自的生效条件。[①] 只有符合以上特征的条款类型才属于或裁或诉条款，引发诉裁并存争议解决条款的管辖归属问题。若其中一部分无效或者全部无效，则应该依据当事人意思自治和法定管辖的规定分别处理。即若"或……或……"形式争议解决条款中，仲裁条款因不符合生效要件时，诉讼管辖条款若符合生效条件，则按照诉讼管辖条款确定管辖归属。在诉讼管辖条款不符合生效要件时，仲裁条款若符合生效要件，则按照仲裁条款确定管辖归属。若两部分争议解决方式均不符合生效要件，则该争议解决条款整体无效，若双方当事人无法达成补充协议，相关争议则应按照法定管辖确定管辖归属。

(二)先裁后诉条款的判定

先裁后诉条款作为诉裁并存争议解决条款的另一种表现形式，其与或裁或诉条款存在显著的差异，差异主要表现在逻辑的体现和效力的判定上。与或裁或诉条款中"或……或……"形式不同，先裁后诉条款则表现为"先……后……"的形式，即在纠纷的处理上，当事人先选择了仲裁作为争议纠纷的解决方式，但同时，又将诉讼管辖作为补充，该形式体现了当事人对意思自治原则的充分适用，但也在一定程度上冲破了法律的制约，破坏了仲裁的一裁终局原则，因此该等意思自治会受到一定程度的限制。但是，和或裁或诉条款的判定一样，我们不能仅仅依据形式上的"先……后……"来判定是否属于先裁后诉条款，对于该种形式的表述也要具体区分。

"先……后……"形式的争议解决条款和"或……或……"形式的争议解决条款存在不同，该形式有先后顺序的制约，即当事人已经明确将第一顺位给了仲裁作为争议解决的方式，因此其判定也较为简单，即只要确定仲裁条款是否

---

① 参见宋连斌、黄保持：《违反一裁终局原则对仲裁协议效力的影响：基于中国实践的实证分析》，载《国际法研究》2017年第1期。

符合生效要件即可将其确定为先裁后诉条款。究其原因在于,该形式的条款中争议解决的选择具有一定的顺序,其主要表现为递进式的管辖逻辑,后一种管辖方式实际上是对前一种管辖方式所做的补充,因此,若前一种管辖方式无效,后一种管辖方式则失去了其存在的意义,也就没有判定效力的必要。但与或裁或诉条款判定不同的是,先裁后诉条款存在一个先后顺序的问题,其实际对于仲裁的选择具有很强的趋向性,因此,对于否定该趋向性但形式上满足"先……后……"形式的条款不应该因为仲裁条款无法适用而否认后续诉讼条款的效力。这种形式的条款主要表现为"先提请仲裁,仲裁不成/失败的,再向法院提起诉讼",该形式的争议解决条款看似是采取了仲裁优先的驱动性,但其具体表述为"仲裁不成/失败"而非先裁后诉条款常用的"对仲裁裁决不满意/不服仲裁裁决",对此表述,即使部分法院认为,该条款中提请仲裁的意思表示具有优先性,进而认定该条款中仲裁条款为有效。[①] 但实际上,这样的认定只是为了排除或裁或诉条款,其并不属于真正意义上的先裁后诉条款。"仲裁不成/失败"的意思在于形式上失败,并未违反一裁终局原则,而"对仲裁裁决不满意/不服仲裁裁决"在于结果不满意,因此,两者应该予以区分,应对形式上不满足条件而无法适用的仲裁条款基于当事人意思自治予以救济,对其后续的诉讼管辖条款予以肯定,即在"先提请仲裁,仲裁不成/失败的,再向法院提起诉讼"形式的表述中,若仲裁条款不满足生效要件,则后续的诉讼管辖条款若符合生效要件,应该肯定诉讼管辖条款的效力。

因此,对于先裁后诉条款的判定应该注重以下特征:(1)争议解决条款中包含提请仲裁和选择诉讼管辖两种争议解决方式;(2)两种方式的选择为递进的,存在先后顺序,即仲裁管辖在先,诉讼管辖在后;(3)在先的仲裁解决方式满足生效条件。[②] 故而,对于"先……后……"形式的争议解决条款而言,若在先的仲裁条款符合其生效要件,则属于先裁后诉条款,若在先的仲裁条款不符合其

---

① 参见北京庄维房地产开发有限责任公司诉中国人民解放军陆军装备部申请确认仲裁协议效力案,北京市第二中级人民法院民事裁定书,(2017)京02 民特85 号;常德邵商置业有限公司湘西北国际五金机电城申请黄超群确认仲裁协议效力案,湖南省常德市中级人民法院民事裁定书,(2019)湘07 民特47 号;临沂升龙网络科技有限公司诉上海柏臻网络科技有限公司申请确认仲裁协议效力案,上海市第一中级人民法院民事裁定书,(2018)沪01 民特674 号。

② 参见宋连斌、黄保持:《违反一裁终局原则对仲裁协议效力的影响:基于中国实践的实证分析》,载《国际法研究》2017 年第1 期。

生效要件时，除非其表述为“先提请仲裁，仲裁不成/失败的，再向法院提起诉讼”的形式（此种形式下，诉讼管辖条款若符合生效要件，则相关纠纷按照诉讼管辖条款确定管辖归属），否则该争议解决条款整体无效，对于相关纠纷，若双方当事人无法达成补充协议，则依照法定管辖处理。

综上所述，对于诉裁并存争议解决条款的管辖归属问题而言，第一步应该确定该条款是否符合或裁或诉条款和先裁后诉条款的要件。对于不符合要件的条款，其不属于或裁或诉条款和先裁后诉条款，对其管辖归属应该具体分析。其中，“或……或……”形式的条款中，部分管辖条款不符合生效要件时，另一部分应该基于充分尊重当事人意思自治的原则，以该符合生效要件的部分管辖条款确定管辖归属。若两部分管辖条款均不符合生效要件，则在双方当事人无法达成补充协议的情况下，相关纠纷按照法定管辖处理。“先……后……”形式的条款中，由于存在递进的选择关系，若在先的仲裁条款符合生效要件，则可以确定为先裁后诉条款，若在先的仲裁条款不符合生效要件，则要看其是否构成“先提请仲裁，仲裁不成/失败的，再向法院提起诉讼”的形式，构成该形式的，诉讼管辖条款若符合生效要件则按照诉讼管辖条款进行管辖，若不符合生效要件，则按照法定管辖处理。若在先的仲裁条款既不符合生效要件，也不满足“先提请仲裁，仲裁不成/失败的，再向法院提起诉讼”的形式，则该条款既不属于先裁后诉条款，同时也不存在管辖的效力，相关纠纷应按照法定管辖处理。第一步判定完成后，第二步在于或裁或诉条款和先裁后诉条款的区分，两者的区别在于逻辑管辖的选择是平行还是递进，并由此引发管辖效力的不同。

三、诉裁并存争议解决条款之剖析

根据对诉裁并存争议解决条款的判定，我们可以从一些争议解决条款中将披着诉裁并存“外衣”的条款排除在外，分析真正诉裁并存争议解决条款的管辖归属。就此而言，诉裁并存争议解决条款之剖析也主要针对或裁或诉条款和先裁后诉条款展开，从而具体区分两者的管辖归属。

管辖归属的确定源于对该类型争议解决条款效力的判定，即效力决定了诉裁并存争议解决条款的管辖归属。由于或裁或诉条款和先裁后诉条款的差异，其效力分析应该分别予以展开。

（一）或裁或诉条款的效力

或裁或诉条款是在争议解决条款中同时包含仲裁和诉讼的争议解决条款，两种解决方式是平行并存的，均满足各自的生效要件。在该类条款中，由于存在两种符合生效条件的争议解决方式，因此便面临着效力和管辖的选择问题。

对此，学者对或裁或诉条款的效力看法不一，从宏观而言，主要分为整体有效的观点和整体无效的观点。

持整体有效观点的学者认为，虽然或裁或诉条款不具备可执行性，但其源于当事人真实意思表示，应从程序契约的角度进行整体性审查。[①] 因此，整体有效的观点将或裁或诉条款看成一个整体，一部分有效则整个条款有效。故而，整体有效的观点又根据部分条款效力的不同分为仲裁条款和诉讼管辖条款均有效、仲裁条款有效诉讼管辖条款无效以及仲裁条款无效诉讼管辖条款有效三种观点。其中，仲裁条款和诉讼管辖条款均有效的观点认为，由于或裁或诉条款中，仲裁条款和诉讼管辖条款均符合生效要件，因此两种选择方式都属于双方当事人真实的意思表示，且两种方式的关系是平行的，应给予两种方式平等的选择权。[②] 此外，仲裁条款与诉讼管辖条款并非只可存其一，仲裁协议有效的前提并非排除诉讼管辖，而是仲裁协议有效的效果是没有诉讼管辖，因此如果认定其中一种方式有效的话，则另一种方式也应该有效。[③] 对此，在两者均有效的前提下，应该给予当事人自由选择权，若双方当事人没有达成一致意见，则按照先系属先管辖原则确定管辖归属。而仲裁条款有效诉讼管辖条款无效的观点则主要基于支持仲裁政策的考量，仲裁作为一种不同于法院的争议纠纷解决方式，其高效、便捷、充分尊重意思自治的优势逐渐显现，因此，英国和瑞士等一些支持仲裁的国家在或裁或诉条款中倾向于支持仲裁，同时，在国际惯例中也作出了有利于仲裁的解释，[④]将或裁或诉条款的管辖归属终结于仲裁。仲裁条款无效诉讼管辖条款有效的观点是当前我国法律规定下的产物。对于或裁或

---

① 参见伊立：《“或裁或审”争议解决方式的法律冲突及克服》，载《山东审判》2014 年第 3 期。

② 参见杜涛、张炳南：《论“或裁或审”条款的实践发展与反思——兼评仲裁法司法解释第 7 条》，载《时代法学》2019 年第 6 期。

③ 参见杨玲：《论“或裁或审”条款中仲裁条款的效力——以海峡两岸司法实践为视角》，载《西北大学学报(哲学社会科学版)》2014 年第 4 期。

④ 参见项曦：《浅议国际民商事仲裁中“或裁或审”仲裁协议的效力》，“决策论坛——基于公共管理学视角的决策研讨会”论文，2015 年。

诉条款的效力,《最高人民法院关于适用〈中华人民共和国仲裁法〉若干问题的解释》第7条中规定:“当事人约定争议可以向仲裁机构申请仲裁也可以向人民法院起诉的,仲裁协议无效。”该规定在文义上明确否认了或裁或诉条款中仲裁条款的效力,选择了法院作为或裁或诉条款的管辖归属。

相反,整体无效的观点则认为由于或裁或诉条款没有明确的争议解决方式,难以确定当事人意愿一致的争议解决机构,违反了争议解决条款设立的初衷,因而即使其中的仲裁条款和诉讼管辖条款均符合生效要件,但该争议解决条款也属于整体无效,最终的纠纷应按照法定管辖处理。[①]

相比学界对此争议的观点不一,司法实践中关于或裁或诉条款的效力认定则相对简单。主要分为整体无效和仲裁条款无效诉讼管辖条款根据生效要件具体判定两种观点。持整体无效观点的法院认为,或裁或诉条款中既包括仲裁的合意,又包括诉讼的合意,违反了争议解决条款的唯一性和排他性,约定了两个互相排斥的争议解决方式,故应认定为该条款整体无效,相关争议解决按照法定管辖处理。[②] 相反,大多数法院认为或裁或诉条款中,约定了仲裁或诉讼两种选择性的争议解决方式。因争议解决条款是当事人依据意思自治原则选择争议解决方式的约定,性质上属于当事人之间关于争议解决方式达成的契约,在没有禁止性规定的情况下,应最大限度地尊重当事人的意思自治,这符合现代民事纠纷合意解决机制的价值理念。对此,应根据当事人在约定条款中的真实意思表示,对条款中仲裁或诉讼管辖约定的效力分别作出认定,约定部分无效的,并不当然导致争议解决条款整体无效。故根据《最高人民法院关于适用〈中华人民共和国仲裁法〉若干问题的解释》第7条的规定,仲裁条款无效,诉讼管辖条款若符合生效要件,则为有效。[③]

---

① 参见孙亚男:《“或裁或审”条款的效力分析》,载《牡丹江大学学报》2017年第2期。

② 参见江苏顺泰交通集团有限公司与深圳桑达电子设备有限公司定作合同纠纷案,江苏省高邮市人民法院民事裁定书,(2015)邮商辖初字第00005号;大峘集团有限公司诉江苏中柱建设工程有限公司江都分公司、江苏中柱建设工程有限公司合同纠纷案,江苏省南京市中级人民法院民事裁定书,(2017)苏01民终5858号;江苏顺通建设集团有限公司与中铁十五局集团第五工程有限公司建设工程施工合同纠纷上诉案,陕西省高级人民法院民事裁定书,(2016)陕民终388号。

③ 参见天津天堰科技股份有限公司与贵州腾威药业有限公司买卖合同纠纷案,天津市西青区人民法院民事裁定书,(2018)津0111民初4110号;江西省城建建设集团有限公司与马鞍山钢铁建设集团有限公司买卖合同纠纷上诉案,安徽省马鞍山市中级人民法院民事裁定书,(2018)皖05民辖终6号。

从以上理论和司法实践的观点可以看出,对于或裁或诉条款的效力仍存在一定的争议,因而导致管辖归属的不统一。对此,判定或裁或诉条款的效力就显得至关重要。对于或裁或诉条款的判定可以从争议解决条款设立的初衷和《最高人民法院关于适用〈中华人民共和国仲裁法〉若干问题的解释》第7条的立法目的两方面展开。

争议解决条款的设立是充分尊重当事人意思自治原则的体现,反映了一定程度的自由选择权。当事人在订立合同时,考虑到合同履行过程中可能存在的争议而设立了争议解决条款,从或裁或诉条款的设立来看,该条款里包含的两种争议解决方式都应该是当事人可以接受的解决纠纷的措施,但当双方当事人由于主观不明或者客观不知等原因而订立了或裁或诉条款时,就出现了管辖归属的不明确。但该不明确不能否认其选择的可接受性,即对于当事人而言,仲裁或诉讼都是其可以接受的争议解决方式,两种争议解决方式的任何一种均可。因而,从或裁或诉条款设立的目的来看,该条款从整体角度而言应该是有效的。

但或裁或诉条款整体有效并不意味着仲裁条款和诉讼管辖条款均有效,当事人选择何种类型的争议解决方式,完全取决于当事人的意思自治,但是达成的争议解决方式若要发生法律效果,则要符合法律的规定,[①]即体现自由的意思自治不能违背法律的相关规定。对此,《最高人民法院关于适用〈中华人民共和国仲裁法〉若干问题的解释》第7条明确规定了在或裁或诉条款中,仲裁协议无效,因而,或裁或诉条款中两种争议解决方式均有效的观点被否定。但仲裁协议的效力被否定并非强硬的简单规定,而是仲裁的特性使然。仲裁与诉讼虽然均为争议解决方式,但两者毕竟存在不同,诉讼有国家强制力的保护,而仲裁则更多地体现了当事人的意思自治,因此,对于仲裁而言,当事人对仲裁选择的明确性至关重要,即提交仲裁的当事人必须具有明确的请求仲裁的意思表示。[②]故而,在或裁或诉条款中,当事人虽对于仲裁和诉讼作为争议解决方式均认可,但由于其对仲裁和诉讼的选择处于不确定的状态,导致请求仲裁的意思表示并

① 参见宋连斌、黄保持:《违反一裁终局原则对仲裁协议效力的影响:基于中国实践的实证分析》,载《国际法研究》2017年第1期。

② 参见谢石松主编:《商事仲裁法学》,高等教育出版社2003年版,第137页。

不明确唯一,存在其他可供选择的争议解决方式,因此在或裁或诉条款中,仲裁条款无效。

因此,在或裁或诉条款的效力判定中,条款整体为有效,但仲裁条款无效。进而,对或裁或诉条款的效力判定只剩下对诉讼管辖条款的效力判断,即在仲裁条款无效、诉讼管辖条款符合生效要件的情况下,诉讼管辖条款的效力如何?

对此主要有两种观点:一种观点认为符合生效要件的诉讼管辖条款为无效,原因在于或裁或诉条款中管辖权存在不明,同时,诉讼管辖条款的存在导致或裁或诉条款中仲裁条款的无效,两者是一个整体,因此,仲裁条款无效时诉讼管辖条款也应该为无效。① 相反,另一种观点则认为即使仲裁条款无效,但是诉讼管辖条款符合生效要件,应为有效。主要理由在于争议解决条款是一种"特殊"的合同,适用合同部分无效理论,②即原《合同法》第 56 条中规定,"合同部分无效,不影响其他部分效力的,其他部分仍然有效"。因此,仲裁条款无效时,诉讼管辖条款作为与其独立的部分,应为有效。③ 对此,大多数司法实践中法院持相同观点。由此可见,对或裁或诉条款中诉讼管辖条款效力的判定,多数学者和司法实践持有效观点,这也在一定程度上尊重了当事人的意思自治。

实际而言,在或裁或诉条款中,仲裁条款的无效不应该影响符合生效要件的诉讼管辖条款的效力。一方面,争议解决条款是当事人意思自治的结果,即使在或裁或诉条款中当事人选择了不唯一的争议解决方式,在实践中出现了管辖选择的困难,但是无论哪种方式,除去效力来看,都是当事人意思自治下的争议解决方式,相比直接受约束的法定管辖而言,或裁或诉条款中的裁或诉都体现了当事人的意愿,因此,即使当事人其中一个意愿因违反法律规定被否定,但另一个满足生效要件的意愿应被支持,只有这样才能实现争议解决条款的设立初衷。另一方面,《最高人民法院关于适用〈中华人民共和国仲裁法〉若干问题的解释》第 7 条只是规定或裁或诉条款中,仲裁协议无效,并未规定争议解决条款无效,而仲裁协议仅仅是争议解决条款的方式之一,因此,其无效并不意味着整个争议解决条款无效。此外,或裁或诉条款作为合同的一个条款,其本身具

---

① 参见张瑶:《或诉或裁条款在我国司法实践中的效力认定》,载《长江论坛》2018 年第 6 期。

② 参见宋连斌、黄保持:《违反一裁终局原则对仲裁协议效力的影响:基于中国实践的实证分析》,载《国际法研究》2017 年第 1 期。

③ 参见孙亚男:《"或裁或审"条款的效力分析》,载《牡丹江大学学报》2017 年第 2 期。

备两个可以选择的独立的争议解决方式,根据合同部分无效理论来看,合同部分无效并不影响其他部分的效力,因而,仲裁条款的无效也不应该影响诉讼管辖条款的效力。

综上所述,对于或裁或诉条款的效力判定而言,应从整体上将其认定为有效,但其中的仲裁条款无效,而诉讼管辖条款不受仲裁条款无效的影响仍为有效。

(二)先裁后诉条款的效力

相较于或裁或诉条款中存在两个平行可选择的争议解决方式而言,先裁后诉条款的效力判定相对简单。由于在先裁后诉条款中当事人对争议解决方式的选择是递进的,仲裁的意思表示优先,因而在满足与或裁或诉条款相似的其他要件下,只要仲裁条款符合生效要件即为先裁后诉条款。但条款判定的明确并不代表条款效力的明确,对于先裁后诉条款的效力,仍存在不同的观点。

学理上对于先裁后诉条款的效力研究较少,大多数都统一在或裁或诉条款中进行效力判定,少部分研究中对先裁后诉条款的效力判定也存在有效和无效之分。主张无效的观点认为先裁后诉条款否定了仲裁裁决的终局性原则,因此应为无效。[①] 在一些法院裁定中也存在类似的观点。[②] 除此之外,大多数学者持有效观点,其认为先裁后诉条款中,仲裁条款的表述明确,且对两种争议解决方式的选择是有先后顺序的,提请仲裁的意思表示优先,并非两者均可。[③] 同时,在司法实践中,法院也基本持有效观点,认为先裁后诉条款不同于或裁或诉条款,其对于仲裁的表示具有优先性,因此仲裁条款有效,但后面的诉讼管辖条款因违反一裁终局原则而为无效。[④]

---

① 参见常宏磊:《裁审并存的仲裁协议效力及存在的认定》,载《河北经贸大学学报(综合版)》2008年第3期。转引自黄进、宋连斌、徐前权:《仲裁法学》(修订版),中国政法大学出版社2007年版,第100页。苏庆、杨振山主编:《仲裁法及配套规定新释新解》,人民法院出版社1999年版,第190页。

② 参见东营博瑞制动系统有限公司管辖权异议案,山东省东营市中级人民法院民事裁定书,(2016)鲁05民辖终207号。

③ 参见张瑶:《或诉或裁条款在我国司法实践中的效力认定》,载《长江论坛》2018年第6期。

④ 参见中船重工(重庆)海装风电设备有限公司诉天津德威涂料化工有限公司申请确认仲裁协议效力案,北京市第三中级人民法院民事裁定书,(2016)京03民特289号;北京新华多媒体数据有限公司与乌鲁木齐盛世维媒信息科技有限公司申请确认仲裁协议效力案,北京市第四中级人民法院民事裁定书,(2019)京04民特382号;天合石油集团股份有限公司等与殷某等申请确认仲裁协议效力案,北京市第四中级人民法院民事裁定书,(2018)京04民特237号。

对此,笔者认为,先裁后诉条款的判定首先考察当事人的意思表示。与或裁或诉条款的两者均可不同,先裁后诉条款体现了双方当事人选择先仲裁的仲裁优先性,该意思表示明确,因此应该肯定仲裁条款的效力。同时,判定先裁后诉条款中仲裁条款有效也符合支持仲裁的原则,不违反法律的相关规定,即法无明文禁止即可为,因而在没有禁止先裁后诉条款中仲裁条款效力的情形下,其有效性不应该被否定。最后,肯定先裁后诉条款中仲裁条款的效力并不违反一裁终局原则。《仲裁法》第 9 条第 1 款规定:"仲裁实行一裁终局的制度。裁决作出后,当事人就同一纠纷再申请仲裁或者向人民法院起诉的,仲裁委员会或者人民法院不予受理。"由此可见,一裁终局原则指的是裁决结果终局而不是仲裁选择必须终局,仲裁并非解决争议的唯一方式,只要保证仲裁裁决结果终局就不会违背一裁终局原则,因而仲裁条款应为有效。但在先裁后诉条款中,除了优先被选择的仲裁条款外,还包括了诉讼管辖条款,即对仲裁裁决结果不满意可以选择诉讼作为更进一步的解决措施。对于该表述而言,其违反了仲裁裁决的一裁终局原则,因此,后续的诉讼管辖条款应为无效。根据前述合同部分无效理论,该部分条款无效并不影响在先的仲裁条款的效力。

因而,在对先裁后诉条款效力的判定上,该条款整体为有效,仲裁条款也为有效,但其中的诉讼管辖条款因违反仲裁裁决一裁终局原则而为无效。

四、诉裁并存争议解决条款之归属

一般而言,争议解决条款是当事人意思自治的充分体现,因此在遇到诉裁并存争议解决条款时,首先可以允许当事人基于意思自治原则对该争议解决条款进行补充协议,若双方当事人达成了对于争议解决方式的补充协议,从而确定了明确且唯一的争议解决机构,则相应的纠纷应按照双方当事人新达成的补充协议确定管辖归属。相反,若双方当事人并未对此诉裁并存争议解决条款进行补充协议或者在补充协议的订立中对争议解决方式并未达成一致意见,则相应的纠纷仍应回归于诉裁并存争议解决条款的效力判定和管辖归属的确定上。

在对诉裁并存争议解决条款进行效力判定后,其管辖归属也相应得到明确,即效力判定在一定程度上决定了诉裁并存争议解决条款的管辖归属。由于或裁或诉条款和先裁后诉条款的效力判定不同,两种形式的管辖归属进而也存在差异。

具体而言，在或裁或诉条款中，仲裁条款因违反《最高人民法院关于适用〈中华人民共和国仲裁法〉若干问题的解释》第 7 条的规定而被认定为无效，而具备生效要件的诉讼管辖条款因不受仲裁条款无效的影响而为有效，因此当事人就合同履行过程中出现的问题可以按照或裁或诉条款中有效的诉讼管辖条款向法院起诉，从而解决相关纠纷。这不仅符合当事人的真实意思表示，同时相较于法定管辖的确定而言，也在一定程度上提高了争议解决纠纷的效率。而在先裁后诉条款中，由于仲裁条款的效力被认定为有效，因而相关纠纷应该提请仲裁进行裁决。但需注意的是，仲裁裁决结果与法院第一次审判结果不同，裁决结果具有终局性，即使对裁决结果不满意，也不可以另行提起诉讼或再次申请仲裁。因而，当事人在选择仲裁作为争议解决方式的同时，也应该考虑仲裁裁决的一裁终局性，从而使自己的利益实现最大化，更有利地解决相关纠纷。

五、结语

争议解决条款体现了当事人在订立合同过程中充分的意思自治，是双方当事人真实意愿的表示，但有时当事人对争议解决条款存在认识不足，因而诉裁并存争议解决条款便由此产生。当出现诉裁并存争议解决条款时，相关纠纷的管辖归属可能难于确定。为此，对于双方当事人而言，其在订立合同时应具备充分的注意，本着以将来可能发生争议为前提考量合同的具体条款尤其是争议解决条款，充分考虑出现相应纠纷时，如何可以使合同条款实现对自身利益的最大化保护。另外，在具体订立争议解决条款时，应尽可能使该条款明确，使争议解决方式尽量唯一，以避免出现管辖无法确定的问题。最后，若在订立基本的合同条款时，并不能事事考虑周全，应尽可能地在合同条款上拟定一个可以设立补充条款的兜底条款，从而尽最大可能弥补合同条款订立初期思虑不足的缺陷，实现争议纠纷的顺利解决。

【仲裁制度】

中国仲裁司法审查制度的实践和完善

张　悦　李明蔚*

摘　要:我国仲裁司法审查经历了从单一救济到双重救济、全面审查到程序性审查的转变,随着后续相应司法解释的出台,已经形成了一套较为完整的审查体系,但是这套体系当中依旧存在公正与效率、立法价值与实践价值、形式化审查与实质化审查以及裁决效力的扩张性与裁决效力的相对性等矛盾,《仲裁法征求意见稿》将不予执行制度舍弃以后,虽然在一定程度上缓解了这些矛盾,但是又出现了新的问题,为了能够解决这些问题应当在保留不予执行制度的基础之上厘清两种审查方式的功能定位,细化相关的程序以期解决两种审查方式之间存在的矛盾。

关键词:仲裁司法审查　申请撤销　不予执行　制度完善

一、我国仲裁司法审查的立法实践和司法实践

(一)立法实践

1. 从单一救济到双重救济

我国于1991年颁布了第一部《民事诉讼法》,其第217条正式确立了仲裁裁决的不予执行制度,国内仲裁裁决出现以下几种情形时,当事人可以申请不予执行:在合同中当事人没有约定仲裁条款或者事后双方没能达成书面仲裁协议;申请裁决的事项在仲裁协议的范围之外或者仲裁机构没有权力仲裁当事人

* 张悦,辽宁大学法学院讲师;李明蔚,辽宁大学法学院硕士研究生。

提出的事项;仲裁庭的组成或者仲裁的程序与法律规定相悖;认定事实的主要证据不足;适用法律确有错误;仲裁员仲裁时有贪污受贿、徇私舞弊、枉法裁决的违法行为;裁决违背社会公共利益。2007 年《民事诉讼法》再次修正时并没有对该条进行修正。

在设立不予执行之后,1995 年实施的《仲裁法》规定了申请撤销仲裁裁决这一另外的审查方式,主要是基于以下几点原因:首先,在不予执行当中,有权申请的主体只能是被执行人,申请执行人没有申请不予执行的权利,为了能够不区别对待,使申请执行人也有权利救济的机会,《仲裁法》在出台时另行设立了申请撤销仲裁裁决这种审查方式。其次,时任全国人大常委会法制工作委员会主任顾昂然解释道,"规定申请撤销裁决的程序,有利于保护当事人的合法权益,减少仲裁工作中的失误,美国、德国、法国、日本等许多国家都有这样的程序",[①]可以看出设立这一程序也是参照了当时其他国家的规定,目的是实现我国司法审查程序与域外其他国家相一致。最后,有的学者认为加强对仲裁裁决司法审查的力度也是设立撤销仲裁裁决这一程序的目的之一,当时我国的仲裁实行"一裁终局",仲裁员的权力很大,不予执行这单一的审查制度恐怕无法发现仲裁裁决中出现的问题并予以纠正,同时仲裁过程中容易出现仲裁员滥用手中权力的现象,此时就需要设立撤销仲裁裁决这一方式对仲裁员滥用权力、徇私枉法的行为进行规制。至此,我国的仲裁司法审查方式也从单一救济模式转变为双重救济模式。

2. 从全面审查到程序性审查

2012 年《民事诉讼法》的第二次修正将不予执行仲裁裁决的事由也纳入修订范围,两种审查方式的事由实现了统一,两种审查方式事由适用冲突问题也因为这次修法而得到缓和。2012 年《民事诉讼法》对原第 213 条第 2 款第 4 项、第 5 项进行了修改,将认定事实的主要证据不足适用法律确有错误改成了证据伪造隐瞒证据。理论上认为前者系赋予执行法院对于仲裁裁决实体审查权,而后者系客观性、事实性审查标准。[②] 2012 年修改之后的《民事诉讼法》,法院在

---

① 郭晓文:《从申请撤销涉外仲裁裁决司法审查制度中存在的问题看〈仲裁法〉修改和完善的必要性》,载《中国对外贸易》2001 年第 2 期。

② 参见黄文艺:《新〈民事诉讼法〉对不予执行仲裁裁决事由修改的理解与适用》,载《北京仲裁》2012 年第 3 期。

审查是否裁定不予执行时从案件证据、仲裁程序、是否涉及公益问题等客观标准出发。这一修改,案件事实及法律适用问题不再成为法院裁定不予执行,推翻已经生效裁决的理由;仅能将最后一道监督防线的审查事由转向证据、程序等客观标准。这一修改,也极大地减少了法院对生效仲裁裁决的干预,法院也就不再是仲裁裁决"实质上的二审机构"。审查的事项经过这次修改实现了从全面审查到程序性审查的转变,两种审查方式审查的事项也因此实现了统一。

由于两种审查方式规定的审查事项基本上相同,而法律并没有禁止当事人在被驳回申请撤销仲裁裁决之后再次以相同的事由向人民法院申请不予执行,为了防止当事人利用两种程序进行重复救济,法院在当事人的申请下重复审查,2006年9月8日《最高人民法院关于适用〈中华人民共和国仲裁法〉若干问题的解释》(以下简称《仲裁法解释》)施行。其第26条明确了申请撤销仲裁裁决和提出仲裁裁决不予执行两种审查方式之间应当保持什么样的关系,"当事人向人民法院申请撤销仲裁裁决被驳回后,又在执行程序中以相同理由提出不予执行抗辩的,人民法院不予支持"。这确定了对同一事项只能申请一次审查的适用规则,当事人在先申请撤销仲裁裁决之后,如果被法院驳回,当事人并不能再次以相同的事由在执行阶段向法院申请不予执行,如果当事人申请审查的事由并不一致,那么当然就可以先申请撤销仲裁裁决,之后再申请不予执行,但是将两者申请的先后顺序颠倒过来,这一做法是否可行,法律对此没有作出相应的回应。

3. 救济功能的细分化

最高人民法院本着正确审理仲裁司法审查案件,将裁判尺度统一化,对当事人合法权益进行救济,保证仲裁健康发展的目的,于2017年12月颁布了《关于仲裁司法审查案件报核问题的有关规定》,将仲裁司法审查案件的范围进行了扩大,我国香港特别行政区、澳门特别行政区、台湾地区仲裁裁决案件以及外国仲裁裁决案件法院可以在当事人的申请下对其进行认可并执行。同时,最高人民法院为正确审理仲裁司法审查案件,依法保护各方当事人合法权益,结合审判实践,于2017年12月发布了《关于审理仲裁司法审查案件若干问题的规定》,由此,仲裁司法审查实践中困扰法院的一些程序性问题得到了解决。

为了规范人民法院办理仲裁裁决执行案件,在对当事人合法权益保护的同时兼顾案外人的合法权益,最高人民法院依据《民事诉讼法》《仲裁法》等法律规定,结合人民法院的执行工作实践经验,于2018年2月发布了《关于人民法院办理仲裁裁决执行案件若干问题的规定》(以下简称《仲裁裁决执行规定》),2018年3月1日起正式施行。其中规定,人民法院受理被执行人申请撤销仲裁裁决的,或被执行人、案外人对进入执行程序的仲裁裁决在提供适当担保的前提下申请不予执行申请的,执行可以中止。涉及多个不予执行事由时当事人应当一并提出,不能在提出部分事由后对没有申请的事由再行申请不予执行。法院在作出驳回不予执行申请的裁定后,当事人再次提出申请的,人民法院不再审查,除非当事人有新证据证明证据伪造或者仲裁员在仲裁该案时有贪污受贿、徇私舞弊、枉法裁决行为。不予执行由此获得新功能,那就是对案外人进行救济,这也是立法者对于法律当中缺少对案外人救济途径设置的解决措施。

4.《仲裁法征求意见稿》舍弃"不予执行"

在重复审查的问题出现后,为了防止适用规则存在的前提下,前后两次审查的结果仍然相互矛盾,出现"管辖倒置"的现象,2021年7月30日司法部公布的《〈中华人民共和国仲裁法〉(修订)(征求意见稿)》(以下简称《仲裁法征求意见稿》)中删除了2017年《仲裁法》第63条"被申请人提出证据证明裁决有民事诉讼法第二百一十三条第二款规定的情形之一的,经人民法院组成合议庭审查核实,裁定不予执行"的规定。此前,《民事诉讼法》不予执行制度在《仲裁法》的这一条中得到体现,但是这一条的删除也可以看出《仲裁法》对不予执行制度持舍弃态度。当然,《仲裁法征求意见稿》对不予执行制度的舍弃并不意味着在执行阶段法院不会对仲裁裁决进行审查,其第82条规定了法院在执行阶段会对涉及公共利益的事项主动进行审查,并对进入执行阶段的仲裁裁决主动进行确认,赋予其相应的执行力。为了打击虚假仲裁,《仲裁法征求意见稿》将虚假仲裁这一热点问题列入申请撤销仲裁裁决的事项中。此外,《仲裁法征求意见稿》允许当事人在法院作出裁决之后向上一级人民法院申请复议,填补了仲裁司法审查救济途径的空白。①

(二)司法实践

1. 对于"相同事由"的理解不同导致法律适用不统一

《仲裁裁决执行规定》规定双重审查避免了当事人以同一事由先后申请撤

---

① 载司法部网,http://www.moj.gov.cn/pub/sfbgw/zlk/202107/t20210730_432958.html。

销仲裁裁决和不予执行，但是对于如何界定相同事由，立法当中并没有进一步给出指示，究竟是看当事人依据法律规定的事由相同还是事由背后的事实主张相同，对于这一词语的理解不同，将会影响法院最终的判决结果，例如，“北京中关村支行申请执行杨某文案”［（2021）京02执异535号］中，杨某文先以杨某新与张某从未离婚为由主张裁决所依据的证据是伪造的申请撤销仲裁裁决，后又以相同的事实主张仲裁程序违反法定程序请求法院不予执行仲裁裁决，法院认为以相同的事实但是不同的事由申请不予执行时属于相同的事由，因此驳回了杨某文的申请，可以看出在本案中法院判断是否是相同事由并不看当事人提出的法定事由而是看法定事由背后具体的事实主张。而在“天津泰达科技投资股份有限公司申请执行吴某模案”［（2015）二中执申字第0003－0014号］中，吴某模以泰达科技公司在期限届满后提交证据违反法定程序等为由向天津市第二中级人民法院申请撤销仲裁裁决，被法院驳回后再次以作出补正书的过程违反法定程序等为由向天津市第二中级人民法院申请不予执行，在违反法定程序这一事项上，法院认为当事人在先后两种审查方式中提出的法定事由相同，依据《仲裁法解释》第26条，即两种仲裁方式的适用规则驳回了当事人的申请，在本案中，法院只通过当事人提出的法定事由来判断是否是相同事由，而对于法定事由背后的具体事实主张不加以考虑。从上述案件可以看出，对于“相同事由”这一词语，法院的理解存在分歧，导致不同法院的实际操作不一致。

2. 两种方式的审查范围趋同导致不予执行仲裁裁决审查的虚无化

依据天同律师事务所公布的《2020年度中国仲裁司法审查实践观察报告：大数据分析》，截至2021年4月30日，2020年审结并公开的申请撤销仲裁裁决案件共3647件，法院裁定撤销仲裁裁决的案件共82件，约占撤裁案件总量的2.25%，审结并公开的仲裁裁决不予执行的审查案件共1320件，法院裁定不予执行的案件共625件，占比约47.35%，2019年申请撤销仲裁裁决案件共4826件，法院裁定撤销的案件共165件，占撤裁案件总量的3.42%，审结并公开的仲裁裁决不予执行的审查案件共1544件，法院裁定不予执行的案件共873件，占比约56.54%，2018年申请撤销仲裁裁决的案件共5594件，申请不予执行的案件共1085件。[①] 整体来看，2018～2020年的申请撤裁的案件数量逐年递减，而申请不予执行的案件数量则先增后减，不予执行的数量远远不如另一种审查方式的数量，但是法院裁定不予执行的数量却要超过申请撤销仲裁裁决的数量。两种审查方式的申请数量为何有如此差距？从法条上分析两种审查方式的申请事由相一致，法院在不支持当事人申请撤销仲裁裁决的申请后，由于依据《仲裁裁决执行规定》第2条第3款的规定，被执行人、案外人对仲裁裁决执行案件申请不予执行的，负责执行的中级人民法院应当另行立案审查处理，两种审查方式的审查法院大概率是同一中级人民法院，当事人会放弃申请不予执行，除此之外，《仲裁法解释》中的两种审查方式的适用规则也直接阻断了当事人再次以相同的事由申请不予执行的路径，例如，在“海陵区开洋建材批发部与中植生物科技开发有限责任公司、徐某德借贷纠纷案”[（2020）苏12执异42号]中，申请人海陵区开洋建材批发部在向泰州市中级人民法院以隐瞒证据、证据伪造、无事实法律依据、违反公共利益为由申请撤销仲裁裁决被法院驳回后再次以相同事由申请不予执行，最终泰州市中级人民法院以《仲裁裁决执行规定》第20条为由驳回了当事人的请求。从这个案件当中就可以看出当事人即使在被法院驳回申请撤销仲裁裁决的申请之后再次以相同的事由申请另外一种审查方式，由于《仲裁法解释》第26条的规定，法院大概率会驳回当事人的请求，如此当事人向法院寻求第二次救济也就失去了意义，不予执行的功能得不到发挥。

3. 撤销仲裁裁决的审查程序性质和方式不统一

申请撤销仲裁裁决的程序性质是学者们争论的焦点之一，有的学者认为鉴于法院对仲裁裁决进行审查采取的方式主要是书面审理，因此，应当将仲裁司法审查程序的性质界定为非讼程序，[②]有的学者则认为仲裁审查的主体依旧是法院，并且也存在相互对立的双方当事人，符合诉讼程序的构造，因此应当属于诉讼程序的一种，[③]而有的学者则认为撤销仲裁裁决兼有诉讼程序与非讼程序

---

① 《2020年度中国仲裁司法审查实践观察报告：大数据分析》，载法治网，http://www.legaldaily.com.cn/Arbitration/content/2021－06/15/content_8529195.htm。

② 参见韩红俊、杨蕾：《我国商事仲裁裁决司法审查程序研究》，载《商事仲裁与调解》2020年第3期。

③ 参见江伟、肖建国主编：《仲裁法》（第3版），中国人民大学出版社2016年版，第296页。

的两种性质。[①] 大陆法系国家如德国就有两种经过再审程序的判决:无效判决和确有错误的裁判,无效判决自始无效,确有错误的裁判则并不是当然无效而是可以补救,仲裁司法审查程序按照原理应当属于无效判决程序,也就应当被归入再审程序。[②] 因为《仲裁法》是撤销仲裁裁决的主要法律依据,《民事诉讼法》中并没有提及,因此,撤销仲裁裁决本身的性质不能通过法律的编排体例加以界定,而程序性质的争议导致实践当中法院审查方式也没能实现统一:有的法院认为撤销仲裁裁决属于诉讼程序,因此采用一审审判程序对仲裁裁决进行审查,如广州市中级人民法院;而有的法院认为撤销仲裁裁决属于诉讼与非讼属性都有的程序因此首创快审的方式进行审查,在诉讼程序之外独自设立一种单独的程序对仲裁裁决进行审查;还有的法院认为审查程序属于非讼程序,于是对仲裁裁决采用书面审理的审查方式,如江西省新余市中级人民法院。对审查程序性质的认识不一致导致审查方式的不统一,而审查方式的不统一就会产生如下问题:首先,不同程序对当事人的程序权利保护的力度并不相同,诉讼程序双方当事人之间能够充分举证质证,开庭前当事人有充足的程序保障,并且一般诉讼程序留给当事人的时间也相对充足,能够保证案件事实查清,而非讼程序一般采用的是书面审理的方式,法官直接对当事人上交的材料进行审查,就算询问也不会通过开庭的方式进行询问,法官一般只对一方当事人进行询问,在缺少举证质证的程序下,案件事实可能不如通过诉讼程序查得清楚。其次,审查方式的不同可能会间接影响既判力,非讼程序法院作出的裁定不具有既判力的原因在于非讼程序当中采用的审查方式不足以查清案件事实,如果既判力存在于非讼程序当中,为了维持既判力的稳定性,一般情况下就不再允许当事人后续提起诉讼再对案件事实进行审理,而诉讼程序比非讼程序更能查清事实,不允许其提起诉讼,相当于阻碍当事人寻求救济,因此不应当赋予其既判力,但是目前学界在普遍认为仲裁司法审查作出的裁定和决定具有既判力的情形下,不同法院采用不同的审理方式恐会对裁定的既判力形成挑战。

---

① 参见张卫平:《仲裁裁决撤销程序的法理分析》,载《比较法研究》2018 年第 6 期。

② 参见吴英姿:《论仲裁救济制度之修正——针对〈仲裁法(修订)(征求意见稿)〉的讨论》,载《上海政法学院学报(法治论丛)》2021 年第 6 期。

4. 不予执行与仲裁裁决的先后适用顺序不一致

目前,我国法律当中并没有提及两种仲裁司法审查方式适用的先后顺序,虽然是两种司法审查方式并行,两种方式由当事人任意进行选择适用,但是究竟应当先选择哪一种方式,法律并没有作出规定,并且由于对时间规定得不到位,导致两种审查方式同时适用时先后次序没能固定下来。与不予执行没有时间限制不同,申请撤销仲裁裁决的期限限定在当事人收到裁决书后的 6 个月内,也就是说在 6 个月内当事人申请进入执行程序后,当事人可能先申请不予执行,如果申请被驳回,当事人可以再申请撤销仲裁裁决,这样做并不违反法律的规定,但是却违背两种审查方式最初设立的目的与功能,申请撤销仲裁裁决就是为了解决申请执行之前没有相应的救济程序所设立的一种单独救济程序,现在却放在了执行程序当中,导致两种审查方式的功能交叉紊乱,加剧了两者之间的冲突。在“重庆旭悦投资咨询有限公司与重庆贝信电子信息创业投资基金合伙企业申请撤销仲裁裁决纠纷案”[(2021)渝01 民特236 号]中,申请人重庆旭悦投资咨询有限公司在仲裁裁决作出以后曾以仲裁裁决的事项没有在当事人仲裁请求的范围内为由向重庆市第一中级人民法院申请不予执行(2020)渝仲字第 906 号仲裁裁决,后来重庆旭悦投资咨询有限公司又以相同的事项再次向法院申请撤销仲裁裁决,法院依照《仲裁法》第 58 条、第 60 条的规定驳回了当事人的请求,虽然在裁定书当中提到了《仲裁法解释》第 26 条的规定,但是合议庭依旧对有关事实进行了审查,在最后作出裁定依据的法律规定中也没有列出《仲裁法解释》第 26 条的内容,说明法院在申请撤销仲裁裁决程序中对不予执行当中已经审查的内容又进行了审查,第 26 条仅限制了申请撤销仲裁裁决在先却没有对不予执行在先进行限制,这就使当事人为了避免这一规定,先申请不予执行再申请撤销仲裁裁决,这样即使在有适用规则的前提下,当事人依旧可以实现重复救济。虽然两种审查方式不同,但是申请的当事人重合,申请的事项重合,如果法院同时采用这两种审查方式,作出的裁定很有可能会产生矛盾,有损两种审查方式作出裁定的既判力。

二、现行仲裁司法审查模式的内在冲突

(一)追求公正与追求效率之间的冲突

公正和效率是在设计仲裁司法审查时必须要考虑的一对矛盾,但是这对矛

盾的整合至今还是“千古悬案”。仲裁与诉讼程序的不同之处就在于仲裁尊重当事人之间的意愿，以效率作为其追求的首要目标，但是单纯追求效率而放弃公正不符合追求效率时所应当遵循的自然正义这一最底线的要求，并且仲裁虽不是诉讼程序但是作为程序的一种也应当遵循程序的首要价值，[①]因此仲裁司法审查程序也必须对这对矛盾作出相应的平衡。仲裁司法审查程序设立的最初目的是矫正仲裁出现的错误情形，使仲裁的公正性成为获取公众的信赖和援用仲裁的源泉，这也是维护我国仲裁裁决的良好声誉的必然要求。为了尽可能地通过司法审查发挥纠正仲裁裁决错误的功能，我国在执行前和执行后分别设立了相应的审查程序，保证当事人在执行前以及执行后这两个诉讼阶段都能够申请司法审查，同时也为申请人与被申请人提供了进行救济的机会，但是双重救济的模式在最大限度保证仲裁的公正性的同时，拖延了整个诉讼的进程，与仲裁设立之初方便当事人解决纠纷，追求效率的目的相矛盾。我国相关法律规定收到仲裁裁决之日起 6 个月是申请撤销仲裁裁决的期限，这与他国规定的 1 ~3 个月相比漫长了许多。我国对于申请不予执行的期限并没有明确作出规定，司法实践中当事人可以在仲裁裁决作出之后到执行完毕之前任何一个时间段申请不予执行，并且由于法律对申请撤销仲裁裁决和不予执行的先后顺序没有明确的规定，当事人可能借此机会先申请不予执行再申请撤销仲裁裁决，只要不超过申请不予执行的 2 年期间，都可以申请执行，进入执行程序，当事人也可以在执行终结前的任意一个时间段申请不予执行，而依照《最高人民法院关于人民法院办理执行案件若干期限的规定》第 1 条的规定，执行非诉案件一般应当不超过 3 个月，并且有特殊情况须延长执行期限的还可以申请延长，但对于延长的时间却没有限制，也就是说当事人可以在很长的一段时间内申请不予执行，这将会使仲裁裁决的稳定性受损，使其始终处于一种接受司法审查而被撤销的不稳定的状态，这与最初设立的追求效率的目的相悖。

（二）立法价值与实践价值之间的冲突

最初设立不予执行与申请撤销仲裁裁决这两种司法审查方式的目的在于从立法上给债务人提供双重救济的同时限制当事人恶意拖延，但是放到司法实

① 参见汪祖兴：《仲裁监督之逻辑生成与逻辑体系——仲裁与诉讼关系之优化为基点的渐进展开》，载《当代法学》2015 年第 6 期。

践当中双重救济的目的并没有得到实现,主要体现在程序的设置并不符合双重救济的主要含义,双重救济是指当事人在第一种审查方式没有得到完全实现的情况下,通过另外一种审查方式弥补第一种审查方式所没有达成的目标,保证第一种审查方式的功能得到充分的发挥,[①]但是目前从我国对仲裁司法审查方式的相关规定来看,不予执行并没有发挥好双重救济的功能:第一,两种审查方式的适用顺序缺少规定导致不予执行并没有发挥出最后一道保障仲裁裁决无误的屏障的作用;第二,自 2012 年《民事诉讼法》修正之后两者的审查事项基本实现了统一,虽然看起来审查事项相同可以给予当事人双重的救济机会,但是事实上却恰恰与双重救济的含义不相一致,此外,为了防止当事人在两种审查方式中申请审查的事由相同,利用仲裁司法审查程序拖延整个仲裁的进程,《仲裁裁决执行规定》以及《仲裁法解释》都对以相同事由申请不予执行作出了禁止性规定,当事人也因此失去了第二次救济的机会;第三,我国目前针对仲裁司法审查也没有设置专门的救济程序,通过上诉或者复议进行双重救济的目的也因此破灭,立法最初的双重救济的设想因为立法的规定最终也没能实现。

(三)申请主体的相对性与裁决效力扩张性之间的冲突

两种审查方式的申请主体还是以仲裁裁决作出的双方当事人为主,司法实践当中虽然存在第三人以申请不予执行的方式来维护自己的权益,但是毕竟这种情况在少数,并且《最高人民法院关于人民法院执行工作若干问题的决定》(以下简称《执行问题规定》)虽然承认了案外人申请不予执行,但是这一规定与《民事诉讼法》的规定不一致,究竟依据哪部法律为准存有疑问。但是不得不承认正是因为仲裁裁决的相对性导致法院在进行事实调查时认知范围可能仅限于双方当事人提供的证据而忽略掉第三人的存在,并且虽然仲裁裁决作用于双方当事人,但是基于以下的事由仲裁裁决依旧会对第三人的合法权益造成侵害:第一,仲裁属于准司法程序,既判力应当存在于作出的仲裁裁决中,而既判力的对世性以及主观效力在仲裁裁决中的扩张也就决定了仲裁裁决会涉及第三人的合法权益;第二,仲裁裁决一般会涉及当事人之间的物权纠纷解决,而物权具有对世性,仲裁庭作出的仲裁裁决当然也就会波及第三人;第三,在一个债

① 参见韩平:《我国仲裁裁决双重救济制度之检视》,载《法学》2012 年第 4 期。

权债务关系中可能会涉及多人，而申请仲裁的可能只有其中的少数人，而其他没有参与仲裁的当事人自然也就会成为潜在的仲裁裁决损害的对象。[①] 正是基于仲裁裁决存在潜在地侵害第三人的风险，因此有必要为第三人单独设计专门的救济程序，从目前的法律规定来看，我国并没有关于第三人的救济程序，有的学者提出基于仲裁裁决的相对性并不应该专门为第三人设立单独的救济程序，有的学者则提出反对意见，认为仲裁主体虽然具有相对性，但是仲裁裁决基于反射效也会使仲裁裁决的效力影响第三人，[②]由于缺少针对第三人进行救济的制度，两方当事人很可能就会合意利用仲裁程序对第三人进行侵害，这也是近年来虚假仲裁不断出现的原因之一。

（四）执行的形式化审查要求与不予执行的实质审查之间的冲突

执行机构在执行过程中偏向于债权人一方区别于审判机构在审判过程中的中立地位，这也就是民事执行权与审判权、执行机关与审判机关相分离的内在原因，而审判与执行过程的分工决定了执行机关不仅要受审判机关作出裁判的既判力以及执行力的约束，执行机关在执行的过程中也并没有相应的自由裁量权，执行机关的主要任务就是实现法院所作判决、裁定，执行机关的审查也只能是对判决、裁定的形式化审查，也就是只对是否具有执行文本，以及执行文本是否符合法律规定的要求进行审查，而不是对执行文本所涉及的实体权利进行进一步的审查，以此来迅速推进执行的整个进程，同时保障法院作出裁判的既判力。2012 年《民事诉讼法》修正时将事实问题以及法律适用问题从不予执行的审查事项中删除，但是这却依旧没有解决执行过程当中实质审查的问题，因为在删除"事实证据不足"的同时新增了"隐瞒了足以影响公正裁决的证据"这一适用条件，从文义上解释，"隐瞒了足以影响公正裁决的证据"也就是由于当事人的隐瞒，仲裁机构并没有基于充足的证据作出裁决，这与事实证据不足虽然规定不同，但内涵是一致的，这也就决定了执行机构在进行审查时必然要对事实问题是否清楚进行重新调查，调查的方式当然也就是实质审查，而采用实质审查的方式自然也就违背了执行阶段执行机构的任务规定，违背了执行阶段

① 参见朴顺善、张哲浩：《第三人撤销仲裁裁决制度研究》，载《学术交流》2020 年第 6 期。

② 参见陈晓彤：《判决对实体牵连关系第三人产生的效力——既判力扩张及"反射效"在我国判决效力体系中的地位》，载《民事程序法研究》2017 年第 2 期。

形式化的要求。此外，依据《仲裁裁决执行规定》第 11 条的规定，人民法院对不予执行仲裁裁决案件应当组成合议庭进行审查，合议庭进行审查大部分情形下都是实质审查，在司法实践当中，不予执行仲裁裁决案件亦存在或交由审判庭审查，或交由执行庭审查的情形，主要交由执行内设机构裁决庭法官具体审理，[①]这种做法容易使审判权的行使发生移位，从审判阶段移到执行阶段，进而使审执之间的界限变得模糊，不符合执行阶段的任务设定，执行机构能够再行推翻作出的仲裁裁决，降低仲裁裁决的权威性。而执行阶段的实质审查带来的最大问题也就是会拖延执行程序的继续进行，增加仲裁裁决的执行难度。

三、《仲裁法征求意见稿》舍弃“不予执行”的利弊检讨

（一）舍弃“不予执行”的利益衡量

1. 提高效率的同时兼顾公正

《仲裁法征求意见稿》中删除了不予执行的相关规定，只保留了申请撤销仲裁裁决这一种审查方式，同时将申请撤销的期限由 6 个月缩短至 3 个月，这提升了整个仲裁司法审查进程的效率，但在推进整个仲裁司法审查进程效率的同时，为了保证兼顾公正，实现程序正义，《仲裁法征求意见稿》规定当事人在法院作出裁定之后，如果对法院作出的裁定不服，可以向上一级法院申请复议，这相当于给予当事人二次救济的机会，实现了仲裁司法审查双重救济的目标。

2. 尊重当事人意愿的前提下给予适度的司法干预

两种审查方式并存并且审查事项相同容易导致法院对同一仲裁裁决形成重复审查，司法的过度干预也将会违背仲裁自愿性的原则，舍弃掉不予执行避免了司法审查的过度介入，尊重了当事人的意愿，同时司法干预也并没有因此而失效，依照《仲裁法征求意见稿》的规定，在执行阶段法院仍旧会对涉及公共利益事项进行审查，虽然仲裁具有相对性，但是如果申请仲裁事项涉及公共利益那么仲裁裁决也就不再具有相对性，司法就有必要进行干预，仲裁的自愿性也就要让位于公共利益。由于我国仲裁一直缺少执行文效力赋予制度，因此仲裁裁决的执行力来源在学者之间也引起了不小的争议，有的学者认为我国仲裁

① 参见黄忠顺：《民事执行机构改革的深度透析》，载《法律科学（西北政法大学学报）》2016 年第 4 期。

裁决的执行力自仲裁裁决进入到执行阶段之后就自动赋予,而有的学者认为我国缺少仲裁裁决执行力的赋予制度,不予执行制度也缺少理论基础,[①]对此,《仲裁法征求意见稿》在第82条第2款中规定:“人民法院经审查认定执行该裁决不违背社会公共利益的,应当裁定确认执行;否则,裁定不予确认执行。”这相当于赋予仲裁裁决以执行力,通过司法的介入解决了仲裁裁决执行力来源的合法性问题,这也是司法干预的一种体现。

3.在保护当事人的前提下给予案外人相应的救济保障

《仲裁法征求意见稿》虽然在执行当中规定了法院可以依职权对涉及公共利益的事项进行审查,但是仲裁司法审查的重心仍然放在申请撤销仲裁裁决上,集中于对当事人的合法权益进行保护,并在审查的基础上给予当事人在审查程序中相应的救济措施,看得出来仲裁司法审查主要是以对当事人的权益救济为主而设计的程序,但是鉴于目前我国的仲裁司法审查没有关于对第三人进行救济的制度规定,《仲裁法征求意见稿》对案外人的权益救济设计了两条救济路径:一条是允许案外人对执行标的提出执行异议,另一条是允许案外人以侵权为案由提起诉讼,这填补了我国仲裁司法审查对案外人权益救济上的空白,为案外人的权益救济提供了合法性的依据,在给予当事人保护的情形下,也考虑到了双方当事人虚构事实损害第三人合法权益的情形,司法审查程序保护到的主体更加广泛。

(二)《仲裁法征求意见稿》中舍弃“不予执行”的优势

1.解决了双重救济失灵问题

舍弃不予执行能够从根本上解决两种审查方式事项相互冲突的问题,并且通过给予当事人提出复议的权利,保证当事人在法院作出裁定之后仍可以申请救济,实现最初设立司法审查制度时想要达成的双重救济的目的。我们认为一般救济程序的设立应当遵循以下几项原则:首先,适度救济原则。所谓的适度救济原则是指救济程序的设立应当与权利所处的场域保持一致,要与权利的重要程度相适应。其次,救济的必要性原则。救济的必要性原则是指提供哪一种救济程序应当与受侵害权利的属性、受侵害的大小相当。最后,比例性原则,即

① 参见张卫平:《现行仲裁执行司法监督制度结构的反思与调整——兼论仲裁裁决不予执行制度》,载《现代法学》2020年第1期。

对救济程序所产生的不良影响应当进行综合权衡,保证制度设立的功能不超出预期。[①] 从以上三点出发,考虑到仲裁程序一开始就是通过双方当事人达成的协议启动,相较于普通的诉讼程序,当事人在仲裁程序中对自己的权利拥有更多的处分权,当事人在仲裁程序当中自然也能作出更多的选择,在仲裁司法审查的过程中就不应当对当事人的权利有过多的干预,两种审查方式并存本身并不是问题,因为程序性事项在两种审查方式中占据大多数,并不会对当事人在仲裁当中的实体处分权造成过分的干涉,但是现行的审查方式对同一事项的重复审查,对仲裁裁决的过分干预 ,拖延了仲裁的进程进行,法院的过分审查与仲裁的自愿性已经相悖,不利于仲裁优势的发挥,《仲裁法征求意见稿》中舍弃不予执行的做法是符合适度救济原则的,同时为了保证仲裁司法审查的正确性,给予当事人复议的权利,在实现双重救济目标的前提下,也能够满足当事人的救济需要。

2. 提高了对当事人的救济效率

不仅诉讼程序与非讼程序要讲究公正和效率,救济程序也应当将公正和效率纳入考虑的范围,保证两者之间形成平衡,舍弃掉不予执行换成申请复议的方式,复议的期限一般较短,能够最大限度保证法院的审判需要,同时也能兼顾当事人的救济需求,并且执行程序与审判程序相比,两者在功能上以及价值上的差异决定了以公正为主要价值的争讼救济方式无法适用于执行领域,审判程序当中法院居中裁判,双方当事人的地位平等,法院的主要任务是居中作出判断,因为涉及当事人的实体权利,法院自然要以公正作为首要价值,而执行以实现债权人的权利为主要任务决定了双方当事人的地位并不平等,因此自然要以效率为主要的价值。《仲裁法征求意见稿》删除不予执行,避免了重复审查,仲裁的一方当事人也就没有了申请完撤销仲裁裁决之后再利用不予执行拖延仲裁的机会,并且缩短了申请撤销仲裁裁决的期限,能够督促当事人在仲裁裁决作出之后尽快行使自己的权利,提高当事人的救济效率。

3. 保障执行程序的稳定性

执行之所以要讲究稳定性,原因就在于:首先,审执功能的划分要求执行阶段不能对审判机构作出的判断进行更改,否则将会违反职能的划分,也会对已

① 参见韩静茹:《民事程序权利救济机制的建构原理初探》,载《现代法学》2015 年第 5 期。

经作出的判断的既判力形成挑战，即使作出的判断发生了错误也应当交由审判监督程序进行纠正，不能在执行阶段就由执行机构擅自决定其效力；其次，在执行程序当中如果否定仲裁裁决的内容，将会影响执行程序的顺利进行，并且对于已经执行完毕的部分可能会引发执行回转，浪费司法资源；最后，执行标的可能涉及案外人的合法权益，如果执行不稳定，执行机构能够随意更改审判机构作出的判断，民事程序的公信力也会下降，人们可能会对诉讼与非讼程序解决纠纷的有效性产生怀疑，《仲裁法征求意见稿》舍弃不予执行而仅限于对公共利益审查尽可能保证执行程序的平稳运行，并且设置了执行文赋予的程序，保证在进入执行程序之前就排除存在问题的仲裁裁决，执行程序也能够因此平稳地运行下去。

4. 符合执行阶段主要任务的设定

与审判阶段解决纠纷不同，执行阶段的主要任务是保证生效判决和裁定的顺利执行，而不应当再对仲裁裁决是否具有争议进行审查，现行不予执行的规定虽然都是对程序性事项进行审查，但与形式化审查的要求依旧存在差距，形式化审查要求的是对进入执行程序的仲裁裁决是否具备应当具备的文书，是否符合执行程序当中的所应当具备的程序条件，如是否符合执行程序的管辖权、期限是否届满等事项进行审查。虽然不予执行的事项经过了修订，但是保留的事项依旧还是仲裁审理过程中应当审查的事项而不是执行当中所需要进行审查的事项，仍然还需要对案件事实以及审理过程中的程序事实进行探查，而执行过程当中的形式化审查则不需要法院依职权或者通过询问当事人的方式进行审查，只需通过当事人递交的申请材料进行判断即可，执行当中的审查方式决定了不应当对案件实体和程序事实进行审查。《仲裁法征求意见稿》删除了不予执行的规定，仅将审查的事项限定在公共利益，从而保证了执行阶段审查的形式化要求，也符合执行阶段执行任务的设定，保证执行阶段的顺利进行而不受司法审查的过多干预。

（三）《仲裁法征求意见稿》舍弃“不予执行”可能导致的问题

1. 案外人与当事人执行阶段的救济不平等

“若有权利则必有救济”，尤其是在执行阶段，虽然有执行形式化的审查要求，但是可能还是会发生执行机构在严格遵循了法律规定的前提下，在事实上侵犯或妨碍当事人实体权利，执行形式化也并没有要求在执行阶段放弃任何对当事人进行救济的手段,如果一概舍弃在执行阶段对当事人的任何救济方式,虽然会符合执行阶段形式化的要求,但是却没有考虑到当事人在执行阶段之前没能申请救济只是因为自己没有发现自己的权利受到侵害的情形,这样对于当事人来讲其实并不公平,并且其他国家在执行阶段实行的也是形式化审查的原则,但是并没有因为保留了形式化的审查原则就放弃给予当事人其他救济的途径,例如,德国就允许当事人在执行阶段向法院提出执行异议之诉。《关于民事执行活动法律监督若干问题的规定》中虽然赋予检察机关对仲裁裁决在执行过程当中进行监督的权力,但该规定较原则性,实际可操作性并不强,并且申请异议要通过检察院这一关,最后异议能否到达法院存有疑问,检察院提出异议还是通过检察建议这种方式进行的,检察建议的效力较弱,并不能保证对法院具有约束力,对当事人有效救济的目的无法实现。

目前,《仲裁法征求意见稿》当中增设了允许案外人在执行阶段向人民法院申请执行异议的规定,执行阶段在不允许当事人提出不予执行申请的前提下,案外人作为仲裁裁决间接影响的人却可以提出执行异议,这样的规定容易让人产生疑问。《仲裁法征求意见稿》中并没有规定案外人申请异议的事项,实践中,案外人提出异议一般并不是因为执行行为违反了法律规定的程序,而是因为仲裁裁决侵害了自己的实体权利,而请求法院以实质化的方式对仲裁裁决进行审查,《仲裁法征求意见稿》虽然没有具体规定允许案外人申请异议的事项,但是对执行标的的归属问题进行审查就是一般案外人提出异议的目的,而标的物的归属问题属于实体问题,在法律对执行审查事项规定并不明确的情形下,允许案外人申请对仲裁裁决的实体性事项进行审查,却不允许当事人在执行阶段对实体性权利进行救济,这从程序上来讲并不平等,当事人在执行阶段缺少了进行救济的途径。

2. 执行阶段审查的主体模糊不清

在删除不予执行的基础之上,《仲裁法征求意见稿》对执行阶段如何进行审查作出了新的规定,但只是规定了执行阶段由法院对涉及公共利益的事项进行审查,而对于由谁进行审查、如何进行审查都没有明确,这样可能导致如下问题:《仲裁法征求意见稿》当中无论是对申请撤销仲裁裁决的审查还是执行阶段的审查都只是简单规定了由法院进行审查却没有进一步明确是由法院哪一个机构进行审查,这将会影响仲裁司法审查的具体操作。一般情形下,申请撤销仲裁裁决案件或交由立案庭审查或交由民事审判庭审查，多数交由民事审判庭具体审查案件。不予执行仲裁裁决案件亦存在或交由审判庭审查，或交由执行庭审查的情形，主要交由执行内设机构裁决庭法官具体审理，①但这只是一般情形，实践当中，尤其是申请不予执行阶段审查主体并没有实现统一，立法当中规定应当由合议庭进行审查，但是实践中也不乏由单个法官进行审查的情形，究竟应当由执行机构的哪一具体组织进行审查，而审查的主体究竟是独任制还是合议庭仍存有疑问。在《仲裁法征求意见稿》将执行阶段的审查事项主要界定为公共利益时，执行阶段的审查主体究竟应当是谁？组成法官不同将会影响审查的方式，申请撤销仲裁裁决由审判庭进行审查决定了审查的方式是实质审查，而不予执行的审查主体各法院做法不统一，审查方式究竟应当是实质审查还是形式化审查因此也就并不相同。可以说审查主体的不同决定了审查方式的不同，而审查方式的不同又决定了审理的具体事项应当有所不同。

3. 缺乏具体的审查操作流程

《仲裁法征求意见稿》明确规定了执行阶段法院只能对公共利益事项进行审查，但是由于审查主体的规定并不明确，公共利益究竟应当采用形式化审查还是实质审查还存有疑问。再者，公共利益范围如何进行界定？"公共利益"这个词包含内容范围广泛，如何对公共利益进行界定将决定法院进行司法审查权力的大小，我国在司法实践当中将公共利益范围一般界定得较为广泛，只要涉及的事项较为重要都可以界定为公共利益，如基本性原则、强制性规定都纳入了公共利益，而国际公约和其他国家都将"公共利益"这一词的范畴限定在涉及国家主权等重大事项上，很少在仲裁司法审查程序中对公共利益的具体含义进行判断，这一词的涵盖范围究竟有多大，有待进一步明确。

四、我国仲裁司法审查制度的完善

（一）理论完善

1. 厘清两种审查方式的制度基础和功能定位

两种制度分立在两部不同的法律当中，说明两种制度发挥的功能不尽相

① 参见黄忠顺：《民事执行机构改革的深度透析》，载《法律科学（西北政法大学学报）》2016 年第 4 期。

同,这主要体现在:首先,发挥作用的阶段不同,申请撤销仲裁裁决在进入执行之前发挥作用,而申请不予执行则在执行阶段发挥相应的作用;其次,主要针对的适用主体有所不同,申请不予执行是为被执行人在执行阶段提供的权利救济路径,而申请撤销仲裁裁决虽然被申请人也能够申请,但从立法背景来看还主要是为申请人准备的,这也是先后设立两种审查制度的主要原因。不予执行除了具有救济被执行人的功能以外,还具有救济第三人的功能,依法律规定,只有当事人能申请撤销仲裁裁决,其他的司法解释并没有将主体扩展至案外人,而不予执行虽然《民事诉讼法》规定只能由被执行人申请,但是《仲裁裁决执行规定》允许第三人采用这种方式进行救济,这样做的合理性在于:首先,能够弥补第三人缺少救济途径的缺陷,这一规定的作出能够实现与《民事诉讼法》中允许案外人在执行过程中针对判决、裁定进行救济的规定相衔接。其次,如果仲裁裁决只是确认双方当事人之间的法律关系而不进入执行程序就不会对第三人造成损害,因此没必要在执行前赋予案外人对仲裁裁决提出异议的权利,近两年虚假仲裁频发,对第三人造成损害也一般发生在执行阶段,而在执行阶段之前并不会对第三人造成损害,因此也就没必要在执行之前赋予第三人进行救济的途径。再次,在执行阶段赋予案外人进行救济的权利可以不用再为案外人救济单独设计一套程序,避免救济程序的烦琐,也减少对第三人进行救济打破仲裁相对性的争论发生。最后,将不予执行加入对第三人进行救济的功能能够更好地区分两种审查方式,回应不予执行功能虚置化的疑问。综上所述,申请撤销仲裁裁决可以定位为当事人进行救济的主要路径,而不予执行可以视为为第三人设计的救济路径,但是依据上文所述,不予执行也应当具有救济当事人的功能,如果将当事人排除在外恐怕在执行阶段当事人将缺少救济手段。

2. 厘清两者之间的关系

从宏观上讲,需要厘清两者之间究竟是一种并行关系还是一种选择关系。目前世界上仲裁司法审查方式主要有三种模式:第一种是只存在一种审查方式,例如,在荷兰只存在申请仲裁裁决这一种审查方式,执行阶段法院只会对涉及公共利益的事项主动进行审查,当事人缺少申请不予执行的权利;第二种是允许债务人在申请撤销仲裁裁决和不予执行之间做出选择;第三种是允许当事人在法院驳回申请撤销仲裁裁决之后再行向法院申请不予执行,例如,在瑞士,债务人在申请撤销仲裁裁决被驳回后,可以再依据《瑞士联邦民事诉讼法典》提出反对意见要求不予执行，[①]当然两种审查制度同时存在的国家也有，只不过占少数，依据我国目前的法律规定来看，两种审查方式之间应当是一种选择关系，当事人在申请撤销仲裁裁决之后不能再依据相同事由申请不予执行，但是在实践当中体现出来的却是一种并行关系。从设置目的来讲两者应当是并行关系，在缺少对仲裁司法审查救济方式的条件下，当事人在被驳回撤销仲裁裁决请求后可以再行提出不予执行，在执行阶段保证当事人能够另有途径进行救济。

从微观上讲，如何实现两种程序的衔接，使之能够运行流畅，避免重复审查现象的发生是程序设计上需要考虑的问题。从仲裁本身的性质来看，尽管应当保证仲裁裁决的公正性，但是依旧应当遵循当事人之间的意愿，同时也应当重视仲裁的效率，因此两种审查方式之间应当是一种选择关系，当事人在申请撤销仲裁裁决的裁定作出之后，如果不服只能通过复议或者上诉的方式得到救济，不能再申请不予执行；如果当事人没有申请撤销仲裁裁决则应当允许当事人在执行阶段申请不予执行。两者的适用阶段也应当予以明晰，在申请执行之前允许当事人申请撤销仲裁裁决，而一旦进入执行阶段则不允许当事人再行申请撤销仲裁裁决，只能在执行结束之前申请不予执行，确保两者之间的适用顺序不会发生错乱，能在各自相应的阶段发挥作用。

（二）制度完善

1. 明确两者的启动条件和审查范围

基于仲裁的自愿性，需不需要救济应当由当事人自行决定，不允许法院妨碍当事人作出决定，申请撤销仲裁裁决是否启动应当交由当事人决定，而不予执行则应当交由当事人和第三人决定，但是如果是涉及公共利益的事项则应当由法院主动进行审查，因为此时的公共利益事项已经决定了仲裁裁决不仅在双方当事人之间产生影响，而且可能影响其他人，应当尽快进行审查。而对于两种审查方式的审查内容，从仲裁裁决司法审查程序的设立目的出发，应当主要对程序性事项进行审查，避免法院在审理的过程中对仲裁的自愿性进行过多的干预，涉及公共利益的事项，应当允许法院在进入执行阶段之前和进入执行阶段之后依职权进行审查。

---

① 参见韩平：《我国仲裁裁决双重救济制度之检视》，载《法学》2012 年第 4 期。

2. 明确两种审查方式的审查主体

执行当中的救济途径基于纠纷的来源不同又可以分为实体性救济和程序性救济,实体性救济指的是执行过程当中对执行依据产生的争议进行的救济,而程序性救济则是指对执行程序进行的过程中对执行行为本身所产生的争议进行的救济,实体性救济要解决的是作出的执行依据,也就是判决、裁定以及仲裁裁决存在事实和法律适用上的问题,它所指向的是实体法律关系,而程序性救济所要解决的则是在执行过程当中所发生的纠纷,它所指向的是执行法律关系。[①] 形式化审查这一要求就是为了区分审判阶段与执行阶段的任务,而审判阶段与执行阶段的任务不同也就决定了不同的事项应当由不同的审查主体进行审查,审判阶段重在解决当事人之间的纠纷,审判机构负责查清案件事实以及解决法律适用问题,而执行机构则重在实现法律文书当中规定的内容,上述分工也就决定了仲裁裁决作出以后,任何与仲裁裁决有关的实体性问题和程序性问题都应当交由审判庭进行处理,如果只是涉及执行程序本身的合法性或者正当性则应当交由执行庭来审查,也就是说执行当中的救济应当仅限于执行当中出现的程序性问题。我国现行《民事诉讼法》、《仲裁法》以及新出台的《仲裁法征求意见稿》对申请撤销仲裁裁决和不予执行都规定了由法院审理,但是由法院哪一机构审查却没有规定,审查部门不同将会导致审查的方式不同,借此应当加以明确,只要是与仲裁裁决相关的问题不论是实体性问题还是程序性问题都应当交由审判部门进行审查,虽然两种审查方式当中有不少程序性事项,但这与执行当中出现的程序性问题分属不同的阶段,执行当中的程序性问题主要涉及执行文书存不存在、管辖是否正确等,这些很容易就能够调查清楚,甚至不需要进行调查,而仲裁当中的程序性事项主要涉及仲裁机构有无管辖权、是否得到程序性通知、仲裁庭组成是否合法等问题,这些都需要进行调查才可以得知,需要由审判机构来完成。

(三)程序完善

1. 明晰撤销仲裁裁决的程序性质

《仲裁法》是撤销仲裁裁决的主要法律依据,但其对于撤销仲裁裁决的程序

---

① 参见赵秀举:《论民事执行救济兼论第三人执行异议之诉的悖论与困境》,载《中外法学》2012 年第 4 期。

性质没有作出明确的界定，为了能改进和完善审查程序就必须对撤销仲裁裁决的程序性质准确定位。从撤销仲裁裁决进行审查的事项来看，其与《民事诉讼法》规定的再审事由基本相同，说明两者发挥的功能基本相近——都是纠正已经生效的判决、裁决当中出现的错误；从管辖法院的级别来看，审理撤销仲裁裁决的法院与审理再审所要求的最低法院都是中级人民法院，也同样说明了撤销仲裁裁决的主要任务是纠正生效仲裁裁决当中出现的错误；从诉讼与非讼程序的区别上看，诉讼程序主要是为了解决当事人之间的权利义务纠纷，标的是双方当事人之间的权利义务关系，而非讼程序则是确认当事人之间存在的事实状态，当然在非讼程序当中也会涉及争议的解决问题，只不过标的不是权利义务关系，撤销仲裁裁决虽然会涉及对仲裁裁决的有效性加以确认，但是当事人提出撤销仲裁裁决的目的主要还是不服仲裁裁决中对实体法律关系作出的判断，请求法院撤销裁决，再通过另行达成仲裁协议或者向法院提起诉讼的方式重新解决当事人之间存在的纠纷，这与再审程序当中撤销判决发回重审或者改判具有相似性，都给予当事人另行解决纠纷的办法。综上所述，应当将撤销仲裁裁决界定为再审程序的一种。

2. 明晰仲裁司法审查的救济方式

现行的《民事诉讼法》以及《仲裁法》对于两种审查方式都没有规定救济途径，因为在是否应当对仲裁司法审查上再行规定救济方式还存有争议，争议的焦点也都主要集中于仲裁司法审查作为仲裁的救济程序，是否有必要在仲裁的救济程序基础之上另行规定救济程序，仲裁司法审查程序虽然是对于仲裁裁决所设立的救济程序，但是基于程序的最低正义应当给予当事人进行救济的机会，同时仲裁司法审查程序设立救济方式也能够确保审查的质量，使审查功能最大化，但是因为进入仲裁司法审查程序已经耗费了当事人一定的时间，与提起上诉相比，应当选取耗费时间短、程序的复杂程度低、能够提高救济的效率的复议作为救济程序。

3. 对司法审查的规定进一步细化

《仲裁法征求意见稿》在删除不予执行的基础之上对申请撤销仲裁裁决进行了完善，并新增了许多规定，但是对于这些新增制度还只是较为原则性规定，并没有规定具体的操作流程，这可能导致仲裁司法审查在司法实践当中缺乏可操作性，例如，对于公共利益的审查应当是形式化审查还是实质审查。涉及公共利益的事项由于事关重大,公共利益事项的审查也将会决定仲裁裁决是否需要被撤销,并且从我国目前对公共利益所作的定义来看,公共利益一般都涉及事实问题以及法律问题的审查,所以应被纳入实质审查的范围,由审判部门进行审查。此外,公共利益的范围究竟应当被定义为多大,从实际操作来看,虽然公共利益的范围并不清晰,但是司法机关却没有把它当作兜底性条款使用,使用的次数很低,并且法院在使用此条款进行审查后一般都是裁定驳回当事人的请求,很少有真正适用公共利益条款撤销仲裁裁决的,这与公共利益条款的范围界定不清晰是密不可分的,国际上通用的做法是将公共利益条款的范围界定在涉及国家主权、国家利益等重大事项,①而不包括基本原则、强制性规定的事项。但因为国内仲裁与涉外仲裁有所不同,涉外仲裁的仲裁裁决在另一个国家申请执行的时候必然要对其是否违反这个国家的主权以及国家利益进行审查,而国内的裁决由于裁决的作出与申请执行都在本国国内,不会涉及与本国的主权相互冲突的情形发生,因此与外国仲裁裁决审查不同,国内仲裁裁决在进行审查时应当将强制性规定以及基本原则纳入公共利益的审查范围,这些事项都与本国利益息息相关,并且强制性规定和基本原则所规定的事项涉及社会秩序或者道德准则等基本问题,有必要对其进行审查。

① 参见何其生:《国际商事仲裁司法审查中的公共政策》,载《中国社会科学》2014 年第 7 期。

破产程序与仲裁程序交叉的实践困境与解决思路

张　建*

摘　要：破产与仲裁同属纠纷处置机制，但前者系通过破产法院集中管辖与债务人有关的诉讼，涉及社会公共利益的平衡，后者则通过仲裁庭在当事人仲裁合意基础上就个别债务纠纷进行审理，着眼于双方当事人的私权争议。当订有仲裁协议的债务人发生破产时，常会产生仲裁程序与破产程序交叉的现实困境，具体包括破产争议的可仲裁性、破产启动后仲裁程序是否自动中止、破产管理人申请撤销仲裁裁决的管辖及审理等问题。解决有关问题时，应明确平行程序的产生时间点，在尊重当事人意思自治的基础上兼顾破产法集中清偿目标的实现。

关键词：破产程序　仲裁协议　仲裁裁决　破产管理人

一、引言

当今世界正经历百年未有之大变局，突如其来的新冠肺炎疫情让全球经济进入冰霜期，我国正处于实现中华民族伟大复兴的关键阶段，人类健康、经济增长、社会发展、国家安全和国际关系等方面面临一场综合性挑战，深刻调整、动荡变革成为主题词。新冠肺炎疫情引起广泛的经济困境，对全球的商事从业者造成了剧烈影响，并导致大量公司被迫考虑法院内及法院以外的债务重组。由于新冠肺炎疫情的影响具有长期性、持久性，故企业在处置债务纠纷时将不得

* 张建，法学博士，首都经济贸易大学法学院讲师，国际商事争议解决研究中心主任。

不从长计议。[1] 尤其是,对于在商事合同中订有仲裁条款的企业,其一旦进入了法院破产程序,破产程序的进行是否会对其仲裁管辖权(包括正在进行的仲裁、未来将要启动的仲裁)造成影响,颇有争议。

从理论层面梳理可知,学术界对于破产程序与仲裁程序之间关系的争论由来已久。[2] 这两类程序虽同属纠纷处置机制,但在理念与制度上却存在显著差异:前者旨在对破产债务人的债权债务纠纷进行集中清理,破产法院奉行社会本位理念,肩负着平衡各方当事人利益、维护社会公共利益的职能;后者是在充分尊重当事人意思自治与仲裁庭自由裁量权的基础上所形成的诉讼外私人纠纷解决机制,仲裁庭是在个人本位的基础上逐步推进程序运转的,当事人在订立仲裁协议、择取仲裁机构、选任仲裁员、制定程序规则、确定准据法方面拥有自主权。[3] 从实践视角进行分析,破产与仲裁的冲突着重体现在三个层面:其一,破产争议是否具有可仲裁性;其二,破产程序启动后,是否会导致已经启动且尚未终结的仲裁程序自动中止;其三,债务人进入破产程序后,如债权人据以申报破产债权的已生效仲裁裁决确有错误,管理人是否可以申请撤销仲裁裁决,对于此类撤裁申请,应由破产法院管辖还是由仲裁机构所在地法院进行管辖。本文将围绕这三方面问题,在参考域外学理与实践的基础上,重点结合我国现行立法及典型案例,逐一展开分析和探讨。

二、破产争议的可仲裁性分析

(一)比较法的考察

从比较法的角度审视,各国法律对于破产争议可仲裁性的立场分为绝对禁止型与有限允许型。[4] 与破产有关的争议在多数国家属于不可仲裁事项,其主

---

① Shana A. Elberg et al., *When Arbitration Meets Bankruptcy: Considering Arbitration Options in the Wake of a Growing Rise in Corporate Insolvencies*, https://www.skadden.com/insights/publications/2020/09/quarterly-insights/when-arbitration-meets-bankruptcy.

② 参见赵健:《国际商事仲裁的司法监督》,法律出版社2000年版,第182页。

③ 在1987年美国马萨诸塞州破产法院审理的一起涉及破产争议可仲裁性的案件中,法官述及其在裁判中所处的两难境地:破产政策强有力地导向一种中心化的争议解决,而仲裁政策则支持去中心化的争议解决,联邦仲裁法的政策在国际案件中强于破产法的政策。参见欧明生:《民商事纠纷可仲裁性问题研究》,浙江大学出版社2013年版,第54页。

④ 参见江伟、肖建国主编:《仲裁法》(第3版),中国人民大学出版社2016年版,第143页。

要是考虑到破产案件不仅仅关涉债务人与债权人的私权纠纷，还涉及其他债权人乃至整个社会的公共利益，故不宜通过仲裁方式解决。持绝对禁止立场的国家包括日本、澳大利亚、法国等。① 相较之下，部分国家有限制地承认破产争议的可仲裁性，虽然不允许包括公司重组、破产和解等在内的核心破产争议提交仲裁，但是对于其他与破产有关的非核心争议则允许提交仲裁解决。例如，在瑞典，如果债务人在破产前已经签订了仲裁协议，该协议对破产管理人和另一方当事人均具有拘束力；在破产程序启动后，管理人也可就尚未确定的债务纠纷签订仲裁协议。② 又如，在芬兰，如果债务人在破产前已经签订了仲裁协议，该协议对破产管理人和另一方当事人亦具有拘束力；不过，如果债权人在破产过程中所提出的权利诉求为另一不受仲裁协议约束的债权人所主张，则仲裁协议将无法拘束未签字债权人，应将争议提交破产法院集中管辖；此外，如果破产管理人认定债务人所从事的交易（如个别清偿或抵销）有损于债权人的权利，意欲解除该交易或宣告该交易行为无效，则管理人不受债务人破产前所签订的仲裁协议约束。③

（二）司法实践的认定

在美国，关于破产争议可仲裁性的判定标准是通过判例法体系逐步发展起来的。在 In re Bethlehem Steel Corp. 案中，美国纽约南区破产法院承认，《美国破产法典》（U. S. Bankruptcy Code）当中“关于不可阻挡地将所有债务请求集中管辖”的联邦政策与《美国联邦仲裁法》（Federal Arbitration Act）所追求的“争议解决的去中心化路径”存在冲突。具言之，根据《美国破产法典》第 362 条 a 款，破产程序的启动将导致所有针对于债务人的民事诉讼程序自动中止，其中亦包括债权人在仲裁程序中针对债务人所提起的仲裁请求。作为例外，代表破产债务人主动对其他主体提起的请求不受自动中止规则的约束，尽管在这些程序中对方当事人可能会提起反诉或反请求。根据《美国破产法典》第 362 条 d

① 其中，日本法律明文规定，破产争议不得交付仲裁解决；澳大利亚的判例法表明，涉及破产的争议不得约定仲裁解决；法国的判例表明，有关破产的纠纷属于国际公共政策范畴，为支持集体破产程序，保证债权人之间的平等，任何针对个别债权人的清偿和仲裁程序都应予以中止。韩健：《现代国际商事仲裁法的理论与实践》，法律出版社 2000 年版，第 455 页。

② 参见赵秀文主编：《国际商事仲裁法》，中国人民大学出版社 2007 年版，第 153 页。

③ 参见韩健：《现代国际商事仲裁法的理论与实践》，法律出版社 2000 年版，第 456 页。

款第 1 项,在符合特定原因的前提下,仲裁程序中的对方当事人可以向破产法院申请解除对仲裁程序的中止,法院可运用其自由裁量权决定是否解除对仲裁程序的中止。在考虑是否解除对仲裁的中止并允许仲裁继续推进时,破产法院采取四个步骤逐项考虑解除条件是否满足:第一,当事人是否约定仲裁;第二,涉案争议是否属于仲裁条款管辖范围;第三,涉案争议属于破产法的核心事项还是非核心事项,是否必须通过法院程序进行集中管辖;第四,在仲裁结果未决之前,法院应当中止任何非仲裁的请求。在确定某一争议事项是属于核心破产事项还是非核心破产事项时,法院主要围绕有关权利是否是联邦破产立法所授予的权限而展开分析。所谓核心破产事项,是指涉及基于联邦破产法所产生的权利或者以其他方式仅在破产程序中存在的权利,或者将会影响破产发挥功能的核心事项。尽管联邦巡回法院已经认定对于非核心的破产事项如果当事人约定通过仲裁解决则应当解除中止,但在实践中,在判定是否解除某一仲裁事项的中止时,最终仍取决于法院的自由裁量权。不过,相比于国内仲裁,在国际商事仲裁程序中,对破产与仲裁之间的冲突更加倾向于仲裁, Bethlehem Steel 案的法院明确指出:对于国际仲裁协议,破产法院几乎没有裁量权来否认非核心破产事项的仲裁管辖。[①]

在印度孟买高等法院审理的 Kotak 公司诉 Indus 公司股权纠纷案中,法院认定 1996 年《印度仲裁与调解法》的效力优于其他法律,故驳回了 Kotak 公司依据 2016 年《印度破产法》第 7 条提起的破产清算申请。本案中,Kotak 公司作为 Indus 公司的股东,分别持有其普通股和可转换优先股,并签订了股权认购协议。之后,在 Indus 公司上市过程中,Kotak 试图将其所持有的可转换优先股赎回,但在价格计算方面产生争议。故 Kotak 公司决定按照股权认购协议向法院主张提前赎回股权,而 Indus 公司则依据股权认购协议的规定,将争议提交了仲裁。在仲裁程序进行期间,Kotak 公司认为 Indus 公司已经无法偿还债务,其便根据 2016 年《印度破产法》第 8 条的规定对 Indus 公司启动公司破产程序,Indus 公司则根据 1996 年《印度仲裁与调解法》第 8 条的规定提出了异议,认为应当根据双方签订的股权认购协议提起仲裁。Indus 公司认为,本案争议属于双方当事人之间的商业纠纷,且双方在股权认购协议中订立的仲裁条款在适用范

① Lostumbo v. Bethlehem Steel, Inc., 797 F. Supp. 652 (1992).

围方面的约定足够宽泛,故本案纠纷应当按照仲裁协议提交仲裁解决。Kotak公司则依据2016年《印度破产法》第7条的规定辩称由于本案属对物诉讼,故该案不在可仲裁事项范围内。孟买法院注意到,印度最高法院在先前审理的其他案件中,已经对破产程序与仲裁协议之间的协调给出了意见:在当事人之间存在仲裁协议时,法院负有要求当事人将相关争议提交仲裁解决的强制性义务。特别是,孟买法院指出:现阶段破产债务人仍然是具有偿付能力的公司,没有必要将其推入破产程序,故而驳回了Kotak公司的破产申请,要求其在仲裁程序中解决债权债务纠纷。① 该案的裁判体现出印度法院对于国际商事仲裁的高度支持,以及对当事人意思自治原则的充分尊重。同时,在破产争议的可仲裁性问题上,本案判决彰显出明确的立场,即破产债务人与债权人之间关于债权债务的纠纷是可以通过仲裁方式得到解决的,债权人逾越仲裁协议而提起的债务诉讼本质上是对仲裁协议的合同性违反,对法院而言,其有义务拒绝管辖,并要求当事人依约定执行仲裁协议。

三、跨境破产与仲裁平行程序的协调:自动中止规则的适用分析

(一)各国处理跨境破产与国际仲裁平行程序的不同立场

实践中,仲裁与破产可能在三种情况下产生冲突:其一,双方当事人在破产之前已经签订仲裁协议但尚未提起仲裁申请时,一方当事人破产是否会否定仲裁管辖权;其二,双方当事人在破产之前已经签订仲裁协议且一方已提起仲裁申请后,一方当事人破产是否会导致仲裁程序的中止;其三,双方当事人在破产之前并未签订仲裁协议,破产管理人在破产程序启动之后签订仲裁协议,此类仲裁协议是否具有可执行性。前文探讨破产争议的可仲裁性问题,只能就程序启动之初的仲裁管辖权边界作出厘定,却无法防范仲裁程序与破产程序事实上的平行展开。尤其是,如果跨境破产程序在一国进行,而国际商事仲裁在另一国进行时,分处于两地的平行程序之间的协调将更趋复杂,其还受到破产程序域外效力承认与否的影响,Syska诉Vivendi案深刻揭示了处理这种情况的

① See Hitesh Nagpal, *Indus Biotech Private Limited v. Kotak India Venture Fund - I: Arbitration of Insolvency Proceedings*, https://cbcl.nliu.ac.in/arbitration-law/indus-biotech-private-limited-v-kotak-india-venture-fund-i-arbitration-of-insolvency-proceedings/, last visited on December 16th, 2020.

难度。

在 Syska 诉 Vivendi 案中,债务人 Elektrim 公司是一家波兰公司,是波兰移动电信公司 PTC 的股东。2001 年 9 月,Elektrim 公司同法国的 Vivendi 公司签署了一份股权转让协议,约定 Elektrim 公司将其在 PTC 公司的股权转让给 Vivendi 公司。后由于债务人 Elektrim 公司违约,债权人 Vivendi 公司依据股权转让协议中的仲裁条款,于 2003 年 8 月在伦敦国际仲裁院(London Court of International Arbitration,LCIA)提起仲裁。2006 年 3 月,争议双方就股权转让相关的争议解决事宜达成补充协议,约定"本协议项下的所有争议,包括协议的产生、存续、有效性、可执行性、履行、解释、违约或终止,由国际商会仲裁院(The International Court of Arbitration of Internation Chamber of Commerce,ICC)在瑞士日内瓦仲裁解决"。2006 年 4 月,债权人 Vivendi 公司向 ICC 申请仲裁。至此,对同一股权转让纠纷,位于英国伦敦的 LCIA 仲裁庭和位于瑞士日内瓦的 ICC 仲裁庭形成了两起同时进行的平行仲裁程序。在两起国际商事仲裁程序进行期间,债务人 Elektrim 公司于 2007 年 8 月向波兰华沙地方法院申请破产,破产程序于当月启动。2008 年 2 月,华沙地方法院指定 Jozef Syska 担任债务人的破产管理人,负责代表法院监督并处置 Elektrim 公司的破产财产和破产债务。被指定为管理人后,Syska 随即向两仲裁庭递交申请,对仲裁庭的管辖权提出质疑,同时依据《波兰破产与重整法》第 142 条要求中止两起仲裁程序。对于 Syska 提出的中止申请,伦敦和日内瓦的仲裁庭在处理上大相径庭。

在 LCIA 仲裁程序中,Syska 依据《波兰破产与重整法》第 142 条主张本案中签订的仲裁协议无效,仲裁程序应当终止。① 但 LCIA 仲裁庭认定,涉案仲裁协议系基于双方当事人真实意思表示所签订,并不会因为债务人进入破产程序而无效,故仲裁庭对本案拥有管辖权,并裁决 Elektrim 公司违反股权转让协议。Syska 对 LCIA 仲裁庭的认定不满,于是依据 1996 年《英国仲裁法》第 69 条第 1 款的规定,上诉至英国高等法院。② Syska 称:根据 2002 年《欧盟破产条例》第 4 条第 2 款 e 项的规定,当事各方的仲裁协议属于合同,应适用波兰法律来确定

① 《波兰破产与重整法》第 142 条规定:"自破产宣告之日起,破产债务人所签订的任何仲裁协议归于无效,任何未决仲裁程序应当终止。"

② 1996 年《英国仲裁法》第 69 条第 1 款规定:"除非当事人另有约定,仲裁程序的一方当事人(经通知其他当事人和仲裁庭)可就仲裁程序中所作的裁决的法律问题向法院上诉。"

破产程序之启动对仲裁协议的效力。[①] 然而，英国高等法院并未采纳 Syska 的主张，而是依据 2002 年《欧盟破产条例》第 15 条的规定认定破产程序对未决诉讼的效力应当适用诉讼所在国法律，即英国法律而非波兰法律加以认定。[②] 英国高等法院特别指出，2002 年《欧盟破产条例》第 15 条所规定的"未决诉讼"涵盖未决仲裁，而依据 1996 年《英国仲裁法》本案仲裁协议应属有效，仲裁庭的管辖权应予支持。英国上诉法院亦维持了英国高等法院的认定，支持仲裁庭继续行使管辖权。

在 ICC 仲裁程序中，Syska 同样依据《波兰破产与重整法》第 142 条主张破产程序的启动已经使仲裁协议归于无效，仲裁庭应当终止程序。因瑞士并非欧盟的成员国，故 Vivendi 公司辩称本案不适用《欧盟破产条例》第 15 条之规定，而应当适用仲裁地法，即瑞士法律作为判定仲裁庭管辖权的准据法。根据 1987 年《瑞士国际私法法典》第 154 条、第 155 条第 3 款的规定，ICC 仲裁庭认定：关于公司的主体资格及行为能力的问题，应当适用公司注册地法律，即波兰法律。[③] 鉴于《波兰破产与重整法》第 142 条已经终止了债务人 Elektrim 公司作为仲裁当事人的主体资格，故本案 ICC 仲裁程序应予终止。案件后上诉至瑞士最高法院，基于同样的逻辑，瑞士最高法院维持了 ICC 仲裁庭的意见，认定仲裁程序应让位于波兰的破产程序。本案中，波兰法院的破产程序对英国和瑞士的仲裁程序产生了截然不同的效果，折射了涉及仲裁的跨境破产争议处理的复杂性，同时也提出了新的问题：国际社会对于自动中止规则的适用是否存在国际共识？在适用自动中止规则时重点考量哪些因素？

（二）法官裁量适用自动中止规则的考虑因素

所谓自动中止规则，也称自动冻结规则，是各国破产法中的通行规则，其特指当债务人进入法院破产程序后、被法院宣告破产前，涉及该债务人的民事诉

---

① 2002 年《欧盟破产条例》第 4 条第 2 款 e 项规定："启动破产程序所在国的法律应当支配破产程序的启动、进行及其终止，其中包括破产程序对于债务人作为当事人的合同的影响。"

② 2002 年《欧盟破产条例》第 15 条规定："破产程序对于涉及债务人财产或权利的未决诉讼的影响，应当仅受到该未决诉讼所在成员国的法律支配。"

③ 1987 年《瑞士国际私法法典》第 154 条规定："公司如果符合公告或符合登记的规定的，可以适用依其成立的国家的法律。"第 155 条第 3 款规定："调整公司问题的法律，可以适用于以下事项：公司的权利能力和行为能力。"

讼、商事仲裁、强制执行等程序均暂时中止的规则。① 这一规则的确立,有利于防止破产财产的减少,以保障破产债权的平等受偿,同时也为债务人和破产管理人预留缓冲期间,从而为之后的重整或清算做好充分准备。从功能上看,自动中止规则的适用对于债权人利益的保护具有重要作用,既避免了个别清偿的出现,同时也对债务人形成规束,不允许其在破产后对财产进行转移或对债务加以逃避。但是,各国破产法所规定的自动中止规则往往与仲裁法规定的妨诉抗辩效力存在冲突。

所谓仲裁协议的妨诉抗辩效力,是指法律明文规定有效的仲裁协议具有排除法院诉讼管辖权的效力。② 之所以赋予仲裁协议排除司法管辖的效力,其原因旨在于维护仲裁协议当事人对争议解决方式作出的约定,并促使诚实信用原则在仲裁程序中贯穿始终。此类规定的合理性在于,当事人既然协议选择了仲裁这一纠纷解决方式,便意味着放弃了就仲裁事项提交法院解决的诉权,这种放弃是基于双方自愿所作出的一种合意安排,亦是程序处分权的体现。③ 为此,当事人必须对其基于理性作出的选择负责,约定仲裁后便不应当再通过向法院起诉解决纷争,否则另一方可以凭据仲裁协议对司法管辖权提出抗辩,从而保证“有仲裁协议即不得诉讼”这一原则。④ 实践中,仲裁协议的妨诉抗辩效力不仅体现在诉讼程序启动阶段,而且贯穿于诉讼程序进行阶段。具言之,部分国家的仲裁立法引入了自动中止或强制中止条款,即当存在仲裁协议的情况下,如果一方将纠纷提交至法院寻求诉讼解决,另一方可以依据立法中确立的自动中止条款使诉讼程序暂时中止,直到该纠纷通过仲裁方式得到裁决,从而保障仲裁妨诉抗辩效力的实现。然而,仲裁的妨诉抗辩效力及仲裁立法规定的自动中止规则是否也适用于破产程序引发的诉讼?破产法规定的自动中止规则是

---

① 例如,我国《企业破产法》第 20 条规定:“人民法院受理破产申请后,已经开始而尚未终结的有关债务人的民事诉讼或者仲裁应当中止;在管理人接管债务人的财产后,该诉讼或者仲裁继续进行。”该条系我国首次通过立法方式解决仲裁程序与破产程序的冲突,该条款所确立的自动中止规则无疑具有强制性,据此,破产程序启动后,与债务人及其财产有关的所有诉讼及追债行为都必须立即中止。

② 例如,我国《仲裁法》第 5 条规定:“当事人达成仲裁协议,一方向人民法院起诉的,人民法院不予受理,但仲裁协议无效的除外。”第 26 条规定:“当事人达成仲裁协议,一方向人民法院起诉未声明有仲裁协议,人民法院受理后,另一方在首次开庭前提交仲裁协议的,人民法院应当驳回起诉……”

③ 参见占斌:《仲裁协议妨诉抗辩效力评析》,载《长沙大学学报》2010 年第 4 期。

④ 参见常英主编:《仲裁法学》(第 3 版),中国政法大学出版社 2013 年版,第 76 页。

否适用于尚未启动的仲裁？对此，理论上存在不同的认识，只能从实践案例中加以探讨。

在 C – Mobile 公司诉华为科技有限公司案（以下简称 C – Mobile 案）中，上诉人 C – Mobile 公司是一家在非洲象牙海岸提供电讯服务的公司，其与被上诉人华为科技有限公司（以下简称华为公司）对破产程序是否应当因仲裁协议的存在而中止产生了争议。本案中，华为公司向美国东加勒比上诉法院提起诉讼，要求对 C – Mobile 公司启动破产清算程序。法院向 C – Mobile 公司送达了关于债务是否到期的法定追偿书后，C – Mobile 公司向法院申请撤销这一追偿书，理由之一是其货物供应合同中存在仲裁协议，故涉案债权债务纠纷应通过仲裁方式解决，而不应在法院的破产程序中进行审理。[①]

一审法院拒绝了 C – Mobile 公司的撤销申请，其认为：对于自动中止规则的适用，法院拥有自由裁量权，而法院在决定是否行使自由裁量权中止破产程序时，应当考虑五项原则：(1) 法院应该考虑案件的所有情况；(2) 中止是例外，而非一般规则；(3) 寻求中止的一方必须提供令人信服的证据，证明除非准予中止，否则上诉将被压制或无效；(4) 在行使其自由裁量权时，法院适用的实际上是损害平衡的检验标准，其中必须审慎考虑对胜诉方的可能损害；(5) 法院还应考虑上诉成功的可能性，只有在上诉理由充分或上诉极有可能成功的情况下，中止才会得到批准。本案中，C – Mobile 公司若想中止其债务诉讼，需要证明破产清算将对公司的运营产生重大影响。在审理中止申请时，一审法官认定破产清算并非一项可以通过仲裁协议同意提交至仲裁解决的争议，故与破产有关的债务不在仲裁协议的适用范围内。

后 C – Mobile 公司提起上诉，其声称：华为公司逾越当事人双方一致选定的争议解决方式径直向法院提起破产清算申请，是完全错误的。为了支撑其主张，C – Mobile 公司援引了英国上诉法院审理的 Salford 案。[②] 在 Salford 案中，英国大法官认定：尽管清算程序属于《英国仲裁法》第 82 条规定的法律程序，但是根据 1986 年《英国破产法》第 122 条第 1 款 f 项的规定，当清算的理由是公司

① See C – Mobile Services Ltd. v. Huawei Technologies Co. Limited, BVIHCMAP 2014/0006 and BVIHCMAP 2014/0017.

② See Salford Estates (No. 2) Ltd. v. Altomart Ltd. (No. 2) [2015] 3 WLR 491.

无法清偿到期债务时,《英国仲裁法》第9条第1款关于强制性中止的规定并不适用于此类清算申请。关于法院作出清算命令的自由裁量权问题,Salford案的法官指出:除非存在特殊情况,法院应当在尊重《英国仲裁法》立法政策的前提下行使裁量权。尽管东加勒比上诉法院完全同意Salford案的裁判意见,但其在C-Mobile案中提出了三点不同意见:首先,本案供货合同中的仲裁条款仅限于"产生于合同的成立、解释及履行或与此有关的纠纷",这一表述在适用范围上比Salford案的仲裁条款要窄得多,Salford案的仲裁条款涵盖了"出租人与承租人之间关于各自权利义务关系的任何分歧或纠纷"。其次,一审法院已经就本案所涉债务是否存在实质争议作出了审理,并认定不存在实质争议。据此,C-Mobile向法院提出撤销法定追偿书的请求是依据2003年《英国破产法》第157条第1款规定的强制性理由,而非依据《英国破产法》第157条第2款规定的裁量性理由。此外,C-Mobile所声称的仲裁程序并不在进行中,故而无法对破产程序中的债务清偿产生中止效果。据此,二审法院同意了一审法院的处理结论,认定涉案破产争议不在仲裁条款规范范围内,因此不能强制当事人进行仲裁,从而驳回了当事人的上诉。① 本案判决从仲裁协议适用的争议范围入手,就仲裁程序对破产程序产生的影响进行了澄清:一方面,基于仲裁协议的妨诉抗辩效力,如果双方当事人协议选择仲裁方式解决争议,则一方不得规避仲裁协议而径行向法院就债务纠纷提起诉讼;另一方面,破产程序的中止包括强制性中止与裁量性中止,如果有关债权债务纠纷不存在实质性争议,则属于强制性中止,如果有关债权债务纠纷尚未得到终局性结论,则法院将通过行使自由裁量权的方式对仲裁与破产间的关系进行协调。

四、破产程序中申请撤销仲裁裁决案件的规范分析

(一)我国法律及司法解释的相关规定

前文探讨了破产争议的可仲裁性、破产与仲裁平行程序的冲突问题,事实上,在仲裁裁决作出后,如债权人依据仲裁协议向管理人申报债权遭到拒绝时,

---

① See Harneys, *Arbitration Agreements and Insolvency Proceedings*, https://www.lexology.com/library/detail.aspx? g = ab24339d - eb9f - 4a5f - 9a7a - 305049333f49#3, last visited on December 16th, 2020.

还可能产生管理人能否申请撤销仲裁裁决及此类案件的管辖问题。在我国,《企业破产法》、《仲裁法》、《最高人民法院关于适用〈中华人民共和国企业破产法〉若干问题的规定(二)》(以下简称《破产法解释二》)、《最高人民法院关于适用〈中华人民共和国企业破产法〉若干问题的规定(三)》(以下简称《破产法解释三》)对此都作出了相应的规定(见表1),但这些规定之间并不完全一致,因此在实践中产生了新的问题。

表1 我国法律及司法解释中涉及破产债务人仲裁裁决撤销案件管辖权的规定

法律法规名称	生效日期	相关规定	未决问题
《仲裁法》	1995年9月1日(2009年、2017年修正)	第58条规定:"当事人提出证据证明裁决有下列情形之一的,可以向仲裁委员会所在地的中级人民法院申请撤销裁决……"	《仲裁法》与《企业破产法》之间是否存在特别法与一般法的关系,尚存争议
《企业破产法》	2007年6月1日	第21条规定:"人民法院受理破产申请后,有关债务人的民事诉讼,只能向受理破产申请的人民法院提起。"	法院以裁定的方式审查撤销仲裁裁决的事项是否属于民事诉讼的范围,尚存争议
《破产法解释二》(2020年修正)	2013年9月16日	第47条第3款规定:"受理破产申请的人民法院,如对有关债务人的海事纠纷、专利纠纷、证券市场因虚假陈述引发的民事赔偿纠纷等案件不能行使管辖权的,可以依据民事诉讼法第三十七条的规定,由上级人民法院指定管辖。"	破产法院不能行使管辖权的例外情形是否可以扩张至仲裁案件;在上级人民法院未行使指定管辖的情况下,管辖法院是否可以根据《仲裁法》第58条确定为仲裁委员会所在地的中级人民法院,尚存争议

续表

法律法规名称	生效日期	相关规定	未决问题
《破产法解释三》(2020 年修正)	2019 年 3 月 28 日	第 7 条第 2 款规定:“管理人认为债权人据以申请债权的生效法律文书确定的债权错误,或者有证据证明债权人与债务人恶意通过诉讼、仲裁或者公证机关赋予强制执行力公证文书的形式虚构债权债务的,应当依法通过审判监督程序向作出该判决、裁定、调解书的人民法院或者上一级人民法院申请撤销生效法律文书,或者向受理破产申请的人民法院申请撤销或者不予执行仲裁裁决、不予执行公证债权文书后,重新确定债权。” *	该条款确立的由破产法院专门管辖的原则是否适用于根据《仲裁法》第 58 条申请撤销仲裁裁决的各类情形,尚存争议

*《山东省高级人民法院企业破产案件审理规范指引(试行)》第 110 条第 2 款规定:“债权人、债务人或者管理人认为债权人据以申报债权的生效法律文书确定的债权错误,或者有证据证明债权人与债务人恶意通过诉讼、仲裁或者公证机关赋予强制执行力公证文书的形式虚构债权债务的,应当……向受理破产申请的人民法院申请撤销或者不予执行仲裁裁决、不予执行公证债权文书后,重新确定债权。”该条款与《破产法解释三》第 7 条第 2 款相类似,但是在撤裁申请主体上更为宽泛,包括了债权人、债务人及管理人。

通过比较上述规定,有观点指出:《破产法解释三》第 7 条明确肯定了破产管理人申请撤销仲裁裁决的诉讼主体资格,并规定管理人申请撤销仲裁裁决的管辖法院为破产法院。这一规定,在一定程度上突破了《仲裁法》第 58 条关于申请撤销仲裁裁决案件管辖的规定。[①] 但是,《破产法解释三》的规定也引发了新问题:首先,破产管理人申请撤销仲裁裁决的法律地位是什么? 这是否为案外人申请撤销仲裁裁决提供了制度基础? 其次,破产管理人申请撤销仲裁裁决的法定情形是否与当事人申请撤销仲裁裁决一致? 最后,由破产法院管辖撤销仲裁裁决案件,是否会产生造成地域管辖、级别管辖的冲突?

(二)管理人申请撤销仲裁裁决的法律地位及理由

对于前述第一个问题,通常认为,破产管理人是指破产案件中,在法院的指

① 参见朱华芳:《2019 年度仲裁司法审查实践观察报告——主题二:申请撤销仲裁裁决制度实践观察》,载搜狐网,https://www.sohu.com/a/385905653_159412,最后访问时间:2020 年 12 月 17 日。

挥和监督之下全面接管破产财产并负责对其进行保管、清理、估价、处理和分配的专门机构。① 至于破产管理人究竟是以自己的名义还是以债务人的代表人的身份申请撤销仲裁裁决，取决于其据以撤销仲裁裁决的理由，以及其提出撤销仲裁裁决申请的行为是出自哪一方利益保护的考虑。如果管理人是依据《破产法解释三》第 7 条第 2 款规定的“据以申报债权的生效法律文书确定的债权错误”而申请撤销仲裁裁决，则可认定管理人此时是维护债务人的利益，体现债务人的意志，自然应当作为债务人的代表人提出申请。与此相反，在债务人与个别债权人通过恶意仲裁虚构债权债务的情形中，债务人本身即属恶意串通行为的当事方，其虚假仲裁多是为了自己、关联方或个别债权人的利益，此时管理人申请撤销仲裁裁决是为了其他债权人的利益，而非债务人利益，如果此时仍然将管理人视为债务人的代表人，在逻辑上便存在悖论，故有认可管理人独立法律地位的必要。相应地，对于前述第二个问题，管理人独立申请撤销仲裁裁决制度的确立，为案外人申请撤销仲裁裁决提供了可能性，而这无疑是对我国过往立场的重要调整。

事实上，在过去，无论是《联合国国际商事仲裁示范法》第 34 条还是我国最高人民法院的复函，仅允许仲裁案件的当事人提出撤销仲裁裁决的申请，而不允许案外人申请撤销仲裁裁决。② 这种情况对于虚假仲裁情形下的案外人利益保护形成了制度性障碍，故已有部分法院就案外人申请撤销或不予执行仲裁裁决作出了尝试。③ 2018 年《最高人民法院关于人民法院办理仲裁裁决执行案件若干问题的规定》第 9 条首次确立了案外人申请不予执行虚假仲裁裁决制度，这为案外人申请撤销仲裁裁决制度提供了前车之鉴。鉴于现代仲裁法律制度对欺诈和虚假仲裁都采取“零容忍”的态度，将欺诈和恶意造假行为纳入实体性

---

① 根据《企业破产法》第 13 条、第 22 条、第 25 条的规定，人民法院裁定受理破产申请的，应当同时指定管理人，管理人的职责之一是代表债务人参加诉讼、仲裁或者其他法律程序。

② 《最高人民法院关于对崇正国际联盟集团有限公司申请撤销仲裁裁决人民法院应否受理的复函》(〔2001〕民立他字第 36 号)已经明确规定，“《中华人民共和国仲裁法》第七十条规定的‘当事人’是指仲裁案件的申请人或被申请人，崇正国际联盟集团有限公司并非 V19990351 号仲裁案件的申请人或被申请人，该公司不具备申请撤销该仲裁裁决的主体资格，故对该申请人民法院不予受理。”

③ 例如，《陕西省高级人民法院关于审理涉及国内民商事仲裁案件若干问题的规定(试行)》(陕高法〔2010〕374 号)第 23 条规定：“案外人对仲裁裁决书、调解书确定的执行标的物主张权利，可以在知道或者应当知道仲裁裁决作出之日起 3 个月内，向仲裁机构所在地的中级人民法院申请撤销。”

公共政策的视界和范围之内予以审查和反制,确有必要。根据《破产法解释三》第 7 条第 2 款的规定,管理人申请撤销仲裁裁决有两种情形:一是"据以申报债权的生效法律文书确定的债权错误",二是"有证据证明债权人与债务人恶意通过仲裁虚构债权债务"。不可否认的是,这两项撤销仲裁裁决理由涉及对于仲裁裁决实体错误的审查与认定,其范围较《仲裁法》第 58 条列明的法定情形要更为宽泛。但是,并不能认为该条款扩大了撤销仲裁裁决的法定事由,而应当仅限于管理人所提出的撤销申请,且必须提供充分的证据证明。原则上,债权人或债务人作为仲裁当事人,其申请撤销仲裁裁决的理由仍应限定为《仲裁法》第 58 条所列情形,即便债权人或债务人认为裁决确定的债权存在错误,也不能通过撤销仲裁裁决程序否定仲裁裁决的效力。

当然,《破产法解释三》第 7 条的规定,显然并非完全开放案外人申请撤销仲裁裁决,而是仅针对破产管理人进行有限制的缓和。何况,设立案外人就虚假仲裁申请撤销仲裁裁决制度并非唯一的方案,即便不设立此类制度,法院在审理当事人的撤销仲裁裁决申请或者执行申请时亦可主动依职权审查裁决是否违反了社会公共利益。因此,有观点指出,如果对《破产法解释三》第 7 条进行扩张解释从而认为所有案外人均可就仲裁程序是否违规、实体裁决是否存在瑕疵等事由申请撤销仲裁裁决,将导致抱薪救火、过犹不及,既与国际通行做法不符,也会对仲裁的成长造成不利冲击。

(三)管理人申请撤销仲裁裁决案件的管辖

对于前述第三个问题,破产管理人应向受理破产申请的人民法院申请撤销仲裁裁决,这是基于《企业破产法》第 3 条关于破产案件集中管辖的考虑,但可能由此引发级别管辖的冲突。《仲裁法》第 58 条规定,撤销仲裁裁决案件的管辖法院为仲裁机构所在地中级人民法院;若受理破产申请的法院为基层人民法院,破产管理人申请撤销仲裁裁决的,该基层人民法院是否具有管辖权?对此,考虑到撤销仲裁裁决案件依据《仲裁法》的规定应由中级人民法院管辖,应当认为,基层人民法院原则上不应直接受理此类撤销仲裁裁决申请,应当依据《破产法解释二》第 47 条之规定由破产法院的上一级人民法院提审。对于破产法院或破产法院的上级人民法院拟撤销仲裁裁决的案件,亦应根据《最高人民法院关于仲裁司法审查案件报核问题的有关规定》进行报核。

与此同时,在破产法院与仲裁委员会所在地法院之间,究竟由哪一法院管辖破产管理人的撤裁申请更为适当，这一问题在实践中存在不一致性（见表2）。

表2 申请撤销仲裁裁决之管辖权异议纠纷的典型案例

案件名称	案号	管辖法院	管辖权异议	法院观点	裁判要旨
佛山市南海圣城仓储有限公司、简某申请撤销仲裁裁决案	（2017）粤01民特1284号	广东省广州市中级人民法院	佛山市中级人民法院已于2016年9月26日裁定受理申请人的破产重整申请，并于2017年8月裁定圣城公司破产清算，并指定佛山市南海区人民法院办理。依据《企业破产法》第21条，本案应由佛山市中级人民法院或南海区人民法院管辖	涉案仲裁裁决由广州仲裁委员会作出，根据《仲裁法》第58条应由仲裁委员会所在地中级人民法院管辖，广州市中级人民法院有管辖权	本案为当事人申请撤销仲裁裁决纠纷，应依照《仲裁法》第58条进行审查。《企业破产法》第21条是针对进入破产清算程序的企业的民事诉讼所作的相关规定，而仲裁案件并非民事诉讼
陕西嘉亨实业发展有限公司破产管理人申请陕西黄河工程建设有限公司撤销仲裁裁决案	（2017）陕01民特135号	陕西省西安市中级人民法院	涉案仲裁裁决由西安仲裁委员会于2006年7月18日作出，在此之前，西安市中级人民法院已于2016年3月29日受理了债权人对嘉亨公司的破产重整申请，仲裁程序应当依据《企业破产法》第20条中止而未中止	在仲裁委受理仲裁申请后，仲裁程序终结前，人民法院已经受理了债权人对嘉亨公司的破产申请，但本案仲裁委并未中止仲裁，且管理人成立后仍然由债务人的法定代表人进行仲裁，程序违法，裁决应予撤销	依据《企业破产法》第20条的规定，债务人破产后，已经开始而尚未终结的有关债务人的仲裁应当中止；在管理人接管债务人的财产后，该仲裁继续进行。西安市中级人民法院既是本案破产法院，也是仲裁机构所在地的中级人民法院，享有撤销权

续表

案件名称	案号	管辖法院	管辖权异议	法院观点	裁判要旨
山东沂通石化有限公司破产管理人、山东省显通安装有限公司申请撤销仲裁裁决案	(2017)鲁09民特10号	山东省泰安市中级人民法院	涉案仲裁裁决由泰安仲裁委员会作出,山东省沂水县人民法院于2017年2月10日作出裁定,受理了债权人对山东沂通石化有限公司的破产清算申请	根据《仲裁法》第58条的规定,泰安市中级人民法院作为仲裁委员会所在地中级人民法院,有权管辖撤销仲裁裁决申请。破产管理人具有诉讼主体资格,其自身可提出撤销申请。本案不存在《仲裁法》第58条规定的情形,裁定驳回撤销申请	本案系申请撤销仲裁裁决纠纷,该类纠纷的审查范围仅限于仲裁裁决是否存在法定的撤销情形,并不以解决当事人的民事权利争议为直接目的,破产管理人属于适格诉讼主体
运城东晟关公文化交流有限公司管理人与李某等申请撤销仲裁裁决案	(2018)京04民特161号	北京市第四中级人民法院	山西省运城市中级人民法院已裁定受理运城公司的破产清算申请,中城投公司在债权申报期限内向破产管理人申报债权,仲裁的事项不属于仲裁协议的范围或者仲裁委员会无权仲裁,应由破产法院集中管辖	本案争议不具有涉外因素,应依照《仲裁法》第58条的规定,由仲裁委员会所在地的中级人民法院进行审查,并非破产法院集中管辖	《企业破产法》关于破产案件集中管辖的规定,是针对民事诉讼而言的。本案当事人约定的仲裁条款有效,一方依据仲裁条款申请仲裁,合法有据
深圳市利盛通实业有限公司、中铁十一局集团建筑安装工程有限公司普通破产债权确认纠纷案	(2019)最高法民申2565号	最高人民法院	涉案合同约定:如因欠付工程款引发纠纷,由武汉仲裁委员会仲裁解决。2015年8月17日,武汉仲裁委员会受理了涉案建设工程施工合同纠纷。2017年5月11日,法院受理了	本案仲裁在一审法院受理破产申请后,未中止待破产管理人接管财产,其程序与《企业破产法》第20条不符。但根据原审查明的事实,管理人在仲裁调解书送达后,对相关程序、	仲裁程序并未因公司破产而中止,程序上虽有瑕疵,但如果管理人已经对相关程序及实体问题进行确认,则并不会导致仲裁裁决被撤销

续表

案件名称	案号	管辖法院	管辖权异议	法院观点	裁判要旨
			凯通公司的破产重整申请，根据《企业破产法》第20条的规定，债务人进入破产程序后，应中止仲裁程序等待管理人接管	实体问题进行了审查，并未表示异议，故程序上虽有不当，但管理人已经履行了职责，并无不当	
亿阳集团股份有限公司与纳斯特投资管理有限公司、亿阳信通股份有限公司申请撤销仲裁裁决案	（2019）粤民辖终324号	广东省高级人民法院	黑龙江省哈尔滨市中级人民法院已作出裁定受理亿阳集团股份有限公司的破产重整申请，依据《企业破产法》第21条的规定，本案诉讼破产重整申请被法院受理之后，应由破产法院集中管辖	涉案仲裁裁决由广州仲裁委员会作出，广东省广州市中级人民法院作为该仲裁机构所在地的中级人民法院，受理撤销涉案仲裁裁决的申请合法有据，驳回上诉，维持原裁定	综合《企业破产法》第21条、《破产法解释二》第47条第3款、《仲裁法》第58条的规定，在上级法院未指定管辖的情况下，应由仲裁委员会所在地的中级人民法院受理撤销仲裁裁决申请
亿阳集团股份有限公司、深圳前海海润国际并购基金管理有限公司申请撤销仲裁裁决案	（2019）粤民辖终325号	广东省高级人民法院	黑龙江省哈尔滨市中级人民法院已作出裁定受理亿阳集团股份有限公司的破产重整申请，依据《企业破产法》第21条的规定，本案诉讼破产重整申请被法院受理之后，应由破产法院集中管辖	涉案仲裁裁决由广州仲裁委员会作出，广东省广州市中级人民法院作为该仲裁机构所在地的中级人民法院，受理撤销涉案仲裁裁决的申请合法有据，驳回上诉，维持原裁定	综合《企业破产法》第21条、《破产法解释二》第47条第3款、《仲裁法》第58条的规定，在上级法院未指定管辖的情况下，应由仲裁委员会所在地的中级人民法院受理撤销仲裁裁决申请

续表

案件名称	案号	管辖法院	管辖权异议	法院观点	裁判要旨
罗某、台山市威宏建材有限公司申请撤销仲裁裁决案	(2019)粤民辖终500号	广东省高级人民法院	申请撤销仲裁裁决是既有仲裁程序的延续,不属于《企业破产法》第21条的“有关债务人的民事诉讼”范畴,不应适用集中管辖;《破产法解释三》第7条仅限于债权错误及虚构债权债务,其他撤裁申请应适用《仲裁法》第58条,由仲裁委员会所在地的中级人民法院管辖	一审法院业已作出裁定,受理案外人对威宏公司的破产清算申请。后威宏公司破产管理人以仲裁裁决在程序上和实体上存在错误为由,向受理破产申请的一审法院申请撤销仲裁裁决,符合《企业破产法》第21条之规定,一审法院对本案具有管辖权,驳回上诉,维持原裁定	根据《企业破产法》第21条的规定,人民法院受理破产申请后,有关债务人的民事诉讼,只能向受理破产申请的人民法院提起。根据《破产法解释三》第7条第2款的规定,管理人认为债权人据以申请债权的生效法律文书确定的债权错误,应当向受理破产申请的人民法院申请撤销仲裁裁决
山西国益生物发电有限公司因与江苏新中环保股份有限公司、晋能电力集团有限公司买卖合同纠纷管辖权异议案	(2019)苏05民辖终48号	江苏省苏州市中级人民法院	根据涉案合同第18.1款和第18.2款的约定,本合同的争议应由临汾仲裁委员会管辖;涉案合同第18.3款关于“如对仲裁结果不服,可向临汾市中级人民法院提起诉讼”的约定仅是对于提起仲裁不予执行案件或者撤销仲裁案件管辖法院的明确,并非或裁或诉条款	涉案合同第18条的约定前后衔接、逐层递进,应理解为双方已经达成合意,以仲裁方式解决双方争议,后可向仲裁委员会所在地的中级人民法院申请撤销仲裁裁决。因此,双方当事人理应受涉案合同中订立的仲裁条款的约束,故裁定撤销一审裁定,驳回起诉	根据《企业破产法》第21条的规定,人民法院受理破产申请后,有关债务人的民事诉讼,只能向受理破产申请的人民法院提起。该规定针对的是有关债务人的民事诉讼,并不涉及仲裁,人民法院受理破产申请后,有关债务人的仲裁不受此限

续表

案件名称	案号	管辖法院	管辖权异议	法院观点	裁判要旨
湖北力欧复合石材科技有限公司诉佘某、姜某申请撤销仲裁裁决案	(2019)鄂11民特12号	湖北省黄冈市中级人民法院	本案为申请撤销仲裁裁决纠纷,各方对裁决确定的债权并无争议,《破产法解释三》第7条仅适用于债权错误或者债权人债务人虚构债权债务的情形,在本案中并不适用。本案应适用《仲裁法》第58条移送至东莞市中级人民法院管辖	黄冈市中级人民法院已于2019年4月23日作出裁定受理湖北力欧复合石材科技有限公司的破产清算申请。力欧公司作为债务人,与其有关的民事诉讼,只能向破产法院提起,黄冈市中级人民法院对力欧公司的撤销仲裁裁决申请具有专属管辖权,驳回管辖权异议	根据《企业破产法》第21条的规定,人民法院受理破产申请后,有关债务人的民事诉讼,只能向受理破产申请的人民法院提起
四川集奥建筑工程有限公司与成都信城置业有限责任公司、四川双杰长枫房地产开发有限公司建设工程施工合同纠纷管辖案	(2019)川民辖63号	四川省高级人民法院	涉案仲裁裁决由成都市仲裁委员会作出,被告向成都市中级人民法院申请撤销裁决被驳回后,又向资阳市中级人民法院请求不予执行。原告诉至成都市郫都区人民法院,请求被告返还履约保证金。其间,资阳市中级人民法院受理被告的破产申请,郫都区人民法院请求移送资阳市中级人民法院管辖	四川省资阳市中级人民法院已经裁定批准被告的重整计划,现正在重整计划执行期。重整计划执行期间,与债务人有关的诉讼应当按照普通民事案件的管辖原则确定管辖,本案系建设工程施工合同纠纷,工程所在地在四川省成都市郫都区,应由郫都区人民法院管辖	在破产重整计划执行期间,与债务人有关的民事诉讼应当按照普通民事案件的管辖原则确定有管辖权的法院

续表

案件名称	案号	管辖法院	管辖权异议	法院观点	裁判要旨
北京海文众益商贸有限责任公司与北京市农工商开发贸易公司申请撤销仲裁裁决案	(2019)京04民特602号	北京市第四中级人民法院	当事人在收到中间裁决后的法定期限内提出了撤销申请,但因农工商开发公司被北京市第二中级人民法院宣告破产,该案管辖发生争议,最终于2017年9月27日由北京市第三中级人民法院立案受理。涉案纠纷属于破产案件,应当由破产法院专属管辖	综合《企业破产法》第20条、第21条及《破产法解释三》第8条的规定,当事人之间在破产申请受理前订立有仲裁协议的,应当通过仲裁确认债权债务关系。经审查,本案不存在《仲裁法》第58条规定的撤销情形,故裁定驳回撤销申请	从《企业破产法》第21条的文义解释及体系解释出发,民事诉讼与仲裁系两种不同的纠纷解决机制,不能得出有关债务人的仲裁案件亦由破产法院集中管辖的结论
黄某、安顺市钢固达房地产开发有限公司管理人申请撤销仲裁裁决案	(2020)黔民辖终15号	贵州省高级人民法院	根据《仲裁法》第58条的规定,申请撤销仲裁裁决只能是仲裁裁决的当事人,钢固达公司并未提出撤销仲裁裁决申请,钢固达公司管理人无权以自己的名义提出撤销仲裁裁决申请。当《仲裁法》与《破产法解释三》存在冲突时,应适用《仲裁法》第58条由厦门市中级人民法院管辖	本案中,安顺市中级人民法院已于2015年6月2日受理了钢固达公司的破产重整申请,故本案管辖应当依据《企业破产法》第21条和《破产法解释三》第7条第2款的规定予以确定,由受理破产申请的人民法院管辖,驳回上诉,维持原裁定	关于申请撤销仲裁裁决案件的管辖,依据《企业破产法》第21条的规定,应由受理破产申请的法院管辖。《企业破产法》第21条是关于破产衍生诉讼专属管辖的规定,其相对于《仲裁法》的相关规定属于特别条款,在破产程序中应当优先适用

续表

案件名称	案号	管辖法院	管辖权异议	法院观点	裁判要旨
北京炎隆歆韵国际贸易有限公司与韩某申请撤销仲裁裁决案	(2020)京01民特57号	北京市第一中级人民法院	涉案仲裁调解书由北海国际仲裁院作出,后北京市第一中级人民法院裁定受理债权人对炎隆歆韵公司的破产清算申请,炎隆歆韵公司提出撤销案涉仲裁裁决申请,韩某称北京市第一中级人民法院对本案无管辖权,应由仲裁机构所在地法院管辖	根据《企业破产法》第21条及《破产法解释三》第7条第2款的规定,北京市第一中级人民法院已于2020年3月13日裁定受理债权人对炎隆歆韵公司的破产清算申请,故对本案有管辖权	涉及破产债务人的仲裁裁决撤销申请属于破产衍生诉讼,应按照《企业破产法》第21条确定管辖,但对于撤销仲裁裁决的法律依据、审查范围及标准应适用《仲裁法》第58条,不因债务人进入破产程序而有所区别

从上述案例的总体情况来看,对于管理人申请撤销仲裁裁决的案件,实务中存在不同观点,既有仲裁委员会所在地中级人民法院管辖的案例,亦不乏由破产法院管辖的案例。对于此类管辖权异议的处理,首先应明确仲裁与破产之间的关系。笔者认为,很难说《仲裁法》是《企业破产法》的特别法,二者在调整对象及适用范围上各有侧重:《仲裁法》所解决的问题一方面是争议事项可仲裁性的界定,另一方面是针对当事人申请撤销仲裁裁决案件的管辖和法定情形作出了明确规范;而关于破产程序启动后能否对仲裁程序产生中止效力,并进而允许管理人重新对仲裁裁决所确定的债权加以确认,则是《企业破产法》的规制范畴。固然,依据《仲裁法》第58条有权管辖申请撤销仲裁裁决案件的法院为仲裁委员会所在地的中级人民法院,此类法院在审理仲裁司法审查案件方面具有较为丰富的经验,可较好地保证案件质量,避免对立裁决。但是,破产程序关乎社会公共利益的实现,其所确立的集中统一清偿的理念排除了个别债权人依据仲裁协议寻求的救济。相应地,由破产法院对申请撤销据以作为确认债权依据的仲裁裁决案件进行专门管辖,更有利于维护公正价值。因而,在法院受理申请后作出裁定前,所涉债权即为待定债权,暂缓认定;若法院驳回撤销仲裁裁决申请,则管理人应根据生效裁决确认债权;若法院裁定撤销涉案裁决,管理人

应依法确认或不予确认该债权；异议人则有权对此提起债权确认之诉以寻求救济。[①] 至于申请撤销仲裁裁决案件的管辖权问题，现有的移送管辖、指定管辖等制度能够在一定程度上有效协调管辖冲突，但解决问题的关键在于我国破产法院体系的构建。同时，合理区分核心破产事项与非核心破产事项也是解决问题的对策之一。

① 参见丁燕、孟燕：《仲裁裁决既判力视角下管理人对破产债权的认定》，载《河南财经政法大学学报》2020 年第 4 期。

合并仲裁制度的价值取向分析与主要矛盾破解

李贤森*

摘　要:合并仲裁是解决复杂关联交易频发、多方当事人争议的有效方式。但是合并仲裁的制度设计与国际商事仲裁的基本理论存在冲突,具体表现为追求争议解决效率与保障当事人意思自治之间的矛盾,这是合并仲裁制度的主要矛盾。多方当事人合意的推定与构建,成为合并仲裁制度需要直面的基础问题与首要问题。通过恰当规定适用条件,准确推定默示合意,可以在仲裁立法、仲裁规则、仲裁协议等合并仲裁规范中有效解释与保障当事人意思自治,推动合并仲裁主要矛盾的解决。

关键词:合并仲裁　仲裁效率　意思自治

合并仲裁作为国际商事仲裁中解决多方当事人争议的重要方式与常备手段,具有提高案件仲裁程序效率、避免案件裁决间相互矛盾冲突、协调仲裁案件参与主体与涉案实体利益主体的范围、间接性扩张仲裁协议中申请仲裁事项范围的重要制度价值。[①] 追求争议解决效率与保障当事人意思自治间的矛盾,是合并仲裁制度的主要矛盾。多方当事人合意的推定与构建,成为合并仲裁制度需要直面的基础问题与首要问题。

---

* 李贤森,中国人民大学法学院博士研究生。

① 参见傅攀峰:《论"多方当事人仲裁"的制度建构及其实践困境》,载《北京仲裁》2014 年第 1 辑。

一、合并仲裁的特性把握

各方对于合并仲裁(consolidation of arbitration / consolidated arbitration)概念的表述基本相近。国外学者认为合并仲裁是指将两个或两个以上已经开始的、相互独立但又有联系的仲裁程序加以合并审理。① 国内有学者认为合并仲裁是通过"一揽子"的方式,在同一个仲裁程序中解决所有当事人之间的争议,而裁决亦同时对所有相关当事人生效。② 合并仲裁是指为解决多方当事人争议的需要,将两个具有高度关联性但又相互独立的仲裁程序进行合并处理的做法。对于合并仲裁内涵的理解需要把握两点:

(一)合并仲裁中不同仲裁程序之间相互独立

合并仲裁的目的之一就在于通过合并的方式集约化解决关联性争议,降低仲裁成本、节约仲裁资源、提高仲裁效率。只有相互独立的仲裁程序才可能需要合并处理,如果不同当事人处于同一仲裁程序之中,则显然不存在合并的问题。同时,仲裁程序之间的独立性也要求着合并仲裁的处理方式,不同案件基于同一事实,如果分开仲裁分别处理,不同的仲裁庭可能得出不同甚至相互矛盾的裁决。这种案件消灭了但矛盾并没有消灭的情况既不符合法理上对于正义的追求,也不符合实践中对于公平的期待,这使得合并仲裁在理论上与实践中确实有存在的必要并获得了相应的支持。

(二)合并仲裁中案件之间需要具有较高的关联性

合并仲裁中案件之间需要具有较高的关联性,而不能仅具有相同的事实或法律性质。这种关联性,从形式上看是仲裁主体的关联,通常是一个仲裁的被申请人是另一个仲裁的申请人,在一个争议中当事人同时具有申请人与被申请人两种身份;从实质上看是实体责任的关联,通常是一个仲裁中承担责任的一方,在另一个仲裁中追究他人的责任,当事人既要承担责任又要弥补损失。在讨论合并仲裁制度时,首先应当意识到之所以需要合并仲裁,是因为多方当事人之间事前没有一个可共同直接参与的仲裁条款,事后也没有形成一个多方共

---

① 参见[意]莫鲁·鲁比诺-萨马塔诺:《国际仲裁法律与实践》(第2版),中信出版社2003年版,第297页。

② 参见池漫郊:《从"效率至上"到"契约自由"——基于合并仲裁评当代仲裁价值取向之变迁》,载《仲裁研究》2008年第4期。

同表示同意的仲裁合意。案件之间的高度关联性有助于合理推定当事人的合并仲裁意思表示,恰当构建合并仲裁合意。仲裁合意作为仲裁体系构建的基石与仲裁程序运作的前提,是任何一项具体仲裁制度都绕不开的。缺少对于仲裁合意的准确把握与恰当维护,任何仲裁制度的创新与发展都将缺乏理论正当性与法律保障性。多方当事人合意的推定与构建,成为合并仲裁制度需要直面的基础问题与首要问题。①

二、合并仲裁立法中当事人意思自治的体现与解释

在仲裁立法中对于合并仲裁的规定,是基于国家强制力的规范,是合并仲裁应当首先关注并予以高度重视的。联合国国际贸易法委员会制定的《国际商事仲裁示范法》(2006 年修正版,以下简称《示范法》)中并未规定合并仲裁,并且在该法第二部分"贸易法委员会秘书处关于 2006 年修正的 1985 年《国际商事仲裁示范法》的解释说明"第 17 条中将仲裁程序的合并排除在《示范法》规范的事项范围外。② 但是有部分国家和地区在立法中对合并仲裁作了相关规定。以下选取两个最具不同代表性的国家立法主要加以分析。

(一)当事人正向协商一致同意合并仲裁

英国坚持合并仲裁应当充分尊重当事人意思自治,赋予当事人对合并仲裁的自治权与决定权。典型的有 1996 年《英国仲裁法》第 35 条对合并仲裁的规定。英国仲裁法律具有较为浓厚的传统保守主义与自由主义风格,在 1996 年《英国仲裁法》出台前,英国司法实践对合并仲裁持否定态度。在 1984 年的 The Eastern Saga 案中,船东、承租人以及次承租人两两之间分别签订了仲裁协议,在船舶受损发生争议后,三方当事人分别提起仲裁,恰巧两个仲裁庭的仲裁员组成完全一样。经一方当事人申请,仲裁庭决定合并审理并作出了裁决,但船东向高等法院提起了撤销仲裁裁决的申请。高等法院审理该案的 Leggatt 大法官认为,"仲裁的私密性、当事人意思自治原则等是仲裁不可超越的原则,因

---

① See Vlavianos, George, *Who Needs Consent? An Update on the Consolidation of International Arbitrations*, Mondaq Business Briefing 1 Nov. 2018. Business Insights: Global. Web. 15 May 2020.

② 《示范法》(2006 年修正版)第一部分第 5 条规定:"由本法管辖的事情,任何法院不得干预,除非本法有此规定。"(例如,仲裁程序的合并,仲裁员与当事人或仲裁机构之间的合同关系,或成本与费用的确实,包括交存保证金。)

此,在未经所有当事人同意的前提下,不能把不同仲裁程序中的当事人都拉进来'合并'审理"。[①] 应当说,1996 年《英国仲裁法》关于合并仲裁的规定采取了当事人正向协商一致原则,在保障当事人意思自治方面表现突出。

(二)当事人反向协商一致排除合并仲裁

另一个典型代表国家荷兰,则坚持除非相关争议的所有当事人反向协商一致约定排除合并仲裁的适用,否则任何一个当事人均有权申请合并仲裁。1986 年《荷兰民事诉讼法典》第 1046 条对合并仲裁进行了规定,该条共有 6 个条款,各规定相当详尽细致。[②] 其核心部分是,如果在荷兰境内已开始的一个仲裁庭的仲裁程序的标的与在荷兰境内已开始的另一个仲裁庭的仲裁程序的标的有联系,那么任意一个仲裁程序中的当事人均可以向阿姆斯特丹地方法院院长提出合并仲裁请求,申请法院院长发布合并两个仲裁程序的命令;如果当事人之间达成一致排除合并仲裁的适用,则上述权利视为不存在。荷兰立法规定合并仲裁并非强制合并仲裁,荷兰立法实际上采取的是当事人反向协商一致原则,除非当事人之间存在一致排除合并仲裁适用的约定,否则任何当事人有权申请合并仲裁,法院有权决定是否合并仲裁。除去特点鲜明的反向协商一致规定外,我国香港特别行政区 1982 年仲裁法令第 6B 节、2006 年《美国联邦民事程序规则》第 42 条等立法也采取了类似的规定。

---

① 杨良宜:《国际商务仲裁》,中国政法大学出版社 1997 年版,第 455 页。

② 参见 1986 年《荷兰民事诉讼法典》第 1046 条"仲裁程序的合并"规定:"1. 如果在荷兰境内已开始的一个仲裁庭的仲裁程序的标的与在荷兰境内已开始的另一个仲裁庭的仲裁程序的标的有联系,任何当事人可以请求阿姆斯特丹地方法院院长发布合并程序的命令,当事人已另有协议的除外。2. 院长在给予所有当事人和仲裁员陈述意见的机会后,可以全部或部分地准许或拒绝请求。他的决定应书面送达给所有有关的当事人和仲裁庭。3. 如果院长命令全部合并,当事人应彼此协商指定奇数人数的仲裁员并决定适用于合并程序的程序规则。如果当事人在院长规定的期间内未能就上述事项达成协议,院长应根据任何一方当事人的请求,指定仲裁员,如有必要,还应决定适用于合并程序的程序规则。院长应决定由于全部合并而终止委任的仲裁员已做工作的报酬。4. 如果院长命令部分合并,他应决定哪些争议应予合并。如果当事人没在院长规定的期间内达成协议,院长应根据任何一方当事人的请求,指定仲裁员并决定什么规则应适用于合并程序。在此情况下已开始仲裁的,仲裁庭应中止仲裁。合并仲裁的仲裁庭的裁决应书面发送其他有关的仲裁庭。一俟收到此裁决,这些仲裁庭应继续进行已开始的仲裁并按照在合并程序中作出的裁决作出决定。5. 第 1027 条第 4 款的规定相应地适用于上述第 3 款和第 4 款提及的案件。6. 如果参与合并程序的所有当事人已协议可以上诉,上述第 3 款和第 4 款情况下作出的裁决应可向另一个仲裁庭上诉。"

三、合并仲裁规则中当事人意思自治的体现与解释

仲裁发展过程中仲裁机构担任了重要角色,如何在合并仲裁规则中体现当事人意思自治,不同仲裁机构的规则做法不一。但这些做法总体可分为推定默示合意与要求明示合意两种方式。

(一)仲裁规则要求当事人对同意合并仲裁具有明示合意

部分仲裁规则要求合并仲裁的决定,需要获得各方当事人的一致同意,形成一个明示的合并仲裁合意。中国国际经济贸易仲裁委员在 2012 年《中国国际经济贸易仲裁委员会仲裁规则》(以下简称《贸仲规则》)第 17 条①正式推出了“合并仲裁”,条文共 3 款,分别规定了合并仲裁的条件、仲裁委员会应考虑相关仲裁案件之间的关联性因素、合并仲裁的案件应当合并到哪个案件。第 1 款对于合并仲裁的条件分为两种,第一种是“经一方当事人请求并经其他各方当事人同意”,第二种是“仲裁委员会认为必要并经各方当事人同意”,这两种条件虽然在发起主体上有所区别——一个是当事人,另一个是仲裁机构,但是最终都需要各方当事人同意,本质上是秉持了契约自由,尊重当事人对合并仲裁决定权的绝对意思自治。

2015 年《贸仲规则》修订完善了第 19 条②“合并仲裁”。第一,第 1 款增加并细化了可以合并仲裁的条件,由之前的两种条件扩展到四种条件,只要符合

① 2012 年《贸仲规则》第 17 条“合并仲裁”规定:“(一) 经一方当事人请求并经其他各方当事人同意,或仲裁委员会认为必要并经各方当事人同意,仲裁委员会可以决定将根据本规则进行的两个或两个以上的仲裁案件合并为一个仲裁案件,进行审理。(二) 根据上述第(一)款决定合并仲裁时,仲裁委员会应考虑相关仲裁案件之间的关联性,包括不同仲裁案件的请求是否依据同一仲裁协议提出,不同仲裁案件的当事人是否相同,以及不同案件的仲裁员的选定或指定情况。(三) 除非各方当事人另有约定,合并的仲裁案件应合并于最先开始仲裁程序的仲裁案件。”

② 2015 年《贸仲规则》第 19 条“合并仲裁”规定:“(一)符合下列条件之一的,经一方当事人请求,仲裁委员会可以决定将根据本规则进行的两个或两个以上的仲裁案件合并为一个仲裁案件,进行审理。1. 各案仲裁请求依据同一个仲裁协议提出;2. 各案仲裁请求依据多份仲裁协议提出,该多份仲裁协议内容相同或相容,且各案当事人相同、各争议所涉及的法律关系性质相同;3. 各案仲裁请求依据多份仲裁协议提出,该多份仲裁协议内容相同或相容,且涉及的多份合同为主从合同关系;4. 所有案件的当事人均同意合并仲裁。(二)根据上述第(一)款决定合并仲裁时,仲裁委员会应考虑各方当事人的意见及相关仲裁案件之间的关联性等因素,包括不同案件的仲裁员的选定或指定情况。(三)除非各方当事人另有约定,合并的仲裁案件应合并至最先开始仲裁程序的仲裁案件。(四)仲裁案件合并后,在仲裁庭组成之前,由仲裁委员会仲裁院就程序的进行作出决定;仲裁庭组成后,由仲裁庭就程序的进行作出决定。”

其中一项就可以申请合并仲裁,这大大扩展了可以合并仲裁的案件范围。同时,该条十分重要的改变是增强了仲裁机构对合并仲裁的决定权。2012 年《贸仲规则》规定,仅是仲裁机构认为有合并仲裁的必要还不够,必须同时经各方当事人同意才能合并仲裁。但 2015 年《贸仲规则》规定,仲裁机构虽然不能不经当事人申请而直接决定合并仲裁,但是只要各案符合第 19 条第 1 款前 3 项条件之一,只需经一方当事人申请,而不必所有案件当事人均同意,仲裁机构就可以决定合并仲裁。第二,新增了第 4 款。对决定合并仲裁后,仲裁庭组成前后的仲裁程序管理权进行了划分。仲裁庭组成前由仲裁机构就程序问题作出决定,组成后则由仲裁庭作出决定。这一权限划分规定具有创新性与实用性,在国内外其他仲裁机构中少有此规定。同时该规定对仲裁程序管理权限划分进行了科学的安排,每个阶段都由最了解仲裁程序进程的主体来管理,避免了职能交叉与职权不清的问题。

(二)仲裁规则推定当事人具有同意合并仲裁的默示合意

部分仲裁机构的规则为了发挥合并仲裁高效解决关联争议,提高争议解决效率的目标,会在仲裁规则中规定推定当事人默示同意合并仲裁的条款,以避免当事人之间久议不决而难以形成合意。

2020 年 7 月 1 日起生效的《比利时仲裁调解中心仲裁规则》第 12 条(共 3 款)规定了"仲裁合并"。第 1 款规定:"如果仲裁协议中均选定了该中心的仲裁规则,那么任命委员会或中心主席据此有权命令将多个相关或不可分割的仲裁案件合并。"该款规定了合并仲裁的条件与合并仲裁的决定主体。第 2 款规定了如果不是当事人全体同意合并仲裁,任命委员会或中心主席在决定是否同意合并仲裁时应当考虑的因素。[①] 第 3 款则规定了除非各方当事人另有约定外,机构不得下令合并已经作出初步决定、关于可受理性的决定或关于申诉实质的决定的仲裁。该规则明确了当事人选择中心仲裁规则就意味着当事人默示同

① 任命委员会或中心主席在决定是否同意合并仲裁时应当考虑的因素包括:"a)双方是否没有将合并排除在仲裁协议之外;b)在单独的仲裁中提出的主张是否是根据同一仲裁协议提出的;c)如果索赔是根据一项以上的仲裁协议提出的,则该仲裁协议是否兼容,以及仲裁是否涉及同一当事方,并关注同一法律关系引起的争议;d)如果索赔是根据多个仲裁协议提出的,则仲裁协议是否兼容以及所寻求的救济是否源于同一系列的相关法律关系;e)在每个仲裁中取得的进展,尤其是在多个仲裁中是否任命或确认了一名或多名仲裁员,以及被任命或确认的人是否相同的事实;f)仲裁协议中规定的仲裁地点"。

意合并仲裁的相关规定,其逻辑在于当事人对于仲裁规则的选择是基于自身意思自治作出的自主选择,除非当事人之间存在特殊约定,当事人对于仲裁规则的选择应当是概括性接受所有条款及相关附件。

2012 年《瑞士国际仲裁规则》第 4 条“合并仲裁和追加当事人”第 1 款规定,“正在依照本规则进行其他仲裁程序的当事人之间又有仲裁通知提出,仲裁委经过与当事人及任何已经确认的仲裁员协商后,可以决定将新的仲裁案件合并到正在进行的仲裁程序中。提出新的仲裁通知的当事人与正在进行的仲裁程序的当事人不完全一致时,仲裁委依然可以作出类似决定。在作出决定之时,仲裁委须综合考虑所有相关情形,包括仲裁案件之间的联系及现有的仲裁程序已经取得的进展。在仲裁委决定将新的仲裁案件合并到现有的仲裁程序进行审理时,所有程序的当事人被视作放弃指定仲裁员的权利,仲裁委可以撤销对仲裁员的任命和确认,并适用第二部分(仲裁庭组成)的条款”。从规定表达来看,仲裁机构在决定是否合并仲裁时,虽然需要与当事人及已指定的仲裁员协商,但未规定必须取得他们的认可与同意,也就是说,只要案件符合条件,仲裁机构就可以决定合并仲裁。

以上仲裁规则的共通之处在于,都明确表达出同一个意思,即当事人选择了本仲裁机构的规则,案件符合条件时仲裁机构有权决定是否合并仲裁。这些仲裁规则的共同推导思路是当事人在达成仲裁协议时,当事人有充分的谈判余地与选择空间,当事人就特定仲裁规则的适用作出同意的意思表示,并且当事人之间达成了合意,那么对于包含在所选仲裁规则中的合并仲裁的相关规定而言,应当视为当事人是概括性接受的,也就可以推定当事人是默示同意合并仲裁的。同时,对于当事人而言,接受这样的仲裁规则也是具有优势并可以理解的。商事争议中当事人关注的是机会,追求的是效率。仲裁机构规则适当的强势可以解决当事人之间很多的琐碎事务,避免当事人凡事躬亲、事事授权,减少了沟通成本,提高了解决效率。

四、合并仲裁协议中当事人意思自治的体现与解释

(一)仲裁协议明确规定了同意合并仲裁

在仲裁协议中,最理想的保障当事人意思自治的做法,就是由当事人直接在仲裁协议或仲裁条款中就合并仲裁问题进行明示约定。无论当事人认同或

者反对合并仲裁,均在仲裁协议中明示约定,这既保障了当事人对合并仲裁问题的自治权,也避免了由仲裁机构或仲裁庭决定合并仲裁时当事人可能产生异议。

虽然这种情况过于理想,但并不能完全排除。如果当事人长期在多方争议高发的行业如航运业、建筑工程业工作,已有较多面对相关争议的经历,储备了较为丰富的经验,对于相关交易在一定范围内可能涉及多少流程会有比较准确的预估与判断。这类经验丰富、履历深厚的当事人在签订合同时,可能会为了防患于未然,而在一般仲裁条款之中专门就合并仲裁进行约定。另外,在发生争议之后,当事人之间也可能秉持最大的诚意来解决相关争议,我国《民法典》第 7 条也规定了“民事主体从事民事活动,应当遵循诚信原则,秉持诚实,恪守承诺”。面对相互之间联系紧密的数个争议,当事人之间确实有可能为快速解决争议,节约时间抓住后续商业机会,而达成合并仲裁合意。

(二)从当事人约定相同的仲裁条款推定出当事人对合并仲裁的默示合意

推定可以作为意思表示的形式,当事人通过有目的的积极行为将内在意思表现于外部,使他人可以根据常识、交易习惯或相互间的默契,推知当事人已作某种意思表示,从而使民事行为成立。推定形式又被称为默示的或间接的意思表示。[①] 有观点认为如果当事人在相互关联的合同中约定了相同的仲裁条款,可以推定当事人默示地同意将所有争议由同一个仲裁庭解决。

根据当事人约定相同的仲裁条款来推定当事人具有默示同意合并仲裁的意思表示,与仲裁规则规定的只要当事人选择了相同的仲裁规则,则可以推定当事人具有合并仲裁的默示合意的思路一样。其本质上都是遵循“表示主义”理论作出的解释,要求通过当事人的外部表示来解释意思表示。当事人是否同意合并仲裁应重在解释行为人所表示出来的意思,即解释对象以行为人的外部表示为准。在“表示主义”解释理论的思路下,无论是选择相同的仲裁规则还是约定相同的仲裁条款,都是有目的、有意义的积极行为,都是可以观察的外部表示,都充当了客观的解释对象。我国对于意思表示的解释,主张对于需要受领

---

① 参见王利明主编:《民法》(第 5 版),中国人民大学出版社 2010 年版,第 108 页。

的意思表示如要约、承诺等,应当采取表示主义。① 签订仲裁条款很显然不是一个单方行为,而是一项需要受领的意思表示,因此对其解释采用“表示主义”是合理的。

五、合并仲裁制度中主要矛盾的破解

合并仲裁制度的主要矛盾是追求争议解决效率与保障当事人意思自治之间的矛盾。并且,通过分析合并仲裁的设计目的与规则定位可知,提高多方当事人争议的解决效率是合并仲裁的主要追求。因此,追求争议解决效率是合并仲裁制度的主要矛盾的主要方面,保障当事人意思自治是该主要矛盾的次要方面。多方当事人合意的推定与构建,是合并仲裁制度需要直面的基础问题与首要问题。合并仲裁制度的主要矛盾的破解就在于,构建推定合并仲裁中当事人默示合意的准确认定路径,这既要避免只看一面的割裂论,也要避免不分主次地一把抓。

(一)争议基于相同的基础交易或联系密切的交易

争议基于相同的基础交易或联系密切的交易是推定合并仲裁中当事人默示合意的基础条件。此项条件是为了保证案件之间具有高度联系,只有联系密切的案件才有合并仲裁的必要与可能。例如,2019 年《北京仲裁委员会仲裁规则》第 30 条“合并仲裁”第 2 款规定:“在决定是否进行上述合并时,本会将考虑相关仲裁案件所依据的仲裁协议的具体情况、案件之间的关联性、案件程序进行的阶段以及已经组成仲裁庭的案件仲裁员的指定或者选定等情况。”由此可见,具有合并决定权的仲裁机构在考虑是否合并仲裁时,案件之间的关联性是一个重要参考标准。

第一,基于相同基础交易而发生的争议,其底层联系最为密切。此类争议主要体现在并列型争议中,争议关系呈现伞骨状。在此类争议中,一个核心当事人往往会为了一项交易而同时与多个当事人签订合同。这种情况下,这些争议具有高度的关联性,既便于也应当一并处理,不仅仲裁机构而且当事人也能够清晰地意识到合并处理的可能性。第二,联系密切的交易经常会发生系列的关联争议。典型的有航运业、国际货物买卖业中发生的争议,在这些行业中不同

① 参见王利明主编:《民法》(第 5 版),中国人民大学出版社 2010 年版,第 110 页。

当事人之间的交易往往是环环相扣的,所以一旦在某个环节出现问题,整个交易链条上的当事人都会受到影响。这样的交易关系使得争议一旦出现,便会出现连锁追溯的情况,每个当事人在此追溯过程中可能至少面临两次参加仲裁的情况。

(二)相同或可以相互引证的仲裁条款

相同或可以相互引证的仲裁条款是推定合并仲裁中当事人默示合意的重要条件。这一规定为仲裁机构、仲裁庭等第三方解释当事人的意思表示提供了客观的解释对象,其解释结果更容易为各方当事人所接受。

1. 可以相互引证的仲裁条款

部分仲裁机构在推荐其示范条款时,会对如何起草仲裁条款进行细致介绍。在仲裁规则允许的范围内,根据当事人对仲裁程序权利的需要,为其量身定制适合的仲裁程序,并在拟定仲裁条款时作出明确的约定。例如,北京仲裁委员会不仅在其2019年《北京仲裁委员会仲裁规则》中规定了在决定是否进行合并时,该会将考虑相关仲裁案件所依据的仲裁协议的具体情况等情况,而且还专门推荐了"关联合同的处理"仲裁条款范例。[①] 这种基于关联合同特别约定的仲裁条款,是可以相互引证的。特别适用于不同当事人之间的交易涉及多份关联合同时,可以分别在合同通过这种专门的仲裁条款作出统一安排,避免割裂管辖,一旦出现争议便于更好查明事实,也可以为合并仲裁提供更为客观可考的条约基础。

2. 相同的仲裁条款

部分仲裁机构规则中对合并仲裁进行了规定,如2018年《香港国际仲裁中心机构仲裁规则》第28条"仲裁合并"规定,仲裁机构有权在条件满足时,决定将依本规则正在进行的两个或多个仲裁合并,其中之一的条件便是"各仲裁中的所有请求均依据同一仲裁协议提出"。2015年《贸仲规则》第19条也有类似的合并仲裁条件规定,"各案仲裁请求依据同一个仲裁协议提出"。从规定中可以看出,不同当事人根据同一仲裁协议提出了不同的仲裁请求,而该仲裁协议很可能是格式合同中的一部分。这种不同交易中采用同一仲裁协议的情况,很多是出现在同一行业的格式合同中。同时,当多个当事人均与同一个当事人进

---

① 《如何起草仲裁条款》,载北京仲裁委员会官网,https://www.bjac.org.cn/page/zc/zctk.html,最后访问时间:2020年7月29日。

行交易时,也经常出现多个交易中均采取了相同的仲裁协议的情况。

(三)当事人没有明确约定反对合并仲裁

当事人没有明确约定反对合并仲裁是一个保底性条件,如果当事人明确约定排除合并仲裁的适用,则应当充分尊重当事人的意思自治。在合并仲裁中当事人合意的问题上,当事人之间具有或达成明示合同表示同意合并仲裁是最理想的状态,较多情况下是通过适当的方式推定当事人之间具有同意合并仲裁的默示合意,这符合合并仲裁的理论与现实。但是,如果当事人明确约定排除合并仲裁的适用,则法院、仲裁机构以及仲裁庭等将失去对当事人默示意思表示的讨论空间,应当充分尊重当事人明确排除合并仲裁的选择。

2015 年《贸仲规则》第 19 条中规定,满足条件“各案仲裁请求依据多份仲裁协议提出,该多份仲裁协议内容相同或相容,且各案当事人相同、各争议所涉及的法律关系性质相同”或“各案仲裁请求依据多份仲裁协议提出,该多份仲裁协议内容相同或相容,且涉及的多份合同为主从合同关系”时,仲裁机构可以决定合并仲裁。不同的仲裁条款之间至少需要相容,在满足其他条件的情况下,才可以满足申请合并仲裁的条件。这里的“相容”包含的一个基础含义便是仲裁协议之间不能相互排斥,一个仲裁协议明确排除了合并仲裁的适用,而其他仲裁协议没有,显然它们之间在内容上是不相容的。1986 年《荷兰民事诉讼法典》第 1046 条“仲裁程序的合并”规定,“如果在荷兰境内已开始的一个仲裁庭的仲裁程序的标的与在荷兰境内已开始的另一个仲裁庭的仲裁程序的标的有联系,任何当事人可以请求阿姆斯特丹地方法院院长发布合并程序的命令,当事人已另有协议的除外”。当事人之间已有协议明确排除合并仲裁适用的,即使根据法律规定合并仲裁的决定权在法院,法院的决定权也是可以被阻却的。将“当事人没有明确约定排除合并仲裁的适用”设置为合并仲裁的条件之一,其主要目的是划定当事人意思自治与仲裁机构等之间的边界。合并仲裁即使具备各种优势与价值,但仍然需要当事人的同意与认可,至少当事人之间不能约定明确反对,否则这将直接违反仲裁的自愿性,造成根本理念上的背离。“牛不喝水强按头”是不行的,再好的东西总要当事人愿意才行。合并仲裁程序的适用不是一项强制性规定,“当事人没有明确约定排除合并仲裁的适用”,为当事人提供一种方式亮明自己在程序安排问题上的底线,圈定当事人在仲裁程序安排中的自留地,是符合当事人意思自治原则的底线保障。

股东派生仲裁的合理性基础与制度建构

——以《〈中华人民共和国仲裁法〉(修订)(征求意见稿)》第25条为视角

黄易懿　郝珈锐*

摘　要:基于代理理论、公平合理的期待理论与股东诉权的派生性,股东派生仲裁具有深厚的理论渊源。自1993年开始,不断有司法案例突破《仲裁法》对仲裁协议合意性的要求,目前司法实践的主流趋势体现为支持股东派生仲裁。派生仲裁的合理性基础在理论与实践双重维度得到印证。在《仲裁法》修订背景下,本文立足于仲裁程序的特点,对股东派生仲裁制度的具体建构提出了相关建议。派生仲裁中的适格股东与被申请人标准应当与派生诉讼中的适格股东、被告标准保持一致,但具体标准有待完善。公司更宜以证人身份参与仲裁。当公司与被申请人存在有效仲裁协议时,股东不应当享有任意选择派生诉讼或派生仲裁的程序选择权。当股东拒绝通知公司时,仲裁庭应当将案件情况及时通知公司。

关键词:股东派生仲裁　股东派生诉讼　仲裁法

一、问题的提出

所有权与经营权的分离、能力与财力的合作是现代公司制度的基本特点。

* 黄易懿,上海交通大学凯原法学院硕士研究生;郝珈锐,复旦大学法学院硕士研究生。

作为资本提供者的股东通常缺少有关公司经营的专业知识与经验，需要选任具有企业家才能的职业经营者经营公司。① 两权分离的设计决定了公司中可能存在的代理问题，当公司权利受侵害，而掌握公司经营权的董事、高管等人怠于维护公司权利时，公司及作为公司所有者的股东利益无疑将受到侵害，该种困境在董事、高管直接侵害公司权益时更为严峻。为解决这一问题，《公司法》第151条规定了股东派生诉讼制度，符合条件的股东可以自己名义向人民法院提起诉讼，所得的诉讼利益归属于公司。

然而，在公司与合同相对方订有仲裁条款时，股东派生诉讼屡屡失灵，难以发挥制度作用。首先，当股东向法院提起股东派生诉讼时，法院可能以公司与合同相对方存在有效仲裁协议为由认为案件不属于法院主管范围，从而不予受理股东的派生诉讼请求。其次，当股东向仲裁机构就派生争议提起仲裁时，仲裁机构可能以股东不是仲裁协议相对方，案件缺乏有效的仲裁意思表示为由拒绝受理。最后，由于派生争议中公司内部治理机关已经处于瘫痪状态，拒绝向合同相对人主张权利，股东也难以在公司内部获得救济。公司与合同相对人所订立的仲裁协议使得股东在派生争议中常常陷入法院、仲裁机构均不予受理的两难困境。例如，在南华投资有限公司案中，法院认为南华公司为维护港华公司的利益而代位提起股东派生诉讼，应当受港华公司与被告天然气公司所签订的仲裁协议约束，南华公司所主张的事项应提交仲裁解决，法院对案件不具有管辖权。② 而佛山仲裁委以南华公司并非仲裁协议当事人为由否定仲裁庭具有管辖权，这使南华公司陷入了“求诉无门”的困境。

上述困境的根源在于，法院和仲裁机构对《公司法》第151条“向人民法院提起诉讼”的狭义理解。对上述条款中“向人民法院提起诉讼”的含义，存在限缩解释论和扩张解释论两种观点。③ 限缩解释论认为，《公司法》第151条仅明确规定股东有权“向人民法院提起诉讼”，由于立法并未赋予股东派生仲裁请求

---

① 参见张维迎：《所有制、治理结构及委托—代理关系——兼评崔之元和周其仁的一些观点》，载《经济研究》1996年第9期；俞雷：《现代公司经营权与控制权的内涵界定及区别》，载《商业时代》2010年第1期。

② 参见佛山市顺德区南华投资有限公司与佛山市天然气高压管网有限公司买卖合同纠纷案，广东省高级人民法院民事裁定书，(2016)粤民终468号。

③ 参见李立新、刘晨：《营商环境法治化背景下股东派生仲裁的制度构建》，载《政法学刊》2019年第6期。

权,因此股东只能通过诉讼的方式来维护公司权利。根据此限缩解释论,当公司与第三人之间签订仲裁协议时,法院、仲裁机构往往以仲裁协议相对性为由否定股东的派生仲裁请求权,从而将纠纷限制在纳入诉讼之框架内。[①] 扩张解释论着眼于限缩解释论可能导致的股东"求诉无门"的困境,认为诉讼、仲裁二者均发挥着解决纠纷的重要功能,《公司法》第 151 条不仅应包括诉讼,由于其并未排除仲裁机构对于股东派生仲裁的管辖权,因此《公司法》第 151 条亦可将仲裁涵盖于其中。[②] 仲裁机构可以准用《公司法》中相关诉讼条款裁判公司纠纷,从而解决股东可能面临的法院、仲裁机构均不予受理的两难困境。[③] 但是,实践中的有限突破无法为派生争议中的股东提供稳定且可预期的处理结果。《公司法》及《仲裁法》中股东派生仲裁制度的缺位使得股东在派生争议中无所适从。只有从立法角度明确仲裁在派生争议中的可适用性,确立股东派生仲裁制度,方能从制度设计角度根本解决股东"求诉无门"的困境。

股东派生仲裁制度起源于美国。对于股东派生争议能否适用仲裁,美国的司法实践在 20 世纪仍持保守态度,其仅支持封闭公司的股东享有派生仲裁请求权。直至 1994 年在 In re Salomon 案中,美国法院才认可公众公司的股东有权提起股东派生仲裁。[④] 该案中,原告作为 Salomon 公司的股东,代表 Salomon 公司及 Salomon 公司的全资子公司 Salomon Brothers 提起了股东派生诉讼,要求追究 John H. Gutfreund 等高级管理人员违反信义义务所应承担的责任。被告认为,被告与 Salomon 公司及其全资子公司 Salomon Brothers 此前均同意遵守纽约证券交易所的章程和规则,被告与两家公司之间存在有效的仲裁协议,因此原告代表两家公司提出的索赔必须提交纽约证券交易所仲裁。法院审查后认为,在股东派生诉讼中,股东的诉权来自公司,股东只是作为原告代公司主张诉求,因此公司与被告之间的仲裁协议应当约束股东。若被告针对其与公司签订的仲裁协议提起管辖权抗辩,股东也应当受到该抗辩的约束。In re

① 参见陕西硒谷产业发展有限公司与陈某学、朱某贤申请撤销仲裁裁决案,陕西省西安市中级人民法院民事裁定书,(2019)陕 01 民特 6 号。

② 参见刘俊海:《现代公司法》(第 2 版),法律出版社 2011 年版,第 300 页。

③ 参见刘俊海:《新〈公司法〉的设计理念与框架建议》,载《法学杂志》2021 年第 2 期。

④ See Jeffrey A. Sanborn, *The Rise of Shareholder Derivative Arbitration in Public Corporations: In Re Salomon Inc. Shareholders' Derivative Litigation*, 31 Wake Forest L. Rev. 337 (1996).

Salomon 案打破了法院对解决公众公司股东派生争议的垄断，为股东打开了派生仲裁的大门。此后，股东派生仲裁制度在俄罗斯、新加坡等国的仲裁实践中也逐步得到确认和发展。俄罗斯在 2016 年修订《俄罗斯仲裁法》时，突破了以往对公司纠纷不可仲裁的规定，将公司纠纷纳入了商事仲裁范围，股东派生争议在《俄罗斯仲裁法》中被明确列举为公司纠纷的典型情形。[①] 在 2015 年 Silica Investors 有限责任公司案中，新加坡法院首次认定股东提起在派生争议可以被仲裁，表明了对股东派生仲裁制度的肯定与支持。[②]

2021 年 7 月 30 日，我国司法部发布了《〈中华人民共和国仲裁法〉（修订）（征求意见稿）》（以下简称《仲裁法征求意见稿》），拟对现行《仲裁法》进行重大修改，并向全社会公开征求意见。《仲裁法征求意见稿》第 25 条将公司、合伙企业与对方当事人所签订的仲裁协议效力扩大至依法定要求以自己名义代表公司、合伙企业向对方当事人主张权利的公司股东、合伙企业的有限合伙人。[③] 根据司法部公布的情况说明，该条旨在完善仲裁协议规定，基于有利于纠纷解决的目标，对公司企业代表诉讼等特殊情况下，仲裁协议效力的认定予以明确规定。[④] 从条文文本来看，《仲裁法征求意见稿》第 25 条突破了仲裁协议相对性的传统理论，产生了三重法律效果：（1）就代表公司而主张权利的股东而言，公司与相对方所签订的仲裁协议对股东也产生法律约束力；（2）就法院而言，不得受理此种情形下股东所提起的股东派生诉讼；（3）就仲裁机构而言，不得以该股东并非仲裁协议当事人为由认定不予受理该案件。

《仲裁法征求意见稿》第 25 条将仲裁协议的效力扩大至《公司法》第 151 条、《合伙企业法》第 68 条所规定的股东、有限合伙人，也即将《公司法》和《合伙企业法》的上述规定之代表“诉讼”理解为“行使诉权”，进而明确将仲裁也纳入其中，有效解决了前述派生争议中股东可能遭遇的困境。本文认为，股东派

---

① 参见张子学：《公司法纠纷可仲裁性初步研究》，载《中国政法大学学报》2019 年第 4 期。

② See Tomolugen Holdings Ltd. and another v. Silica Investors Ltd. and other appeals, SGCA 57 (2015), p. 101.

③ 参见《仲裁法征求意见稿》第 25 条规定：“公司股东、合伙企业的有限合伙人依照法律规定，以自己的名义，代表公司、合伙企业向对方当事人主张权利的，该公司、合伙企业与对方当事人签订的仲裁协议对其有效。”

④ 参见《关于〈中华人民共和国仲裁法（修订）（征求意见稿）〉的说明》，载中国政府法制信息网，http://www.moj.gov.cn/pub/sfbgw/zlk/202107/t20210730_432965.html。

生仲裁制度有着深厚的理论和实践基础,有效回应了现实关切,具有立法确认的必要性。但是,在具体制度构建上,基于诉讼与仲裁二者的根本不同,《仲裁法征求意见稿》第25条仍需进一步细化股东派生仲裁的程序设计。本文将就股东派生仲裁制度的具体制度建构提出完善建议。

二、《仲裁法征求意见稿》第25条评述

《仲裁法征求意见稿》第25条规定在派生争议中,公司、合伙企业与对方当事人签订的仲裁协议同样对股东具有约束力,打破了以往对于仲裁合意的要求,为股东派生仲裁制度在我国的发展打下了基础。基于代理理论、公平合理的期待理论以及股东诉权的派生性,《仲裁法征求意见稿》第25条具有坚实的法理基础。通过明确派生争议中仲裁协议对股东的约束力,《仲裁法征求意见稿》第25条回应了此前司法实践中肯定派生仲裁制度的突破,平息了有关仲裁合意的争论。同时,派生仲裁制度有着重要的制度价值,能够有效地维护中小股东利益、保护外部相对方的程序利益,并且能够避免潜在的平行诉讼。但仍需注意的是,《仲裁法征求意见稿》第25条仅就仲裁协议的效力问题进行了回应,并未就股东派生诉讼制度构建具体的程序规则。作为争端解决的不同方式,诉讼程序与仲裁程序存在一定区别。派生仲裁的程序缺位可能使得派生仲裁制度在实践中运行不畅,仲裁机构对派生争议缺乏处理能力。

(一)派生仲裁的合理性基础:理论与实践之维

1. 派生仲裁制度的理论证成

由于股东派生争议满足争议具有可仲裁性的要件,即争议涉及财产权益、争议主体之间具有平等性、争议具有可和解性,因此股东派生争议具有可仲裁性。[①] 传统仲裁法理论中,基于仲裁的自愿性与合意性,除非当事人一致同意,否则非签署方一般不被允许参与仲裁。但是这一规则也有例外,仲裁协议的效力在特定情形下可扩大至仲裁协议的非签署方,如债权债务全部或部分转让时,仲裁协议的效力一般扩大至受让人;自然人死亡时,仲裁协议的效力扩大至承继该仲裁事项中的权利义务的继承人;法人合并分立时,仲裁协议的效力扩

① 参见丁丁、潘方方:《论股东派生争议的可仲裁性》,载《法律适用》2010年第7期。

大至该法人权利义务的继受人。[①] 基于不同国家的实践，仲裁协议效力扩大的基本情形可以归纳为：代理、担保、“揭开公司面纱”、公司集团、继受、转让、代位、公司高管和董事等。[②] 在股东派生仲裁中，基于代理理论、公平合理的期待理论与股东诉权的派生性，公司所签订的仲裁协议效力应当扩大至作为未签署方的股东。

(1)代理理论

作为法律概念的“代理”，是指一人代另一人为法律行为，其所产生的法律效果直接归属于所代的另一人。[③] 当公司内部人或外部第三人损害公司利益，而公司董事或监事怠于追偿时，才会触发股东派生诉讼或者股东派生仲裁。该种情形下，公司的代理人——董事、监事等人并未按照公司利益最大化的标准行事，违反了忠实、勤勉义务。从民法角度来看，这是滥用代理权的行为。此时，董事或监事在本质上丧失了代理能力或资格，公司的所有者——股东暂时在争议事项上接管了代表能力或资格，代表公司向公司管理层或外部第三人提起诉讼或仲裁。[④] “代表”的意思是股东只是在程序上作为代表公司的“工具”，代替公司行使诉权或者仲裁请求权。[⑤]

在股东派生仲裁中，虽然股东是以自己的名义提起仲裁，但最后的仲裁结果仍归属于公司。该种情形下，股东作为代理人，以自己的名义与第三人为法律行为，其法律后果直接归属于公司。派生仲裁制度实质上否定了此时控制公司的代理人的代理权，但赋予少数股东对公司的代理权。[⑥] 该种代理权从性质上来看归属于法定代理，依《公司法》《合伙企业法》《仲裁法》的相关规定而发

① 参见《最高人民法院关于适用〈中华人民共和国仲裁法〉若干问题的解释》第 8 条第 1 款、第 2 款规定：当事人订立仲裁协议后合并、分立的，仲裁协议对其权利义务的继受人有效。当事人订立仲裁协议后死亡的，仲裁协议对承继其仲裁事项中的权利义务的继承人有效。第 9 条规定：债权债务全部或者部分转让的，仲裁协议对受让人有效，但当事人另有约定、在受让债权债务时受让人明确反对或者不知有单独仲裁协议的除外。

② See Gary Born, *International Commercial Arbitration*, 2nd ed., Kluwer Law International, 2014.

③ 参见梁慧星：《民法总论》(第 5 版)，法律出版社 2017 年版，第 221 页。

④ 参见邓峰：《普通公司法》，中国人民大学出版社 2009 年版，第 399 页。

⑤ 参见朱锦清：《公司法学》(下)，清华大学出版社 2017 年版，第 233 页。

⑥ 参见杨会、何莉苹：《公司在股东代表诉讼中的诉讼地位探析》，载《人民司法(应用)》2009 年第 7 期。

生。[①] 作为公司的代理人,派生诉讼的股东对外为法律行为时,受到公司对外签订的仲裁协议的约束。此外,由于股东作为代理人是以自己的名义提起仲裁,因此,该种代理在性质上也属于隐名代理。依据能否发生代理归属效果,代理可以分为直接代理与间接代理。在直接代理下依据名义标准,代理可以再分为显名代理与隐名代理。隐名代理是以代理人的名义,在满足代理公开要素的前提下仍可发生代理归属效果的代理形式。[②] 对于股东提起派生仲裁时的代理关系,由于第三人能够根据股东派生争议解决的原理以及被代理人公司将从该代理中受益等途径知道该代理关系的存在,因此满足代理公开要素,能够发生代理归属效果。

(2)公平合理的期待理论

在商事实践中,各方选择仲裁这一争议解决方法,往往并不是基于某种特定的私人关系,更多是因为仲裁程序具有保密性等优点。签订仲裁协议意味着当事方同意通过仲裁解决可能发生的纠纷,而并不在于和谁仲裁。[③]《民法典》第 470 条将“解决争议的方法”列为合同内容应具备的一般条款。相对方在与公司订立仲裁协议时,其合理的期待是可能发生的争议将排除法院的管辖,通过仲裁的方式得到解决。争议解决方式体现了协议双方重要的商业考量和商业利益。如果仅仅因为公司内部治理出现问题,少数股东成为公司代理人,而否定公司与相对方签订的仲裁协议,剥夺相对方根据仲裁协议本应拥有的仲裁权益,这无疑损害了相对方公平合理的期待。[④] 因此,为了维护仲裁协议相对方公平合理的期待,仲裁协议的效力应当扩大至作为未签署方的股东。

(3)股东诉权的派生性

《法学阶梯》中,“诉权”是指“向法院主张自己应得之物的权利”(actio autem nihil aliud est, quam ius persequendi iudicio quod sibi debetur)。现代民事诉讼理论认为,诉权是指“当事人为维护自己的合法权益,要求法院对民事争议进

---

① 参见崔强:《刍议派生仲裁》,载《北京仲裁》2019 年第 2 辑。

② 参见胡东海:《〈合同法〉第 402 条(隐名代理)评注》,载《法学家》2019 年第 6 期。

③ 参见池漫郊:《多方多合同仲裁的主要法律问题研究》,厦门大学出版社 2006 年版,第 91 页。

④ 参见陈建:《“股东代表仲裁”法律制度的是与非》,载中国仲裁法学研究会、中国国际经济贸易仲裁委员会、中国海事仲裁委员会、最高院民四庭:《中国仲裁与司法论坛暨 2010 年年会论文集》,第 301 页。

行裁判的权利”。[①] 派生争议中,《公司法》第 151 条、《合伙企业法》第 68 条赋予股东、有限合伙人的诉权实质上具有派生性。以《公司法》第 151 条所规定的派生诉权为例,股东之所以能够以自己名义代表公司提起诉讼,以原告身份进行诉讼行为,是因为公司的董事、监事怠于履行诉讼职责,法律为避免公司利益受损而赋予股东替代公司董事、监事为相应诉讼行为的资格。[②] “派生”即指“股东的诉权是从公司的诉权中派生出来的,并非股东的固有权利”。[③] 在 In re Salomon 案中,美国法院形象地将股东比作“站在公司的鞋子上”代表公司向相对人主张权利,因此股东不能享有比公司更多的权利,也不能豁免相对人对于公司的抗辩。[④] Frederick 案也直接支持了依据股东诉权派生性,股东应当受到公司与相对人签署的合同中仲裁条款约束的观点。[⑤] 基于股东诉权的派生性,在派生争议中股东仅享有形式意义的诉权,实质意义的诉权仍归属公司,诉讼利益也归属公司。[⑥] 股东派生诉权的请求权基础实质上仍源于公司与相对人之间的协议,其实体法律关系也仍然受到企业与第三人之间协议的约束,因此作为实体权利实现保障的程序性权利也不应当突破公司与第三人的合意。

有观点认为股东的诉权,实质为劣后于公司的“第二顺位诉权”,类推适用“揭开公司面纱”制度,属于具有独立实体权利义务的诉权,在程序上仍有受独立保护的必要性,并类比债权人代位之诉。[⑦] 然而,这种观点并未厘清股东诉权的“派生性”实质。首先,虽然股东为公司的所有者,但基于现代公司所有权与经营权分离的两权分离构造,股东提起诉讼的权利实质上为公司所有。此时类推适用“揭开公司面纱”制度并不恰当,该制度的理念主要在于保护公司债权人利益,否认法人人格的独立性,其仅在极端情况下才能适用,而对于股东的权利

---

① 王福华:《民事诉讼基本结构》,中国检察出版社 2002 年版,第 16 页。

② 参见沈贵明:《二重派生诉讼适格原告要件的构建》,载《法制与社会发展》2015 年第 2 期。

③ 朱锦清:《公司法学》(下),清华大学出版社 2017 年版,第 233 页。

④ See In re Salomon Inc. Shareholders' Derivative Litigation, 1994 WL 533595 (S. D. N. Y. ,1994), p. 4.

⑤ See Frederick v. First Union Securities, Inc. , 100 Cal. App. 4th 694 (2002), p. 697.

⑥ 参见颜运秋:《公司利益相关者派生诉讼的理论逻辑与制度构建》,载《法商研究》2005 年第 6 期。

⑦ 参见吴侦凡:《论股东派生仲裁制度的完善——兼评〈中华人民共和国仲裁法〉(征求意见稿)第 25 条之规定》,载微信公众号“天同诉讼圈”2021 年 9 月 24 日,https://mp. weixin. qq. com/s/c4CWLiUwnsejVPtlrqauqg。

保护可以通过股东派生诉讼实现。事实上当股东的直接利益受到损害时,可以提起直接诉讼。其次,类比债权人代位之诉仍不恰当。第一,股权并非债权。股权是股东通过原始取得或者继受取得的方式取得股东资格后,依据法定、章程约定的条件与程序参与公司治理、获取股利以及在公司清算时分配剩余财产等一系列权利的总称。[①] 股权债权说忽略了股权具有的收益权、剩余财产分配权中的物权成分。第二,债权人代位权与股东派生诉讼的适用条件存在冲突。债权人行使代位权的前提之一为债务人的责任财产并不足以对债权形成充分的担保,然而股东派生诉讼的适用不以影响股东分红为前提。[②] 第三,二者胜诉利益的归属不同,债权人代位权实现后法律效果即归属债权人,胜诉后债权人与债务人以及债务人与次债务人之间的债权债务关系随即消灭,直接实现了由次债务人向债权人给付的效果。而股东派生诉讼胜诉后,其利益归公司所有。[③] 第四,不同于股东行使派生仲裁请求权,当债权人行使代位权时,债权人通常与被代位的债务人之间不存在公司股东与公司之间的特殊紧密的关系。

代理理论、公平合理的期待理论以及股东诉权的派生性三种理论为股东派生仲裁提供了充足的法理支撑。代理理论为股东派生仲裁提供了请求权基础,公平合理的期待理论确立了股东派生仲裁的制度法益,股东诉权的派生性则明确了股东派生仲裁的请求权依据。三种理论协同发挥作用,从不同角度共同构建起了股东派生仲裁的理论支柱。

2. 派生仲裁制度的司法支持

司法实践中,各地法院对股东派生仲裁制度的态度并不统一。但是,自1993年开始,不断有司法案例对股东派生仲裁制度持支持态度。在江苏省高级人民法院就(1993)苏高法214号案例向最高人民法院请示时,最高人民法院在复函中指出,鉴于涉案合资经营合同与对外设备采购合同中均包含仲裁条款,

① 参见刘俊海:《现代公司法》,法律出版社2015年版,第273~277页。

② 参见赵万一、吴晓锋:《商事思维下的公司法实务研究》,中国法制出版社2009年版,第439页。

③ 参见《民法典》第537条规定:人民法院认定代位权成立的,由债务人的相对人向债权人履行义务,债权人接受履行后,债权人与债务人、债务人与相对人之间相应的权利义务终止。债务人对相对人的债权或者与该债权有关的从权利被采取保全、执行措施,或者债务人破产的,依照相关法律的规定处理。

因此,该纠纷应当提交仲裁裁决,法院不应受理。① 2019 年,最高人民法院在露露南方公司、万向三农集团公司关联交易损害责任纠纷案中间接重申了对股东派生仲裁的支持态度,在该案中最高人民法院认定股东代表针对第三人提起的诉讼受公司与第三人之间合同管辖权条款的约束。以此类推,股东也应当受公司与第三人之间的有关主管的条款约束。当存在有效仲裁协议排除法院主管时,该仲裁协议也对意欲提起派生诉讼的股东有效。② 此外,湖北省高级人民法院、广东省高级人民法院、浙江省高级人民法院、深圳市中级人民法院的司法实践体现了对于股东派生仲裁的支持态度,也充分印证了股东派生仲裁的理论基础。在宜昌伍家新城投资公司案中,湖北省高级人民法院指出股东的诉权"缘于公司的诉权",而非基于股东本人对他人享有的权利。③ 南华投资有限公司案中,广东省高级人民法院也认为南华公司作为股东只是在形式上代位行使港华公司的请求权,其代位起诉而获得的诉讼利益直接归属港华公司,被代位人港华公司与天然气公司之间所签订的《分销合同》中订立了仲裁条款,因此南华公司应当受到该仲裁条款的约束。④ 浙江省高级人民法院在真空公司、铝塑品公司一案中也认为,由于股东提起派生诉讼时应当受到《合营合同》中仲裁条款的约束,从而排除法院管辖。⑤ 深圳市中级人民法院在丁某军案中基于保护相对方国采公司的公平合理期待的程序利益,认定丁某军作为股东提起股东派生诉

① 参见 1994 年 11 月 4 日发布的《最高人民法院关于中外合资经营企业对外发生经济合同纠纷,控制合营企业的外方与卖方有利害关系,合营企业的中方应以谁的名义向人民法院起诉问题的复函》(法经〔1994〕269 号)。

② 参见汕头高新区露露南方有限公司、万向三农集团有限公司公司关联交易损害责任纠纷二审案,最高人民法院民事裁定书,(2019)最高法民辖终 404 号。

③ 参见宜昌伍家新城投资控股集团有限公司、湖北龙都投资有限公司合同纠纷二审案,湖北省高级人民法院民事裁定书,(2019)鄂民辖终 150 号。

④ 参见佛山市顺德区南华投资有限公司与佛山市天然气高压管网有限公司买卖合同纠纷案,广东省高级人民法院民事裁定书,(2016)粤民终 468 号。

⑤ 参见上虞市舜华真空涂装有限公司、上虞市舜华铝塑品有限公司与阿克希龙金属有限公司、浙江阿克希龙舜华铝塑业有限公司中外合资经营企业合同纠纷二审案,浙江省高级人民法院民事裁定书,(2008)浙民四终字第 68 号。该案中,浙江省高级人民法院认定股东之间签订的《合营合同》对于合营公司也具有约束力。《合营合同》同样约定将因履行《合营合同》《合营章程》的一切纠纷提交仲裁。由于《合营合同》的订立显然在合营公司设立之前,因此《合营合同》对于合营公司是否具有约束力存疑,但浙江省高级人民法院的论证过程同样体现了支持股东派生仲裁的理念。

讼时应当受到深圳中采公司与国采公司之间仲裁条款的约束。[①]

除司法案例外,深圳市中级人民法院还在《关于审理股东代表诉讼案件的裁判指引》中明确规定,当公司与相对人存在书面仲裁协议,而股东就仲裁协议所约定的仲裁事项对相对人提起股东派生诉讼的,法院应当不予受理。[②] 在该指引的解释与说明中,深圳市中级人民法院进一步指出,从相对人公平合理的期待角度,仲裁协议效力扩大于提起派生诉讼的股东具有合理性。倘若在股东派生诉讼的情形下排除仲裁协议的适用,将会明显造成事实上的不公平,并且为公司利用派生诉讼而谋取程序上的不当利益埋下了隐患。[③]

然而,实践中部分法院对《公司法》第 151 条持限缩解释论,认为股东只能以诉讼方式维护公司权利。如西安市中级人民法院在陕西硒谷产业发展有限公司一案中基于《公司法》第 151 条第 3 条明确规定股东代表诉讼应由人民法院管辖,认定陈某学以股东代表诉讼的名义申请仲裁并无法律依据。[④] 该观点属于对"诉权"的僵化理解,忽略了同样作为纠纷重要解决方式的仲裁,以及未能认识到股东诉权的派生性实质。此外,在北京华联集团诉福慧网络公司案中,北京市第二中级人民法院以涉案纠纷实质上属于侵权之诉而非违约之诉为由,即认定北京华联集团作为股东不应当受福慧网络公司与其相对人之间的仲裁条款的约束。[⑤] 然而福慧网络公司与相对人所签订的合同中明确约定将双方发生的任何争议提交仲裁,侵权争议同样也可以基于合同所产生,并且可能产生违约责任、侵权责任二者的竞合。[⑥] 双方既已约定将任何争议提交仲裁,就不应当将因合同所产生的侵权争议排除在外。北京市第二中级人民法院还认定

---

① 参见丁某军与国采(北京)技术有限公司借款合同纠纷案,深圳市中级人民法院民事裁定书,(2015)深中法商终字第 2106 号。

② 参见《广东省深圳市中级人民法院关于审理股东代表诉讼案件的裁判指引》(2015 年 10 月 15 日发布)。

③ 参见《广东省深圳市中级人民法院关于审理股东代表诉讼案件的裁判指引的说明》(2015 年 10 月 15 日发布)。

④ 参见陕西硒谷产业发展有限公司与陈某学、朱某贤申请撤销仲裁裁决案,陕西省西安市中级人民法院民事裁定书,(2019)陕 01 民特 6 号。

⑤ 参见北京华联集团投资控股有限公司诉福慧网络科技(上海)有限公司等损害公司利益赔偿管辖权异议案,北京市第二中级人民法院民事裁定书,(2009)二中民初字第 04906 号。

⑥ 参见《民法典》第 186 条规定:因当事人一方的违约行为,损害对方人身权益、财产权益的,受损害方有权选择请求其承担违约责任或者侵权责任。

福慧网络公司章程中的仲裁条款仅对股东具有约束力，故其不能约束作为福慧网络公司高级管理人员的甘某信和吴某达。但是《公司法》第 11 条明确规定了公司的高级管理人员应受到公司章程的约束，法院的解释有悖于现行法律的规定。

有必要予以澄清的是，部分司法实践被误归类为反对股东派生仲裁制度的例证。例如，北京合生北方房地产开发有限公司（以下简称合生公司）与中国融亿达资源投资有限公司（以下简称融亿达公司）借贷纠纷案被误认为法院基于仲裁协议的自治性，而认定仲裁协议对作为非签订方的股东没有约束力。[①] 然而该案中实为合生公司作为海盛公司的股东与第三人融亿达公司之间存在有效的仲裁协议，海盛公司与融亿达公司之间并不存在仲裁协议。北京市高级人民法院判决合生公司为了维护海盛公司的利益提起股东代表诉讼时，不应当受合生公司与融亿达公司之间仲裁条款的约束，并非对于股东派生仲裁制度的否认。无独有偶，天河百盛公司与天河大厦财产损害赔偿纠纷案也被错误地认定为排除股东派生仲裁的案例。[②] 在该案中最高人民法院认定天河大厦所提起的股东派生诉讼不受涉案合资合同与合资章程的约束，也不属于仲裁所管辖的范围，因此法院可以受理。该案的争议实际为当合资合同约定了仲裁条款时，天河大厦作为股东能否代表公司对高管、另一出资股东、关联公司提起派生诉讼？由于高管、关联公司本身即并非合资合同的当事人，因此当然不受仲裁条款的约束。虽然作为被告之一的另一出资股东受合资合同的约束，但是合资公司并非合资合同的签订主体，不受合资合同中仲裁条款的约束。[③] 因此，股东派生仲裁的前提，即公司与相对人存在有效的仲裁协议并不成立。由此可见，该案实质上涉及股东派生仲裁。

综合上述案例与规定可知，司法实践中对股东派生仲裁制度持支持态度的观点逐渐增多，在 2010 年后尤甚。此次《仲裁法征求意见稿》第 25 条实质上立

① 参见李立新、刘晨：《营商环境法治化背景下股东派生仲裁的制度构建》，载《政法学刊》2019 年第 6 期。

② 参见郑海黎：《论股东派生争议的可仲裁性——基于 31 起以有效仲裁协议排除法院主管的典型案例分析》，载《研究生法学》2020 年第 5 期。

③ 参见美国华盈有限公司、海城智胜镁制品有限公司公司决议纠纷再审案，最高人民法院民事裁定书，(2017) 最高法民再 76 号。

足于目前司法实践支持股东派生仲裁的主流趋势。考虑到实践中部分法院对于股东派生仲裁案件仍存在不当的处理,因此仍有必要从立法层面予以确立股东派生仲裁制度。

(二)股东派生仲裁的制度价值

股东派生仲裁的制度价值主要体现在能够有效地维护中小股东利益、保护外部相对方的程序性利益以及避免潜在的平行诉讼。

在前述南华投资有限公司案中,对于案涉仲裁协议是否能够约束作为股东的南华公司,佛山仲裁委以及广东省高级人民法院的观点存在冲突,从而导致本案股东求诉无门,实体纠纷的解决陷入了僵局。广东省高级人民法院认为提起派生诉讼的南华公司应当受到港华公司与第三人天然气公司所签订的合同中的仲裁条款约束,有效的仲裁条款排除法院的管辖权。然而佛山仲裁委并未透过表面看清股东派生仲裁的实质,仅认定由于股东并非案涉仲裁条款签字的当事人,而认为南华公司无权基于仲裁条款向佛山仲裁委请求仲裁。由于港华公司本身即被其控股股东佛燃集团控制,港华公司也无法通过自身启动仲裁程序来维护其利益。此时南华公司的内部治理失灵,作为小股东的南华公司的正当权益亦无法通过启动诉讼或仲裁得到有效保障。因此,股东派生仲裁制度的确立能够维护中小股东的利益,强化对于公司董事、监事及高级管理人员的约束机制。

股东派生仲裁的建构也有利于保护外部相对人的程序性利益。当外部相对人已经与公司达成了有效的仲裁协议时,其合理期望是可能的争议将排除法院管辖权,潜在的债权债务等纠纷将以仲裁方式得到快速且终局性的解决。在股东派生仲裁缺位的情况下,股东一旦提起派生诉讼即会使债权人的程序期待落空。更严重的情况是,公司可能与股东内部串通,出于自身利益需求考量而恶意制造股东派生诉讼,从而规避公司与外部相对人所签订的仲裁条款的适用。在此种情况下,公司的行为违反了合同严守原则,相对方的正当程序性利益被剥夺。否认公司与第三人所签订的仲裁条款对于股东的约束力,无异于为公司的违约提供了制度上的激励。

此外,确立股东派生仲裁有助于避免平行诉讼的情况发生。若否认公司对外签订的仲裁条款对于股东的约束作用,在股东提起派生诉讼的同时,外部相对人作为申请人依据与公司签订的仲裁条款提起了仲裁,该种情形下派生诉讼案件与仲裁案件是何种关系？如果两案所争议的实体法律内容相同，则会导致平行诉讼的发生。由于《仲裁法》第5条规定有效的仲裁协议排除法院的管辖权，因此该情形将在法律层面上导致《公司法》第151条与《仲裁法》第5条的矛盾。倘若公司与相对人的协议中约定的仲裁地在国外，当该仲裁裁决依据《承认及执行外国仲裁裁决公约》(《纽约公约》)的规定请求中国法院承认与执行时，中国法院可能陷入两难的境地。根据《纽约公约》第5条，当承认与执行外国仲裁裁决违反公共利益时，法院可以拒绝承认与执行该外国仲裁裁决。援引公共政策保留条款的一种情形是外国仲裁裁决与我国法院此前已作出的生效裁定或判决产生了冲突，此时承认与执行该冲突外国仲裁裁决将损害我国法院的司法管辖权。[①] 因此，当我国法院已经就股东所提起的派生诉讼作出生效裁判后，若外国仲裁裁决与我国法院裁判相冲突，法院可能将基于公共政策保留条款而不予承认和执行该仲裁裁决。然而我国法院对公共政策保留条款的适用一直秉承严格谨慎的态度，因此有必要设立股东派生仲裁制度以避免前述外国仲裁裁决与我国法院裁判相冲突情形下公共政策保留条款的适用。确立了股东与相对人有效的仲裁协议排除法院管辖权，意味着将该情况下股东派生争议的解决路径划定在仲裁的轨道下，从而消除股东派生争议在法院与仲裁下的平行诉讼风险。

(三)派生仲裁的程序设计：缺失与填补

《仲裁法征求意见稿》第25条引入派生仲裁制度具有充足的法理基础，从立法角度回应了司法实践现有的争议。同时，该制度自身丰富的价值内涵能够有效地维护中小股东利益、保护相对方的程序利益，并避免可能的平行诉讼。但仍需注意的是，第25条仅就派生争议中仲裁协议的效力问题进行了回应，并未设计股东派生仲裁的具体程序。派生仲裁的程序缺位可能使得派生仲裁制度在实践中运行不畅，仲裁机构缺乏处理能力。以公司在派生争议中的地位为例，在派生诉讼中，公司依照《最高人民法院关于适用〈中华人民共和国公司法〉若干问题的规定(四)》(以下简称《公司法解释(四)》)第24条第1款的规定以

① 参见《最高人民法院关于不予执行国际商会仲裁院第18295/CYK号仲裁裁决一案请示的复函》(〔2016〕最高法民他8号)；《最高人民法院关于不予承认和执行国际商会仲裁院仲裁裁决的请示的复函》(〔2008〕民四他字第11号)。

第三人的身份参与诉讼。若《仲裁法征求意见稿》第 25 条不针对公司参与派生仲裁程序进行具体程序设计,则公司是否应当参照前述《公司法解释(四)》的规定以第三人身份参与仲裁?

现行立法下仲裁第三人的法律地位一直处于空白状态。在学理上仲裁第三人包含广义的仲裁第三人与狭义的仲裁第三人。广义的仲裁第三人包含在仲裁程序当中所出现的与裁决结果存在利害关系的案外人,涵盖了同一仲裁协议下的案外人以及无仲裁协议的案外人。① 而狭义的仲裁第三人仅指非仲裁协议的签订方,因与裁决结果有利害关系而加入仲裁程序。② 赞成引入仲裁第三人制度的学者认为,第三人加入仲裁程序有助于避免冲突裁决、仲裁庭查明案件事实以及明晰争议标的的权利归属。③ 而反对引入仲裁第三人制度的学者认为,从仲裁协议自治性出发,非仲裁协议当事人不应当介入仲裁。因为引入第三人可能影响仲裁的保密性,将简易的仲裁程序变得更加繁杂,从而增加仲裁的成本。④

从国外立法以及国外仲裁规则实践来看,部分国家立法中已设立了仲裁第三人的准入制度。《荷兰民事诉讼法典》第四编第 1045 条规定了与裁决可能有利害关系的第三人向仲裁庭申请加入仲裁程序的权利,第三人一旦加入仲裁程序即变成了仲裁程序一方当事人。《比利时司法法典》第 1696 条规定第三方可以自动申请或经仲裁当事人申请而加入仲裁程序,但第三方必须与原当事人签订仲裁协议。虽然美国没有统一规定仲裁第三人制度,但美国加利福尼亚州、南卡罗来纳州已经存在仲裁第三人制度的有关立法。⑤ 2020 年《伦敦国际仲裁院仲裁规则》第 22.1 条第 10 款中规定了仲裁第三人可依照仲裁协议中关于合并仲裁的约定加入仲裁程序;在仲裁协议没有实现约定时,第三人加入仲裁程

---

① 参见邓瑞平等:《国际商事仲裁法学》,法律出版社 2010 年版,第 192 页。

② 参见刘晓红:《国际商事仲裁协议的法理与实证》,商务印书馆 2005 年版,第 245 页。

③ 参见李军:《也论仲裁第三人制度》,载《政法论丛》2013 年第 6 期。

④ See James M. Hosking, *The Third Party Non – Signatory's Ability to Compel International Commercial Arbitration: Doing Justice Without Destroying Consent*, Pepperdine Dispute Resolution Law Journal, Vol. 4: Iss. 3, p. 476 (2003 – 2004); Gary B. Born, *International Commercial Arbitration in the United States: Commentary and Material*, 2nd ed., Kluwer Law and Taxation Publishers, Deventer Boston, 1994, p. 676; 林一飞:《论仲裁与第三人》,载《法学评论》2000 年第 1 期。

⑤ 参见赵亚会:《论商事仲裁第三人制度在我国的引入》,载《南阳理工学院学报》2018 年第 1 期。

序仅需申请人一方书面同意,无论另一方当事人是否反对。

我国《仲裁法》中目前并未规定第三人制度,但部分仲裁机构在其仲裁规则中作出了突破与尝试。《中国广州仲裁委员会仲裁规则》(2017 年版)中允许案外人以第三人身份加入仲裁程序,同一仲裁协议的案外人经仲裁委员会或仲裁庭同意可以成为仲裁第三人,无仲裁协议的案外人须经案外人、当事人双方一致同意并达成仲裁协议,再经由仲裁委员会或仲裁庭同意后可作为无独立请求权第三人或有独立请求权第三人加入仲裁程序。[①] 由于仲裁程序具有合意性,仲裁庭的管辖权源于当事人自愿将争议提交仲裁的意思表示,仲裁机构对第三人参与仲裁程序均持审慎态度。且仲裁与诉讼存在本质区别,通说认为在仲裁中仿照诉讼中的有独立请求权第三人与无独立请求权第三人来划分仲裁第三人并不可取。[②]《中国广州仲裁委员会仲裁规则》(2021 年版)已经删去了仲裁第三人的有关规定。其余大部分仲裁机构规则虽然规定了第三人可以加入仲裁程序,但其应当转化为仲裁当事人,而非在进入仲裁程序后具有仲裁第三人的地位。例如,2015 年《中国(上海)自由贸易试验区仲裁规则》第 37 条、第 38 条规定了申请人或被申请人可以请求仲裁庭增加仲裁协议其他当事人为申请人或被申请人,案外人经双方当事人同意后可以书面申请作为仲裁当事人。[③] 2015 年《中国国际经济贸易仲裁委员会仲裁规则》第 18 条第 1 款以及 2019 年《北京仲裁委员会仲裁规则》第 14 条第 1 款均规定当事人可以依据相同仲裁协

① 参见《中国广州仲裁委员会仲裁规则》(2017 年版)第 23 条第 3 款规定:同一仲裁协议的案外人申请作为有独立请求权第三人或者无独立请求权第三人加入审理的,是否接受,仲裁庭组成前由本会决定,仲裁庭组成后由仲裁庭决定。第 24 条第 1 款规定:无仲裁协议的案外人加入仲裁程序成为共同申请人、共同被申请人或者第三人的,须经案外人、当事人双方一致同意并达成仲裁协议。是否接受案外人加入仲裁程序,仲裁庭组成前由本会决定,仲裁庭组成后由仲裁庭决定。

② 参见李军:《也论仲裁第三人制度》,载《政法论丛》2013 年第 6 期;郭玉军:《论仲裁第三人》,载《法学家》2001 年第 3 期;宋连斌、杨玲:《论仲裁第三人》,载《仲裁研究》2005 年第 3 期;林一飞:《论仲裁与第三人》,载《法学评论》2000 年第 1 期。

③ 参见 2015 年《中国(上海)自由贸易试验区仲裁规则》第 37 条规定:"(一)在仲裁庭组成前,申请人或被申请人请求增加同一仲裁协议下其他协议方为申请人或被申请人的,应当提交书面申请。由秘书处决定是否同意。秘书处作出同意决定的,多方申请人及/或多方被申请人不能共同选定该方仲裁员的,则该案仲裁员全部由仲裁委员会主任指定,即使当事人之前已选定仲裁员。(二)仲裁庭已组成的,申请人及/或被申请人请求增加同一仲裁协议下其他协议方为被申请人,且该协议方放弃重新选定仲裁员并认可已进行的仲裁程序的,仲裁庭可以决定是否同意。"第 38 条规定:"在仲裁程序中,双方当事人可经案外人同意后,书面申请增加其为仲裁当事人,案外人也可经双方当事人同意后书面申请作为仲裁当事人。案外人加入仲裁的申请是否同意,由仲裁庭决定;仲裁庭尚未组成的,由秘书处决定。"

议而申请追加当事人。[①] 2018 年《重庆仲裁委员会仲裁规则》第 23 条赋予了同一仲裁协议的案外人申请加入仲裁程序的权利,但案外人应当在仲裁中作为共同申请人,而非第三人。[②] 2019 年《深圳国际仲裁院仲裁规则》第 20 条第 2 项规定经当事人与案外人一致同意,案外人可以书面申请加入仲裁程序。[③] 根据以上仲裁规则可知,受到仲裁协议约束的第三人加入仲裁,一般须经当事人同意,由仲裁庭决定是否同意第三人加入仲裁,第三人加入后的主体地位由案外人转化成为仲裁程序当事人。因此,在股东派生仲裁下,即使公司加入仲裁程序,根据通说也只能转化为仲裁程序当事人,即申请人或被申请人,难以类推适用诉讼中的无独立请求权第三人地位。

上述第三人制度在仲裁程序中的适用困境表明,诉讼与仲裁的本质区别要求《仲裁法》对派生仲裁制度进行进一步的程序设计。仅明确派生争议中仲裁协议效力无法根本回应现实关切,派生仲裁制度的顺畅运行依赖相应的具体程序设计。

三、股东派生仲裁制度的具体建构

股东派生仲裁基于其理论基础、司法支持以及该制度的自身价值,具有立法确认的必要性。但在具体的制度建构上,例如股东派生仲裁的主体要件、前置程序、是否应当赋予股东派生诉讼与派生仲裁程序选择权,以及仲裁庭是否应当通知公司等,尚无具体可操作的规则。虽然股东派生诉讼的制度细节可以作为股东派生仲裁制度建构之参考,然而考虑到仲裁相比诉讼更加尊重当事人的意思自治,以及股东派生诉讼制度本身尚存在完善的空间,本文将立足于仲

① 参见 2015 年《中国国际经济贸易仲裁委员会仲裁规则》第 18 条第 1 款规定:“在仲裁程序中,一方当事人依据表面上约束被追加当事人的案涉仲裁协议可以向仲裁委员会申请追加当事人……”2019 年《北京仲裁委员会仲裁规则》第 14 条第 1 款规定:“仲裁庭组成前,经本会同意,当事人可以依据相同仲裁协议在案件中申请追加当事人”。

② 参见 2018 年《重庆仲裁委员会仲裁规则》第 23 条第 1 款、第 2 款规定:“同一仲裁协议的案外人申请成为共同申请人的,须经申请人同意。是否接受,仲裁庭组成前由本会决定,仲裁庭组成后由仲裁庭决定。申请人申请追加同一仲裁协议的案外人为共同被申请人的,是否接受,仲裁庭组成前由本会决定,仲裁庭组成后由仲裁庭决定。”

③ 参见 2019 年《深圳国际仲裁院仲裁规则》第 20 条第 2 项规定:“经当事人和案外人一致同意后,案外人可以书面申请加入仲裁程序。是否接受,由仲裁庭作出决定;仲裁庭尚未组成的,由仲裁院作出决定。”

裁的特点，结合比较法经验对于股东派生仲裁的制度构建提出建议。

（一）股东派生仲裁的主体要件

股东派生仲裁中的当事人包含了申请人与被申请人。申请人即代表公司提起派生仲裁的股东，但满足何种条件的股东才能代表公司作为适格申请人？被申请人即涉嫌损害公司利益的主体，其除了包含公司之间订立了有效仲裁协议的公司内部人员，例如董事、监事、高级管理人员等，是否同样包含与公司签订协议的外部相对方？此外，公司在股东派生仲裁中的地位仍存在争议，公司是否有必要作为股东派生仲裁的当事人？仲裁中是否应该引入第三人制度？下文将对上述问题进行逐一分析。

1. 股东派生仲裁的适格申请人

在股东派生诉讼中，我国借鉴了其他国家和地区（如日本、我国台湾地区）的法律实践，我国对于有权提起派生诉讼的股东从持股时间以及持股比例方面予以限制。在股份公司中，派生诉讼的适格原告限定于连续 180 日以上单独或者合计持有公司 1% 以上股份的股东。而在有限公司中，对于提起派生诉讼的股东资格并无限制。对于有限公司与股份公司的股东进行区分具有合理性，股份公司的股份转让自由性、流动性更强。若不对股东资格进行限制，可能将导致股份公司的股东滥用派生诉讼制度。虽然仲裁与诉讼存在一定区别，本文认为对于提起派生诉讼或派生仲裁的适格股东标准应保持一致，否则将导致部分能够提起派生诉讼或派生仲裁的股东无权诉诸另一种救济途径。

考察《公司法》第 151 条之规定，目前股东派生诉讼下有关适格原告股东的规定仍存在完善的空间，应当适当放宽股份公司股东持股比例要求，并进一步细化“连续持股 180 日以上”的适用情形。

从比较法角度考察，对于持股比例，英美法系下并未对股东的持股比例施加限制，而是采取了“善意与充分代表”的标准。只要提起派生仲裁的股东主观上为善意，并且公正、充分地代表公司的利益，即有权提起股东派生诉讼。[①] 对于股东是否公正且充分地代表了公司的利益，通常围绕股东与交易是否存在利害关系、股东是否充分了解诉讼的性质及后果、股东提起诉讼是否为谋取个人

① 参见朱锦清：《公司法学》（下），清华大学出版社 2017 年版，第 248 页。

私利等事实进行综合考察。[①] 然而考虑到中国国情，英美法系下的股东“善意与充分代表”的标准难以被移植于中国法律体系中。首先，对于股东派生诉讼的适格原告进行限制的原因在于，若股东与公司的利益关联性不强，股东在派生诉讼中积极主动维护公司利益的积极性将有所欠缺，公司作为裁判利益的直接承受者将承担股东消极维权的不利后果。[②] 其次，一定的持股比例限制发挥着“安全阀”的作用。若任何股东均有权提起派生诉讼，无疑将打开股东派生诉讼滥诉之阀门。目前我国对于股份公司的股东提起派生诉讼的持股比例要求规定为1%，然而对于股份公司而言股份本身即更为分散。1%的持股比例过于严苛。实践中股东更倾向“用脚投票”出售股票离开公司，而不愿行使诉权。[③] 虽然修订后的《证券法》第94条第3款规定在因董事、监事、高级管理人员的职务行为以及控股股东和实际控制人等造成公司损失时，作为股东的投资者保护机构可以突破《公司法》持股时间以及持股比例的限制提起代表人诉讼，从而解决了上市公众公司股东提起派生诉讼的难点。但目前非上市股份公司持股比例要求过高这一问题仍未得到解决，为激励股份公司中小股东维权，应当适当放宽持股比例要求。

对于持股时间，大陆法系国家主要采取“持股期限原则”，对于具体的持股期限规定不一。《日本商法典》第267条第1项规定股东应当连续持股6个月以上，而《德国公司法》要求股东需连续持股3个月以上。英美法系在持股时间上采取“同期所有权规则”，即股东在被诉行为发生于公司之时直至诉讼终结持有公司股份。[④] 但“同期所有权规则”仍存在例外，当被诉行为虽然发生在原告成为股东之前，但其行为后果在原告具有股东资格后仍然持续对公司产生影响，则该类股东仍有权提起派生诉讼。[⑤]

我国《公司法》对于有限公司股东的持股期限未进行限制，但将股份公司股东的持股期限限定在连续持股180日以上。然而这一规定较为模糊。在公司成立日期本身不足180日的情况下，股东是否能够提起派生诉讼，或是必须等

---

① 参见施天涛：《公司法论》（第4版），法律出版社第2018年版，第462页。

② 参见郝磊：《股东诉讼的实施问题研究》，中国法制出版社2012年版，第216页。

③ 参见黄辉：《中国股东派生诉讼制度：实证研究及完善建议》，载《人大法律评论》2014年第1期。

④ 参见施天涛：《公司法论》（第4版），法律出版社第2018年版，第459页。

⑤ 参见赵旭东主编：《公司法学》，高等教育出版社2003年版，第293页。

待至连续持股 180 日后再行提起？另外如果此时的损害公司利益行为发生在原告加入公司之前，原告加入公司之后发现的是否依然需要刻板遵循连续持股 180 日的规定？我国《公司法》也尚未明确关于原告股东非自愿丧失股东资格后能否继续诉讼之问题，在现行立法框架下股东一旦丧失对股份的持有，也将失去继续行使诉权的权利。本文认为，首先，当公司成立不足 180 日时，强制要求股东等待至连续持股 180 日只能使股东消极等待公司利益进一步遭受侵害。此时可以参照英美法系的“同期所有权规则”，作为例外突破“持股期限原则”的限制，规定当公司成立不满 180 日时，股东在被诉行为发生时持有公司股份即可提起派生诉讼。其次，若原告加入公司前损害公司利益的行为已发生，参照英美法系“同期所有权规则”的例外规定，若该行为后果仍持续对公司产生影响，原告可以在尚未连续持股 180 日的情况下提起派生诉讼。

全国人大常委会 2021 年 12 月 24 日发布的《公司法(修订草案)(征求意见稿)》第 188 条中规定了“股东双重派生诉讼制度”，认定母公司股东可以跨越母公司的主体资格，从而直接对损害全资子公司的行为提起诉讼。[①] 我国现行的股东派生诉讼制度属于基于单一公司结构的一般性股东派生诉讼，而在母子公司框架下，当子公司的董事、监事与高级管理人员损害子公司利益时，母公司股东提起派生诉讼往往被法院因诉讼主体不适格而驳回诉请。[②] 但当母公司股东因母公司的全资子公司利益受到损害时，法院基于全资子公司与母公司之间联系紧密，利益受损具有同一性而支持母公司股东的派生诉讼请求。[③]《公司法(修订草案)(征求意见稿)》将派生诉讼的适格股东范围扩大至因全资子公司利益受损的母公司股东。股东派生仲裁下适格股东的范围也应当相应地扩大，

---

① 参见《中华人民共和国公司法(修订草案)》，载中国人大网 2021 年 12 月 24 日，http://www.npc.gov.cn/flcaw/userIndex.html? lid = ff8081817ddb1774017dead7a14c228d。第 188 条第 4 款规定：“本条第一款、第二款所称的董事会、董事、高级管理人员、监事会、监事，包括全资子公司的董事会、董事、高级管理人员、监事会、监事”。

② 参见江某诉吴某等公司的控股股东、实际控制人、董事、监事、高级管理人员损害公司利益赔偿纠纷案，(2008)沪二中民五(商)初字第 21 号民事判决书；上诉人黄某联、黄某珍与被上诉人中山市惠振制衣有限公司、黄某伟与公司有关的纠纷二审案，(2013)粤高法立民终字第 439 号民事裁定书；乔某与王某斌、南京广厦(集团)万杰置业有限公司损害公司利益责任纠纷二审案，(2015)苏商终字第 00009 号民事裁定书；与公司有关的纠纷二审案，(2018)最高法民终 113 号民事裁定书。

③ 参见王某凡、党某、海航控股集团有限公司与赵小海及陕西海航海盛投资有限公司、陕西皇城海航酒店有限公司损害公司利益责任纠纷二审案，(2016)陕民终 255 号民事判决书。

形成“股东双重派生仲裁制度”,即母公司股东有权对损害全资子公司的利益的行为提起派生仲裁。

2. 公司在股东派生仲裁中的地位

公司参与股东派生争议解决的目的在于使公司知晓程序进程、承担裁判结果、阻止股东不当诉讼行为、提供证据等。① 公司与案件存在直接利害关系,并且享有胜诉利益,因此公司在程序上的参与能够更好地维护公司的合法权益。倘若公司未参与其中,则将出现胜诉利益由案外人享有的尴尬情形。股东派生诉讼中,公司作为第三人参与诉讼程序。公司的诉权在形式上由股东代为行使,其自身并不提出独立的诉讼请求,在民事诉讼的结构中属于无独立请求权第三人,可申请参加诉讼或由法院通知其参与诉讼。

有关公司在股东派生仲裁中的地位,学理上暂无定论,主流的观点有被申请人说、申请人说与证人说。被申请人说借鉴英美法系下股东派生诉讼的构造,主张公司应当作为形式上的被申请人,以解决目前仲裁第三人制度缺位的问题。在英美法系下,股东派生诉讼本质为两个诉讼的结合,在“暗诉”中,股东为保护自身利益而对抗公司,公司的地位为被告。在“明诉”中,股东作为原告代表拒绝起诉的公司为保护公司利益而起诉。因此英美法系下的公司为形式被告。但该种主张下,公司与仲裁协议相对方共同作为被申请人,须共同决定许多仲裁程序事项,如仲裁员选定等,仲裁协议相对方的程序权利可能被变相限制、剥夺。此外,我国的股东派生诉讼并未借鉴英美法系下股东作为形式被告的诉讼构造,若在股东派生仲裁中使股东作为形式上的被申请人,将与我国股东派生诉讼中公司的地位不相符,不利于维护整个法律体系的统一性。申请人说虽然解决了上述公司作为共同被申请人可能出现的问题,却使得整个派生仲裁程序出现了逻辑断裂。② 股东派生诉讼、派生仲裁的前提为公司怠于行使诉权维护自身利益,公司并无意愿以申请人身份提起仲裁。假使公司作为申请人积极参与仲裁程序,则派生仲裁的基础已然丧失,公司直接地、主动地行使其诉权,股东的派生诉权不复存在。证人说认为,从维护制度初衷的角度出发,公

---

① 参见赵继明:《股东代表诉讼原理与律师实务》,法律出版社 2020 年版,第 20 页。

② 参见李立新、刘晨:《营商环境法治化背景下股东派生仲裁的制度构建》,载《政法学刊》2019 年第 6 期。

司在派生仲裁中不应当获得对程序过多的控制权。公司作为证人参与仲裁程序，符合目前《仲裁法》的制度框架，也能够保障公司知情与作证的需要。①

本文认为，公司应当作为证人参与仲裁程序。第一，公司股东有义务随时告知公司案件进程，再由公司依据公司章程或法律的要求披露给其他股东或社会公众。公司无须凭借申请人或被申请人身份保障自身知情权。第二，公司参与派生争议的主要目的在于防止股东不当行为、提供证据等。在当事人对案件作出与公司情况不符的陈述时，公司以证人身份发挥证明作用即可保障公司权益。第三，公司作为证人参与仲裁程序并不妨碍仲裁裁决的执行。在股东派生争议中，股东虽以自己的名义提起诉讼或仲裁，但其诉讼结果、仲裁结果依照法律规定直接归属公司，股东的诉讼请求、仲裁请求也直接围绕公司利益展开，公司在程序中处于何种身份并不会妨碍裁决的执行。因此，在现行仲裁法框架下，公司应当以证人身份参与仲裁程序。

3. 仲裁被申请人主体之扩张

股东派生仲裁中的被申请人类型应当与股东派生诉讼中的被告类型相同。《公司法》第 151 条第 3 款规定当他人侵犯公司合法权益、给公司造成损失时，股东有权提起派生诉讼。然而，该规定的"他人"是否包含公司的交易相对方等外部第三人，学界存在不同观点。"广义说"认为，"他人"应采取广义解释，其不仅包含公司内部的董事、监事、高级管理人员、控股股东、实际控制人等主体，同时也包含公司的交易相对方等外部第三人。② "狭义说"认为，对于"他人"应当采取目的性限缩的解释方法，限制在对公司享有实际控制权但损害公司利益的主体，包含公司的控股股东、实际控制人或者由于职务而实际控制公司的主体。③ 美国立法实质上采取"广义说"，并未对股东派生诉讼的被告采取任何限制，美国法律认为，凡是侵害公司利益的主体在公司怠于行使诉权时，均可以作为派生诉讼的被告。而日本以及我国台湾地区均采取"狭义说"，将股东派生诉讼的被告限制在公司内部机关及人员。

本文认为，采"广义说"更为恰当。首先，《最高人民法院关于适用〈中华人

---

① 参见宓思：《我国股东代表仲裁的现状及问题分析》，载《东南司法评论》2017 年卷。

② 参见甘培忠：《简评中国公司法对股东派生诉讼制度的借鉴》，载赵旭东主编：《公司法评论》2005 年第 1 辑，人民法院出版社 2005 年版。

③ 参见钱玉林：《〈公司法〉第 151 条的漏洞及其填补》，载《现代法学》2015 年第 3 期。

民共和国公司法〉若干问题的规定(五)》第1条将“他人”的范围扩大至公司关联交易的相对方,体现了对于“广义说”的支持。其次,因仲裁条款常常出现在公司与外部第三人所签订的协议中,“狭义说”这一观点直接排除了股东派生仲裁所适用的主要情形。最后,我国法院在司法实践中也体现出支持“广义说”的倾向,在不少案件中派生诉讼的被告均包含了公司的交易方或公司的竞争对手等。①

但应当明确的是,董事、监事、高级管理人员与其他主体(如公司交易方),作为股东派生诉讼的被告所蕴含的法律基础存在差异。董事、监事、高级管理人员承担责任的根源在于其对公司所负有的信义义务,即他们应当对公司及相关利益方包含股东、公司债权人等所承担的诚信、忠实、勤勉地经营管理公司,避免作出与公司利益相背离的决策的义务。而一般的第三人对于公司不承担信义义务,仅承担一般法上的义务。因此,当股东派生诉讼的被告为董事、监事、高级管理人员时,股东提起派生诉讼除了为公司获取损害赔偿这一目的外,更重要的目的在于激励董事、监事、高级管理人员履行信义义务。②

(二)股东派生仲裁的前置程序

对于股东派生仲裁的前置程序,可以参照《公司法》第151条有关股东派生诉讼的前置程序,并且应考虑到仲裁的特性对具体细节予以改进。前置程序是对于股东提起派生诉讼所施加的法定强制义务,立法目的在于为公司提供自我纠正的机会,以及使公司免于受到无端诉讼的侵扰。③ 但考虑到对于维护中小股东利益以及保障公司运营效率之间的平衡,前置程序可能也存在特定的豁免情形。在股东派生诉讼中,股东行使的是公司的诉权。因此,如果公司有意愿采取行动,例如主动提起诉讼维护公司利益,股东应当尊重公司作出的决定。

英美法系下派生诉讼的前置程序在 Foss v. Harbottle 中首次被确立,也被称为“竭尽公司内部救济”原则。④ 由于英美法系下公司的治理结构采取单轨

① 参见黄辉:《中国股东派生诉讼制度:实证研究及完善建议》,载《人大法律评论》2014年第1期。

② 参见叶林:《股东派生诉讼规则之司法解释的逻辑和要点》,载《人民法院报》2017年9月5日,第2版。

③ 参见江西省能源集团公司、福建双林农业开发有限责任公司损害公司利益责任纠纷案,(2016)最高法民终646号民事判决书。

④ See Foss v. Harbottle (1843) 2 Hare 461, 67 ER 189, p. 202.

制，仅设董事会而不设监事会，因此先诉请求的对象为董事会，或者董事会附设的由一定独立董事和外部人组成的特别诉讼委员会，且由董事会或该特别诉讼委员会来判断公司是否应当提出诉讼。在大多数情况下，董事会或者该特别诉讼委员会的决定都会受到法院的尊重。在美国特拉华州，法院享有对董事会或特别诉讼委员会的决定进行审查的权力。但法院采取的为形式审查标准，仅针对董事会或特别委员会的独立性、善意性以及程序上的公正性进行审查，避免对董事会或特别委员会决定采取实质内容审查。先诉请求在一定情况下存在豁免的可能性，属于法院的自由裁量权范围，通常需要考虑董事与被诉交易是否存在利害关系、董事是否独立、董事在所争议的交易行为中是否履行了信义义务以及董事对于被诉交易是否有充分的了解等因素。①

大陆法系国家或地区的公司治理模式通常采用双轨制，一般同时设董事会以及监事会。因此先诉请求的对象通常为监事会。例如，我国台湾地区“公司法”第 214 条规定股东应当以书面形式载明起诉对象以及起诉理由提交于监事会，但对于前置程序的豁免情形未作规定。② 我国《公司法》第 151 条规定当针对董事、高级管理人员起诉时，股东应当向监事会或不设监事会的有限公司的监事提出书面请求。在针对监事起诉时，股东应当向董事会或不设董事会的有限公司的执行董事提出书面请求。在上述机关拒绝提起诉讼，或自收到请求之日起超过 30 日而未起诉，抑或情况紧急、不立即提起诉讼将会使公司利益受到难以弥补的损害时，股东方可以自己的名义提起诉讼。

本文认为，在股东派生仲裁中也应当参照适用公司法的前置程序规定。《仲裁法征求意见稿》第 25 条支持了对于《公司法》第 151 条的扩张解释，将“提起诉讼”理解为股东行使诉权，包括诉讼与仲裁。此时针对诉讼与仲裁这两种诉权行使方式，《仲裁法征求意见稿》第 25 条的要求应当都与公司法的规定相符合，在前置程序上有 30 天的等待期。仲裁相较于诉讼具有高效解决纠纷的特质，这一特质更多体现在进入仲裁程序后程序的灵活与便捷，以及采取一裁终局。而在进入仲裁程序之前的前置条件，实质上是由实体法即公司法规定。因此，30 天的前置程序等待期规定与仲裁高效解决纠纷的宗旨并不冲突。在公

① 参见施天涛：《公司法论》（第 4 版），法律出版社第 2018 年版，第 466 ~ 474 页。

② 参见柯芳枝：《公司法论》，中国政法大学出版社 2004 年版，第 264 页。

司机关拒绝提起仲裁,或自收到请求之日起超过 30 日而未提起仲裁请求,抑或情况紧急、不立即提起仲裁将会使公司利益受到难以弥补的损害时,仲裁庭应当受理股东提出的仲裁请求。此外,我国《公司法》将监事会作为针对董事、高级管理人员起诉时股东先诉请求的对象。然而监事会主要承担监督职能,其本身并非对于公司是否应当提起诉讼的最佳判断者,我国可以借鉴英美法系的做法,将特别诉讼委员会作为公司是否应当提起诉讼的审查主体。特别诉讼委员会是专门针对股东派生诉讼而设置的机构,由独立董事和一定的外部主体组成。独立董事在促进公司治理、维护中小股东权益方面所发挥的作用日益受到重视。2021 年 11 月 26 日,证监会发布《上市公司独立董事规则(征求意见稿)》,着重从强化独立董事的独立性、优化独立董事的任职程序等方面入手,完善独立董事主动履职的规定。[①] 虽然目前法律仅规定了上市公司必须设置独立董事,但是并未禁止其他股份公司聘任独立董事。法院对于特别诉讼委员会决定的审查标准应当区分针对第三人的诉讼以及针对董事的诉讼。在针对董事的诉讼中,由于特别诉讼委员可能会与涉案董事存在利益关联,无法排除存在结构性偏见的可能性,因此法院此时对于特别诉讼委员会的决定应当采取实质审查标准。在针对第三人的诉讼中,由于特别诉讼委员会与第三人一般不存在利益冲突,因此法院此时可以仅对特别诉讼委员会的决定采取形式审查。[②]

(三)股东不应当享有程序选择权

有观点认为,股东仲裁的意思表示不可或缺,因此股东享有程序选择权,当股东选择提起派生仲裁时,股东则作出了仲裁的意思表示。当股东在公司与第三人之间签订仲裁协议的情况下提起派生诉讼时,由于股东缺乏仲裁的意思表示而不受仲裁协议约束可以提起派生诉讼,因此股东享有提起派生诉讼或派生仲裁的程序选择权。[③] 然而,由于股东诉权的派生性,股东无须额外再作出明确的仲裁意思表示。当公司与第三人订立仲裁协议时,公司的行为追根溯源代表

---

① 参见《关于就上市公司监管法规体系整合涉及相关规则公开征求意见的通知》,载证监会官网 2021 年 11 月 26 日,http://www.csrc.gov.cn/csrc/c101864/c1560018/content.shtml。

② 参见胡晓静:《美国股东派生诉讼中对公司抗辩的司法审查标准》,载《中外法学》2021 年第 4 期。

③ 参见吴侦凡:《论股东派生仲裁制度的完善——兼评〈中华人民共和国仲裁法〉(征求意见稿)第 25 条之规定》,载微信公众号"天同诉讼圈"2021 年 9 月 24 日,https://mp.weixin.qq.com/s/c4CWLiUwnsejVPtlrqauqg。

了其背后股东的意志,股东作为公司的利益相关者具有推定的仲裁意思表示。若赋予股东程序选择权,无疑将损害已经与公司签订有效仲裁协议的第三人之公平合理期待,将第三人置于程序选择的被动不利地位。

在公司董事、高管有意安排第三人与公司不当交易并且设置仲裁条款时,由于仲裁协议仅约束第三人,虽然此时股东无法对第三人背后的公司董事、高管提起股东派生仲裁,但当股东已知背后操纵不当交易的公司董事、高管时,股东既可以选择在股东派生诉讼的框架下向董事、高管追责,也可以选择对第三人提起股东派生仲裁。有观点认为仲裁的费用相较于诉讼而言更高,股东代表公司行权的风险随之提高,这可能导致小股东提起派生仲裁的意愿降低。然而,与诉讼相比,仲裁更具专业性、保密性以及迅速便捷的优点,能够降低小股东维权的时间成本。而对于仲裁费用的承担,也应当类推适用《公司法解释(四)》第26条,即当股东的请求部分或者全部得到仲裁庭支持的,公司应当承担股东因提起仲裁所支付的合理费用,由此解决小股东对于仲裁费用的顾虑。相反,如果否认股东派生仲裁或者赋予股东选择派生诉讼或派生仲裁的权利,当公司已经与外部第三人达成有效的仲裁协议时,公司可能出于自身利益考量,内部串通恶意制造股东派生诉讼,从而规避外部第三人与公司之间的有效仲裁条款。

股东的程序选择权缺乏理论基础,有违股东诉权的派生性构造,且有损相对人的合理期待。因此,由于仲裁协议效力当然扩大至作为代理人的股东,故不应当赋予股东挑选派生诉讼或者派生仲裁的程序选择权。

(四)仲裁庭的通知义务

在股东派生诉讼中,其他适格股东在一审法庭辩论终结前,以相同诉讼请求申请参加诉讼的,可以作为共同原告,但法院的判决对于未参加派生诉讼的股东仍发生法律效力。由此可知,该诉讼在学理类型上应当属于类似必要共同诉讼,裁判结果有必要合一确定,但不需要所有股东一并参加诉讼。[①] 在诉讼中,即使提起派生诉讼的股东并未通知公司的有关情况,公司或其他股东仍可能通过法院开庭公告等公开信息而获取案件情况。然而在股东派生仲裁中,由于仲裁案件一般不进行公开审理,仲裁程序的进程、仲裁程序中出示的证据、仲

① 王亚新、陈杭平、刘君博:《中国民事诉讼法重点讲义》,高等教育出版社2017年版,第134页。

裁裁决等仲裁相关信息不应当对当事人以外的人进行披露。此时仲裁庭若通知其他股东则有违仲裁保密性的要求。

然而,仲裁的保密性并非不可突破,其存在的正当性基础在于当事人的合意。仲裁的保密性的初衷是保护商事主体的商业秘密以及防止商业信誉的降低,仲裁保密性与仲裁的公平、效率价值之间需要寻求平衡。[①] 在股东派生仲裁中,股东所行使的权利本质上源于公司,公司是裁决结果的直接承受者。股东作为申请人负有义务告知公司案件进程,再由公司依据相关要求向其他股东或社会公众披露。若严格认定仲裁的知情权主体仅限于案件当事人,否定公司了解案件进程的权利,将有违仲裁保密性的初衷,也埋下了股东利用派生仲裁制度滥诉的隐患。俄罗斯仲裁中心即规定仲裁机构在受理股东派生仲裁案件时,有义务将仲裁申请书以及受理通知书副本送达公司。公司也相应有义务将案件情况通知其他股东并将通知的证明文件提交仲裁庭。[②] 本文认为为保障公司及其他股东的知情权,在股东拒绝通知公司时,仲裁庭应当将案件情况及时通知公司,由公司向其他股东进行披露,辩论终结前,其他股东以相同请求申请参加仲裁的,可以作为共同申请人。

综合上述分析,本文建议未来在仲裁法或仲裁法司法解释中对于股东派生仲裁制度应当进行以下细化规定:

(1)公司股东依据《仲裁法》第 25 条提起仲裁时,股东的身份条件和行为条件可以参照《公司法》第 151 条的规定。

(2)仲裁机构受理后,股东应当将仲裁事项及时通知公司,股东未通知公司的,仲裁庭应当及时通知公司。

(3)辩论终结前,符合《公司法》第 151 条第 1 款规定条件的其他股东,以相同的仲裁请求申请参加仲裁的,应当列为共同申请人。

(4)经当事人申请且仲裁庭同意,或者仲裁庭认为有必要的,仲裁庭可以向公司调查事实、收集证据,并要求公司作为证人出庭。

---

① 袁铭蔚、冯硕:《从默示到明示:国际商事仲裁保密性的理念转型与制度变革》,载《北京仲裁》2019 年第 3 辑。

② 参见《RIMA 仲裁规则》(2019 年版),载俄罗斯仲裁中心网,https://centerarbitr.ru/,最后访问时间:2021 年 12 月 29 日。

四、结语

至迟自1993年开始,实践中不断有司法案例突破《仲裁法》的对仲裁合意的要求,对股东派生仲裁制度持支持态度。一方面,基于代理理论、公平合理的期待理论与股东诉权的派生性,股东派生仲裁制度具有其合理性基础;另一方面,派生仲裁能够有效维护中小股东权益、保护外部相对方的程序性利益,并避免潜在的平行诉讼,其制度价值不容忽略。《仲裁法征求意见稿》第25条即吸收了过往的司法实践经验,对股东派生诉讼中仲裁协议的效力予以肯定。基于此,本文立足于仲裁的特点,结合比较法经验对股东派生仲裁制度的具体建构提出了相关建议:

针对派生仲裁的主体要件,首先,本文认为对于派生争议中适格股东标准应保持一致,即符合《公司法》第151条之规定。仍需注意的是,目前股东派生诉讼下有关适格原告股东的规定仍存在完善的空间,宜适当放宽股份公司股东持股比例要求,并进一步细化"连续持股180日以上"的适用情形,参照《公司法(修订草案)(征求意见稿)》第188条,将股东派生仲裁的适格股东范围扩大至对损害全资子公司利益行为提起仲裁的母公司股东。其次,公司应当以证人身份参与股东派生仲裁。最后,股东派生仲裁中的被申请人类型应当与股东派生诉讼中的被告类型相同,被申请人不仅包含公司内部的董事、监事、高级管理人员等主体,同时也包含公司的交易相对方等外部第三人。

对于股东派生仲裁的前置程序,可以参照《公司法》第151条有关股东派生诉讼的前置程序,并且考虑仲裁的特性对具体细节予以改进。具体而言,由于仲裁更加注重纠纷得到迅速及时地解决,对于股东派生仲裁而言应当适度缩短30日的等待期。此外,可借鉴英美法系,建立主要由独立董事构成的特别诉讼委员会担任公司是否应当提起仲裁的审查主体。

在程序适用上,不应当赋予股东程序选择权。该种程序选择权缺乏理论基础,有违股东诉权的派生性构造,且有损相对人的公平合理期待。由于仲裁协议效力范围当然扩大至作为代理人的股东,因此不应当赋予股东挑选派生诉讼或者派生仲裁的程序选择权。此外,由于在股东派生仲裁中公司是仲裁结果最后承受方,仲裁庭应当保障公司对于仲裁案件的知情权。在股东拒绝通知公司时,仲裁庭应当将案件情况及时通知公司,由公司向其他股东进行披露,其他股东以相同请求申请参加仲裁的,可以作为共同申请人。

试论证券仲裁中代表人制度的应用

周笑安*

摘　要:证券仲裁已进入快速发展的新时期。因证券纠纷复杂性程度高,且多表现为分散性小微损害,受害者具有不确定性和广泛性,自然人投资者集体申请并推选代表人参与仲裁更符合经济性与效率性的要求。证券代表人仲裁以宜适用于证券交易欺诈行为引起的纠纷,且应当允许未约定仲裁协议的投资者参与仲裁。完整的监督程序需要包含事前规则监督和事后司法监督。损害赔偿应当以投资者所受的经济损失为限,不宜适用惩罚性赔偿。对涉及公共利益的案件,应当鼓励投保机构参与并支持自然人投资者集体仲裁,在维权的同时实现更高的社会效益。

关键词:证券仲裁　仲裁代表人　FINRA 规则　仲调对接　仲裁支持

证券仲裁在我国开始于 20 世纪 90 年代。1990 年颁布的《上海证券交易所交易市场业务试行规则》(已失效)首次规定了证券仲裁的内容。次年,《上海证券交易所仲裁实施细则》①颁布,该细则又进一步具体化仲裁事项、仲裁程序和仲裁机构等制度。1993 年颁布的《股票发行与交易管理暂行条例》将证券纠

---

* 周笑安,华东政法大学法律学院硕士研究生。

① 《上海证券交易所仲裁实施细则》因与随后生效的法律法规冲突,虽未明确失效,但已不再实行。

纷的仲裁解决方式以行政法规的形式确定下来。[①] 随后,国务院与证监会又颁布了系列证券仲裁办法,如《关于指定中国国际经济贸易仲裁委员会为证券争议仲裁机构的通知》(已失效)、《关于证券争议仲裁协议问题的通知》(已失效)、《关于依法做好证券期货合同纠纷仲裁工作的通知》和《关于进一步加强资本市场中小投资者合法权益保护工作的意见》。[②]

各证券仲裁中心试点的建立标志着证券仲裁进入快速发展的新阶段。2021 年 8 月,中国(深圳)证券仲裁中心设立,该中心是首个探索"仲裁机构 + 自律组织"的资本市场纠纷解决方式的改革试点。同年 10 月,证监会和司法部发布《关于依法开展证券期货行业仲裁试点的意见》(以下简称《开展仲裁试点意见》),意见称将在北京、上海、深圳三地仲裁机构内部组建证券期货仲裁院,解决证券期货纠纷,特别是民事赔偿问题。证券仲裁的范围进一步扩大,仲裁机制和程序的进一步完善以及证券纠纷解决专业性程度的进一步提高,对保护资本市场投资者权益,维护证券交易正当秩序具有重要意义。

证券经营机构、律师事务所等证券服务机构、证券登记结算机构、证券监管机构、发行人与投资者等诸多主体均存在出现证券纠纷的可能,故证券纠纷涉及的主体繁多,权利义务关系复杂。其中,自然人投资者权益保护是《开展仲裁试点意见》重点关注的内容。在自然人投资者为申请人的仲裁案件中,自然人投资者通常需要独立应对市场主体。然而证券诉讼司法实践表明,因双方当事人在专业性、诉讼能力等方面存在差异,投资者在维权中往往处于不利地位。证券仲裁同样难以避免该问题。通过《最高人民法院关于证券纠纷代表人诉讼若干问题的规定》(以下简称《证券纠纷代表人诉讼规定》),代表人诉讼制度已经在证券诉讼中推行,在很大程度上缓解了个体诉讼的不足,鼓励投资者积极通过诉讼维权,进而起到打击资本市场的违法违规行为、维护资本市场秩序的作用。证券仲裁亦可借鉴这一制度,为投资者参与证券仲裁提供有利的方式,

---

① 参见陈岱松、魏华文:《论中国证券纠纷仲裁法律制度之构建》,载《财贸研究》2009 年第 4 期。

② (1)《关于指定中国国际经济贸易仲裁委员会为证券争议仲裁机构的通知》(已失效)与《关于证券争议仲裁协议问题的通知》(已失效)指定中国国际经济贸易仲裁委员会是唯一的证券争议的仲裁机构;规定仲裁是证券经营机构之间以及证券经营机构与证券交易场所之间股票发行与交易争议的唯一解决方式。(2)《关于依法做好证券期货合同纠纷仲裁工作的通知》规定了证券、期货合同纠纷的仲裁范围,仲裁协议订立,仲裁参与人员等具体内容。(3)《关于进一步加强资本市场中小投资者合法权益保护工作的意见》提出开展证券期货仲裁服务,培养专业仲裁力量;建立调解与仲裁、诉讼的对接机制。

促进证券仲裁的完善与发展。

一、证券仲裁中引入代表人制度的原因

(一)维护自然人投资者的权益

诉讼与仲裁是证券纠纷解决的重要途径,而仲裁较之诉讼具有灵活性、专业性和高效性等诸多优点。[①] 基于仲裁的上述优势及多元化纠纷解决机制的推进,鼓励自然人投资者通过仲裁维护合法权益是发展证券仲裁的应有之义。证券纠纷复杂性程度高,受害者具有群体性和不确定性,且多表现为分散性小微损害。投资人以集体形式参与仲裁能更好地应对证券纠纷的上述特点。

(1)证券纠纷复杂性程度高。一方面,证券产品种类繁多,包括股票、债券、证券投资基金等产品,以及股票期货、期权、利率期货等金融衍生产品。在上述证券产品的基础上,为提高安全性和收益性而大量流通于市场的金融产品组合更是增加了证券产品的复杂性。不同证券产品性质不同,法律规定亦存在差异。以股票和债券为例。股票是所有权凭证,收益因与公司经营状况相关而具有不确定性。常见的股票纠纷有自然人投资者与券商的委托纠纷、透支交易纠纷。如王某清诉华夏证券公司股票透支案,[②]原被告协议透支交易是无效民事行为,严重危害股票市场交易秩序,被告对原告的透支交易负有主要责任。债券是债权凭证,投资者所得收益相对固定。常见的债权纠纷有本息给付纠纷,如大连金玛商城企业集团有限公司与长江证券(上海)资产管理有限公司公司债券交易纠纷案,[③]长江证券起诉大连金玛公司未能及时兑付债券利息。所以,自然人投资者需要辨明涉案证券产品的类型以确认适用的法律,这要求自然人投资者具有一定的专业知识,且在金融衍生产品和金融产品组合中体现尤甚。另一方面,证券交易在市场主体和自然人投资者间进行,虽然交易协议通常为格式合同,但不同市场主体对协议的具体内容必然有异于其他经营者的独特约定,该约定是意思自治的重要体现,同样受到法律规范和交易秩序的保护。故自然人投资者对证券合同纠纷无法完全套用一般规定,需要根据协议具体内容

---

① 参见李明珠:《中国(深圳)证券仲裁中心设立:先行先试　打造中国资本市场纠纷解决高地》,载《证券时报》2021 年 8 月 18 日,第 6 版。

② 江苏省连云港市中级人民法院民事判决书,(1998)连经终字第 251 号。

③ 上海市高级人民法院民事判决书,(2019)沪民终 250 号。

主张权利。对于上述复杂的证券纠纷,若自然人投资者能够集体仲裁,合力聘请有专门知识的人或代理人认定产品性质并适用法律规范,结合协议具体内容主张权利,在降低仲裁成本的同时亦能提高法律适用的准确性和损失赔偿的可能性。

(2)证券纠纷受害者的群体性和不确定性。证券纠纷通常发生在不特定的广泛群体中。当发生市场主体与投资者的交易合同纠纷、证券业务纠纷、因虚假宣传等违法行为导致的侵权纠纷和其他民事赔偿纠纷时,若自然人投资者选择仲裁解决纠纷,则证券期货仲裁院将出现大量被申请人相同,请求事项、事实和理由相似的仲裁案件。故对证券期货仲裁院而言,若能引导投资者集体仲裁,将因同一证券产品侵权引发的纠纷合并处理,仲裁效率和仲裁结果的稳定性将得到极大提高,投资者的民事损害能更快得到赔偿。

(3)证券纠纷多表现为分散性小微损害。群体性纠纷依据受损群体规模的不同可以分为大规模损害和分散性小微损害。前者指违法行为对同一权利人造成额度较大的损害,权利人难以获得救济;后者指同一大规模违法行为对众多权利人造成类型相同的损害,但每位权利人的受损额度较小。① 首先,中国证券登记结算有限公司公布的数据显示,2020 年 1 月 1 日至 2021 年 2 月 28 日,我国资本市场总投资者数量为 18,147.87 万个,自然人投资者数量占比 99.77%,机构投资者数量仅占比 0.23%。② 由上述数据可见资本市场中自然人投资者占绝大部分,投资者虽然人数众多,但分散性强。其次,深圳证券交易所发布的《2020 年调查报告》(摘要版)显示,2020 年新入市投资者账户平均资产量为 59.7 万元,较 2019 年增加 5 万元,并达到历年调查最高水平。③ 由上述数据可见自然人投资者的投资数额通常较少,即使遭遇损害,其损失数额也相对有限。以刘某诉鲜某证券虚假陈述责任纠纷案为例,④刘某等 14 名原告起诉被告鲜某、恽某桦及匹凸匹公司实施证券虚假陈述行为,要求被告赔偿经济损失。该

---

① 参见张怀岭:《损害类型化视角下证券群体性纠纷司法救济路径选择与规则反思》,载《甘肃政法大学学报》2021 年第 2 期。

② 参见《A 股投资者数量突破 1.8 亿 自然人投资者数量占比 99.77%》,载券商中国网,http://m.jrj.com.cn/toutiao/2021/3/7/32084516.shtml。

③ 参见《2020 年调查报告》(摘要版),载深圳证券交易所网,http://investor.szse.cn/institute/bookshelf/report/t20210519_585972.html。

④ 参见上海市第一中级人民法院民事判决书,(2016) 沪 01 民初 166 号。

案件社会影响重大,涉案市场主体严重破坏资本市场交易秩序,但 3 名被告仅承担约 234 万元赔偿,且 14 名原告中有 6 人损失不足 7000 元,数额最少的仅 1041.81 元。所以,我国的证券纠纷多表现为分散性小微损害。单一自然人投资者虽然遭受损失,但若通过仲裁要求市场主体赔偿损失,其投入的仲裁成本可能与可得赔偿相差无几,甚至出现投入多于所得的情况。自然人投资者基于理性考虑极易放弃权利主张。若能引导因同一证券侵权行为受损的自然人投资者共同申请仲裁,每一自然人投资者负担的仲裁成本将得到减轻,其仲裁维权的积极性将进一步提高。

(二)维护资本市场交易秩序

证券纠纷涉及资本市场秩序。因证券产品复杂,证券纠纷涉及主体繁多,所以法律对证券产品的发行和交易皆作出了明确规定。市场主体的违法违规行为不仅损害了投资者的利益,还破坏了资本市场的管理秩序与交易秩序。以陈某与徐某龙、赵某芹等委托理财合同纠纷案为例,[①]原告将证券账户交由被告操作并提供资金,随后享有固定收益。原告出借资金给被告的行为实际上是仅能由证券公司进行的融资活动。法院认为,融资融券是国家特许经营的业务,资本市场的信用交易由国家统一监管。场外配资业务不仅盲目扩张了信用交易规模,亦破坏了资本市场交易秩序。原告作为自然人不具有从事融资融券业务的资格,融资行为直接违反法律规定;以个人名义融资又规避了监管部门对该业务资金来源、投资标的、杠杆比例等方面的监管,加剧了市场的非理性波动,故当事人的约定无效。

当多数自然人投资者因市场主体的同一违法行为遭受损失,该违法行为必然已经对市场交易秩序造成严重破坏,导致资本市场不正常波动。此时鼓励投资者集体仲裁,是在对市场主体施加行政处罚和追究刑事责任外,进一步以强制承担民事赔偿责任的方式加重市场主体的违法成本,惩处市场主体的违法行为,在修复资本市场正常交易秩序的同时又能对其他市场主体起到预警作用,推动资本市场的健康发展。

① 参见江苏省无锡市中级人民法院民事判决书,(2019)苏 02 民终 5066 号。

二、证券代表人仲裁的具体构建

（一）适用代表人仲裁的纠纷类型

存在共通的法律或事实问题是群体性纠纷的主要特征。以共同诉讼为例，共同诉讼与诉的主观合并理论密切相关，即使当事人不同，但因诉讼标的相同或属于同类，案件仍可合并处理。诉的合并不仅可以提高纠纷解决效率，降低诉讼成本，还可避免相关联的诉之间可能出现的裁判冲突。[①]

并非所有证券纠纷均可适用证券代表人仲裁。自然人投资者与市场主体的纠纷可以分为两类，一是相同证券交易欺诈行为引起的相同市场主体与不同自然人投资者的纠纷。该类纠纷的受害者具有群体性和不确定性，事实认定和法律适用具有共通性。因该类纠纷的当事人为多数，而诉讼标的均为证券交易欺诈行为，故可作诉的主观合并。二是相同市场主体与相同自然人投资者的纠纷，如证券公司未完成委托[②]，挂第三人账户进行股票交易[③]等。该类纠纷的个体性强，侵权人与受害人单一且确定，故仅可作平等民事主体的私人权益纠纷处理。《证券纠纷代表人诉讼规定》第 1 条、《中证中小投资者服务中心证券支持诉讼业务规则》（以下简称《证券支持诉讼业务规则》）第 3 条均指明证券代表人诉讼仅适用于虚假陈述、内幕交易、操纵市场等证券交易欺诈案件。同理，证券代表人仲裁以化解群体性纠纷为目标，也应限定适用于证券交易欺诈行为引起的相同市场主体与不特定自然人投资者之间的纠纷，其他个体性纠纷宜由受害人自行申请仲裁处理。

（二）仲裁适用的识别

仲裁的适用具有合意性，当事人需自愿达成仲裁协议。然而，并非所有交易协议均会约定证券纠纷的仲裁解决；实践中同样存在格式合同未约定纠纷解决方式，但自然人投资者在合同外自行与市场主体补充仲裁协议的情形。此时，若未约定仲裁协议的当事人意图集体申请仲裁，或部分未约定仲裁协议的当事人意图加入仲裁集体，就必须解决仲裁的适用问题。

---

① 参见王嘎利：《主观预备合并之诉论纲》，载《学术论坛》2005 年第 9 期。

② 上海市第一中级人民法院民事判决书，（2016）沪 01 民终 13011 号。

③ 广西壮族自治区高级人民法院民事判决书，（2009）桂民二终字第 36 号。

解决仲裁的适用问题可以参考域外的司法实践。最早的证券仲裁条款在美国纽约证券交所设立,因资本市场的高度发达与证券规则的长期发展,美国已建立以美国金融业监管局(FINRA)为核心的相对完备的证券仲裁机制。根据 FINRA 规则,美国的证券仲裁具有一定强制性。① 其一,若市场主体之间或市场主体与自然人投资者的交易协议存在仲裁约定,则任何一方可在证券纠纷产生后申请仲裁解决;其二,若市场主体与自然人投资者并未约定仲裁协议,但自然人投资者一方仍可申请仲裁。这一强制性规则突破了仲裁适用的契约要求,给予自然人投资者更充分的证券纠纷解决程序选择权。实际上,市场主体必须接受自然人投资者的仲裁申请并非法律强制性要求。FINRA 是美国最大的证券自律组织,证券经营机构等绝大部分市场主体均为组织成员。市场主体加入该自律组织的必要条件是接受并尊重组织章程,而章程中规定了组织成员必须参与自然人投资者一方发起的仲裁。所以,市场主体的强制参加仲裁义务来自其身份的约束。②

证券业协会是我国的证券业的自律性组织,凡依法设立的证券交易所、证券公司、设有证券业务的金融机构,在接受并遵守章程和其他各项规则的条件下,均可以申请加入证券业协会,故证券业协会的成员几乎涵盖资本市场的所有证券经营和证券服务主体。在证券业协会的组织章程或其他规范性文件中加入会员必须参与自然人投资者一方发起的仲裁是解决仲裁适用性的方法。对证券业协会成员施加强制参加仲裁义务,而非直接在证券交易协议中加入仲裁条款的理由有二:其一,若协议中约定了证券纠纷的仲裁解决,则自然人投资者无法通过诉讼途径维权,这是对自然人投资者程序选择权的剥夺,不利于其权利保障;其二,若协议中对证券纠纷解决方式既约定仲裁又约定诉讼的,则仲裁约定无效,自然人投资者仅可通过诉讼维权。故以组织成员身份约束市场主体,使其接受强制仲裁,是解决仲裁适用问题的重要方式。

(三)仲裁代表人的选任

证券纠纷集体仲裁的代表人选任可以参考诉讼代表人的相关制度。第一,投资者人数。若 10 人以上自然人投资者以同一市场主体违约或侵权行为申请

---

① 参见盛峰:《美国证券仲裁制度论纲》,载《知识经济》2012 年第 4 期。

② 参见谢雪珏:《论我国证券仲裁制度的完善》,华东政法大学 2016 年硕士学位论文,第 24 页。

仲裁,且符合仲裁条件的,证券期货仲裁院应同意自然人投资者的集体仲裁申请。若数位自然人投资者以个人形式申请仲裁,证券期货仲裁院应向其释明,并在征得其同意后将其作为集体仲裁合并处理。第二,代表人选任。自然人投资者应推选2~5名代表人。若推选不出代表人,则由证券期货仲裁院与自然人投资者商定代表人;若商定不成,则由证券期货仲裁院确定代表人。代表人需自愿担任,且具有相当比例的利益诉求份额,能够忠实、勤勉地代表其他投资者行使权利,维护集体投资者利益。第三,代表人作出变更或放弃仲裁请求、撤销仲裁及其他影响仲裁结果的行为,必须与其他自然人投资者协商。[①] 第四,代表人的更换。若仲裁代表人不当履行或无法履行职责,其他自然人投资者可以向证券期货仲裁院申请更换代表人。证券期货仲裁院认为理由成立,应当暂停仲裁,待自然人投资者推选或与其协商重新确定代表人后继续。原代表人实施的仲裁行为对更换后的代表人具有约束力。第五,全体自然人投资者必须服从仲裁结果。

(四)证券仲裁的监督

证券仲裁的监督可以分为事后监督和事前监督。事后监督指司法监督。若一方当事人对仲裁裁决有异议,可以向法院申请撤销该裁决。异议的理由包括:仲裁庭的组成或程序违反法定程序,裁决依据的证据系伪造,对方当事人隐瞒重要证据,仲裁员存在索贿受贿、徇私舞弊和枉法裁决等违法行为。因市场主体负有接受强制仲裁的义务,当事人不得以没有仲裁协议或裁决事项超出仲裁协议范围为由申请撤销仲裁裁决。值得注意的是,因仲裁独立性与裁决终局性,法院对仲裁的审查应集中于程序性事项,除仲裁裁决中有明显错误外,法院不应当干涉仲裁的实体权利处分决议。这一点在美国的司法实践中已经得到确认,法院撤销仲裁裁决的一项主要原因是仲裁员可能与当事人存在利益关系。[②] 如施密茨诉齐尔维蒂案(Schmitz v. Zilveti),该案中一名仲裁员所在的律师事务所多次担任被申请人母公司的代理人。法院之所以撤销该案裁决,是因为该仲裁员可能对被申请人产生"合理的偏袒印象";在贝茨诉潘科案(Betz v.

① 参见汤维建:《中国特色的证券代表人诉讼》,载《人民司法》2020年第28期。

② 参见吴伟央:《美国证券自律组织纠纷解决机制程序正当性研究——以证券调解与仲裁程序为中心》,载《证券市场导报》2013年第3期。

Pankow)中,一名仲裁员从前所在的律师事务所曾经担任与被申请人有利害关系的商业公司的代理,法院认为,即使该仲裁员已经离开上述律所且对被申请人是律所客户并不知情,但仍应被认定为知情,该仲裁员可能对申请人产生“合理的偏袒印象”。①

然而,因仲裁裁决自作出之日起即发生法律效力,即使当事人投入额外的时间和经济成本申请司法监督并撤销裁决,但原裁决造成的损害已经发生,当事人利益已然受到损害。故在事后监督外设立事前监督制度尤为必要。事前监督指对有关监督主体审查主导仲裁程序的仲裁规则。证券期货仲裁院在证券仲裁中需要建立必要的仲裁规则,该规则的建立必须经严格审查。以美国证券交易委员会对 FINRA 规则的监督为例。证券交易委员会仅审查主导仲裁程序的抽象的仲裁规则,而不涉及具体的证券纠纷。这不仅从制度上对证券仲裁程序实施了宏观控制,更提高了审查效率,避免卷入复杂的案情分析。

证券监督管理委员会(以下简称证监会)是我国的证券监督机构,统一监管全国证券期货市场,维护证券期货市场秩序。故证监会是监督证券期货仲裁院仲裁规则制定的应然主体。在证监会审查仲裁规则的过程中,应当注意:第一,证监会仅需监督抽象的仲裁规则,无须涉及具体的案件。从源头保障仲裁规则的合法性与合理性,宏观控制证券仲裁是证监会履行监督职责的目标。第二,证监会应综合市场主体意见、投资者意见、社会公共政策等因素综合评价证券规则,使仲裁规则既更具有可接受性和可操作性,又与现实需求相一致。第三,证监会对仲裁规则的监督应当是动态的,若仲裁规则修改,则证券期货仲裁院应当及时提交证监会审查。

(五)损害赔偿

FINRA 规则允许仲裁庭对市场主体的严重证券侵权行为作出惩罚性赔偿决定,投资者可以获得实际损失外的其他补偿。② 一方面,FINRA 意在鼓励投资者提起证券仲裁,及时维护自身合法权益;另一方面,FINRA 意图以巨额赔偿震慑市场主体,促使其自觉遵守资本市场法律法规和交易秩序。

与美国不同,我国证券期货仲裁院作出的市场主体民事损害赔偿应当以投

① 参见占小平:《证券争议仲裁制度研究》,对外经济贸易大学 2003 年硕士学位论文,第 22 页。

② 参见马照平、张耀中:《论美国证券仲裁中的惩罚性损害赔偿制度》,载《证券法苑》第 18 卷。

资者所受的经济损失为限，不宜适用惩罚性赔偿。究其原因：第一，惩罚性赔偿由法律严格规定。惩罚性赔偿是最为严厉的民事责任承担方式。目前可以适用的惩罚性赔偿主要有三类，即侵犯知识产权惩罚性赔偿、产品责任惩罚性赔偿、生态环境破坏惩罚性赔偿。证券侵权尚未有法定惩罚性赔偿的情形，故不应适用这一制度。第二，惩罚性赔偿具有公私混合的属性。惩罚性赔偿除弥补当事人损失外，还具有一定公益属性，是国家通过严惩违法行为以维护正常社会秩序的重要体现。然而，虽然证券仲裁有助于维护资本市场交易秩序，但其首要目标仍然是弥补自然人投资者的损失。因仲裁的不公开原则，其社会效力不及诉讼。故在仲裁中适用惩罚性赔偿并不合适。第三，作出惩罚性赔偿的主体特定。因司法的权威性与公示性，可以作出惩罚性赔偿决定的主体通常是人民法院，证券期货仲裁院并非适格主体。

三、投资者保护机构支持仲裁

（一）投资者保护机构的仲裁支持

投资者保护机构（以下简称投保机构）包含投服中心和中国证券投资者保护基金有限责任公司。投保机构履行完善投资者保护机制、参与证券纠纷多元化化解程序的职能。特别代表人诉讼与证券支持诉讼均为投保机构的重要职能，但二者的有效参与率并不相同。对于特别代表人诉讼，依据投服中心发布的《特别代表人诉讼30问》，"符合条件的证券市场虚假陈述、内幕交易、操纵市场等行为引发的民事赔偿纠纷，可启动特别代表人诉讼"。再结合《中证中小投资者服务中心特别代表人诉讼业务规则（试行）》第16条规定，"符合条件"指有关机关已经对被告作出行政处罚或刑事裁判，被告具有一定偿付能力，案件典型重大、社会影响恶劣、具有示范意义。然而，仅"有关机关已经对被告作出行政处罚或刑事裁判"这一条件便已极大限制了选案范围，对典型重大、社会影响恶劣、具有示范意义的判断更具有强烈主观性。选案标准的模糊与严苛限制了投服中心的特别代表人诉讼的有效参与率。对于证券支持诉讼，《证券支持诉讼业务规则》第4条规定，投服中心筛选支持诉讼的案件应综合考虑案件典型性、侵害程度、社会影响效果、偿付能力等因素。由此可见证券支持诉讼的选案标准同样具有较强主观性，但其要求却较特别代表人诉讼更低，所以投服中心在证券支持诉讼中的有效参与率更高。实践中根据投服中心的维权服务公示,投服中心已参与的特别代表人诉讼案件仅有康美药业案,而证券支持诉讼案件已有刘某诉鲜某证券虚假陈述责任纠纷案、康达新材案、安硕信息案等 22 例案件。

结合投保机构的选案规则及有效参与率,要求投保机构作为特别代表人参与仲裁在理论和实践中尚有一定难度,但可以推进投保机构支持自然人投资者集体仲裁的机制建立。这主要因为投保机构在履行证券纠纷解决支持职能时以保护中小投资者为目标,具有较强的公益色彩。[①] 第一,选案标准的倾向性。投保机构选案时会充分考虑案件的典型性和社会影响效果,而不只是依涉案标的金额作出决定,由此可见社会效益是重要考量因素。第二,保护对象的公共性。证券交易违法行为侵犯投资者利益,破坏资本市场交易秩序,加剧了金融风险。投保机构通过支持投资者追究市场主体的民事责任打击证券违法违规行为,在一定程度上保护了社会公共利益。第三,投保机构参与诉讼的公益属性。以投服中心为例,投服中心建立公益律师团,聘请工作人员和公益律师担任诉讼代理人并支付律师费用,仅向投资者收取诉讼必要支出,因而不具有营利目的。

投保机构的证券支持仲裁业务可以在参考证券支持诉讼职能的基础上,结合仲裁灵活性的特点,予以调整和变动。首先,选案时应考虑案件所涉公共利益。仲裁以不公开为原则,社会影响力较之诉讼更小,亦不同于法院生效裁判将对日后资本市场活动产生直接影响。所以,支持仲裁业务的选案标准可以较诉讼更低,以案件与公共利益的关联性为依据。支持仲裁业务的主要目的是帮助自然人投资者获得经济赔偿,使市场主体承担民事责任。若某一证券纠纷案件典型且社会影响恶劣,严重损害公共利益,投保机构可以直接选择证券支持诉讼而非仲裁。其次,自然人投资者应向投保机构提供真实充分的证据材料,配合投保机构工作,并自觉交纳仲裁费用。最后,投服中心组建证券公益律师团,委派公益律师和工作人员参与诉讼,并支付必要的办案费用。此外,投资者可以根据需要聘请有专门知识的人、律师或其他代理人参与仲裁。

---

① 参见唐豪、朱琳:《我国证券纠纷代表人诉讼的程序解构及其重塑》,载《南方金融》2021 年第 3 期。

（二）公共利益的识别

投保机构证券仲裁参与必须辨别案件是否涉及公共利益，在这一问题上，同样可以借鉴美国的司法实践，分析其思路。1952 年的威尔科诉斯旺案（Wilko v. Swan，以下简称威尔科案）首次呈现了美国最高法院对公共利益的考量。法院认为证券交易商与投资者地位不平等，仲裁难以充分保护后者，故否认了证券纠纷的可仲裁性。然而，1974 年的谢尔克诉阿贝托 – 卡尔费公司案（Scherk v. Alberto – Culver，以下简称谢尔克案）开始出现观点的转折，美国最高法院开始逐步承认证券纠纷的可仲裁性。法院区分国际证券纠纷和国内证券纠纷，确认前者可以通过仲裁解决，而后者依然只能通过诉讼处理。在 1987 年希尔逊/美国运通公司诉麦克马洪案（Shearson /American Express，Inc. v Mcmahon，以下简称麦克马洪案）中，美国最高法院彻底转变观点。法院认为，国会制定的仲裁法鼓励仲裁，证券权利请求同样应当适用仲裁，故证券交易商与投资者必须遵循争议前订立的仲裁协议，除非反对仲裁协议效力的一方当事人能够证明仲裁法具有排斥证券仲裁的立法意图。[①] 威尔科案因与支持仲裁的政策背道而驰，法院直接推翻该案确立的原则，承认证券纠纷的可仲裁性。

从司法观点的转变中可以看出，美国司法同样从公共利益的角度判断证券侵权纠纷的可仲裁性。在威尔科案中，法院基于市场主体与自然人投资者仲裁力量的差异否认仲裁协议效力，实质是维护中小投资者权益。在谢尔克案中，因国际证券纠纷的当事人多为市场主体，仲裁能力与地位相当，不存在需要特别保护的情形，故允许国际证券纠纷的仲裁解决。在麦克马洪案中，法院考虑仲裁推广适用的公共政策需求，肯定证券纠纷仲裁协议的效力，但这同样是在仲裁已得到良好的发展且足以解决复杂的证券纠纷的前提下作出。由此可见，证券纠纷的可仲裁性始终是基于投资者利益保护作出的。证券仲裁代表人制度建立的直接目的是保护自然人投资者的利益，故其同样可以作为投保机构证券支持仲裁业务中公共利益的判断要素。若某一案件事实清楚、证据充分，投资者集体申请仲裁，投保机构可以在综合考虑投资者仲裁胜诉可能性、受偿可能性、案件社会效益等因素后，作出是否参与仲裁支持的决定。

---

① 参见王克玉：《确立与完善我国证券侵权仲裁机制的路径分析——以美国证券仲裁机制的发展为视角》，载《法学论坛》2015 年第 2 期。

四、结语

2021 年 7 月 6 日，中共中央办公厅、国务院办公厅印发了《关于依法从严打击证券违法活动的意见》，再次强调改进证券监管执法，完善资本市场违法犯罪追究制度。自 2016 年以来，《最高人民法院关于审理证券市场因虚假陈述引发的民事赔偿案件的若干规定》(已失效)、《证券纠纷代表人诉讼规定》等规定陆续颁布，这体现了我国对证券市场交易规则构建和良性交易秩序维护的重视。

证券纠纷的解决不能仅依靠诉讼，多元化纠纷解决机制亦当在证券领域发挥作用。多元化是人类社会进步的必然趋势，纠纷解决程序的发展同样呈现多元化特点。除仲裁外，域外同样探索建立了证券纠纷调解制度，如 FINRA 制定的《调解程序规则》，在仲裁外又独立开展纠纷调解业务；英国的金融申诉专员(FOS)制度，由申诉专员调解自然人投资者与证券行业机构的纠纷，以及营业额较小的证券机构间的纠纷；德国的私人银行调解制度，由私人银行调解证券纠纷；日本的证券及金融商品斡旋咨询中心(FINMAC)调解制度，由专业律师开展高效且低成本的调解。证券纠纷解决程序多元化是证券市场科学化发展的重要体现。当下，我国已经有较为成熟的证券诉讼制度和正在推进中的证券仲裁制度，未来亦可探索其他证券纠纷解决形式，并不断完善证券诉讼和证券仲裁制度，在维护各证券市场参与主体权益、保证证券市场交易秩序的同时，促进证券业的健康和良性发展。

【案例评述】

2021年度典型仲裁司法审查案例综述

林一飞　蔡璐璐　刘晓蓉*

2021年中国仲裁仍然在快速发展。据统计,全国270家仲裁机构2021年共受理案件41.59万件,标的额达人民币8593亿元,再创历史新高。[①] 与此同时,各地法院受理的司法审查案件也在大幅增长。例如,北京第四中级人民法院受理的司法审查案件,2020年全年收案756件,较2019年同期同比增长25.6%;2021全年收案968件,较2020年同比增长28%。[②] 近几年,在规范和完善司法审查制度方面,中国法院也做了很多努力,出台了部分重要的规定。单就2021年而言:2021年12月24日,最高人民法院修订了《最高人民法院关于仲裁司法审查案件报核问题的有关规定》;2021年12月31日,最高人民法院公布《全国法院涉外商事海事审判工作座谈会会议纪要》,其中就"仲裁司法审查部分"有专门的规定;2021年5月19日,《最高人民法院关于内地与香港特别行政区相互执行仲裁裁决的补充安排》实施。此外,2021年7月30日,司法部公布《〈中华人民共和国仲裁法〉(修订)(征求意见稿)》,其中,针对现行仲裁司法审查制度存在的突出问题,提出了多项重大修改方案。大量的仲裁案例,特别是司法审查案例,对仲裁制度的完善和发展提供了实践基础和样本。本文在日常对仲裁领域案例跟踪研究的基础上,选取十余个较为典型的案例,进行简

* 林一飞,法学博士、法学研究员,仲裁员;蔡璐璐,一裁律师事务所顾问;刘晓蓉,一裁律师事务所合伙人。

① 参见《去年全国仲裁机构受案41.5万余件》,载https://m.gmw.cn/baijia/2022-03/23/1302860031.html,最后访问时间:2022年8月20日。

② 参见《北京四中院发布〈国内商事仲裁司法审查年度报告〉》,载http://www.chinapeace.gov.cn/chinapeace/c100007/2022-03/24/content_12609457.shtml,最后访问时间:2022年8月20日。

要的归纳总结和分析,供业界参考。案例以中国法院审理的案例为主(但也有部分境外法院案例),涉及仲裁协议效力、仲裁员披露义务、外国仲裁裁决的承认与执行、内地与香港两地仲裁司法协助、可仲裁性、公共政策以及裁决不予执行救济路径等方面的内容。

一、仲裁协议效力

涉及仲裁协议效力的案件,在司法审查案件中占了相当大的比例。一般而言,仲裁协议效力问题是在仲裁的早期阶段产生,如通过向法院提出有关确认仲裁协议效力的诉讼或者通过向仲裁机构提出管辖权异议的方式。当然,在仲裁程序结束之后,也可能提出,例如,在仲裁裁决的撤销、执行或不予执行阶段。此外,在诉讼程序中,也有可能出现仲裁协议效力异议,如一方向法院提起诉讼而不声明存在仲裁条款,或者双方在诉讼程序过程中发现存在有效仲裁协议等。仲裁协议有效或者无效,通常涉及管辖冲突情况下仲裁程序与诉讼程序之间的选择和转换问题。中国法院公布了大量的司法审查案件,相当一部分涉及仲裁协议问题。作为仲裁制度中最重要的内容,境内外法院在处理仲裁案件时,相当一部分内容是处理仲裁协议方面的争议。在下述案例中,可以看出,在目前司法实践中,香港法院、内地法院处理此类管辖冲突案件,遵循维护当事人仲裁意思、尽量使其有效原则,强调仲裁协议的妨诉效力,体现出司法对仲裁的尊重与支持。

在L与M&N仲裁协议效力确认案[①]中,香港高等法院认定未经双方明确约定放弃的仲裁条款有效。L与M、N签署两份合同“担保债券”“工程合同”,其中“工程合同”约定了仲裁条款。2021年1月,L就其与M、N关于“担保债券”和“工程合同”项下的纠纷,向香港高等法院提起诉讼。L认为,在争议显现初期的谈判过程中,双方就放弃工程合同约定的仲裁条款达成了共识,并向法庭提交了L与N就相关事项进行的书面信函往来,因此,仲裁条款不再对各方具有约束力。与此同时,N提出搁置诉讼程序的申请,并向香港国际仲裁中心(HKIAC)发出仲裁通知。法庭根据香港《仲裁条例》第20条规定,搁置了L对N的诉讼程序,同时也搁置了L对M的诉讼程序。

---

① 参见香港高等法院HCCT 6/2021［2021］HKCFI 2829案。

首先,法庭回应了对 L 援引 NW 案的理解,认为该案的裁判原则是,如协议存在一些尚待确定的内容,在可以判定当事人之间存在可确定和决定性的订立协议的意图时,法院应当尽最大努力使协议生效。除非在当事各方以过于不确定或含混不清的语言表达自己的意见而无法使他们的合约具有法律效力时,合约才因不确定而无效。其次,法庭明确,订立具有法律约束力的协议必须有明确的意图,与之相类似,放弃具有法律约束力的协议也必须有明确的意图。从当事人之间的信函沟通过程来看,双方之间并无明确同意放弃仲裁协议的约定。此外,尽管 L 与 M 之间在担保债券层面上并不存在仲裁协议,但是有关工程合同的仲裁裁决将直接影响 L 就担保债券对 M 的诉讼。

本案中,香港法院基于对合同签署、谈判过程的事实梳理,整体考虑当事人之间的法律关系,对当事人是否放弃仲裁的真实意图进行实质性审查,在判断仲裁协议是否生效,以及合同未明确交易事项是否对仲裁协议效力产生影响等问题方面,清楚阐述了法院的审查原则和思路。通常的原则和思路可以简要归纳如下:(1)在认定当事人之间存在尚待确定内容的协议效力时,法院应当围绕当事人之间建立法律关系的意图进行分析,尽最大努力并促使协议生效;但前提是,无论建立或是放弃具有约束力的法律关系,法庭都应对此进行实质性审查,对当事人是否存在明确意图表示进行判断。(2)判断当事人在订立或放弃协议方面是否具有明确意图表示,与判断未确定内容是否影响协议生效是两个不同层面的问题。(3)纠纷涉及不同协议项下的争议解决条款,诉讼程序管理与仲裁程序管理存在"打架"的情形时,法院应当基于整体的程序公正恰当处理两者关系。

在香港法院审理的另外一个案件 K 公司与 G 公司案[①]中,法院遵循"支持可仲裁性的推定"及"一站式"裁决的审查方法,结合协议达成的背景及目的,对争议仲裁条款进行解释,最终认定约定"可提交仲裁"的仲裁协议有效。K 公司与 G 公司因工程分包合同履行产生纠纷,K 公司向香港高等法院提起诉讼,理由是合同中约定"可以"(may)将争议提交仲裁,意味着双方当事人只能选择仲裁,但并未剥夺 K 公司向法院提出索赔的权利。G 公司向法院提出中止诉讼的申请,主张合同已明确约定了仲裁条款。本案中,合同是否约定了仲裁条款,双

---

① *Kinli Civil Engineering Limited v. Geotech Engineering Limited* [2021] HKCFI 2503.

方并无异议,争议焦点在于该约定是任意性还是强制性,以及仲裁条款的“但书”部分是否意味着在总包合同履行完毕和合同终止之前,不能进行仲裁。

争议条款合同第 8 条约定,“If in the course of executing the Contract, any disputes or controversies arise between [Geotech] and [Kinli] on any question and the parties are unable to reach agreement, both parties may in accordance with the relevant arbitration laws of Hong Kong submit the dispute or controversy to the relevant arbitral institution for resolution, and the arbitral award resulting from arbitration in the HKSAR shall be final and binding on both parties. And unless otherwise agreed by both parties, the aforesaid arbitration shall not be conducted before either the completion of the main contract or the determination of the subcontract.”

参照[1992] 1 HKC 320 案①、HCA 3032/1992 案②、[2016] 1 WLR 4098 案③、[2017] 3 HKLRD 258 案④等先例,法院认为,尽管“任何一方可将争议提交有约束力的仲裁”的措辞是任意性的,但也赋予一方当事人将争议提交有约束力的仲裁的选择权,该选择权可以通过要求已启动诉讼程序的一方将争议提交仲裁来行使。而条款中的“但书”部分,实际上涉及仲裁条款的解释问题。仲裁条款的范围应在各方达成仲裁条款的背景下进行解释和说明,而解释的目的是为客观地确定各方在达成仲裁条款时的意图,只要仲裁的意图足够明确,就可以认定仲裁条款存在。除非有非常明确的约定,否则法院不会将本案中的仲裁条款解释为当事人就本案争议的不同部分在仲裁和诉讼之间作出了分配和选择。整体来看,本案仲裁条款完全未提及诉讼,也未提及双方的诉讼权利或甚至是选择诉讼的权利;如有充分理由证明在总包合同履行完毕或/和合同终止之前可通过诉讼解决争议,通常会十分明确地约定于合同中并对此明确说明,但合同并无类似约定。

---

① 该案中,法官参考了关于仲裁条款中使“可以”(may)的权威资料和文本,并认为这并不减损当事人之间达成仲裁条款意愿。一旦一方提起诉讼而另一方选择了仲裁,如通过提出中止诉讼申请的方式,提起诉讼的一方就有义务履行仲裁条款。仲裁条款中的“可以”一词并不能使提起诉讼的一方有权通过提起法院诉讼来否定另一方的仲裁意愿。

② *Guangdong Agriculture Co. Ltd. v. Conagra International (Far East) Ltd.*

③ *Hermes One Ltd. v. Everbread Holdings Ltd.*

④ *Polytech Overseas Ltd. v. Grand Dragon International Holdings Co. Ltd.*

从以上可以大体看出香港法院关于仲裁条款效力的审查方法及审查标准。法院认为,当事人无须证明系争仲裁条款具有要求双方对其争议进行仲裁的效果,只需提交存在仲裁条款的表面证据。如法院确信存在仲裁条款的表面证据,关于何时可以开始仲裁是由仲裁庭决定的问题,该阶段也无须法院介入。在审查内容方面,香港法院通常主要审查 4 个问题:(1)是否存在仲裁条款;(2)仲裁条款能否被履行;(3)是否存在争议或分歧;(4)争议或分歧是否属仲裁范围。

尊重仲裁条款的意思自治属性,是现代商事仲裁的主流观点。当然,仲裁协议有效与否仍需依据所适用的仲裁法,或者说,法院地法在此时亦起着重要的作用。如果法院不认可某一种情形,仲裁协议则可能被认定为无效。例如,在境内法院司法实践中,存在一种例外的情形,即无涉外因素的协议当事人约定境外仲裁,在尚无明确法律规定的情况下,国内法院至今均认定其为无效仲裁条款。

在浙江虹软公司与上海展讯公司确认仲裁协议效力案[①]中,法院认定,双方约定将案涉争议提交域外机构进行仲裁的意思表示明确,但由于双方当事人,合同标的物,导致法律关系设立、变更、终止的法律事实均不具有涉外因素,提交域外机构仲裁的约定无效。2017 年,展讯公司就计算机视觉技术相关软件的开发与许可项目与虹软公司签订许可协议。后虹软公司以展讯公司拖欠款项、恶意违约为由,向杭州市中级人民法院提起诉讼。展讯公司以合同约定争议提交新加坡国际仲裁中心(SIAC)仲裁为由,提出管辖权异议。

这类案件通常涉及两个层面问题的判断。其一,不具涉外因素提交域外仲裁的约定是否有效;其二,协议是否具有涉外因素。如前所述,第一个问题目前在国内基本达成司法实践的共识。未来能否突破尚无法定论,但在没有法律明确规定的情况下,法院否定当事人意思表示是否妥当,业界对此一直存有争议。对于第二个问题涉及涉外因素的判断,法律虽有明确规定,司法实践与学术领域却均存在态度不一的情况。一方面,法律规定的识别要素在现实中往往涉及较难判断的情形,导致法院对各要素的涉外性认定结果不尽相同;另一方面,法

① 参见最高人民法院裁定书,(2021)最高法知民辖终 90 号;杭州市中级人民法院裁定书,(2020)浙 01 知民初 406 号。

律规定的兜底情形,给予法院较大的自由裁量权。

在前述案中,争议双方系中外合资企业,一方展讯公司在自贸区内注册成立,另一方虹软公司签订合同时为百慕大 e - image 公司的外国法人独资企业,合同的标的大部分为虹软公司在境外享有的知识产权。法院经过审查认定,首先,双方主体不符合《最高人民法院关于适用〈中华人民共和国民事诉讼法〉的解释》(以下简称《民事诉讼法司法解释》)第 520 条[①]及《最高人民法院关于为自由贸易试验区建设提供司法保障的意见》第 9 条规定[②]的涉外民事关系适用条件。其次,协议主要内容是双方就虹软公司拥有的计算机软件许可展讯公司进行使用,展讯公司为此支付许可使用费。计算机软件由虹软公司在境内开发完成,知识产权为境内主体所享有,即便展讯公司所述 2018 年至 2019 年其生产的使用涉案软件的手机产品主要系在海外销售属实,该销售行为也并未改变双方当事人之间的基础法律关系,因此,案涉合同标的物及履行均不具有涉外因素。双方关于合同争议提交至 SIAC 的约定应属无效。

在此前中国法院审理的另外一宗上海西门子与上海黄金置地公司承认和执行外国仲裁裁决一案[③]中,同样涉及自贸区注册的协议主体,法院认定案件具有涉外因素,仲裁协议有效。当然,这两个案件最终裁定结果相反,仍有其他因素所致,但也说明涉外因素识别在司法实践中并非易于统一的,而对于涉外性的认定观点直接决定当事人是否承担预期落空的后果。

---

① 根据《民事诉讼法》及相关司法解释规定,涉外因素需要从以下方面判断:一是主体的涉外性。主体是否是外国公民、外国法人或其他组织;主体居所地是否在国外等。二是标的物的涉外性。三是影响民事法律关系的法律事实是否发生在国外。四是其他情形。

② 《最高人民法院关于为自由贸易试验区建设提供司法保障的意见》第 9 条规定:“正确认定仲裁协议效力,规范仲裁案件的司法审查。在自贸试验区内注册的外商独资企业相互之间约定商事争议提交域外仲裁的,不应仅以其争议不具有涉外因素为由认定相关仲裁协议无效。一方或者双方均为在自贸试验区内注册的外商投资企业,约定将商事争议提交域外仲裁,发生纠纷后,当事人将争议提交域外仲裁,相关裁决做出后,其又以仲裁协议无效为由主张拒绝承认、认可或执行的,人民法院不予支持;另一方当事人在仲裁程序中未对仲裁协议效力提出异议,相关裁决作出后,又以有关争议不具有涉外因素为由主张仲裁协议无效,并以此主张拒绝承认、认可或执行的,人民法院不予支持。在自贸试验区内注册的企业相互之间约定在内地特定地点、按照特定仲裁规则、由特定人员对有关争议进行仲裁的,可以认定该仲裁协议有效。人民法院认为该仲裁协议无效的,应报请上一级法院进行审查。上级法院同意下级法院意见的,应将其审查意见层报最高人民法院,待最高人民法院答复后作出裁定。”

③ 参见最高院〔2015〕民四他字第 5 号复函。

二、仲裁员

仲裁员直接决定仲裁程序的进行和结果。从某种程度上讲,仲裁员问题是仲裁制度中最重要的问题之一。披露则是现代商事仲裁处理仲裁员问题的有效手段。无论是在国内商事仲裁还是在国际商事仲裁领域,仲裁员披露义务范围及认定标准直接影响裁决的公正性和有效性是否受到挑战。经济交易和商业模式日益复杂、创新,各种影响因素相互交叉。到底仲裁员在披露有关信息时应当注意哪些事项,应当掌握何种宽严原则,应当如何衡量内心确信与当事人心理的关系,均是在涉及仲裁员披露时需要考虑的问题。面对层出不穷的个案情况,法律及规则所列情形时常略显粗疏,仲裁员披露义务范围因此成为常议常新的话题,也成为仲裁界制定规范时重点考虑的领域之一。例如,国际律师协会理事会于 2004 年通过的《国际仲裁中的利益冲突指南》,国际商会 2016 年通过了《关于仲裁员披露冲突的指导说明》(以下简称《冲突指导》)。此外,国内主要仲裁机构或者通过现行仲裁规则、或者通过单独的仲裁员守则或披露规定,对仲裁员披露问题进行规范。国内仲裁有大量的司法审查案例涉及这一点。随着我国经济发展,国内企业参与国际仲裁程序案件随之增多,相关境外典型案例所体现出的司法立场,对于中国企业在国际仲裁程序中更好保障自身权益,以及推动国内仲裁制度及实践向国际统一趋势逐步靠拢亦至关重要。

2021 年 6 月,巴黎上诉法院审理一宗关于中国水利电力对外公司(CWE)与巴基斯坦国家公路管理局(NHA)仲裁裁决撤销案①,NHA 以 ICC 作出的 CWE 获胜裁决仲裁庭组成不当为由,向法院申请予以撤销。2009 年 12 月,NHA 与 CWE 签订 FIDIC 合同,NHA 委托 CWE 建造巴基斯坦费萨拉巴德至 Gojra 高速公路。双方曾将合同履行过程中发生的争议提交至争议解决委员会。对于争议委员会未能解决的两项争议,CWE 向国际商会仲裁院(ICC)发出仲裁请求通知。临时仲裁独任仲裁员作出裁决后,NHA 主张临时仲裁独任仲裁员未及时履行披露义务,导致其对仲裁员的独立性和公正性产生合理怀疑。具体而言,该案仲裁员曾在巴基斯坦争议委员会以委员会成员的身份,参与处

---

① 参见巴黎上诉法院 no 19/16071 – *China International Water and Electric Corporation*(*CWE*)*c/ National Highway Authority*(*NHA*)。

理中国水电公司与另外一家公司的纠纷,该中国水电公司是 CWE 的分包商。

巴黎上诉法院认为,本案中,没有一家名为中国水电公司的公司参与 NHA 和 CWE 之间的仲裁程序;不论财务、人员、管理、资本等各方面,均没有证据表明中国水电与 CWE 之间存在联系,本案独任仲裁员曾被任命为涉及中国水电公司纠纷的争议委员会成员,无须就该事项作出特别披露。在任何情况下,这一事项都不能使 NHA 对其独立性或公正性产生合理的怀疑。此外,法院指出,NHA 以独任仲裁员缺乏公正性为借口,请求上诉法院对终局裁决的是非曲直进行复审,这是被禁止的,也是没有根据的。

巴黎上诉法院在本案中引用了国际商会《冲突指导》,并对相关条文进行了合理解释,从中可获知法院审查仲裁员披露义务范围的重要思路:(1)仲裁员披露义务与利益冲突事实发生的时间有关。(2)尽管法律未规定披露义务的确切内容,评估时应当重点关注当事人心目中可能对仲裁员独立或公正性产生合理怀疑的原因。(3)《冲突指导》提及的情形,如仲裁员未能披露其中一种情况,不足以构成认定缺乏独立或公正性。(4)合理怀疑源于仲裁员本人的直接和间接利益冲突。对间接利益冲突的合理怀疑,则尤其取决于仲裁员、有关第三方以及仲裁当事方之间联系的强度和接近程度。(5)通过财务关系、资本关系、人员关系等认定两个主体之间是否具有联系。

三、公共政策

公共政策作为仲裁司法审查中的最后一道安全阀,向来是最难以准确界定的。在内地法院的审查实践中,以违反公共政策为由拒绝执行裁决的很少。通常认为,违反一国法律基本原则、危害社会公共安全以及违反善良风俗等可以被认为是违反了公共政策,从而该类裁决不应得到执行。一直以来,国家从立法、司法、行政等各维度对虚假诉讼采取了多项整治措施,企图恶意挑起纠纷而追逐利益的市场主体或个人开始转移"阵地",误以为更注重当事人意思自治和保密性的仲裁可能有助于其采取不当方式非法侵占他人利益。事实上,不论司法程序诉讼或准司法程序仲裁,捏造纠纷事实恶意发起争议解决程序企图非法侵占利益的行为,本质上均属国家打击的侵犯他人权益、破坏诚信营商环境的行为,亦属于公共政策涵盖的范围之外。仲裁机构及仲裁庭在审理此类案件时,对可能引起虚假纠纷关系合理怀疑的案件事实应保持高度警觉;即便仲裁程序中当事人侥幸得逞,法院对裁决效力及执行仍应保持极其谨慎全面的司法审查。当然,在虚假仲裁和真正为了提高效率而采用仲裁程序而进行的仲裁两者间,要进行准确地区分和界定。

近期,香港高等法院审理广东顺德 ZW 商贸公司与香港 XF 公司仲裁裁决执行案[①]时,遵照严格的审查标准,认定案涉纠纷系一方主体为达私利、企图利用仲裁及清盘程序非法侵吞第三方巨额资产而故意引发[②],根据香港《仲裁条例》第 95 条(2)(b)、第 95 条(2)(c)[③]、第 95 条(3)(b)[④],拒绝执行裁决。2017 年 4 月,广东 ZW 公司与香港 XF 公司签订大理石销售协议,总价款约 2.2 亿元。后广东 ZW 公司以香港 XF 公司违约为由,向某仲裁委提起仲裁,仲裁裁决由香港 XF 公司向广东 ZW 公司支付 5900 万元人民币。广东 ZW 公司随即向香港法院申请强制执行,并试图依据裁决确定的债权对广东 XF 公司申请清盘。

香港法院首先对案件相关背景事实进行了调查,查明:香港 XF 公司主要经营木材零售业务,ST 与 NI 公司分别持有 XF 公司股份 50%。NI 公司大股东 DL 与 ST 共同担任香港 XF 公司董事。ST 妻子与 DL 妻子是姐妹,在 2016 年纠纷产生之前,DL 将公司日常业务授权于 ST,ST 及其妻子是公司仅有的全职员工。2016 年年底,家族成员关于是否继续贷款等事宜存在分歧,公司开始缩减业务,董事开始商讨出售公司财产事宜。错综复杂的家族企业背景引起法院警觉,法院认为,未见任何事实基础表明 XF 公司曾就 ST 权限作出过任何董事会决议或其他相关授权文件,ST 并未被授权代表公司签订案涉合同,既无明确的表面权限,也不因董事身份自然享有默示权限。法院进一步审查了 ST 与 ZW 公司之间的业务往来情况,即主体之间是否存在系列性的交易往来。从查

---

① 参见香港高等法院[2021] HKCFI 3823 案。

② [2021] HKCFI 3823 案判决原文,"Having considered the totality of the evidence in this case, the reasonable and proper inference is that when ST made the Contract with GD and consented to the Award in favour of GD, he was acting entirely in furtherance of his own personal interests, rather than in the interests of the Company."

③ 香港《仲裁条例》第 95 条(2)规定,"如某人属强制执行内地裁决的对象,而该人证明有以下情况,则该裁决的强制执行可遭拒绝—(b)有关仲裁协议根据以下法律属无效—(i)(凡各方使该协议受某法律规限)该法律;或(ii)(如该协议并无显示规限法律)内地法律;(c)该人—(i)并没有获得关于委任仲裁员或关于仲裁程序的恰当通知;或(ii)因其他理由而未能铺陈其论据"。

④ 香港《仲裁条例》第 95 条(3)规定,"如有以下情况,内地裁决的强制执行亦可遭拒绝—(b)强制执行该裁决,会违反公共政策"

明事实来看,法院发现 ST 与 ZW 公司关于大理石的销售协议存在诸多不寻常(extraodinary)的地方,令人对交易的真实性产生严重怀疑[①]:如 ZW 公司成立不久后便与 ST 签署协议,协议约定的大理石交易对价达 2.2 亿元人民币,是 XF 公司往年总销售额的 62 倍;协议约定的交货时间仅有 6 天,并且约定迟延一天即须支付 220 万元的高额赔偿款;另外,证据显示 XF 公司以往罕有大理石交易,仅有的 2 单价值均在 100 万元以内等。

综合查明的各方面事实,法院进一步认定,案涉销售协议系 ST 与 ZW 公司有意策划[②]。具体而言,案涉争议产生于家族企业内部,案涉协议是在内部出现财务和经营分歧时签订的,而且协议约定的交易并非 XF 公司常规的业务范围,协议约定的交易对价、交付时间、违约责任、付款及担保方式等均难以令人置信(incredible),是十分不寻常的约定。此外,结合 ZW 公司的成立时间、协议签订时间、裁决作出时间,以及作为股东、董事的 DL 及 NI 公司对 XF 公司承担巨额赔偿责任毫不知情等一系列事实来看,法官认为,这些事实无疑是令人再次感到惊讶的(again surprising)。

此外,法院认为,尽管 ZW 公司称,ST 作为 XF 公司董事,拥有在正常业务过程中为公司作出决定的默示权力。但法官指出,ST 同意签署合同、承认公司违约并同意支付裁决确认的大笔款项,明显不是出于善意而是个人利益所为。故不能认定 ST 享有 ZW 公司所称通过仲裁约束公司的默示权力。另外,当 ST 出售公司物业,送至注册办公室地址的文件并不能引起公司的适当注意。

综合以上查明的事实及证据,通过对"合同是否因系虚假交易/故意串通而无效、公司是否被适当通知"等争议焦点问题的回应,香港法院指出[③],批准执行由 ST 与 GD 共谋串通而获得的裁决,确实会使法官的良心感到不安(be shock-

---

① [2021] HKCFI 3823 案判决原文,"The terms of the transaction cast serious doubt on the genuineness of the dealing between ST and GD."

② [2021] HKCFI 3823 判决原文,"Madam Justice Mimmie Chan concluded that GD was a party to ST's plan to orchestrate an Award whereby the Company would be held liable for a debt under the Contract, which was part of the scheme to enable ST to enforce the debt by winding - up proceedings."

③ [2021] HKCFI 3823 判决原文,"On the particular facts and evidence in this case, I consider that it would indeed be shocking to the conscience of the Court to permit GD to enforce the Award which I find was procured by ST in collusion with GD, or SW acting on its behalf. The arbitral process and the Award had been misused by ST with the assistance of GD, and it would be contrary to the public policy of Hong Kong to permit enforcement of such an Award."

ing to the conscience of the Court)。ST 是在 ZW 公司协助下滥用仲裁程序并获裁决(the arbitral process and the Award had been misused),批准执行将违反香港公共政策(contrary to the public policy of Hong Kong to permit enforcement of such an Award)。

对于纠纷真实性的识别和界定,是仲裁庭或法院通过实施看得见的程序正义实现保障实体正义之目的重要体现,可以很好地阐释程序正义与实体正义的统一。司法不仅应关注结果正当性,更应关注形成过程及程序本身的正当性。于本案而言,法院作出批准案涉裁决的执行违反公共政策的结论,当不意外。

四、可仲裁性

可仲裁性是法律规定的仲裁的主管范围,不具可仲裁性的争议,即便当事人约定了仲裁,也无法将其纳入仲裁解决争议的框架之内。《仲裁法》对可提交仲裁及排除仲裁的情形作出明确规定。其中第 2 条将提交仲裁的纠纷类型限定于"合同纠纷"及"其他财产权益纠纷",且纠纷系发生于平等主体之间。第 3 条规定了排除适用仲裁的两大类争议,一类是婚姻、收养、监护、抚养、继承纠纷,另一类是依法应由行政机关处理的行政争议。从仲裁实务来看,可仲裁性方面的案例较之仲裁协议或仲裁程序类的抗辩,相对比较少,结合交易的性质、争议的类型,其判断根据法律规定也相对较为清楚、明确,不会引起太多的争议。

随着商业模式、社会经济等各方面迅速发展,实务中一些具有特殊性、新兴领域的纠纷或部分事项是否具有可仲裁性,存在一定的可争议空间,如侵权、合营企业解散、破产、知识产权有效性、证券虚假陈述、反垄断等,由于涉及仲裁和诉讼的管辖之争,各国法律及司法层面关于可仲裁性问题的探讨和实践也在逐步演变。某种程度上,可仲裁性问题的政策属性,使得可仲裁性范围既可能随着现代商事仲裁的发展而扩大,也可能因为某些影响而缩小。当然,我们倾向于认为,应当扩大可仲裁性的范围,以更好配置社会资源,减少诉讼爆炸年代公权力部门的负荷。

广州飞机维修公司与泰国航空公司留置权纠纷仲裁管辖权确认案①中,最

① 参见最高人民法院民事裁定书,(2020)最高法商初 4 号。

高人民法院通过运用仲裁条款的解释方法,肯定了因协议引起的留置权纠纷的可仲裁性,并强调了仲裁条款确定的管辖权。与此同时,厘清了因留置产生的物权纠纷与基础债权债务纠纷之间的区别。2016 年 7 月,广州飞机维修公司与泰国航空公司签订文版《通用条款协议 GTA》,由广州飞机维修公司为泰国东方公司提供临时入境飞机的维修服务。2018 年 12 月,广州飞机维修就协议履行纠纷,向中国国际经济贸易仲裁委员会(CIETAC)提起仲裁。CIETAC 裁决泰国航空公司向广州飞机维修公司支付维修服务费、材料费、代垫费、飞机停场费等各项费用。

裁决生效后,广州飞机维修公司向广州中级人民法院(以下简称广州中院)提起诉讼,请求确认其对泰国航空公司停放在其场地,交由其维修的四架飞机享有合法留置权,对四架飞机拍卖、变卖的价款优先用于清偿泰国航空公司拖欠的各项费用,以及为实现留置权债权支出的相关费用。由于案件的特殊性和典型性,本案由最高院第一国际商事法庭依法审理。泰国航空公司对管辖权提出异议,认为本案为合同纠纷,按约定应由 CIETAC 管辖。广州公司认为本案为留置权纠纷而非维修合同纠纷,留置权引发的争议属于物权争议而非合同争议,不适用合同的仲裁条款。合同纠纷相关事项已经通过仲裁程序进行审理并作出裁决,双方之间的债权债务及违约责任问题已厘清。仲裁条款中的"与本协议有关的任何争议"不能扩大解释为包括本案留置权争议。

第一国际商事法庭认为,本案争议属于案涉《通用条款协议(GTA)》约定的仲裁事项范围,当事人应通过仲裁解决,驳回了广州飞机维修公司的起诉。法庭指出,本案系具有涉外因素的留置权纠纷。《民事诉讼法》第 271 条第 1 款规定,明确了当事人负有不得违反仲裁协议向法院起诉的合同义务,同时明确了有效仲裁协议排除法院管辖权原则,人民法院对有效仲裁协议应予尊重并执行。

关于留置权的可仲裁性,法庭认为,仲裁条款是当事人就纠纷解决方式订立的合同,应当依照合同解释的一般原则进行解释,即按照仲裁条款所使用的措辞、上下文、目的、交易习惯以及诚实信用原则,确定条款的真实意思。

本案当事人在仲裁条款中没有区分合同争议或物权争议,也未将仲裁事项限定为合同纠纷。从条款内容来看,系概括性地宽泛约定仲裁事项,依对措辞文义的通常理解,应当包括因《通用条款协议》即维修合同的成立、效力、变更、转让、履行、违约、解释、解除等引起的合同争议、侵权争议、物权争议或与维修合同有关的其他争议。本案虽然是留置权纠纷，但所涉争议系因当事人履行维修合同所引起，属于仲裁条款约定的“因本协议引起的或与本协议有关的争议”。广州飞机维修公司主张仲裁条款约定的仲裁事项仅限于合同争议，不包括留置权争议，与双方约定的仲裁条款的文义不符，没有事实依据。另外，法庭认为广州飞机维修公司在本案中仅起诉了合同相对人泰国航空公司，并不涉及仲裁条款以外的其他当事人。CIETAC 裁决并未涉及留置权争议，本案系因留置产生的物权纠纷，与上述仲裁案不属于同一纠纷，且本案提请解决的事项为广州飞机维修公司是否可以留置其占有的泰国航空公司的飞机并就飞机拍卖或者变卖的价款进行优先受偿，该争议事项亦未经上述仲裁案审理及裁决，因此广州飞机维修公司就留置权争议申请仲裁，不违反《仲裁法》第 9 条第 1 款有关一裁终局的规定。

除此之外，涉及破产程序的纠纷的可仲裁性，也常常受到挑战。瑞士最高法院在“5A_910/2019”案[①]中确认，仲裁程序中宣布破产的当事人具有可仲裁性。2018 年 9 月，某公司因其与被申请人之间的诉讼融资协议纠纷，在伦敦国际仲裁院(LCIA)进行仲裁。仲裁期间，被申请人在瑞士被宣布破产。经债权人同意，破产管理人将被申请人在 LCIA 中的权利转让给其前董事和债权人之一 A。LCIA 裁决 A 败诉并须支付仲裁费用。裁决生效后，裁决获苏黎世州法院承认与执行。随后，A 向瑞士最高院上诉请求拒绝承认和执行该裁决。A 主张，根据《纽约公约》第 5 条第 2 款第 a 项规定，案涉争议不可仲裁。瑞士最高法院驳回了 A 的上诉。法院认为，在外国仲裁的瑞士当事人在仲裁程序启动后破产，则针对该当事人的请求本身并不丧失可仲裁性。

瑞士最高院通过对法律条款的合理解释，对具体个案的详尽审查，明确了法院审理涉及破产当事人的案件管辖权的思路：(1)关于可仲裁性。瑞士最高法院明确了一个观点，即使对正在进行仲裁的被申请人启动了破产程序，针对被申请人的债权索赔仍可仲裁。这符合仲裁裁决与国内外法院判决同等待遇的原则。(2)关于程序处理。如果仲裁庭未能搁置程序以允许债权人决定是否继续，前述第 1 项结论是否仍然适用并不能确定。从瑞士最高院在案件中援引

---

① 参见瑞士最高法院 5A_910/2019 案。

国内外法院的诉讼程序可以看出,搁置程序是一个必要的前提条件。安全起见,在针对瑞士债务人的仲裁中,如果被申请人在仲裁程序期间陷入破产,申请人应向仲裁庭申请搁置仲裁程序。(3)区分破产时间节点。破产程序启动后,对破产的瑞士当事人提起仲裁程序很可能是徒劳的,这种情况下的索赔不具有可仲裁性。因此,针对破产债务人债权主张是否具有可仲裁性,应当区分启动仲裁程序和破产程序的时间先后顺序。

同样是涉及破产程序,不同于前述案件因破产程序产生的当事人行为能力之争议,新加坡上诉法院在近期判决的 AnAn Group (Singapore) Pte Ltd. v. VTB Bank (Public Joint Stock Company) 案①中阐明,出于公共政策的考虑,因破产引起的特定争议不具有可仲裁性;然而结合对案涉争议、诉请事项以及仲裁条款约定的理解,法院认定,案涉请求与仲裁范围存在重合,诉请并非指向让法院出具破产管理命令、清算或指定破产管理人等与破产相关的权限,因此,不能直接排除适用仲裁。法院进一步指出,没有任何公共政策会干预仲裁庭对本质上属于两个商事主体之间的合同争议的裁判。

新冠疫情的持续存在,给全球各国经济带来了严重威胁,可以预料的是未来企业破产数量或将大幅上升。对于仲裁实务领域而言,破产程序与仲裁程序之间如何衔接以及因此引发的实体认定问题将随之而来。国际律师协会最新发布的 IBA Toolkit on Insolvency and Arbitration 以及本案提供的审查思路,对涉及破产事项的仲裁实践具有重要的指导意义。

五、中国区际仲裁裁决的执行

内地与港澳台仲裁裁决的相互执行及在仲裁程序上的协助,是中国仲裁制度的特色之一。以香港为例,香港回归以来,最高人民法院与香港特区政府通过签署一系列司法协助安排的文件,包括两地司法文件送达、仲裁裁决相互执行、仲裁程序相互协助保全等各项安排,基本实现了两地商事仲裁司法协助全覆盖。香港与内地仲裁裁决的相互执行,历来是中国区际仲裁裁决执行的重要关注点,其中在香港方面主要涉及 HKIAC 作出的裁决,但也涉及在香港作出的其他国际仲裁机构的裁决。

---

① 参见新加坡上诉法院[2021] SGCA 112 案。

近期,四川省自贡市中级人民法院(以下简称自贡中院)受理的一宗国际金融公司(IFC)与四川久大制盐公司(以下简称久大公司)仲裁裁决承认与执行案[①]中,案件一方当事人IFC是政府间国际组织,这是自1980年中国恢复在世界银行席位后,中国首个涉及政府间国际组织的香港仲裁裁决认可及执行案件。2007年12月,IFC与久大公司签署贷款合同,IFC作为贷款方,向借款方久大公司发放2500千万美元。由于久大公司未能按贷款合同约定偿还贷款及利息等各种费用,IFC根据贷款合同约定的仲裁条款向香港国际仲裁中心(HKIAC)提起仲裁。IFC取得生效裁决后,向自贡中院申请承认与执行仲裁裁决。久大公司以双方约定争议解决方式既可以是仲裁也可以是法院为由,主张仲裁条款无效,并指出案涉仲裁庭组成与当事人之间的约定不符,属《最高人民法院关于内地与香港特别行政区相互执行仲裁裁决的安排》(以下简称《执行仲裁安排》)第7条规定的不应承认和执行的情形。

自贡中院认为,双方正式签署的贷款合同并未约定向法院提起诉讼的情形,久大公司在听证程序中提交的《四川久大制盐有限责任公司与国际金融公司之间的贷款协议主要条款(中文翻译)》,与双方均认可的贷款合同正式文本不一致,不予采信。此外,虽然HKIAC仲裁程序改变了贷款合同第7.05款(c)由三名仲裁员组成仲裁庭的原始约定,任命了独任仲裁员进行裁决。但该改变系经双方同意后达成的一致意见,久大公司并没有根据准据法《联合国国际贸易法委员会仲裁规则》相关规定,在仲裁过程中对HKIAC指定的仲裁员提出异议。因此,案涉仲裁裁决形式要件合法,且不存在《执行仲裁安排》第7条规定的不予执行的情形。

值得注意的是,久大公司援引的《执行仲裁安排》第7条第4款确实规定,仲裁庭的组成或者仲裁庭程序与当事人之间的协议不符,或者在有关当事人没有这种协议时与仲裁地的法律不符的,法院可裁定不予执行。但正如本案所示,基于诚实信用原则考虑,仲裁程序中当事人未提出异议,案件进行至承认与执行环节,当事人再以仲裁协议无效为由抗辩,通常很难获法院认可,除非当事人在仲裁程序中的异议权利被剥夺。本案中,自贡中院未僵化参照《执行仲裁安排》第7条规定,而是结合仲裁程序中当事人权利行使的具体情况,实质审查

① 参见四川省自贡市中级人民法院民事裁定书,(2020)川03认港1号。

案涉裁决的仲裁程序正当性,作出承认与执行案涉裁决的裁定,符合《执行仲裁安排》精神。

香港仲裁除了机构仲裁外,还存在临时仲裁。在另外一宗案件珠诚公司与并丰公司境外临时仲裁申请财产保全案①中,南京海事法院通过对《关于内地与香港特别行政区法院就仲裁程序相互协助保全的安排》(以下简称《协助保全安排》)第 2 条、第 3 条规定进行解释,拒绝了在香港临时仲裁的当事人关于财产保全的申请。

2017 年 10 月,珠诚公司与并丰公司签署《航次租船合同》,由珠诚公司为并丰公司承运棕榈油。船舶抵达卸货港后,珠诚公司根据并丰公司要求将货物交第三人。卸货后 60 日内,并丰公司未按约向珠诚公司交回正本提单。之后,正本提单持有人在香港提起仲裁,要求珠诚公司承担责任,并于 2020 年 7 月获仲裁庭支持。2021 年 6 月,珠诚公司根据约定仲裁条款在香港提起临时仲裁,要求并丰公司承担责任。为保证仲裁裁决得以执行,珠诚公司向南京海事法院申请保全,对并丰公司在另一破产案件中申报的 600 万美元债权或者同等价值财产采取保全措施。

法院认为,《协助保全安排》第 3 条规定,香港仲裁程序的当事人在仲裁裁决作出前,可以参照《民事诉讼法》《仲裁法》以及相关司法解释的规定,向被申请人住所地、财产所在地或者证据所在地的内地中级人民法院申请保全。第 3 条第 1 款明确了"保全",在内地包括财产保全、证据保全、行为保全。《协助保全安排》第 2 条明确了"香港仲裁程序",以香港特别行政区为仲裁地,并且由经确认的有关机构或者常设办事处管理。因此,香港仲裁程序中,当事人可向内地人民法院申请财产保全,但范围仅限于经确认的机构仲裁,不包含临时仲裁。本案珠诚公司在香港提起的临时仲裁程序中要求法院对并丰公司的财产采取保全措施,缺乏相应的法律依据。在后续的裁定复议程序中,法院进一步阐释,《海事诉讼特别程序法》及《最高人民法院关于适用〈中华人民共和国海事诉讼特别程序法〉若干问题的解释》中关于海事请求保全的规定仅限于船舶等四类特殊财产的保全,不适用于一般财产。本案珠诚船务申请保全的财产为破产债权,不属于四类财产范畴,不适用《最高人民法院关于适用〈中华人民共和国海

① 参见南京海事法院民事裁定书,(2021)苏 72 财保 216 号。

事诉讼特别程序法〉若干问题的解释》第21条的规定。

事实上,在《协助保全安排》出台之前,除海事等特别程序案件外,由于欠缺法律层面的授权,内地法院对于域外当事人提出的保全申请一般不予接受。《协助保全安排》的施行,突破了内地法院的传统做法,解决了香港仲裁当事人预先保障权益的一部分困境。但须注意,该突破仅限于在香港的机构仲裁,并不适用临时仲裁。对于临时仲裁,尽管国内部分仲裁机构通过修订仲裁规则填补了现有法律关于临时仲裁以及临时措施的空白,一定程度上表现出对临时仲裁的认可。但在目前法律框架下,香港临时仲裁裁决的执行仍不如机构仲裁可以得到更全面的保障。

六、外国仲裁裁决的承认与执行

《承认与执行外国仲裁裁决公约》(以下简称《纽约公约》)是承认与执行外国仲裁裁决的主要法律依据。一定程度上,纽约公约裁决在中国的执行,是境外仲裁界和商业界在涉及中国仲裁时最关心的问题,也是他们衡量中国仲裁现代化和国际化的主要指标之一。近些年,国内法院受理涉及纽约公约成员国裁决执行的案件,可以看出,中国法院秉持的是支持仲裁的立场,对于符合纽约公约应当承认与执行的裁决,均予以承认和执行。从公开数据可以查询到,2021年,不完全统计有十起左右外国仲裁裁决在中国境内获得承认和执行。此外法院每年受理的此类案件,在纠纷类型、当事人国籍、仲裁机构所在地、不予执行事由、裁定结果方面呈现愈加多样化的特点。

2021年2月,上海金融法院首次受理一宗涉中国企业在SIAC裁决的承认与执行案①,被执行人万达公司在本案中提出7项抗辩事由,包括主体、证据、程序甚至实体等各方面。其中,万达公司援引商务部最新发布的《阻断外国法律与措施不当域外适用办法》(以下简称《阻断办法》)作为抗辩事由之一。

2017年9月,麦格理公司与万达公司签署保证合同,约定由万达公司为案外人A公司与麦格理公司之间的全部现有及将来的原油买卖交易提供担保,并约定争议解决方式为"根据当时有效的SIAC仲裁规则在新加坡提起仲裁"。2019年12月,麦格理公司与案外人A公司签订原油买卖合同。麦格理公司按

---

① 参见上海金融法院民事裁定书,(2021)沪74协外认1号。

约定履行供货义务后,A 公司一直未支付货款,万达公司也未承担保证责任。基于此,麦格理公司向 SIAC 提起仲裁,要求万达公司承担保证责任。裁决生效后,麦格理公司依据中国《民事诉讼法》、《纽约公约》相关规定,向上海金融法院申请承认与执行裁决。万达公司提出 7 项抗辩理由,以此主张本案存在《纽约公约》第 5 条规定不应予以承认及执行的情形,包括:(1)主体有误,裁决名称与万达公司备案登记名称不一致;(2)证据瑕疵,保证合同因无每页小签、无骑缝章、存在多次改动等瑕疵,不能作为认定责任的依据;(3)程序瑕疵,案件缺席审理,相关文件未对万达公司有效送达,未给予对等的答辩机会;(4)首席仲裁员所属律师事务所曾被中国政府实施制裁,仲裁裁决本身即有失公正;(5)万达公司已向新加坡高院申请撤销裁决,案件正在审理中,本案应当中止;(6)万达公司从事液化气管道业务,是影响社会民生工程的中国企业,根据《阻断办法》的规定,法院在审理中需考虑中央"六稳六保"政策及保护民营企业发展的精神;(7)执行金额计算有误。

上海金融法院否定了上述抗辩,裁定承认 SIAC 作出的裁决。法院认为,中国与新加坡均为纽约公约缔约国,根据《民事诉讼法》第 283 条规定,裁决的承认和执行应当适用《纽约公约》:(1)保证合同与裁决未造成主体混淆。保证合同由万达公司加盖公章、法定代表人签字确认,裁决中主体名称并无不当,且 holdings 与 holding 二者在语义中并不产生实质上的歧义,两个英文名称均可指向万达公司。万达公司以此在新加坡高等法院发起的诉讼程序已被法院驳回。(2)合同的内容与真实性并非《纽约公约》规定的审查要点,对此不予审查。(3)收件人离职造成信息未及时接收、收发室工作人员不了解英文邮件导致将其作为垃圾邮件处理等情况,系万达公司自身原因造成。案涉仲裁程序均已通过电子邮件及邮寄方式向合同约定地址送达,仲裁庭对万达公司已进行了适当通知。(4)中国政府发布的制裁措施是针对律师事务所,而非针对仲裁员个人及其身份,制裁措施作出时,案涉裁决已作出,且该事由也并非《纽约公约》第 5 条规定不予承认的范围。(5)《阻断办法》规定的外国法律不当域外适用与本案无关,选择仲裁系本案当事人意思自治的结果。(6)执行金额问题并非承认程序审查重点,万达公司也未对应予执行的确切金额提供证据予以说明,暂不对保证金予以扣减,双方可在执行程序中解决。

2021 年 1 月,商务部公布《阻断办法》。《阻断办法》对办法的适用范围、主管部门、阻断机制(及时报告制度、发布禁令决定机制、申请豁免、司法救济途径、支持措施等)和法律责任作出规定。本案是《阻断办法》在跨境商事仲裁领域的首次亮相,尽管当事人的借词卸责之嫌显而易见,不能否认的是,本案客观上为《阻断办法》运用于国际商事仲裁领域提供了思考起点。《阻断办法》能否作为当事人挑战裁决有效性和可执行性的具体依据,或者作为法院以违反公共政策不予执行境外裁决的依据,有待在司法实践中探索答案。不过,可以肯定的是,结合《阻断办法》颁布背景及具体内容来看,同其他违反公共政策事由的审查标准一样,适用《阻断办法》否定境外裁决效力或拒绝承认执行,必须经过极为严格的审查。当然,这并不意味着,所有主张适用《阻断办法》或类依据的案例,都不会得到支持,具体仍需要在个案中进行个别分析。

七、仲裁裁决不予执行的救济

仲裁裁决生效后,胜诉方的债权并不因此当然得到保护,这是由于裁决仍要面临是否被裁定撤销、不予执行的挑战。根据《仲裁法》第58条、第63条的规定,法院可依职权或依申请裁定撤销或裁定不予执行。根据《民事诉讼法》第237条、《仲裁法》第9条的规定,裁决被法院依法裁定撤销或不予执行的,当事人只能依据仲裁协议重新提起仲裁,或向人民法院起诉;此外,最高人民法院作出的《关于当事人因对不予执行仲裁裁决的裁定不服而申请再审人民法院不予受理的批复》中也提到,不予执行仲裁裁决的裁定不能进行再审。因此,裁决被裁定不予执行后,当事人不能通过上诉、再审等程序进行司法救济。对于裁决胜诉方来说,一旦出现这种情况,无疑是“空欢喜”一场,转而可能仍须面临新的一轮时间及财力消耗,卷入另一个战场。

不过,根据最高人民法院《关于人民法院执行工作若干问题的规定》,上级法院有权更改下级法院执行过程中做出的裁定,规定赋予了上级法院对下级法院执行工作的监督权。那么,在下级法院作出不予执行生效裁决的裁定后,上级法院能否适用前述司法解释对该裁定予以纠正呢?在武汉百兴等与圣峰药业仲裁裁决不予执行监督案[①]中,最高人民法院对于湖北高院纠正恩施中院不予执行裁定的做法予以认可。

---

① 参见(2021)最高法执监12号民事裁定书。

武汉百兴、上海百兴与圣峰药业以及郭某南、袁某添先后签订《投资协议》及《补充协议》,投资方按约定注入全部资金,成为圣峰药业股东之一。2013 年 7 月,在武汉召开股东会议,同意武汉百兴撤资退股,并形成书面《纪要》。《纪要》载明系上海百兴、武汉百兴、圣峰药业实际控制人股东郭某南和袁某添就《投资协议》和《补充协议》执行情况,协商达成一致意见。其中,第 8 条明确该《纪要》作为《投资协议》和《补充协议》的附件、后续法律文件的依据,具有同等法律效力。后各方因股权回购问题产生纠纷,武汉百兴等投资方向武汉仲裁委提起仲裁。武汉仲裁委裁决圣峰药业等三被申请人向武汉百兴、上海百兴分别支付相关款项。裁决生效后,武汉百兴向管辖法院恩施土家族苗族自治州中级人民法院(以下简称恩施中院)申请执行。圣峰药业等向法院申请不予执行。恩施中院以武汉仲裁委违反法律规定、无权裁定圣峰药业承担回购公司股权的义务等为由,裁定不予执行生效裁决。恩施中院认为武汉仲裁委不仅违背了《补充协议》第 2.4 条约定的意思表示,且对圣峰药业等各方各自应当支付的回购款金额及比例并未予以明确,属裁定权利义务主体和给付内容不明确,导致法院无法执行。

武汉百兴不服恩施中院作出的不予执行裁定,向湖北省高级人民法院(以下简称湖北高院)申诉。首先,湖北高院认为,裁定存在认定事实错误、适用法律错误,撤销恩施中院作出的不予执行裁定。湖北高院查明,圣峰药业与武汉百兴等签订的《投资协议》和《补充协议》中均明确将相关争议提交武汉仲裁委员会裁决,《纪要》中明确约定了股权回购事宜,其作为上述协议的附件,性质上属从合同,相关争议的解决同样适用《投资协议》和《补充协议》的约定,故武汉仲裁委员会有权对双方之间的股权回购争议进行裁决。裁决对圣峰药业等各自支付股权回购款的金额和比例未予以明确划分,不属于《民事诉讼法》第 237 条规定的不予执行情形。其次,湖北高院认为,恩施中院关于圣峰药业不应承担股权回购责任、案涉股权转让行为未按相关法律程序办理的认定,系对仲裁裁决进行的实体审查,属适用法律错误。对裁决是否存在不予执行的情形进行审查,主要是从裁决范围、裁决程序、主要证据等程序性事项方面。另外,恩施中院裁定是否违法,不属于本案执行监督程序审查范围,武汉百兴不服该裁定,应通过法律规定的其他途径进行主张。

圣峰药业等不服湖北高院作出的上述裁定,向最高人民法院申诉,请求撤销湖北高院作出的裁定。最高人民法院裁定维持湖北高院的裁定。最高人民法院认为,根据《民事诉讼法》第 237 条第 5 款以及《民事诉讼法司法解释》第 478 条的规定,法律仅规定当事人对不予执行仲裁裁决的裁定提出执行异议或复议,人民法院不予受理;但法律并未禁止法院对该类裁定依法启动执行监督程序。武汉百兴对恩施中院裁定提起的是申诉,而非执行异议或复议,湖北高院是依《最高人民法院关于人民法院执行工作若干问题的规定(试行)》第 129 条规定(该规定于 2020 年修正,现为第 71 条)的执行监督程序依职权作出的裁定,在程序上并不违反上述司法解释的规定。此外,最高人民法院对公司回购股权的仲裁管辖权、恩施中院对裁决作出的实体审查、裁决程序瑕疵等问题逐一做了回应,与湖北高院意见一致。

相较于国内,国际范围内并不存在一套放之各国而皆适用的监督审查体系。一旦境外仲裁机构作出的裁决在他国法院被拒绝承认与执行或者被撤销,裁决获胜方是否只能空守一份"法律白条"而别无他法? 在某些法域,被其他国家或地区撤销的裁决仍可能得到执行,在一地不被执行的裁决,可能在另一地得到执行。德国成可公司与中国 DFD 公司仲裁裁决承认与执行案[①]涉及这一情形。当然,此种事实上不一致的作法,到底利弊如何,可能见仁见智。在该案中,对于 ICC 作出的同一份生效裁决,中国法院与英国法院就是否承认与执行作出了结果相异的两份裁定。

德国成可公司与中国 DFD 公司因知识产权纠纷,德国成可公司向 ICC 提起仲裁。ICC 裁决中国 DFD 公司向德国成可公司支付赔偿金及利息;中国 DFD 公司继续使用德国成可公司技术,并于每月向德国成可公司支付罚金直至 2016 年 8 月 31 日;截至裁决款项全部付清之日,中国 DFD 公司不得使用德国成可公司的技术。裁决作出后,德国成可公司向中国 DFD 公司所在地河南省新乡市中级人民法院(以下简称新乡中院)申请承认与执行该仲裁裁决。新乡中院裁定,不予承认和执行该裁决部分裁决项。法院认为,裁决项"DFD 公司不得使用成可公司的技术,直所裁决的款项全部付清为止"并没有强调未经授权的技术,从其表述看同样包括了授权的技术,存在超出德国成可公司请求的情

① 参见英国高等法院 *Chenco Chemical Engineering And Consulting GmbH v. DO Fluoride Chemicals Co Ltd* 2021 *EWHC* 1052 *Comm*;河南省新乡市中级人民法院民事裁定书,(2015)新中民三初字第 53 号。

形,对超裁的部分不予承认和执行。

之后,德国成可公司向英国高等法院商事庭提出申请执行该裁决,向法庭证明中国 DFD 公司或其他任何主体均未按照 ICC 裁决支付款项;虽然德国成可公司在中国管辖法院申请了执行程序,因部分裁决项未被中国法院认可,仍未收回裁决款项。英国高等法院批准了德国成可咨询公司的申请。中国 DFD 公司则向英国高等法院提出撤销执行令申请,称中国 DFD 公司是否继续使用成可公司技术的问题需要进一步的事实调查,并表明接受英国法院对下述事实具有管辖权:查明中国 DFD 公司是否在 2013 年 6 月设计了自己的升级技术供自己使用,以及中国 DFD 公司是否拆除了其两个工厂的设施,并安装了自己的升级技术以取代成可公司的技术;但是,对于是否不再使用成可公司的技术这一问题,中国 DFD 公司认为应提交仲裁。

英国法院认定,裁决应予执行且法院对每个问题都有管辖权。双方均已同意根据 Michael Burton 法官命令进行事实调查;在事实调查会议上,中国 DFD 公司也接受了这些问题由法院来决定;一旦仲裁裁决作出,执行事宜应由法院负责。中国 DFD 公司并未停止在其反应堆中使用成可公司的技术,也没有进行更多的维护工作,包括更换部件。因此,准予执行金额为 4,000,000 欧元,以及仲裁庭裁决的利息。

在多法域可能涉及仲裁的情形下,无论是仲裁一裁终局的效力,还是法院的既判力,事实上都可能产生不同的解读和适用。这一点,至少在短时间内,不太可能改变,也不太可能统一。故而,见到一地认可仲裁协议而另一地不认可,一地否定裁决而另一地予以肯定,一地诉讼而一地禁诉,都不足为奇。但就单独法域而言,应当保持法律适用上的一致性,保持司法结果的统一性和可预判性。中国每年有数以万计的仲裁司法审查案件,①其中还有大量工作要做。

---

① 2021 年度尚未见公开统计数据。但仅 2019 年度,全国法院旧存仲裁司法审查案件 1649 件,新收 20,528 件,审结 20,513 件,结案率 92.6%。见《最高法首次发布商事仲裁司法审查年度报告》,载 http://legal.people.com.cn/gb/n1/2020/1223/c42510-31976494.html,最后访问时间:2022 年 8 月 20 日。